Cumming · Spätsommernächte

Anne Cumming

Spätsommernächte

*Intime Bekenntnisse
einer reifen Frau*

Blanvalet Verlag

Titel der Originalausgabe »The Love Habbit«,
erschienen bei Blond & Briggs Ltd., London
Aus dem Englischen übertragen von Dr. Bernd Lutz

© 1977 by Anne Cumming
Alle deutschen Rechte bei Blanvalet Verlag GmbH, München 1980 / 54321
Gesamtherstellung Welsermühl, Wels
ISBN 3-7645-0376-9 · Printed in Austria

Inhalt

Erstes Kapitel
Ohne sie konnte ich einfach nicht leben
Italien und Frankreich, Weihnachten 1966 – Sommer 1967 13

Zweites Kapitel
Meine Erlebnisse in London
England, Dezember 1967 70

Drittes Kapitel
New York, New York, was bist du für eine wunderbare Stadt
Amerika, Januar 1968 101

Viertes Kapitel
Der Revolutionär aus dem 16. Arrondissement
Frankreich, Sommer 1968 116

Fünftes Kapitel
Ein Zimmer voller Regenbogen
Italien, Frühjahr 1969 – Sommer 1970 167

Sechstes Kapitel
Das Leben kann früh enden
England, Herbst 1971 204

Siebtes Kapitel
Blues in Barcelona
Spanien, Sommer 1972 254

Achtes Kapitel
Amerikanischer Slang und die irische Vogelscheuche
Italien und England, Sommer 1972 – Winter 1973/74   277

Neuntes Kapitel
Das Glück ist umsonst, oder?
Amerika, 1974   313

Zehntes Kapitel
Die Hippie-Stricher
Frankreich, Sommer 1975   349

Epilog
Sieh noch nicht genau hin, aber die Sechzig sind in Sicht
Italien, Juni 1976   377

Meinen Töchtern, damit sie meine Enkelkinder richtig erziehen.

Mein Dank gilt den Frauen in meinem Leben: der ungenannten Freundin, die dieses Buch angeregt hat; Natalia Murray, die mir immer wieder Mut zum Schreiben gemacht hat; Helen Brann, die es kritisch durchgesehen hat; Gertrude Buckman, die mir bei der Herausgabe beistand; und Diane Giddis, die das Buch für Amerika entdeckt hat.

Nicht zuletzt sei all der jungen Männer gedacht, ohne die es nicht möglich gewesen wäre. Gott segne sie alle miteinander!

Vorbemerkung

Mein Freund William Burroughs hat einmal gesagt: »Sex wird manchmal zu einer ausgesprochenen Gewohnheit, aber es ist die Gewohnheit, die man sich am schwersten wieder abgewöhnen kann.« Es gibt solche und solche Gewohnheiten, sie bilden eine gewisse hierarchische Reihenfolge und reichen von der harmlosen Wiederholung dessen, was man einfach einmal gern tut, bis zu gefährlichen und extremen Neigungen.

Ich bin oft von meinen Freunden gefragt worden, warum meine Liebhaber so jung sein müssen, und auch ich habe mir diese Frage immer wieder vorgelegt. Ich glaube, die Antwort liegt in der Eigenart der Gewohnheit begründet, und wie bei vielen Gewohnheiten kam ich zufällig auf den Geschmack. Es gefiel mir, und deshalb machte ich weiter. Es schien mir nichts dabei zu sein, und beide Seiten kamen ja zu ihrem Genuß.

In dem, was ich berichte, steckt ein wenig Trauer, weil von Anfang an das Ende durchscheint. Ich bin zwangsläufig immer älter dabei geworden. Auch habe ich mich oft gefragt, ob sich das alles gelohnt hat. Vielleicht sollten die jungen Männer darauf antworten. Ich jedenfalls bereue keine meiner Begegnungen. Wie auch immer, meine Leser mögen sich selbst ein Urteil bilden. Ich habe mir Mühe gegeben, nichts im verborgenen zu lassen, weder vor den Lesern noch vor mir selbst.

Den ersten Schritt zur Bewahrung der eigenen sexuellen Potenz, die für viele Menschen äußerst wichtig zur Bewahrung der eigenen Persönlichkeit ist, hat man getan, wenn man sich vor Augen führt, daß die sexuelle Aktivität beider Geschlechter grundsätzlich das ganze Leben über anhalten kann und normalerweise auch anhält. Dabei ist Sex eine höchst ungefährliche Tätigkeit. Unwillkürlich damit aufzuhören, halte ich für viel gefährlicher für die Gesundheit, als ihm ab und zu nachzugeben.

Alex Comfort

Es liegt in der Absicht des Übertreibens, die Ernsthaftigkeit aus dem Feld zu schlagen. Die Übertreibung geht spielerisch vor, sie ist gegen den Ernst gerichtet. Um es genauer zu sagen: die Übertreibung zieht eine neue, umfassendere Beziehung zur »Ernsthaftigkeit« nach sich. Man kann dann ernsthaft über das Leichtfertige, aber auch leichtfertig über das Ernsthafte sprechen.

Susan Sontag

Erstes Kapitel
Ohne sie konnte ich einfach nicht leben

Am 14. Dezember 1966 entschloß ich mich, mein Sexleben an den Nagel zu hängen. Das war an meinem 50. Geburtstag, und ich erklärte meinen Entschluß laut und deutlich vor den einhundertundein Gästen, die sich in der römischen Villa meines zweiten Ex-Ehemanns – er gab mir zu Ehren großzügig eine Geburtstagsparty – eingefunden hatten.

»Ich glaube, es steht einer Großmutter nicht, wenn sie sich noch Liebhaber hält«, erklärte ich. »Ich gebe das Ganze einfach auf.«

»Wenn ich mich recht erinnere, hat sie dasselbe letztes Jahr an unserem silbernen Hochzeitstag gesagt«, warf mein erster Ex-Ehemann ein, der sich zu Weihnachten in Rom aufhielt. Gewöhnlich verbrachten wir alle zusammen das Weihnachtsfest – Ehemänner, Liebhaber, Kinder, Ehefrauen – sozusagen eine bunt zusammengewürfelte Weihnachtsfamilie.

Ich bestritt, was Robert eben behauptet hatte. »Im letzten Jahr habe ich nur ein bißchen ausgemustert. Ich hatte erst zwei Enkelkinder, jetzt sind es drei. Es wird Zeit, daß ich mich in den Lehnstuhl setze und zu stricken anfange.«

Wie auf Bestellung läutete es an der Tür, und der einhundertundzweite Gast platzte herein, wie immer zu spät und eine Zigarre paffend – ein lieber Freund, ungeheuer witzig und stets zu kleinen Bosheiten aufgelegt.

»Was konnte ich einer Frau, die alles hat, anderes schenken als etwas von dem, was sie am meisten liebt«, verkündete er. Dann stieß er einen unglaublich schönen jungen Mann nach vorn. Da Mort Crowleys Roman »The Boys in the Band« damals noch nicht erschienen war, war das wirklich ein sehr origineller Einfall.

»Wie schade, gerade habe ich mein Sexleben aufgegeben«, sagte ich traurig. »Ich kann ihn nicht einmal auspacken.«

Der junge Mann kam auf mich zu und küßte mich artig auf beide

Wangen. »Alles Gute zum Geburtstag«, sagte er. »Noch nie habe ich auf so charmante Weise einen Korb bekommen, und dazu noch von einer so schönen Frau. Die Enttäuschung liegt ganz auf meiner Seite.«

»Du ahnst ja gar nicht, was du versäumst«, meinte mein rundlicher Freund; »er hat den schönsten Körper von ganz Italien.«

»Nun gut, dann will ich ihn mal in den Arm nehmen. Wenn mein Ex-Ehemann nichts dagegen hat, werde ich ihn zum ersten Tanz bitten.«

Irgend jemand legte eine Platte auf, und nun gingen die Wogen der Party hoch, aber an jenem Abend habe ich den jungen Mann wirklich nicht ausgepackt.

Wir feierten ein gemütliches Familienweihnachten rund um meinen großen ovalen Eßtisch; den Baum hatte ich mit den Silberkugeln geschmückt, die von der Feier unseres silbernen Hochzeitstags letztes Jahr übriggeblieben waren. Es war ein wirklich schönes Fest gewesen, und ich hatte keinen Grund gesehen, mit dem Mann, dem ich soviel verdankte, keine silberne Hochzeit zu feiern, auch wenn wir schon seit achtzehn Jahren geschieden waren.

Als die Familie wieder aus dem Hause war, nahm ich den Flitter vom Baum und fühlte mich ein wenig gelangweilt. Ich hatte einige Liebhaber in Rom und einige anderswo; ab und zu besuchte ich sie – meinen Fischer in St.-Tropez oder meinen Skilehrer in St. Anton. Ich nannte sie »meine Ferngespielen«, um sie von denen zu unterscheiden, mit denen ich mich auf der heimischen Spielwiese unterhielt. Meine römischen Liebhaber hatten mich nach der Geburtstagsparty alle der Reihe nach angerufen und sich besorgt erkundigt, ob meine Erklärung auch ernst gemeint war.

»Ja«, antwortete ich. »Wir sind jetzt alle nur noch gute Freunde. Ihr könnt zum Tee kommen, mehr ist nicht mehr zu erwarten!«

Um Neujahr wurde es zunehmend schwieriger, zu meinem Entschluß zu stehen und zu Hause zu bleiben und Strümpfe zu stricken. Enthaltsamkeit war nicht meine Stärke. Mir ist immer nach Abenteuern zumute. Ich bin als Erforscherin der menschlichen Natur zur Welt gekommen.

Am Neujahrsabend ging ich zu einer Party in der neuen Wohnung meines rundlichen Freundes und traf mein unausgepacktes Geburtstagsgeschenk wieder. Er hatte eine neue Art, die Partie zu eröffnen. Es war noch ziemlich früh am Abend, aber er bestand darauf, mich nach Hause zu begleiten, weil er wegen jemand anderem unbedingt die Party verlassen müsse. Nun, ich gehe gern früh zu Bett und hatte nichts einzuwenden. Wir nahmen unserem Gastgeber heimlich eine Flasche Champagner weg und fuhren zu meiner Wohnung. Mein Geburtstagsgeschenk packte sich selbst in meinem Schlafzimmer aus. Gut, vielleicht habe ich damit angefangen und ihm die Hose aufgemacht, aber kann man das neue Jahr besser beginnen als mit einem schönen jungen Mann im Bett?

In den letzten dreißig Jahren hatte ich das Vergnügen zweier Ehen und eines guten Dutzends ernsthafter Liebesaffären gehabt – aber was hatte es mir eingebracht? Dreißig Jahre lang Liebeskummer. Hatte das Vergnügen wirklich die Leiden aufgewogen?

Jetzt, mit fünfzig, hatte ich die Liebe satt. Ich wollte jetzt keine Dauerbeziehungen mehr; Freundschaften und die Karriere waren genug. Und Sex nur dann, wenn sich Gelegenheit dazu bot. Meine Gefühle waren nur noch von mir abhängig. Und ich würde mich niemals mehr auf eine andere Person verlassen müssen, um diese Gefühle in Sicherheit zu wissen.

Es muß Mitte Februar gewesen sein, als mein rundlicher Freund bei mir anrief.

»Wie trägt sich mein Geburtstagsgeschenk?« wollte er wissen.

»Es hat sich ›getragen‹«, sagte ich trocken.

»Warum? Was ist passiert?«

»Nichts Ungewöhnliches. Aber meine Mutter hat mir beigebracht, daß eine wirkliche Dame nur dann Geschenke von Herren annimmt, wenn sie vergänglich sind und mit anderen geteilt werden können – wie Blumen oder Schokolade. Wie alle Schönheit ist auch der junge Mann vergänglich, und andere wollen sich auch noch an ihm erfreuen – deshalb habe ich ihn gehen lassen.«

»Ist dir dabei nicht das Herz gebrochen?«

»Gott bewahre! Ich bin eher erleichtert, nicht mit von der Konkurrenz sein zu müssen!«

Meine alten Liebhaber erfuhren allmählich, daß ich noch in Umlauf war, und nahmen ihre Beziehungen zu mir wieder auf, auf der Teilzeitbasis, die ich bevorzugte. Manchmal hatte ich mehrere gleichzeitig, manchmal konzentrierte ich mich auf einen und ging ein begrenztes Risiko ein. Mein Liebesstil paßte zu meinem Lebensstil, und beides war sorgfältig auf mein Berufsleben abgestimmt.

Während der letzten zwanzig Jahre habe ich Public Relations hauptsächlich für den italienischen Film gemacht. Nun mußte ich zu Dreharbeiten in die Toscana und würde erst zu Ostern wieder in Rom sein.

Unterhaltung auf einer Terrasse in Rom, Ostern 1967.

»Mutter, ich wünschte, du hättest jeweils nur einen Liebhaber«, meinte meine ältere Tochter Fiona. »Es bringt die Kinder so durcheinander. Wie soll ich es ihnen nur jedesmal erklären?«

Meine Enkelkinder spielten im Badezimmer und ließen im Bidet Papierschiffchen schwimmen; ich hätte annehmen sollen, daß sie nicht entfernt an gesellschaftliche oder sexuelle Probleme dachten. Meine derzeitigen Liebhaber waren für eine bestimmte Zeit außer Sicht. Der Dritte Botschaftsrat war beim Außenministerium, Rudi war an der Oper und entwarf die Bühnenausstattung für eine Neuinszenierung der »Aida«, und mein Fernfahrer mußte jetzt irgendwo in Kalabrien sein und die Hälfte der Strecke nach Sizilien geschafft haben. Bruno war in Paris zu Modeaufnahmen, und Paolo war in Neapel an der Universität.

Wir waren zu Ostern alle in meiner Wohnung in der Nähe der Spanischen Treppe zusammengekommen. Fiona war von England mit ihren beiden drei- und vierjährigen Kindern herübergeflogen, und Vanessa und ihr sizilianischer Ehemann waren vom Land gekommen und hatten ihren ein Jahr alten Matthew mitgebracht, der jetzt geschäftig auf dem Badezimmerboden umherkrabbelte und es seinen beiden Neffen nachmachen wollte.

»Liebling, ich kann mein Liebesleben wirklich nicht nach dem Geschmack meiner Enkelkinder einrichten«, sagte ich ablehnend.

Ich war gerade dabei, die Geranien zu gießen, drehte mich aber zu meinen beiden Töchtern um, die im Liegestuhl lagen und an eisgekühltem Tee nippten. Sie waren beide großgewachsene, gepflegte Erscheinungen; ihre langen Beine hatten sie ausgestreckt und die Füße artig gekreuzt.

»Wir leben in den freizügigen sechziger Jahren«, fuhr ich fort. »Wofür haben wir nicht alle gekämpft? Meine Mutter kämpfte in den dreißiger Jahren in Bloomsbury für die ›freie‹ Liebe, und meine Generation hat seitdem ungehindert herumgeschlafen, so daß eure Generation von den Hausdächern herab nach einer neuen sexuellen Revolution rufen konnte.« Ich machte eine Pause, um Atem zu holen. »Und jetzt verlangt ihr von mir, daß ich mich zurückhalten und wie eine prüde alte Schachtel benehmen soll?«

»Nein, das nicht, Mami«, unterbrach Vanessa, »aber könntest du das mit den jungen Männern nicht lassen und dich mit einem netten Mann deines Alters zufriedengeben?«

»Was heißt ›mein Alter‹? Ich lebe mit jedem Alter zusammen!«

»Du bist fünfzig Jahre alt, Mutter«, stellte Fiona kühl fest.

»Aber ich empfinde nichts für ältere Männer, meine Liebe. Entweder sind sie zu abgeschlafft, oder sie wagen sich nicht mehr aus ihrem Ehekäfig, oder sie rennen jungen Mädchen wie euch nach«, antwortete ich und wandte mich wieder meinen Geranien zu.

»Was ist mit Rudi?« fragte Vanessa hartnäckig.

»Du gütiger Gott! Eher ginge ich zu deinem Vater zurück!«

»Das ist gar keine schlechte Idee«, meinte Fiona. »Warum tust du es nicht?«

»Dein Vater kann nicht kochen; auch dein Stiefvater kann das nicht. Mit meinen beiden Männern habe ich einen großen Fehler gemacht. Ich hätte sie in der Küche einsperren sollen, anstatt sie mit ins Schlafzimmer zu nehmen; es kommt nichts Besseres heraus als Bevölkerungsexplosion und Liebeskummer.«

Meine beiden Töchter lachten. ›Sie haben wenigstens Humor‹, dachte ich. ›Wenn ich nichts anderes im Leben erreicht haben sollte, so habe ich wenigstens zwei schöne Mädchen in die Welt gesetzt, mit langen Beinen und Humor.‹

»Mutter, hör für einen Augenblick ernsthaft zu«, bat mich Fiona, »und setz dich. Du gibst den Dingern da sowieso zuviel Wasser. Wenn du schon mit dem Gartenschlauch herumlaufen mußt, gib wenigstens dem Oleander auch etwas Wasser.«

Ich widmete mich also dem Oleander, den mir mein zweiter Ex-Ehemann gemeinsam mit seiner neuen Frau zum Geburtstag geschenkt hatte; beide lebten nur eine Straßenecke weiter, was sehr angenehm war. Ex-Ehemänner sind ja so praktisch. Meine waren dazu noch großzügig. Es ist sehr wichtig, sich die Ex-Ehemänner vorher gut anzusehen.

Ich kam auf unseren Streitpunkt zurück. »Heirat und häusliches Leben sollten nichts mit Sex zu tun haben«, sagte ich. »Sex sollte den Liebhabern vorbehalten bleiben und umgekehrt. Die Bienen haben es richtig getroffen. Das Verheiratetsein ist ein netter Hausjob für Leute, denen nichts anderes einfällt. Eine Menge Männer sind sehr gut im Abwaschen, und noch mehr Männer sind wunderbare Köche. Bestätigt sie, sage ich, sperrt sie in die Küche!«

Mein sizilianischer Schwiegersohn, der im Haushalt niemals einen Finger krumm machte, lachte, aber er sagte nichts. Ich fuhr fort, ihnen meine Meinung zu sagen, und fuchtelte dabei mit dem Gartenschlauch, je mehr ich so richtig ins Reden kam.

»Die Straßen sollten von Männern freigehalten werden, ebenso die Parlamente, und sie sollten aus allen Ämtern entfernt werden, kraft deren sie die Welt so verunstaltet haben, daß sich alles nur noch ums Wirtschaftliche dreht. Sie sollen in Zukunft Kuchen backen und die Kinder versorgen – dann gibt es vielleicht weniger Jugendkriminalität. Ich bin mir einfach nicht sicher, ob die Frauen wirklich so gut in Kindererziehung sind. Laßt uns die Welt umkrempeln und noch einmal von vorn beginnen.«

In meiner Erregung spritzte ich mit dem Wasser herum, aber Fiona sprang auf und drehte den Wasserhahn zu. »Setz dich und ruh dich aus, Mutter. Benimm dich, wie man sich in deinen Jahren benimmt!«

»Ich benehme mich genauso, wie es meinem Alter entspricht! Es ist ein Alter, in dem man vollkommen unabhängig ist. Ich bin so frei, zu leben, wo ich will und mit wem ich will. Ich kann um die ganze Welt reisen. Warum sollte ich mich irgendwo zur Ruhe setzen?«

»Du hast recht«, sagte Vanessa. »Aber könntest du nicht immer nur einem jungen Mann deine Aufmerksamkeit schenken? Warum müssen es immer gleich so viele sein?«

»Ich werde mich nie für nur einen entscheiden. Es ist unnötig und unhöflich. Ich füge eben einen zum anderen hinzu.«

Ich ging zu ihnen und setzte mich neben meinen beiden Töchtern und meinem so aufreizend faulen sizilianischen Schwiegersohn nieder. Mein englischer Schwiegersohn, der sehr hart arbeitete, hatte keinen Urlaub machen können. Ich streckte meine eigenen langen Beine aus und dachte über meine Situation nach. Auf welchen von meinen jungen Männern hätte ich denn verzichten können?

Mein starker, tüchtiger Lastwagenfahrer, Pietro, an den meine Töchter wohl dachten, war so überaus nützlich, wenn Dinge rund um das Haus in Ordnung gebracht werden mußten oder nach dem Wagen zu sehen war. Wenn ich ihn nicht im Bett hatte oder er sich nützlich machte, saß er still in irgendeiner Ecke und las die Sportzeitung, oder er ging nach Hause zu seiner Frau. Er war ein bedächtiger Mann und hatte mich eines Tages mitgenommen, als mein Wagen liegengeblieben war. Er hatte mich in seinem Lastwagen nach Hause gefahren und mir dabei geholfen, über Rudi hinwegzukommen, den letzten meiner Herzallerliebsten, auch einer, der mein Herz an so vielen Stellen verwundet hat, als er mich verließ.

Dann war da mein Dritter Botschaftsrat, ein netter, offener junger Mann im Außenministerium, für den diplomatischen Dienst bestens gerüstet, der sich um meine Aufenthaltsgenehmigung und meine Arbeitserlaubnis kümmerte und meine Geschäftskorrespondenz erledigte.

Dann war da noch Paolo, mein »römischer Frühling«. Ich nannte ihn so, weil ich ihn an einem schönen Frühlingstag in der Nähe der Spanischen Treppe aufgegabelt hatte. Er war Jurastudent und für so alltägliche Probleme wie den Urlaubsanspruch des Dienstmädchens und die Steuertermine zuständig.

Bruno, mein kleiner bärtiger Fotograf, machte alle Familienaufnahmen, schwarzweiß und in Farbe, Weihnachtsfeiern, Hochzeiten und Paßbilder. Zweifellos wird er auch bei meiner Beerdigung nicht fehlen und das Leichenbegängnis in allen Einzelheiten fotografieren. Bis es soweit war, füllte er erst einmal all die Lücken, die es in meinem Liebesleben immer noch gab. Er fühlte sich als Nachfolger Casanovas und konnte in einer Woche mehr Frauen an Land ziehen als andere in ihrem ganzen Leben. Bruno konnte man anrufen und einfach sagen: »Ich bin einsam und traurig« – er verstand sofort. Gerade hatte er die Signora A und das Fräulein B ausgezogen – nach einem kurzen Telefongespräch mit der Prinzessin C und vor einem Schäferstündchen mit Frau D pflegte er hereinzuplatzen – ich meine wirklich »hereinplatzen«. Ein schnelles Rein und Raus mit Bruno, und ich brauchte keine Anregungsmittel mehr. Es war viel billiger als Alkohol oder Drogen und außerdem gesünder.

Wie konnte ich nur einen einzigen meiner jungen Männer entbehren? Sie waren mir zur Gewohnheit geworden, und außerdem war ich auch für sie nützlich. Ich war immer da, wenn sich ihnen keine andere Gelegenheit bot. Einer meiner Freunde – oder Feinde? – drückte es so aus: »Du bist das älteste und vornehmste Callgirl, das noch im Geschäft ist, Anne.«

Ich verabreichte Tee und Sympathie, Leidenschaft und Heiterkeit an meine jungen Männer – eine komplikationslose Form von sexueller Erleichterung. Jüngeren Frauen ist manchmal schwerer beizukommen, sie kosten Geld, und man läuft Gefahr, sie zu schwängern. Und es war auch unwahrscheinlich, daß sie über so gemütliche Wohnungen verfügten, wie ich eine hatte.

Meine Tochter wiederholte ihre Frage von vorhin: »Warum hast du so viele junge Männer, Mutter?«

»Doppelt genäht hält besser«, antwortete ich. »Wenn man sich mit nur einem Liebhaber einläßt, will er am Ende noch heiraten.«

»Was ist so falsch an der Ehe?« riefen beide Töchter gleichzeitig.

»In eurem Alter scheint die Ehe die Lösung aller Probleme zu sein, ich weiß. Ihr seid verrückt darauf, alle Rezepte der Sonntagsbeilage auszuprobieren. Es füllt euch vollkommen aus, wenn ihr euren Babys die

Windeln erneuern könnt. In meinem Alter ist das alles Asche. Wenn ich noch einmal heiraten sollte, werde ich mir einen netten, alten, reichen Homosexuellen aussuchen, einen König der Kochkunst, der für mich sorgt und meine jungen Männer mit mir teilt. Wir werden ihnen silberne Schildchen um den Hals hängen, auf denen ›Mein‹ und ›Dein‹ steht.«

»Mutter, du bist unmöglich!«

Aus dem Badezimmer kamen markerschütternde Schreie – die Kinder spielten dort –, und dann folgten dumpfe Schläge und erhobene Stimmen.

»Deine Enkelkinder bringen sich gegenseitig um«, sagte mein sizilianischer Schwiegersohn ruhig; es war das erstemal, daß er den Mund aufmachte. »Können sie das nicht ein wenig leiser tun? Sie stören mich in meinen Gedanken.«

Dann lehnte er sich lässig in seinem Lehnstuhl zurück und goß sich ein neues Glas von dem eisgekühlten Tee ein, während wir drei Frauen hastig aufstanden und in die Wohnung gingen, um das Schlachtfeld zu besichtigen. Den Kindern war nichts passiert, aber das Badezimmer war überschwemmt.

Dieses Jahr verbrachten wir den Ostersonntag auf Vanessas Bauernhof außerhalb von Rom in den Albaner Bergen. Ich sorgte für die österliche Eiersuche der Kinder im hohen Gras des Obstgartens, und danach gingen wir ins Haus, zum traditionellen italienischen Osteressen, dem Lammbraten; als Nachtisch gab es einen Kuchen, der wie eine Taube geformt war.

»Ist das die Friedenstaube oder der Heilige Geist?« fragte Fiona ihre Schwester.

»Ich weiß nicht«, antwortete Vanessa. «Zwar mußte ich den ganzen Katechismus auswendig lernen, bevor ich katholisch heiraten durfte, aber das haben sie mir nicht gesagt.«

Obwohl ihr Mann der Kommunistischen Partei angehörte, hatten sie sich kirchlich trauen lassen. Es ist eine der merkwürdigen italienischen Eigenheiten, daß selbst gute Kommunisten am Sonntag zur Messe gehen.

Ich fuhr allein nach Rom zurück und ließ meine beiden Mädchen mit ihren kleinen Familien auf dem Land zurück. Ich war ziemlich erleichtert. Allmählich hatte ich das Alleinleben liebengelernt; am liebsten hätte ich nicht einmal das Telefon abgenommen, das läutete, als ich nach Hause kam. Es erschien mir wie ein Einbruch in mein Privatleben.

Das Telefon läutete immer noch. Der Anrufer mußte jemand sein, der meine Lebensgewohnheiten kannte, die Größe der Wohnung, ebenso meine Abneigung, den Hörer abzunehmen. Es war wahrscheinlich einer meiner Teilzeitliebhaber – aber welcher?«

»Hallo, Anne. Wo hast du die ganze Zeit gesteckt?«

»Familienpflichten.«

»Ein wenig Liebe gefällig?«

»Mir ist immer nach Liebe zumute – das ist mein schwacher Punkt.«

»Es ist nicht dein schwacher Punkt, Anne, es ist deine Stärke. Das hält dich jung.«

»Also komm schon rüber. Eben habe ich angefangen, mein Alter zu spüren.«

Ich legte auf, und einen Augenblick lang konnte ich mich nicht erinnern, welcher meiner jungen Liebhaber mich besuchen kam. Das Wunderbare daran war, daß es überhaupt keine Rolle spielte.

Später, als ich die Tür öffnete, merkte ich, wie glücklich ich war. Im Alter von fünfzig Jahren lebte ich in einem freudvollen Rhythmus von Spiel und Arbeit, der zwar Disziplin und Beherrschung erforderte, aber mit einer Spur Verrücktheit gemischt war. Meine Arbeit als Public-Relations-Agentin großer Filmgesellschaften harmonierte bestens mit meinem Lebensstil. Auch mein Beruf erforderte Disziplin und Beherrschung, und für die Spur von Verrücktheit sorgten die Filme. Mir war nie langweilig. Langeweile ist tödlich – und ich liebte das Leben.

Es läutete an meiner Tür – ein fröhliches, jugendliches Läuten.

»Liebling«, sagte der junge Mann, als er zur Tür hereinkam und mich in seine starken Arme nahm. »Wir haben nur zu einer kurzen Nummer Zeit. Stört dich das? Ich muß in einer halben Stunde nach Mailand; ich wollte dich einfach fühlen, bevor ich fahre.«

»Natürlich stört es mich nicht. Ich freue mich, daß du mich fühlen möchtest. Einander fühlen wollen bedeutet Freundschaft. Kopulation bedeutet Kommunikation; und ich möchte begehrt werden – das ist das ganze sexuelle Geheimnis.«

Wir gingen in den Wohnraum, dort nahm er mich wieder in seine Arme und küßte mich zärtlich. Zuerst ließ er seine Zunge um meine Zungenspitze flattern, dann aber stieß er sie hart in meinen Mund.

»Es tut mir leid, daß wir nur so wenig Zeit haben«, sagte er, als er sich von mir gelöst hatte, um wieder zu Atem zu kommen.

»Nur die Wildheit der Begierde zählt«, antwortete ich, »nicht die Zeit, die sie dauert.«

Wir gingen ins Schlafzimmer, aber wir zogen uns nicht ganz aus. Als wir fertig waren, lächelte ich.

»Man sollte niemals den Wert einer Fünf-Minuten-Nummer unterschätzen«, sagte ich.

Tagebucheintragung. Cannes zur Zeit der Filmfestspiele. 10. Mai 1967, gegen Mittag.

Gestern bin ich in Cannes angekommen. Die Sonne steht strahlend über der Croisette, aber es geht ein Wind, und die Palmen sind mit Staub bedeckt. Ich bin hier, weil einer der italienischen Filme, an denen ich mitgearbeitet habe, uraufgeführt werden soll; ich soll ihm jede erdenkliche Publicity verschaffen. Den Vormittag habe ich mit Schlangestehen nach meinem Presseausweis verbracht, mit dem ich zu allen nichtöffentlichen Vorstellungen Zugang habe. Dieses Jahr sind wir regelrecht eingeteilt worden: Produzenten, Verleiher, Journalisten und nicht zuletzt die Stars, die in den Augen der Festivalleitung in die Schublade gehören, auf der »les artistes« steht. Das sind aber nicht nur Darsteller, sondern auch Regisseure, künstlerische Berater und alle die anderen, die nicht gerade mit dem Verkauf von Filmen befaßt sind, sondern damit, sich selbst zu Markte zu tragen.

Cannes ist eine Mischung von Big Business und südländischem Sklavenmarkt. Es sieht nach Regen aus, aber das Wetter ist während der Filmfestspiele meistens schlecht. In den goldenen Tagen der Filmfestspiele war das Wetter wichtiger, als alles darauf ankam, sich so strahlend wie möglich zur Schau zu stellen, als die weiblichen Filmsternchen sich am Strand mit Nerzbikinis in Positur stellten, bis sie merkten, daß sie so zu keinem Vertrag kamen, sondern sich höchstens eine Lungenentzündung holten. Heute treten die Darsteller in Cannes kaum noch in Erscheinung, es sei denn, ihr neuer Film läuft gerade an, und ihre Anwesenheit ist gut fürs Geschäft. Umgekehrt bedeutet »in Cannes gesehen werden« so gesehen werden, als sei man frei von allen Verpflichtungen. Die Filmfestspiele von Cannes sind heute einzig und allein vom großen Geschäft bestimmt, Produzenten suchen Verleiher, aber Regisseure suchen keine Darsteller mehr. Nur die Schaulustigen entlang der Croisette und vor den Kinos verrenken sich die Hälse nach den Stars.

Ich werde jetzt das Hotel verlassen, mich unter die Schaulustigen mischen und versuchen, Rudi irgendwo aufzutreiben.

Als ich mich 1955 von meinem zweiten Mann trennte und mich in Rom niederließ, habe ich Rudi kennengelernt. Er saß in der Ecke einer kleinen Trattoria, in der Künstler und Schriftsteller verkehrten, wir alle gemeinsam am Tisch saßen und jeder jeden kannte. Aber keiner schien Rudi zu kennen. Er saß immer allein da, schüchtern, aber schön. Ich setzte mich manchmal zu ihm und fand, daß er äußerst charmant, intelligent und überraschend humorvoll war. Er stammte aus Österreich, aber er hatte in Rom an der Filmakademie studiert und war jetzt nicht mehr und nicht weniger als ein junger, talentierter Gestalter. Er kam nie mit jemandem in das Restaurant, und nie verließ er es mit jemandem.

»Entweder sind Sie gegen Sex oder gegen Gesellschaft«, wollte ich eines Tages von ihm wissen. »Haben Sie eine geheimnisvolle Herrin oder einen heimlichen Liebhaber? Sind Sie andersrum, normal oder eine unberührte Jungfrau?«

»Vielleicht warte ich nur auf die Richtige«, antwortete er und wich meiner provozierenden Frage aus, aber er lächelte, als er das sagte.

Ich konnte nicht weiterbohren, weil zwei Herren am Nachbartisch mich gerade verlost hatten. Ich kannte sie beide flüchtig und hoffte, der im roten Pullover würde gewinnen. Er hatte gewonnen.

In jener Zeit schlief ich ziemlich wild mit jedem herum, der mich darum bat, weil ich meinen zweiten Mann vergessen wollte. Der rote Pullover nahm mich also in Beschlag und lud mich zu einem Kaffee an der Piazza del Popolo ein. Als ich das Restaurant verließ, sagte ich noch zu Rudi: »Ich hoffe, Sie erkennen ›die Richtige‹ auch, wenn sie Ihnen über den Weg läuft. Ich persönlich bin der Ansicht, man muß alles erst einmal ausprobieren, bevor man urteilt.«

»Ich wollte, ich wäre so mutig wie Sie«, sagte er.

»Mut zahlt sich aus«, rief ich noch von der Tür aus und verschwand in der Nacht.

Erst einige Zeit später kam ich wieder in die kleine Trattoria. Die Affäre mit dem roten Pullover dauerte genau zwei Wochen. Wie alle anderen Pullover auch, konnte er ebensowenig meinen zweiten Mann vergessen machen. Dann, an einem regnerischen Abend, kam ich wieder in die Trattoria. Ich weinte gerade in meine Suppe, als Rudi hereinkam.

»Ich habe Sie niemals so unglücklich gesehen«, sagte er. »Es macht Sie zugänglicher.« Er drehte eine Rose aus der Papiertischdecke, riß sie ab und drückte sie mir in die Hand. »Ein kleiner Sonnenstrahl für Sie«, sagte er.

Als wir zu Ende gegessen hatten, lud ich ihn für einen Kaffee zu mir nach Hause ein. Zu meiner Überraschung nahm er an.

Wir hatten beide keinen Schirm, und so rannten wir bis zu meiner Wohnung, da es noch immer regnete. Außer Atem und pudelnaß kamen wir an.

»Sie müssen sich ausziehen, ich lasse Ihre Kleider vor dem Elektroofen trocknen«, wies ich ihn an. »Steigen Sie ins Bett, und wärmen Sie sich auf.«

Er war sehr schüchtern, aber er gehorchte. Auch ich zog mich nackt aus und legte mich neben ihn. Es dauerte einige Zeit, bis ich ihn aus seinen Unterhosen geschält hatte, aber am Ende war es doch gelungen. Sie kamen herunter, sein Ding kam hoch, und ich setzte mich zum krönenden Abschluß darauf; Rudi blieb mehr als fünf Jahre mit mir zusammen.

»Ich habe noch keine Frau gekannt, die die Initiative ergreift«, meinte er damals. »Es macht es leichter.«

Er gab seine latente Homosexualität zu, aber wir waren überaus glücklich, im Bett und außerhalb, so daß dieser Punkt keine Rolle zu spielen schien. Wir kamen nur einmal darauf zu sprechen und dann nie wieder, weil das Glück keine ernsthaften Probleme kennt. Mit seinen Film- und Theaterausstattungen wurde er sehr bekannt, ich nahm meine Public-Relations-Arbeit auf und arbeitete als Filmjournalistin für den italienischen Film. Meine Sprachkenntnisse und meine Bühnenerfahrung waren eine wesentliche Erleichterung, und ich hatte bei meiner Arbeit viel Erfolg. Unglücklicherweise konnten wir nur in den seltensten Fällen am selben Film zusammenarbeiten; lang andauernde Trennungen wurden unser Los.

Eines Tages kam ich von zweimonatigen Außenaufnahmen nach Hause zurück und mußte feststellen, daß noch jemand die Initiative gegenüber Rudi ergriffen hatte. Es war ein Mann. Rudi ging mit ihm nach Amerika, und ich war wieder einmal am Boden zerstört. Glücklicherweise mußte Rudi beruflich des öfteren nach Europa, und mit schöner Regelmäßigkeit versuchte er bei jedem Besuch, alles wieder einzurenken. Zunächst konnte ich nicht widerstehen, aber dann beschloß ich, den Zauber zu brechen. Von diesem Augenblick an bestand ich auf getrennten Zimmern und getrennten Liebhabern. Hin und wieder wohnten wir in Cannes sogar in verschiedenen Hotels. Deshalb konnte ich ihn manchmal nicht finden, selbst wenn ich wollte.

Unterhaltung auf der Terrasse des Carlton Hotels in Cannes. Vormittag. 12. Mai 1967.

»Rudi, mein Liebling, ich habe dich nirgendwo finden können! Ich habe dich seit vierundzwanzig Stunden gesucht!«

»Wo anders hätte ich sein können als hier, Anne? Jedermann, der etwas auf sich hält, sitzt vor dem Lunch auf der Terrasse des Carlton.«

»Du eingebildeter Affe! Nur weil du den Film ausgestattet hast, der wahrscheinlich den Preis macht, brauche ich noch lange nicht nach dir zu suchen. Du hast nach mir zu suchen. Das ist der Unterschied zwischen Mann und Frau!«

»Unsere Rollen waren immer schon vertauscht, Liebling. Es ist jetzt zu spät, das in Ordnung zu bringen.«

Wir musterten die Nachbartische. In der Hauptsache waren sie mit mittelalterlichen, dickbäuchigen Kaliforniern in Hawaiihemden besetzt. Die wenigen smarten europäischen Kameraleute trugen gutsitzende marineblaue Blazer mit Goldknöpfen und brachten artig ihre sorgfältig frisierten und ebenso elegant wie salopp gekleideten Begleiterinnen an den Tisch. Die Vuittonhandtasche war damals noch nicht in Mode.

»Die Chinesen würden das hier das ›Jahr des Hawaiihemds‹ nennen«, bemerkte ich spöttisch. »Was glaubst du, wer dieser wunderschöne junge Schwarze dort drüben ist? Ein äthiopischer Prinz?«

»Wahrscheinlich ein New Yorker Stricher!«

Rudi und ich hatten schon an allen Cafétischchen der Welt gesessen und das Ratespielchen gespielt: »Wer und was ist der da drüben?« Es hat uns immer Spaß gemacht. Hier war es beinahe zu leicht. Das Spiel hier hieß: »Filme machen um jeden Preis«. Die Zusammenkunft der Cliquen war ausschließlich vom Geld bestimmt, und diese Cliquen schwammen im Luxus, aber sie waren nicht elegant. Nur ein paar Französinnen in lässiger Kleidung und gesträhnter Windstoßfrisur sahen wirklich chic aus. Den anderen sah man nur ihr Geld an.

»Ich möchte zu gern wissen, wer die da drüben ist«, sagte ich und meinte ein großgewachsenes, dünngliedriges und flachbrüstiges Mädchen, das sich in teurer Hippiekleidung den Mittelgang zwischen den Tischen entlangtreiben ließ.

»Das ist das ›Brustlose Wunder‹«, stellte Rudi fest. »Andy Warhol wird sie entdecken.«

Eine Weile schweigen wir. Wenn man mit altvertrauten Liebhabern zusammen ist, braucht man nicht immer zu reden.

»Sieh mal da rüber«, sagte Rudi plötzlich. »Das ist vielleicht ein Appetithappen!«

Ich folgte Rudis Raubtierblick. Ein wunderschönes Kind bahnte sich seinen Weg durch die Menge, ein etwa sechzehn Jahre alter Junge. Sein goldblonder Haarschopf war zerzaust, sein Gesicht von der Sonne gebräunt, und sein geschmeidiger kleiner Körper steckte in den engsten Jeans, die auf der Croisette getragen wurden, und: er hatte überhaupt nichts von dieser Filmwelt an sich. Er sah aus, als sei er mit ein paar Freunden segeln gewesen und dann ans Ufer geschwommen.

»Er ist ein junger Gott«, meinte ich. »Aber laß die Finger davon. Ich möchte nicht, daß du wegen Verführung Minderjähriger eingesperrt wirst.«

»Glücklicherweise bin ich normal nicht auf Küken scharf. Aber der da hat etwas Besonderes. Zumindest ist er nicht aus dem Koffer gekrochen wie all die anderen hier. Er stammt wahrscheinlich aus dieser Gegend. Ich möchte wissen, wie er heißt und wo er wohnt.«

Wir sahen zu, wie der Junge langsam an den dichtbesetzten Tischen vorbeikam. Wir spielten noch immer das Spiel: »Wer ist wer und was tut er?« Der Junge kam zu einem Tisch ziemlich in unserer Nähe und sprach mit einem Herrn in mittlerem Alter, der schon seit einiger Zeit Platz genommen hatte.

Der Mann sah zu dem Jungen hinauf, und ich erkannte ihn sofort, obwohl ich ihn nahezu dreißig Jahre lang nicht gesehen hatte. »Gütiger Gott«, rief ich, »das ist ja Aurelien!«

»Wer ist Aurelien?« wollte Rudi wissen. »Der Junge?«

»Nein. Der Herr, der mit ihm spricht. Die erste große Liebe meines Lebens. Er nahm mir meine Unschuld auf einer Parkbank in der Nähe des Eiffelturms, als ich vor dem Krieg in Paris zum Sprachstudium war. Ist der aber alt geworden! Dabei kann er nicht viel älter sein als ich. Rudi, sag, sehe ich auch so alt aus?«

Aber Rudi hörte mir gar nicht zu. Er beobachtete den Jungen, der nun neben Aurelien Platz genommen hatte und sich lebhaft gestikulierend auf französisch mit ihm unterhielt. Ab und zu fuhr er sich mit der Hand durch seine wilden blonden Locken und versuchte vergeblich, sie zu bändigen.

»Was glaubst du, gehört er dir oder mir?« fragte Rudi nachdrücklich.

»Wer? Aurelien?«

»Nein, der Junge, du Schaf!«

»Oh, darauf bin ich noch gar nicht gekommen. Was soll ich denn mit Teenagern? Ich bin fünfzig Jahre alt, Rudi. Er könnte mein Enkel sein.«

»Und Aurelien könnte dein Mann sein. Warum hast du ihn nicht geheiratet?«

»Unser Verhältnis brach ab, als ich nach England zurück mußte. Meine Mutter war krebskrank und lag im Sterben, sie brauchte mich. Wir schrieben uns noch eine Weile, aber dann brach der Weltkrieg aus, und wir verloren uns aus den Augen. Frankreich war ja während des Krieges von England abgeschnitten.«

»Hast du nicht versucht, nach Kriegsende mit ihm wieder in Verbindung zu kommen?«

»Kaum – ich war ja damals schon mit Robert verheiratet. Einmal habe ich auf einer Parisreise in seiner früheren Wohnung angerufen, aber dort konnte man sich nur daran erinnern, daß seine Eltern irgendwo in der Provence gelebt hatten. Das war einfach zuwenig. Manchmal dachte ich auch, er könnte während des Kriegs umgekommen sein.«

Ich sah wieder zu Aurelien hinüber. Er war nun ein französischer Herr mittleren Alters, mit ergrautem Haar, man sah, daß es ihm gutging, auch wirkte er ein bißchen wie ein Professor, aber es war in meinen Augen noch genügend von seiner alten Ausstrahlungskraft übriggeblieben, um ihn ohne weiteres sofort zu erkennen. Er war ein hübscher Student der Rechte gewesen, jetzt war er wahrscheinlich ein erfolgreicher Rechtsanwalt.

»Warum gehst du nicht hinüber und sprichst mit ihm?« wollte Rudi wissen.

»Ich weiß nicht. Es ist alles schon so lange her ... als wäre ich damals jemand anderes gewesen oder hätte mir alles nur eingebildet. Vielleicht sollte ich mich nicht aufdrängen.«

»Unsinn. Mach schon. Geh zu ihnen, und bitte sie an unseren Tisch.«

So kam es, daß ich dreißig Jahre in meine Vergangenheit zurückging, und diese Vergangenheit saß nur wenige Meter von mir entfernt.

Fortsetzung des Tagebuchs. Cannes. 12. Mai 1967. Abends.

Das äußerliche Wiedererkennen ist noch gar nichts. Aurelien erkannte mich ebenso unmittelbar wie ich ihn, was nach so langer Zeit an sich schon erstaunlich war. Aber dann wußten wir nicht so recht, wo wir anknüpfen sollten. Was sagt man schon einem verflossenen Liebhaber nach dreißig Jahren? Ich trat an seinen Tisch, sagte: »Hallo, Aurelien«, als hätten wir uns erst kürzlich zum letztenmal gesehen.

Er sagte: »Du bist Anne Cumming, nicht wahr?«, und das kam ziemlich förmlich heraus.

Wir gaben uns die Hand. Warum wir uns nicht küßten, weiß ich nicht. Vielleicht, weil der Junge dabei war. Der Junge war sitzen geblieben, als Aurelien aufstand, um mich zu begrüßen; spöttisch sah er zu mir herauf. Es lag etwas Schelmisches in seinen Augen. Aurelien stellte ihn endlich vor. »Das ist mein Sohn Jean-Louis«; er stand auf und küßte mir die Hand. Es lag etwas Ironisches in der uralten Geste, mit der mir dieser Teenager in Blue jeans seine Ehrerbietung glaubhaft machen wollte. Es war etwas sehr Französisches, aber schließlich waren sie beide Franzosen. Sie kamen nicht zu uns an den Tisch, weil sie Freunde erwarteten; Aurelien lud mich an seinen Tisch ein, aber ich lehnte ab, weil ich erst einmal über den Schock hinweg mußte. Wir unterhielten uns eine Weile im Stehen und verabredeten uns zu einem gemeinsamen Essen am Abend.

Ich ging zum Tisch von Rudi zurück und setzte mich ziemlich angeschlagen wieder zu ihm. Rudi war – natürlich mehr von dem Sohn als von der Situation – vor Begeisterung aus dem Häuschen. Ich sehe schon, ich muß mich für heute abend so zurechtmachen, daß ich Vater und Sohn zusammen verführen kann, um einen diplomatischen Zwischenfall zu verhindern. Ich muß verhindern, daß sich Rudi an das Kind meines ehemaligen Geliebten heranmacht!

Der Abend verlief sehr angenehm. Aurelien führte uns zu Mama Besson gleich hinter meinem Hotel. Das Restaurant hatte genau die richtige Atmosphäre; es war einfach und gediegen, und das Essen war ausgezeichnet. Für eine regelrechte Unterhaltung war es zu reichhaltig, aber irgendwie gelang es uns doch, zwischen den Gängen auszutauschen, was in den vergangenen Jahren alles gewesen war.

Aurelien hatte spät geheiratet, und daher kam es, daß sein Sohn so sehr viel jünger war als meine Töchter, obwohl Aurelien selbst einige Jahre älter war als ich. Jean-Louis war ein Einzelkind, weil seine Mutter sehr früh gestorben war. Aurelien hatte erst vor kurzem wieder geheiratet, eine Frau in seinem Alter, die keine Kinder mehr bekommen konnte. Sie lebten jetzt in Draguignan, ungefähr eine Stunde von Cannes entfernt.

»Ich bin Provinzanwalt, meine Liebe, und ich bin es gern. Als Jean-Louis zur Welt kam, hatte ich meine Kanzlei in Paris, aber als seine Mutter starb, war es für mich nicht möglich, in dieser Riesenstadt für den kleinen Jungen zu sorgen. Ich ging nach Draguignan zurück, wo meine Eltern lebten. Mein Vater zog sich aus dem Berufsleben zurück, und so übernahm ich die Praxis. Dann heiratete ich meine jetzige Frau, Marie. Sie ist heute nicht mit dabei, weil sie ihre Mutter in Monte Carlo besucht.«

Aurelien war ländlicher Friedensrichter und durchtriebener Côte-d'Azur-Wüstling in einem. Ich kann mir denken, daß er ziemlich herumkam und einige Täubchen nebenbei hatte. Obwohl er schon auf die Sechzig zuging, hatte er immer noch das alte Funkeln in den Augen. Vielleicht sah ich das auch nicht richtig, weil meine Liebhaber seit Rudi fast allesamt so sehr viel jünger gewesen waren als ich – manchmal zwanzig, manchmal auch Ende Dreißig. Sogar Rudi war acht Jahre jünger als ich, damals also zweiundvierzig. Aurelien mußte ungefähr fünfundfünfzig sein, gerade das richtige Alter für mich, aber ich konnte für seine Generation überhaupt nichts empfinden. Es war mir nicht ganz klar, warum ich mich dem Jungen näher fühlte, aber es war so.

Ich flirtete ziemlich heftig mit dem Kleinen, um ihm das Gefühl zu geben, erwachsen zu sein. Er reagierte auch schon wie ein Mann, sah dabei aber immer noch wie ein Engel aus.

»Du abgefeimte Kinderschänderin«, sagte Rudi später zu mir, als er mich nach Hause brachte und Vater und Sohn mit ihrem kleinen Auto hinter den Hügeln verschwunden waren.

»Ich habe das nur getan, damit du die Finger von ihm läßt«, antwortete ich.

»Du hättest auch mit mir flirten können!«

»Rudi, ich habe dir schon vor Jahren erklärt, daß ich nie wieder mit dir schlafen werde. Nach dem jahrelangen Hin und Her kam da ein Punkt, an dem meine Gefühle ausgebrannt waren.«

»Mir hat das gefallen. Ich würde es wieder tun.«

»Du bist ein süßer kleiner Egoist.«

»Was willst du damit sagen?«

»Ich will damit sagen, daß du nur an dich denkst. Und jetzt mach dich auf die Reise; such dir einen netten jungen Mann, und laß mich in Frieden.«

Ich küßte ihn herzlich und ging in mein Hotel. Für meine Verhältnisse war dieses Grandhotel eine Nummer zu groß, aber die Filmgesellschaft bezahlte alles. Das Hotel war so großspurig, daß mir keiner der Gäste so richtig gefiel, da ich die Reichen nun einmal nicht ausstehen kann. Zum Ausgleich sahen einige der Kellner ganz vielversprechend aus. Besonders ein junger Mann vom Empfang hatte es mir angetan.

Der junge Mann stand hinter der Rezeption. Er machte sich nichts aus älteren Frauen. Warum sollte er auch, angesichts der zahlreichen

Filmsternchen und der Lebedamen, die während der Festspielsaison einfielen, um erschöpfte Geschäftsmänner wieder aufzumöbeln. Die Croisette wimmelte von hübschen jungen Mädchen. Sei's drum, wenn ich von zehn Uhr morgens bis Mitternacht auf Breitwandfilme gestarrt hatte, waren Augen und Beine bleiern vor Müdigkeit, und mir war überhaupt nicht mehr nach Parties oder Sex zumute. Ich gab mich mit den harten schwedischen und amerikanischen Pornofilmen zufrieden, die in den Kinos entlang der Rue d'Antibes gezeigt wurden.

Eines Tages rief mich Aureliens Frau an und lud mich nach Draguignan ein, aber ich erklärte ihr, daß ich keine Zeit hätte. Ich bat die ganze Familie nach Cannes zum Essen; vor allem wollte ich Marie kennenlernen. Ihre Stimme klang sehr sympathisch. Wir vereinbarten einen Tag, und ich war sehr gespannt darauf. Der Tag kam, und als ich zum Mittagessen in mein Hotel kam, fand ich eine Absage vor.

Notiz, die ich im Grand Hotel vorfand; Cannes, am 17. Mai 1967.

»Herr und Frau Laroche bedauern, heute abend nicht zum Essen kommen zu können. Ihr Sohn wird heute nachmittag nach der Schule gegen 16.30 Uhr nach Cannes kommen und alles erklären.«

Nach der Schule, wirklich! Ich hatte noch gar nicht daran gedacht, daß Jean-Louis noch zur Schule ging. Als wir uns auf der Terrasse des Carlton Hotels getroffen hatten, war schulfreier Samstag gewesen. Er mußte jetzt die Abschlußklasse des Gymnasiums besuchen.

Der Nachmittag verging damit, daß ich mir für den Film, den ich mitlancieren sollte, einiges an Öffentlichkeitsarbeit zurechtlegte. Der Star unseres Films hatte ziemlich viel »Arsch und Titten«, wie die Fotografen sagen, vorzuweisen, aber die Dame war bereits Mitte Dreißig, Mutter zweier Kinder und warf schon reichlich Falten. Rudi war gekommen, um mir bei den Fotos zu helfen, die ich vor allem für die Pressearbeit brauchte; sie sollten genug Fleisch zeigen, um Interesse bei der Presse zu wecken, sie sollten aber auch dezent genug wirken, um den Star, wie ich es vorhatte, durchzusetzen: als Sexsymbol, aus dem eine ernsthafte Schauspielerin geworden ist.

»Was soll ich nur tun, Rudi? Sie sieht aus wie eine abgeschlaffte Spielzeugpuppe, und schauspielern kann sie schon gar nicht.«

Rudi durchkämmte die Boutiquen von ganz Cannes für mich. Das war reizend von ihm, aber schließlich war er auch ein reizender Egozentriker, dem nichts mehr zuwider war, als im Sessel zu sitzen. Als ich noch mit ihm zusammen war, mußte ich mich ein dutzendmal am Tag umziehen, nur damit er ausprobieren konnte, welche Ohrringe zu welchem Rock paßten. Ich habe das so satt bekommen, daß ich mich seitdem kaum noch um den Kleiderkram gekümmert habe, und der Schmuck, den ich von meiner Mutter geerbt habe, liegt im Banksafe; zum Teil habe ich ihn meinen Töchtern zur Hochzeit geschenkt.

Rudi und der große Star tauchten zur selben Zeit auf. Gemeinsam platzten sie herein, aber er behandelte sie ein wenig von oben herab, was er sehr gut konnte.

Dutzendweise brachte er Saris, Kaftane und indisches Geschmeide mit.

»Jetzt kreieren wir den indischen Look«, sagte er.

1967 hatte man den indischen Look noch nicht satt. Vielleicht hat Rudi ihn sogar erfunden. Der große Star jedenfalls zeigte sich sehr beeindruckt, daß Rudi mir hilfreich unter die Arme griff, und irgendwie brachte er es fertig, daß sie hinreißend nach Reklame, Sex und ernsthafter Schauspielerin zugleich aussah.

»Sie hat ein bißchen von Marlene Dietrich in ›Marokko‹«, meinte Rudi, als er sein Werk betrachtete. »Ein Spritzer geheimnisvoller fernöstlicher Magie ist auch dabei!«

Der Fotograf machte sich an die Arbeit und rückte die Beleuchtung zurecht, während Rudi den Faltenwurf des Kleides korrigierte und dem in Ruhepose zurückgelehnten Star glitzernden Schmuck umlegte. Dann war es soweit für die Aufnahmen.

»Einen Augenblick noch!« rief Rudi. Rasch entfernte er wieder ein paar Ketten. »Erst muß man sich anziehen, alle Juwelen anlegen und dann irgend etwas wieder ausziehen oder ablegen. Das ist die einzige Möglichkeit, ein ordinäres Aussehen zu vermeiden.«

Rudi hatte auch immer recht.

Nach den Aufnahmen saß ich draußen vor dem Grand Hotel; ich hatte beim Empfang hinterlassen, daß ich auf der Terrasse war. Ich hatte Tee bestellt und wartete auf Jean-Louis. Er kam aus der Richtung der Croisette über den Rasen vor dem Hotel auf mich zu; ich konnte jeden seiner Schritte beobachten. Für einen Oberschüler war er außerordentlich selbstbewußt. Er ging nicht etwa scheu und mit herabhängenden Schultern, sondern federnd und kraftvoll. Ich ertappte mich dabei, daß ich ihn mit der Faszination Rudis betrachtete.

»Wie alt bist du, Jean-Louis?« fragte ich ihn zur Begrüßung.

Er lächelte, und seine blauen Augen blitzten. »Sechzehndreiviertel. Und wie alt sind Sie?«

»Hat deine Mutter dir nicht beigebracht, daß man eine Dame nicht nach ihrem Alter fragt?« konterte ich.

»Ich habe kaum eine Mutter gehabt. Meine Mutter starb, als ich vier Jahre alt war, und meine Stiefmutter gibt es erst seit zwei oder drei Jahren. Mein Vater hat mich großgezogen.«

»Dann muß ich mit Aurelien darüber sprechen! Ich bin fünf oder sechs Jahre jünger als er, wenn du es genau wissen willst. Im vergangenen Dezember bin ich fünfzig geworden.«

»Dann sind Sie Schütze?«

»Ja, mit Jupiter im Aszendenten. Du kennst dich aus im Horoskop? Lernt man das heute in der Schule?«

»Nein, aber ich interessiere mich für Astrologie. Jetzt weiß ich, daß Sie unabhängig und anpassungsfähig zugleich sind und gerne weite Reisen machen.«

»Und die unter Jupiter Geborenen haben in meinem Alter eine glückliche Hand.«

»Auf mich wirken Sie überhaupt nicht alt.«

»Nun, ich bin erleichtert, daß dir dein Vater wenigstens das beigebracht hat. Mit diesem Kompliment ist die dumme Frage von vorhin vergessen.«

Beide lachten wir. Das Eis war gebrochen, und der Altersunterschied spielte keine Rolle mehr. Jean-Louis hatte neben mir Platz genommen und trank mit mir Tee wie ein längstvertrauter Freund. Er war bewundernswert, und ich hatte so Lust auf ihn wie auf die frischen reifen Erdbeeren auf den Törtchen, die man uns servierte. Ich hatte Lust, ihn einfach in den Mund zu nehmen, seine zarte Kruste zu spüren und seinen süßen, saftigen Geschmack zu kosten. Es war mehr als gut, daß er sich mit einigen Freunden zum Segeln verabredet hatte.

»Ganz nebenbei«, sagte ich, als er Anstalten zum Aufbruch machte, »solltest du mir nicht erklären, warum wir heute abend nicht alle zusammen essen können? Ich hatte sehr gehofft, deine Stiefmutter kennenzulernen.«

»Natürlich, das hätte ich jetzt beinahe vergessen. Sie mußten beide nach Marseille rüber. Maries Mutter ist in die Klinik eingeliefert worden und wird operiert. Einige Tage werden sie bestimmt weg sein. Mein Vater würde sich sehr freuen, wenn Sie noch hier sind, bis er wieder zurück ist.«

»Und du bist trotzdem hier in Cannes?«

»Ja, während der Schulzeit lebe ich hier bei einer Familie. Ich muß schrecklich viel für das Abitur im nächsten Monat ochsen.«

»Laß dich einmal bei mir sehen, wenn du Zeit findest.«

»Zu gern. Ich möchte wirklich.« Er küßte mir noch die Hand, dann war er verschwunden.

Ich sah ihn nicht mehr, auch seine Familie nicht. An jenem Abend aß ich allein mit Rudi.

»Nun, wie war dein Leckerhäschen?«

»Gut gesagt. Am liebsten hätte ich es aufgegessen.«

»Und warum hast du es nicht getan?«

»Aber Rudi. Bei einem solchen Kind weiß man ja nicht, wo man anfangen soll!«

Rudi sah mich einen Augenblick lang nachdenklich an und kam dann auf etwas anderes zu sprechen. »Unter den Fotos von heute nachmittag möchte ich gerne einen Vermerk. Foto von Soundso. Künstlerische Gestaltung durch Rudi von Hoffman.«

»Rudi, du brauchst doch wirklich keine Reklame mehr. Der Film wird dir einen Oscar einbringen.«

»In diesem Geschäft kann man nie genug Reklame haben. Du weißt das ganz genau; damit verdienst du ja deine Brötchen.«

»Da bin ich aber ganz anderer Meinung. Du kannst dir dabei die Finger verbrennen, wie man sagt.«

»Nicht ich. Dazu habe ich viel zuviel guten Geschmack.«

Rudi bekam also seinen Vermerk unter den Aufnahmen, und ich ging an seinem Arm zur Premiere seines Films; ich trug ein Kleid, das er mir für diesen Abend gekauft hatte, und ich legte an Schmuck an, was ich hatte; ich ging jedoch nicht, bevor ich nicht ein Stück wieder abgelegt hatte. Vielleicht werde ich mich eines Tages ganz von seinem Einfluß befreien können. Im Moment bringe ich wenigstens die Kraft auf, nicht mit ihm ins Bett zu steigen.

Die letzten Tage des Festivals brachten nichts Außergewöhnliches; Chaos und Ordnung hielten einander die Waage. Wenn man dachte, irgend etwas geht schief, so klappte es bestimmt, und umgekehrt. Es regnete leicht, und wir versteckten unsere Sommerkleidung unter den Regenschirmen, die wir auf die schnelle im Kaufhaus erstanden hatten.

Der Film, bei dem Rudi mitgearbeitet hatte, wurde natürlich ausgezeichnet, aber es war so gut wie sicher, daß er nicht für den Oscar nominiert werden würde. Bis zum Rande der Erschöpfung kämpfte ich, daß der große Star zur rechten Zeit am rechten Ort war und die Titelseiten der großen Zeitschriften bekam, obwohl der Film dieser Dame die denkbar schlechteste Aufnahme gefunden hatte; darüber vergaß ich die Laroches und ihren Sohn nahezu ganz.

Als ich den Schlafwagen in Nizza bestieg, um nach Rom zurückzufahren, war ich am Ende meiner Kräfte. Man hatte es bislang nicht einmal fertiggebracht, den Fahrplan auf die Festspiele abzustimmen und die Schlafwagen schon in Cannes bereitzustellen. Rudi begleitete mich bis zum Bahnsteig und schenkte mir zum Abschied ein Dutzend Rosen. Mit Freunden zusammen wollte er anschließend nach Paris, um an der Oper für die Ausstattung eines neuen Balletts zu sorgen. Ich versprach ihm, im Herbst zur Premiere zu kommen.

»Lebe wohl, mein Schatz, leb wohl«, sagte er, als der Zug langsam anfuhr.

Wie oft hatte ich Rudi das schon sagen hören? Gott sei Dank tat es nicht mehr weh. Ich ging in mein Abteil und nahm Platz. Während ich die Hände in meinem Schoß faltete, betrachtete ich meine Eheringe. Ich trage drei davon. Den einen steckte mir der Vater meiner Kinder, mein erster Mann, auf; Robert hatte nur das Datum eingravieren lassen. Der andere stammte von meinem zweiten Mann, Charles; er war aus Gold getrieben und besagte: »Ich liebe dich heute mehr als gestern, aber nicht so sehr wie morgen!« Damit das Ganze kürzer war, stand es in französisch da, und es reichte ganz um den Ring herum. Und von Rudi, mit dem ich niemals verheiratet gewesen war, stammte der dritte Ring, den er mir an dem Tag geschenkt hatte, an dem er mich verließ. Auf der Innenseite waren die Worte eingraviert: »Immer und ewig.« Es war ein sehr glatter, flacher Goldring.

»Sehr geschmackvoll, nicht wahr?« hatte Rudi gemeint, als er ihn mir schenkte.

Ich möchte zu gern wissen, was daran so besonders geschmackvoll war, am Tag der Abreise einer Dame einen Ehering zu überreichen!

Es war sehr heiß, als ich in Rom ankam. Es war jetzt Sommer, und ich hatte bereits mit den Vorbereitungen für einen neuen Film begonnen, eine großangelegte italienisch-amerikanische Gemeinschaftsproduktion, die jemanden wie mich vom Beginn der Dreharbeiten an erforderte; das sollte ab dem ersten September sein.

Meine Tochter Vanessa kam mit ihrem Kinderschwarm in die Stadt, um Einkäufe zu machen. Damit sie die nötige Ruhe dazu hatte, kümmerte ich mich um die Kinder. Matthew war ein sehr aufgewecktes Kind, lebhaft, verschmitzt und angriffslustig.

»Ich glaube, der macht seinen Weg in der Mafia«, sagte ich zu meinem sizilianischen Schwiegersohn.
»Das wäre mein ganzer Stolz«, antwortete er.
Vanessa war immer noch nicht mit dem alten Thema fertig. »Hast du in Cannes nichts Passendes gefunden?« wollte sie wissen.
»Nein, absolut nein. Es macht mir nichts aus, beim Film zu arbeiten, aber verheiratet bin ich nicht damit. Im übrigen war Rudi um mich herum. Er nimmt mich noch immer ganz schön in Beschlag.«
»Warum heiratest du ihn dann nicht?«
»Weil er mich aus Gründen will, die ich nicht will.«
Damit war das Thema erledigt. Ich erzählte ihr nichts von Aurelien, weil sie kaum hätte verstehen können, wie sich das alles entwickelt hatte. Kurz nach meiner Rückkehr nach Rom hatte ich einen Brief erhalten, den ich nun zusammen mit anderen sorgfältig in einer alten Schuhschachtel als Erinnerung aufbewahre.

Meine Liebe,

mein Englisch ist nicht mehr so gut wie zur Zeit unserer gemeinsamen Jugend. Wir haben Rost angesetzt, obwohl Du kaum älter geworden bist, Deinem Aussehen nach. Es hat mich mit Gefühl und Bewunderung erfüllt, Dich wiederzusehen. Meine Frau und ich bedauern es sehr, daß wir nicht mehr mit Dir zusammenkommen konnten; auf ihre Anregung hin schreibe ich jetzt.
Wir haben uns um Jean-Louis ernsthaft Sorgen gemacht. Er ist gegenüber Mädchen seines Alters ein wenig kontaktscheu. Wir waren deshalb mehr als überrascht, als er einen Tag nach dem Treffen mit Dir eine Bemerkung machte, die zu erkennen gab, daß er sich von Dir körperlich angezogen fühlte. Ich war ziemlich eifersüchtig, konnte ihn aber gut verstehen. Im Bett zählt nur, wer es ist, nicht, wie alt er ist. Und Du bist immer eine außergewöhnliche Persönlichkeit gewesen.
Damit komme ich zum Hauptanliegen meines Briefes. Jean-Louis hat vor, per Anhalter nach Italien zu fahren, jetzt im Sommer. Möchtest Du ihn bei Dir aufnehmen und seine *éducation sentimentale* fortsetzen? Wenn er kommt, wird er gerade siebzehn vorbei sein. Was für ein Geburtstagsgeschenk! Die ehemalige Geliebte seines Vaters!
Ich habe Marie erzählt, wie gut Ihr Euch verstanden habt während unseres gemeinsamen Essens; sie glaubt, daß Du Nerven genug hast, um unseren Plan durchzuhalten, wenn Du nur unseren Sohn lieb hast.

Aber vielleicht gibt es da einen eifersüchtigen Italiener, der für so etwas überhaupt kein Verständnis hat?

Wir drücken Dich ganz herzlich. Jean-Louis wird sich Ende Juni, unmittelbar nach dem Abitur, auf den Weg machen.

Wie immer,

Dein Aurelien

Aureliens Brief löste eine ganze Fülle schwermütiger Erinnerungen in mir aus. Meine Mutter hatte mich mit achtzehn nach Paris geschickt, um mein Französisch zu verbessern. Ich wohnte bei einer höchstanständigen Familie in der Nähe des Eiffelturms. Der Neffe meiner Wirtsleute, eben Aurelien, machte sich ein Vergnügen daraus, mich zu abendlichen Spaziergängen durch die Anlagen rund um den Eiffelturm auszuführen. Eines Abends hatten wir auf einer Parkbank alles außer »eben jenem« getan, und dann kam auch das noch dran. Es war alles ziemlich unbequem, aber es tat überhaupt nicht weh, als er eindrang, wohl weil ich ein Jahr zuvor in Deutschland fast entjungfert worden wäre – ich war damals siebzehn –, wenn ich nicht im letzten Augenblick die Nerven verloren hätte. Damals kannte man ja die Pille noch nicht und wußte überhaupt wenig über Empfängnisverhütung.

Sicherlich ist meine Vielseitigkeit meinen Sprachkenntnissen zugute gekommen. Seit damals habe ich rund um den Globus mit ganzen Wörterbüchern geschlafen, aber eine frühreife Erstausgabe ist noch nicht dabeigewesen.

Brief von Rom nach Draguignan vom 1. Juni 1967.

Lieber Aurelien, liebe Marie,

Euer sehr französischer Vorschlag reizt und beschäftigt mich; ich freue mich, daß Marie bei diesem etwas seltsamen Arrangement mit von der Partie ist; die Vorstellung, eine eifersüchtige Stiefmutter würde mich wegen Verführung Minderjähriger anzeigen, wäre mir unerträglich!

Ihr scheint sehr sicher zu sein, daß Jean-Louis auf das Spiel eingeht. Nach meinem Eindruck ist er mehr daran interessiert, sich draußen rumzutreiben statt drinnen, aber trotz meines fortgeschrittenen Alters glaube ich, daß die Sache eine gewisse Chance hat. Ich will es auf einen Versuch ankommen lassen. Im Moment habe ich keine eifersüchtigen Liebhaber, weder Italiener noch sonst wen. Nach der letzten Gefühlskatastrophe in meinem Leben habe ich mit der ganz großen Liebe Schluß gemacht und begnüge mich jetzt mit Liebschaften, die kommen und gehen.

Was immer Ihr vorhabt, Jean-Louis darf nichts von unserem Komplott wissen. Wenn tatsächlich etwas passieren soll, muß er derjenige gewesen sein, der die Initiative ergriffen hat; das ist wichtig für sein Selbstgefühl. Ich werde ihm persönlich schreiben und ihn einladen.

Eure herzliche Freundin und Komplizin

Anne

Ein paar Tage lang war ich ziemlich stark beschäftigt, vor allem mit der Wohnung, weil meine Zugehfrau, die sonst täglich kam, während meiner Abwesenheit beim Frühjahrsputz von der Leiter gestürzt war.

Bis sie wieder gesund war, mußte ich die Hausarbeit selbst erledigen und so ganz nebenbei noch die Pressearbeit für den neuen Film vorbereiten, der vor allem die Schwierigkeit bot, ein bislang unbekanntes jugoslawisches Filmsternchen mit außerordentlichen Körpermaßen durchzusetzen. Sie hatte nämlich so gut wie keinen Busen. Wir mußten uns einfach etwas einfallen lassen, um zu den »Titten-und-Po«-Fotos zu kommen, obwohl unser Rohstoff zuwenig von ersterem und zuviel von letzterem hatte. Rudi fehlte mir, der ihr vielleicht ein nasses Kleid angezogen oder sie an den richtigen Stellen mit Perlengirlanden behängt hätte. Schließlich brachten wir eine Serie von ausgezeichneten Aufnahmen zustande; sie lag nackt in einem Heuschober und hielt ein kleines Kätzchen eng vor ihren nicht vorhandenen Busen.

»Die Muschi auf der Muschi«, meinte der amerikanische Fotograf, der eigens von den Staaten eingeflogen worden war, weil Geld bei der Vorbereitung des Films offenbar keine Rolle spielte. Ich glaube, er stand in dem Ruf, einfach besser als die italienischen Fotografen einschätzen zu können, wie sich der amerikanische Mann die Frau seiner Träume vorstellte.

Schließlich schrieb ich an Jean-Louis. Ich kann nicht behaupten, daß er – zumindest bis zu diesem Zeitpunkt – der Mann meiner Träume gewesen sei, aber ich ertappte mich dabei, wie ich mir das Vergnügen vorstellte, ihm zärtlich durch den Lockenkopf zu streichen. Wenn man selbst sehr glattes Haar hat, kann einen das Berühren widerspenstiger, dichter Locken ganz schön anmachen.

Lieber Jean-Louis,

ich denke gern an unser Treffen in Cannes zurück, wenngleich ich ein wenig traurig bin, daß wir uns alle zusammen nicht noch einmal sehen konnten. Es war trotzdem ein Glück, daß Du und ich uns ein wenig näher kennenlernen konnten. Vieles an Dir erschien mir längst vertraut. Du hast von Deinem Vater die heitere Gelassenheit und die funkelnden blauen Augen geerbt. Das Wiedererkennen ist einer der Grundpfeiler der Freundschaft, und ich möchte nur hoffen, daß wir unsere Freundschaft in diesem Sommer besiegeln.

Wenn Du im nächsten Monat Dein Abitur gemacht hast, werden Dich Deine Eltern wahrscheinlich in die Ferien nach Italien schicken. Ich habe eine großzügige Wohnung in Rom und eine kleine Ferienwohnung am Meer. An beiden Orten bist Du mir hochwillkommen. Jetzt, wo meine beiden Töchter aus dem Haus sind, habe ich sehr viel Platz. Unser Altersunterschied hat sich auf dem Caféhaustisch in Cannes nicht als unüberwindbares Hindernis aufgetürmt, und vielleicht können wir ihn auf meiner römischen Terrasse ganz zum Verschwinden bringen.

Schreibe mir bitte, ob Du kommen willst, aber laß Dich nicht von Deinen Eltern zu etwas hinreißen, was Du selbst nicht wirklich willst!

Deine liebe Anne

Ich hoffe, ich habe den richtigen Ton zwischen Vertraulichkeit und Ermutigung gefunden, ohne den Jungen abzuschrecken. Es lag da etwas in seinen blitzenden, prüfenden Augen, das auf seine Abenteuerbereitschaft schließen ließ, aber vielleicht war er noch nicht weit genug, um es mit einer so reifen Frau zu versuchen. Und hatte ich mich denn überhaupt schon auf ihn eingestellt? Ja, ich glaube, das hatte ich.

Während jenes Frühlings hatte ich zwei »Teilzeit«-Liebhaber in Rom: meinen ziemlich hochnäsigen Diplomaten und meinen ziemlich grobschlächtigen Fernfahrer. Sie hatten einander in unregelmäßigen Abständen abgelöst, den Sommer über waren sie nicht da. Ich konnte mir daher etwas Regelmäßigeres leisten. Unruhig wartete ich auf die Antwort von Jean-Louis, die ziemlich lange auf sich warten ließ und sehr kurz und bündig ausfiel, als ich sie endlich in Händen hielt.

Liebe Anne,

verzeih die häßliche Postkarte [eine einfallslose grellfarbige Ansichtskarte von der Croisette mit dem Carlton Hotel im Hintergrund], aber es war die einzige, auf der unser erster Treffpunkt zu sehen ist. Verzeih, daß ich jetzt erst schreibe, aber das Abi hat mich ganz schön in Atem gehalten. Wäre es Dir recht, wenn ich nächste Woche nach Rom komme? Ich fahre per Anhalter, so daß ich nicht genau sagen kann, wann ich da bin. Ich glaube, ich habe beim Abi ganz gut abgeschnitten. Vater sagt jedenfalls, daß ich nicht auf das Zeugnis zu warten brauche.

Dein Jean-Louis

Tagebucheintragung. Rom, den 25. Juni.

»Dein Jean-Louis« – da stand es schwarz auf weiß! Ich möchte nur zu gern wissen, ob er das auch wirklich wird. Jetzt habe ich mich auf diesen seltsamen Handel eingelassen, und ich weiß nicht einmal, ob ich das auch durchhalten werde. Gewiß, im Laufe der Zeit habe ich eine Menge junger Liebhaber gehabt – aber Rudi hat recht, diesmal handelt es sich wirklich um Kinderschändung! Ich hatte nicht einmal siebzehnjährige Liebhaber, als ich selbst siebzehn war. Ich habe noch nie mein Alter empfunden, aber diesmal könnte es dazu kommen. Ich muß unbedingt unseren Briefwechsel aufheben – eines Tages könnte es ganz unterhaltsam sein, darin zu lesen.

Antwort von Rom nach Draguignan am 26. Juni.

(Auf einer sorgfältig ausgesuchten Postkarte. Sie zeigt zwei junge Leute auf einem Motorrad, die eng umschlungen unter einer Girlande aus Herzchen und Blumen die Autobahn entlangrasen. Das Ganze ist überschrieben: ›Ein gefährlicher Kuß‹.)

Lieber Jean-Louis,

komm, wann Du willst. Ich warte sehnlich auf Dich. Den Schlüssel hinterlasse ich in der Kneipe gegenüber, wenn ich ausgehe. Letztes Stockwerk. Der Name steht an der Tür.

Deine liebe Anne

Nachricht auf dem Tisch in der Eingangshalle vom 13. Juli.

Liebe Anne, ich bin angekommen! Da Du nicht da warst, habe ich mir drüben in der Kneipe den Schlüssel geholt und bin nach oben gegangen. Deine Wohnung sieht Dir gleich – Ihr seid beide sehr schön. Ich liege auf der Dachterrasse in der Sonne. Was für eine Aussicht! Komm nach oben zu mir!

J.-L.

Als ich nach oben kam, lag er nackt in der Sonne auf meiner Dachterrasse. Was sagt man nur zu einem Besucher, der splitternackt auf dem Bauch liegt? Ich entschied mich für: »Was für ein prachtvolles Körperchen!«

Er lachte und fragte: »Wirst du mir jetzt den Hintern versohlen?«

Ich setzte dazu an, aber er zog mich zu sich herab, und ich hörte auf. Was nun folgte, war genauso einfach. Nicht ich verführte ihn, sondern er verführte mich.

Er war nicht so unerfahren, wie sein Vater glaubte. Es überrascht mich immer wieder, wie weit die Jugendlichen über ihr Alter hinaus sind. Ich jedenfalls war aufgeregt wie ein junges Mädchen. Er, er hatte mich herumgekriegt! Später gestand er mir, daß er das mit dem Sonnenbad bewußt als Eröffnungszug geplant und dort oben stundenlang in der Sonne auf mich gewartet hatte!

Einige Tage später war es, glaubte ich, an der Zeit, an die Eltern von Jean-Louis zu schreiben und ihnen einiges zu berichten. Aber wie weit sollte ich gehen? Aurelien kannte ich zu gut, seine Frau zu schlecht. Es war ein schwieriges Problem. Ich rief meinen zweiten Ex-Ehemann an, der eine Straßenecke weiter wohnte, und fragte ihn um Rat. Charles war ein ruhiger, ausgeglichener Mensch, der in schwierigen Situationen immer für mich da war.

»Schreibe so wenig wie möglich, aber komme gleich zur Sache«, lautete sein gutgemeinter Rat. »Und laß dich einmal mit dem Knaben bei uns sehen!«

Brief an Herrn und Frau Laroche vom 16. Juli 1967.

Liebe Marie, lieber Aurelien,

Euer Sohn befindet sich wohlauf in meinem Bett. Alles verläuft planmäßig. Ich glaube, es ist für ihn besser, wenn wir in Zukunft nicht mehr von dem sexuellen Punkt in dieser merkwürdigen Beziehung sprechen. Er besucht einfach seine Patentante. Ob er mit ihr ins Bett gegangen ist, ist gar nicht so sicher. Er ist hierhergekommen, um Rom kennenzulernen und sein Englisch zu verbessern (zufällig hat er einen angeborenen Akzent).

Am ersten August werde ich mit Jean-Louis ans Meer fahren. Ich besitze eine kleine Ferienwohnung in Sperlonga, einem Fischerdorf zwei Stunden weg von Rom, in Richtung Neapel. Ich mache vier Wochen Ferien, bevor es mit dem neuen Film losgeht, ich komme aber einmal in der Woche nach Rom, um nach Post zu sehen. Ihr könnt uns aber auch nach Sperlonga schreiben, postlagernd. Der Ort ist so klein, daß es keine Hausadressen gibt; man sagt einfach »in der Straße, in der die Frau frische Eier verkauft« oder »oberhalb der Bäckerei«. Das ganze Dorfleben dreht sich um Giuseppes Bar an der gepflasterten Piazza.

Für Euch alles Liebe – und Dank! Diesmal steht auch für mich ziemlich viel auf dem Spiel. Da ich keinen Sohn hatte, fehlt mir jegliche Erfahrung. In gewisser Beziehung habe ich sie jetzt. Mir wird bewußt, daß mein Leben vielleicht ganz anders verlaufen wäre, wenn ich Söhne statt Töchter großgezogen hätte.

Wie immer – Eure Anne

Nachdem wir zehn Tage zusammen waren, verlief unser Leben allmählich in ruhigeren Bahnen. Wie alle jungen Leute schlief er morgens gern lange. Dadurch konnte ich nebenbei alle Vorbereitungen für den anlaufenden Film treffen, während Jean-Louis sich gemächlich ans Aufstehen machte und später zum Tennis oder in die Olympische Schwimmhalle ging. Wenn er wiederkam, nahmen wir unter der Strohmarkise ein spätes Mittagessen ein.

Ich freute mich schon auf die Ferien am Meer; ein eifriges Sexleben regt nicht gerade zur Arbeitsamkeit an. Mein gesellschaftliches Leben war ohnehin schon durcheinander. Ich war fest davon überzeugt, daß eine Reihe von Leuten unser Zusammenleben für schlechten Stil hielten, wie gut es uns auch in geschlechtlicher Hinsicht tun mochte. Daß ein alter Mann mit einem jungen Mädchen zusammenlebt, wird sehr viel bereitwilliger akzeptiert. Bei einer ganzen Reihe von Gelegenheiten zögerte ich einfach, mit dem Jungen zusammen auszugehen, das heißt, ich gab ihn dann als meinen »Neffen« oder mein »Patenkind« aus, aber im Grunde war es mir verhaßt, mich solchen Vorurteilen zu beugen.

Immerhin konnte ich mich davon überzeugen, daß die Schwierigkeiten mit einem solchen Jungen nur gesellschaftlicher Natur waren. In sexueller Hinsicht war alles bestens. Jean-Louis war weit entfernt von einem sexuellen Rollenverhalten, und er wollte keineswegs die erste Geige spielen, obwohl er doch von Natur aus so neugierig war und immer der erste sein wollte. Er war selbstbewußt und legte eine natürliche Begabung an den Tag. Er war überhaupt nicht schüchtern und hatte keinerlei Komplexe. Warum sollte er auch? Er war ein schöner Junge und fühlte sich in seinem gesunden, sonnengebräunten Körper mehr als wohl. Sein glatter Penis war beschnitten und sah wie eine Rosenknospe aus, wenn er schlaff war. Wenn er dagegen stand, sah er schon bedrohlicher aus; er wurde sehr hart und reckte sich steil gegen seinen Bauch. Es machte ihm Spaß, wenn ich daran spielte, aber auch umgekehrt spielte er gern mit mir.

»Es ist wie im Biologieunterricht, ›Wie ist die Frau gebaut?‹«, meinte er. »Es gefällt mir, wenn du auf meine Berührung hin Gefühle zeigst.«

Mit seiner unschuldigen Neugier konnte ich nicht mehr mithalten, und manchmal hatte ich fast ein schlechtes Gewissen, daß ich es so oft, wo immer es ging, mit so vielen Männern getrieben hatte. Ich erzählte ihm das, aber er meinte, gerade meine Erfahrung hätte ihm zum vollen Genuß und zur ständigen Bereitschaft verholfen. Seine wenigen Versuche bei Mädchen seines Alters hätten immer katastrophal geendet; er hätte sie verängstigt, weil sie ihn verängstigt hätten.

»Da habe ich lieber onaniert«, gestand er, als wir darüber sprachen. »Ein- oder zweimal bin ich mit meinen Freunden, die Bescheid wußten, zu einer Prostituierten gegangen. Es war eine nette Frau von der mütterlichen Sorte, die mir das Nötige beibrachte, aber erst, seit ich dich kenne, Anne, habe ich wirklich Lust darauf. Ich habe lieber onaniert, es war leichter, als Frauen aufzugabeln.«

»Hattest du keine Schuldgefühle beim Onanieren?«

»Nein, im Gegenteil. Es war viel einfacher als das ganze Drumherum mit den Mädchen. Dann bist du gekommen und hast mir an jenem Abend in Cannes schöne Augen gemacht – und auf einmal erschien alles so leicht.« Ich lächelte, aber er ließ sich nicht unterbrechen: »Als dein

Brief ankam, Anne, habe ich beschlossen, dich zu verführen. Wie ich zwischen den Zeilen las, durfte es nicht allzu schwer sein. Und das war es doch auch nicht, oder? Du hast mich doch auch gewollt?«

Ich lachte und küßte ihn. Ich sagte ihm nicht, daß ich mit ihm geflirtet hatte, um ihn vor Rudi zu schützen; ich sagte ihm ebensowenig, daß mein Brief von seinen Eltern angestiftet worden war. Vielleicht hatte er in seinem jugendlichen sexuellen Optimismus längst die wahre Wahrheit entdeckt, die einfach darin bestand, daß ich nur zu bereitwillig auf eine rein sexuelle Beziehung mit einem so jungen Liebhaber einging.

Wir lagen uns jeden Abend in den Armen, vor und nach dem Abendessen. Dann nochmals, wenn wir während der Nacht wach wurden, und in den frühen Morgenstunden; danach streichelte ich ihn und stand auf, um zu arbeiten, während er sich wie ein warm duftendes Hündchen zusammenkauerte und wieder einschlief. Die ausgelassene Stimmung während des Mittagessens zwang uns wieder ins Bett; es war jetzt Siesta, die die Italiener so weitsichtig in ihren Tagesablauf eingebaut haben. Die Geschäfte waren bis vier Uhr geschlossen, es war heiß in den Straßen, aber kühl hinter den braunen oder grünen Fensterläden, die an heißen Sommernachmittagen von nackten Armen zugezogen werden.

Zu späterer Stunde unterhielt sich Jean-Louis meist allein, las irgend etwas, legte eine Platte auf oder ging mit mir einkaufen. Wenn wir zurückkamen und das Abendessen vorzubereiten war oder wir uns umziehen mußten, weil wir ausgehen wollten, oder irgend etwas im Haus für mich zu tun war, beobachtete mich Jean-Louis, wie ich mich hin und her bewegte. Ich brach sofort ab, wenn ich seinen »bestimmten Blick« empfand. Ich drehte mich um und sank in seine Gefühlsseligkeit; ich spürte, wie mich seine Berührung erregte.

Es war schon ziemlich lange her, daß ich so fleißig mit jemandem ins Bett gegangen bin. Nicht im Traum hatte ich daran gedacht, daß es noch einmal so werden würde, aber das hat eine eigene Gangart zur Folge. Je mehr man hat, desto mehr will man. Aber es kostete zuviel Zeit, und ich dachte nicht mehr an die Familie und die Freunde. Ich fühlte mich in diesem Punkt ein wenig schuldig, aber wirklich nur in diesem Punkt.

Ganz allmählich nahm ich wieder Verbindung mit einigen wenigen Freunden auf. Ich rief meine Tochter auf dem Land an und lud sie mit ihrem kleinen Sohn für den nächsten Tag ein. Mir war klar, daß ich zum normalen Alltag zurückmußte – mein Gleichgewicht war in Gefahr.

Nachricht, auf dem Nachttisch am 26. Juli hinterlassen.

Mein lieber Schatz Jean-Louis,

meine Tochter Vanessa kommt heute nach Rom herein – deshalb bringe bitte nach dem Aufstehen alle Deine Sachen ins Gästezimmer. Wenn sie herausbekommt, was hier läuft, ist nichts zu machen, aber ich möchte sie dann lieber nicht gekannt haben. Ich schäme mich unserer Beziehung keineswegs, und Vorurteile sind mir verhaßt – aber diesmal geht es um den guten Geschmack. Wenn ich vom Einkaufen zurückkomme, sprechen wir darüber, ob es nicht besser ist für Dich, wenn Du den ganzen Tag über wegbleibst und sie überhaupt nicht siehst. Ich könnte ihr dann ja erzählen, daß der Sohn eines Freundes, der durch Italien trampt, für ein paar Tage hier Station macht. Das wird sie für ganz normal halten. Es ist wahrlich nicht leicht, eine sexuelle Abhängigkeit zu verschleiern, aber Vanessa ist eine sehr spitzfindige junge Frau, die sich über ihre Mutter keine Illusionen mehr macht. Dennoch versuche ich, ihr gegenüber meine vorübergehenden Launen zu verbergen, und bringe sie nur mit meinen ernsthafteren, längeren Liebhabern zusammen.

Ich küsse Dich da, wo Du es am meisten magst.

Anne

Nachricht, die zusammengefaltet auf dem Tisch der Eingangshalle lag. 26. Juli.

Liebe Lehrerin,

Du bringst mir wirklich so mancherlei bei, im Bett und draußen. Jetzt muß ich sogar lernen, wie ich mich der Tochter meiner Meisterin gegenüber am vorteilhaftesten benehme! Um allem aus dem Wege zu gehen, mache ich einen Besuch im Museum für Vor- und Frühgeschichte. Da Du mir ja geraten hast, mehr an die Kultur als an den Sex zu denken, werde ich den ganzen Tag über wegbleiben und zur Teezeit kurz anrufen; vielleicht sagst Du mir dann, ob die Bude wieder sturmfrei ist. Ich möchte Vanessa sowieso nicht sehen, sie ist zu alt für mich!

Dein ergebener Schüler

J.-L.

PS: Ich kann mir gut vorstellen, wie Du jetzt sagst: »Ich werde den kleinen Mann wegen dieser frechen Bemerkung übers Knie legen.« Aber Du bist ja nicht zu alt für mich. Du bist jung und fröhlich, und ich bin verrückt nach Dir. Heute abend kannst Du mich schlagen, solange Du möchtest. Wir haben das noch nicht ausprobiert!

Ich nahm diese Notiz und steckte sie zu den anderen Briefen in der Schuhschachtel, auf die ich »Briefe von Liebhabern« geschrieben hatte. Dann verbrachte ich mit meinem Enkelkind einen reizenden Nachmittag. Matthew hatte seit Ostern ganz gut laufen gelernt, und so ging ich mit ihm im Garten der Borghese spazieren; wir sahen beim Kasperletheater zu, das er sehr mochte; insbesondere die Szene, in der der Polizist den Seppel mit dem Knüppel schlägt, hatte es ihm angetan. Es schien, als würden alle Jungen in meiner Umgebung plötzlich auf Flagellation stehen.

Kaum hatte Vanessa ihren Zwerg wieder an sich genommen und war in der Dunkelheit verschwunden, tauchte mein Siebzehnjähriger auf; wir saßen auf der Terrasse und sahen den Schwalben zu, wie sie sich vor der untergehenden Sonne herabstürzten. Jetzt brachte auch er das Thema Schlagen zur Sprache.

»Erinnerst du dich, als ich ankam, Anne, und nackt auf dem Dach lag und auf dich gewartet habe?«

»Natürlich. Damit hat es ja angefangen.«

»Für mich hatte es schon sehr viel früher begonnen. Seit du mit mir während des Essens geflirtet hast, habe ich beim Onanieren von dir phantasiert. Als dein Brief kam, war ich beim Lesen so erregt, daß er mir stand. Ich konnte es kaum abwarten, nach hier zu kommen. Ich wußte einfach, daß du mich lassen würdest, und deshalb brachte ich auch den Mut auf, nackt auf dich zu warten. Die ganzen Stunden über da oben auf dem Dach hatte ich einen Steifen, aber als du dann wirklich gekommen bist, war ich so nervös, daß er abschlaffte. Willst du wissen, was mich wieder hochgebracht hat?«

»Nein, sag's mir!«

»Als du mir auf den Hintern geklatscht hast. Oder zumindest so getan hast als ob. Laß es uns noch einmal versuchen. Schlag mich diesmal aber fester!«

Die Flagellation war reizlos, und keiner von uns beiden konnte sich dafür erwärmen. Ein wenig Rauferei, ja, aber richtiges Schlagen, nein. Wir probierten es in beiden Richtungen aus und fanden, daß wir beide keinen Spaß daran hatte, Schmerzen zu ertragen oder Schmerzen zuzufügen; damit war dieses Thema erledigt. Wir versuchten es auch mit Fesseln, aber auch das machte keinen Spaß. Es war beengend und beängstigend. Ich glaube, in uns beiden war noch ein wenig Unschuld, und obwohl ich diese Sachen schon sehr viel früher ausprobiert hatte, hatte ich meine Reaktion darauf längst vergessen.

Ich konzentrierte mich jetzt auf die Hausangelegenheiten und begann mit den Vorbereitungen unseres Urlaubs am Meer. Fast den ganzen August hindurch würde ich nichts zu tun haben, und ich freute mich auf ein genüßliches Schäferleben mit meinem jungen Liebhaber an den Ufern des Meeres. Ich dachte überhaupt nicht mehr an meine anderen Liebhaber und gab mich Jean-Louis ganz hin. Wenngleich ich empfand, daß diese Liebschaft mein Schwanengesang sein mußte – es war der letzte Hochzeitsflug einer alternden Frau mit dem jüngsten von allen Liebhabern.

Unterhaltung im Zug von Rom nach Sperlonga. 1. August.

»Kann man da Boote mieten? Gibt es dort Wasserski?«

»Ja, ich glaube. Es ist zwar ein einfaches Fischerdorf, aber so weit werden sie es schon gebracht haben.«

»Hast du es schon einmal versucht? Gefällt es dir nicht?«

»Jetzt nicht mehr. Ich bin noch jung genug, um hinzufallen, aber zu alt, um wieder von allein aufstehen zu können.«

Er lacht und sieht mich prüfend an. Vielleicht beginnt er, mich jetzt so zu sehen, wie ich wirklich bin, und nicht, wie mich seine sexuelle Phantasie möchte.

»Gibt es da auch eine Diskothek? Du tanzt doch, nicht wahr?«

»Ja, ich tanze gern, aber jetzt werde ich nicht mehr so oft zum Tanzen ausgeführt.«

»Ich nehme dich jeden Abend mit.«

»Wir werden sehen. Es gibt dort genug junge Leute, mit denen du abends ausgehen kannst, mach dir keine Sorgen.«

»Ich möchte aber mit dir ausgehen.«

Er blickt mir lange und zärtlich in die Augen. Mein Herz schlägt schneller. Wenn wir jetzt für uns wären ...

»Es ist ziemlich unbequem mit einem so jungen Liebhaber. Ich kann dich nicht einmal vor versammelter Mannschaft küssen.«

»Tu's doch; ich sage dann ›Oma, laß mich bitte in Ruhe‹, und mache so, als würde es mir nicht gefallen!« –

Wir beide prusteten vor Lachen und wälzten uns kichernd in unseren Sitzen hin und her. Die Mitreisenden sahen mißbilligend zu uns herüber. Es war mir egal. Ich war eben kindisch und genoß das. Und so stand es auch mit unserer Beziehung. Ich empfand nicht einen Augenblick lang mütterliche Gefühle. Im Gegenteil: ich fühlte mich jung.

Als wir in Sperlonga aus dem altersschwachen Bus stiegen, der uns vom Bahnhof zum Ort gebracht hatte, dämmerte es bereits. Die etwa zweistündige Fahrt von Rom nach Sperlonga führt zunächst durch flaches Land, bis man in Fossanova ist. Dann geht es durch die Berge, die bis zum Meer hinunter reichen; sie sind grau und felsig und an den flacheren Hängen mit gelbem Ginster und Rosmarin bewachsen; ab und zu sieht man auch eine Regenschirmpinie. Man sieht das Meer erst unmittelbar vor Sperlonga, während die Eisenbahnlinie landeinwärts verläuft.

Die staubbedeckte Straße vom Haltepunkt des Busses führt über eine Brücke, und plötzlich liegt das Meer tiefblau vor uns. Ein weiter Strand dehnt sich bis zu den Bergen, eine große Grotte und ein Wehrturm aus dem Mittelalter fallen ins Auge.

Sperlonga selbst wirkt wie eine auf einem Felssattel erbaute Festung und ragt vom Strand aus hoch in den Himmel wie eine weißgekalkte Kasba. Ein Gewirr enger Gassen und Torbogen zeichnet sich ab, zwischen hohen weißgekalkten Mauern, die auf der einen Seite im hellen Sonnenlicht stehen, auf der anderen in tiefe, efeubewachsene Schatten getaucht sind. Über die Piazza in unmittelbarer Nähe der Brücke hinaus kommt kein Auto weiter. Die Straßen sind so eng, daß man mit ausgestreckten Armen die beiden Hausseiten berühren kann. Die Häuser türmen sich förmlich übereinander; in jedem wohnen mehrere ortsansässige Familien, jeweils eine auf einem Stockwerk. Sie wohnen noch heute so wie im Mittelalter, als die Menschen Wärme, Schutz und Einfachheit suchten.

Meine kleine Wohnung befindet sich unter dem Dach, und man hat von dort einen weiten Blick aufs Meer. Der Dachstock hatte früher als Kornspeicher gedient, und die Aussicht ist wirklich hinreißend. Vorn blickt man auf steile grüne Hänge, die sich im Strand verlaufen, hinten hat man Aussicht auf die Berghänge. Dazwischen sieht man Artischokkenfelder und die Überreste eines römischen Hafens, der von Tiberius gebaut worden sein soll; dort soll er zum erstenmal seine Reise unterbrochen haben, als er mit dem Schiff oder dem Wagen von Rom nach Capri unterwegs war. Natur und Geschichte durchdrangen einander, und ich konnte mich an diesem Anblick nicht satt sehen.

Eine Unterhaltung wenige Tage später, als wir vom Fenster aus dem Mond zusahen.

»Du hast heute abend klasse getanzt. Viel besser als die anderen Mädchen.«

»Jahrelange Übung. Als ich zur Welt kam, war gerade der Charleston dran, und dann wühlte ich mich durch den Foxtrott, den Onestep, den Walzer, den Tango, den Twist bis zu Shake und Rock.«

»Dein Körper ist so weich und warm und – wie heißt es auf englisch? – so nachgiebig.«

»Ist dir das wirklich erst beim Tanzen aufgefallen?«

Er dachte einen Augenblick lang nach und meinte dann: »Im Bett bin ich viel zu beschäftigt, um mir groß Gedanken darüber zu machen, was wohl in dir vorgeht. Da kann ich nicht erst einen Schritt zurücktreten und dich ansehen.«

Er stand jetzt hinter mir, drückte sich an mich und strich mit beiden Händen an meinem Körper entlang.

»Sieh mal, die Fischerboote da draußen. Sie haben sich alle im silbernen Widerschein des Mondes auf dem Wasser versammelt. Ich möchte wissen, was sie machen«, sagte ich träumerisch.

»Darf ich mit ihnen einmal nachts hinausfahren? Ich möchte wissen, wie das geht, mit den großen Lampen am Bug.«

»Natürlich, Liebling. Ich werde das morgen für dich klarmachen. Die Leute unter uns sind Fischer. Ich werde Maria fragen, ob ihr Mann dich mitnimmt.«

Er hatte meinen langen Rock hochgeschoben und zog mir den Slip aus, während ich noch redete. Ich lehnte noch immer über dem Fensterbord. Ich machte die Beine breit und legte mich noch weiter auf das Bord, als er schon von hinten in mich hineinstieß.

»Gott, wie hart der ist«, stöhnte ich.

Unsere Seufzer, unser Stöhnen verströmte in der duftenden Nacht. Ich vergaß sogar meine Höhenangst. Er war so schweigsam wie immer; er war dabei immer ganz Körper und schien ohne Sprache. Ich klammerte mich an das Fensterbord und hob meinen Hintern so hoch wie möglich, um auf seine Stöße besser antworten zu können. Er hatte mich an den Oberschenkeln gepackt und preßte mich fest an sich, während er ab und zu mit einem Finger über meinen Kitzler fuhr. Er war ein aufmerksamer Schüler und hatte alles gelernt, was mir Spaß machte.

Wir kamen zur gleichen Zeit, und es war wahrscheinlich das erstemal, daß es fast gleichzeitig geschah. Ich stöhnte laut vor Entzücken, aber er hielt mir schnell den Mund zu. »Um Himmels willen, du weckst ja die Nachbarn auf!«

Während sein Schwanz noch in mir steckte, brachen wir erschöpft, aber lachend auf der Fensterbank zusammen und holten Atem. Es dauerte immer sehr lange, bis er ganz schlaff geworden war, und ich hatte das besonders gern. Die Abkühlungsperiode ist manchmal sehr wichtig.

Schließlich sanken wir ins Bett und schliefen, bis es dämmerte. Als das erste Morgenlicht durch die Fensterläden schimmerte, sah ich ihn zusammengerollt neben mir liegen. Während er schlief, war er wieder steif geworden, der typische Morgenständer eines gesunden jungen Mannes. Mein erster Mann hatte immer »Morgenlatte« dazu gesagt. Es war sehr verführerisch, und ich wurde zunehmend erregter. Ich beugte mich darüber und begann, ihn mit der Zungenspitze zu reizen. Er wurde nicht wach, aber er rollte sich auf den Rücken und streckte sich unbewußt aus, so daß ich besser herankam. Als ich ihn ganz in den Mund nahm, begann er wach zu werden. Er hob mich auf sich drauf und drang ganz tief ein. Es machte ihm keinen Spaß, wenn ich ihn auslutschte; das war aber auch der einzige Punkt, in dem er ein wenig heikel war.

»Sag mir, wie du es gerne möchtest, Frau Lehrerin«, flüsterte er und hob die Arme, um meine Brustwarzen zu zwirbeln. »Ist das genug, oder soll ich dich unten auch noch anfassen?«

Vor Erregung brachte ich kaum ein Wort heraus, und meine Augen hatte ich fast ganz geschlossen.

»Nein, nicht nötig. Ich kann mich selbst reiben, während wir uns bewegen.« Diese Worte kamen nur stoßweise heraus.

Ich öffnete die Augen wieder und sah zu, wie ich das Becken kreisen ließ. Jetzt hatte er die Augen zu, aber mit den Händen spielte er noch immer mit meinen steifen Brustwarzen.

Er kam ganz plötzlich, für mich unerwartet, und schoß los, als ich mich gerade nach oben bewegte und sein Schwanz fast ganz raus war; der Samen rann daran herunter und sammelte sich auf seinem Bauch.

»Es tut mir leid«, entschuldigte er sich süß. »Du warst noch nicht soweit, Chérie.«

»Macht nichts«, stieß ich fiebrig schluckend heraus; ich lehnte mich ein wenig zurück, behielt aber seinen Schwanz in mir.

Auf einem Arm hielt ich das Gleichgewicht und schmierte seinen Samen auf die andere Hand. Mit dem Zeigefinger rieb ich langsam über meinen Kitzler, bis ich zum Orgasmus kam. Er sah mir gespannt zu und war so beeindruckt, daß er überhaupt nicht daran dachte, wieder die Initiative zu ergreifen.

Sein Schwanz wurde langsam wieder steif, aber es war noch viel zu früh, als daß es ihm schon wieder hätte kommen können. Für mich aber war es wunderbar. Ich liebe es, wenn ich mich selbst befriedigen kann und er gleichzeitig in mir ist.

Als ich wieder neben ihm lag, erzählte ich ihm das; dann schliefen wir ein. Als wir gegen zehn Uhr aufwachten, erinnerte er sich sofort daran; wir machten uns wieder ans Werk; diesmal lag ich nach rückwärts gebeugt auf ihm, während er seinen harten kleinen Schwanz in mir hin und her bewegte und mit seinen Händen die Gegend zwischen meinen weit gespreizten Schenkeln bearbeitete. Diesmal kam ich zuerst; ich rollte von ihm herunter und beugte mich über ihn. Mit offenen Augen sah er mir zu, wie ich ihn auslutschte, und legte sich sogar das zweite Kissen unter den Kopf, um besser zusehen zu können.

»Du lernst beinahe zu schnell«, sagte ich zu ihm, als alles vorbei war. »Bald werde ich dir nichts Neues mehr beibringen können.«

Die Liebe und das Meer bildeten das Raster dieser Tage. Er fing an, eine ganze Menge ohne mich zu machen, Wasserski fahren, Fischen, lange Segelfahrten mit einer Gruppe junger Leute, die er hier kennengelernt hatte. Ich stellte ihn überall als mein Patenkind vor, aber kaum jemand ließ sich dadurch täuschen, und wir hatten eine Menge befremdlicher Blicke auszuhalten. Zwischen seinem Kommen und Gehen küßte er mich ganz schamlos in der Öffentlichkeit; ich war für ihn ein Anker, der ihn mit dem Festland verband und zu dem er am Abend zurückkehrte. Ich faulenzte am Strand oder ging auf den Markt, unterhielt mich mit Freunden an den Cafétischchen entlang der Piazza oder bereitete in der Kühle des Hauses mit seinen meterdicken Wänden das Essen vor. Ich war sehr glücklich. Trotz des Altersunterschieds stellte sich diese Beziehung als voller Erfolg heraus.

Jean-Louis hatte den Campingplatz und die Jugendherberge entdeckt, die beide von Jugendlichen aller Nationalitäten wimmelten. Er freundete sich mit zwei ziemlich netten kleinen Engländerinnen an, die sich nicht nur über seine perfekten Englischkenntnisse freuten, sondern auch darüber, daß er ein hübscher Junge war. Er stellte sie mir am Strand vor, und ich hätte nur zu gern gewußt, was er ihnen alles über mich erzählt hatte. War ich seine Patentante, seine Tante oder seine Herrin? Vielleicht war er auch hell genug gewesen und hatte den Mädchen einfach die Wahrheit über uns erzählt; es hätte ihn sicher geheimnisvoller und anziehender erscheinen lassen. Jedenfalls war ich plötzlich erfreut, mitfühlend und eifersüchtig zugleich. Es wurde Zeit, daß ich den Tatsachen ins Auge blickte. Ich beschloß, nun nicht die Besitzerin zu spielen, sondern fuhr allein nach Rom, um die Post zu holen.

In Rom war es ruhig, heiß und stickig, drückend. Wieder einmal fühlte ich mein Alter. Ich hatte viel in der Wohnung zu tun, Rechnungen waren gekommen und Briefe von Leuten, mit denen ich nichts zu tun haben wollte. Meine Tochter Vanessa war mit ihrem Mann und ihrem Kind auf eine Insel in der Höhe von Sizilien gefahren. Ich wollte niemanden sehen, obwohl es dafür höchste Zeit war. Ein normaler Alltag hätte mir gutgetan. Ich konnte ja nicht ewig so weitermachen und mir den lebenslustigen Teenager vorspielen. Nur – im Augenblick fühlte ich mich ganz und gar danach. Am liebsten hätte ich jeden Spiegel zerschlagen, nur um nicht mein alterndes Gesicht sehen zu müssen. Auch ärgerte ich mich über Jean-Louis und diese Mädchen. Bis zum nächsten Abend wollte ich unbedingt in Sperlonga zurück sein; ich mußte herausbekommen, was da los war.

Nachricht, die ich auf der Fensterbank liegen ließ. Frühmorgens, Sperlonga, den 1. August.

Liebling,

ich bin nach Rom gefahren und habe Dich schlafen lassen, weil mir die kurzen Abschiede verhaßt sind. Übermorgen werde ich wieder zurück sein und komme mit dem letzten Zug. Ich habe einiges in der Stadt zu erledigen und muß nach meiner Post sehen.

Ich bin sicher, daß Du diesen Zettel gleich findest, weil Du nach dem Aufstehen immer erst aus dem Fenster auf den Strand siehst, bevor du irgend etwas anderes machst. Ich sehe Dich dastehen, Dich strecken und Deine Hippielocken schütteln. Du siehst aus wie ein Engel von Botticelli. Es tut mir leid, daß ich Dir jetzt keinen Kaffee machen und Dich nicht ins Bett zurücktreiben kann – Du weißt schon! Im Kühlschrank ist mehr als genug, aber zusammen mit Deinen Mädchen wirst Du ihn schon schaffen. Dann bis demnächst abends. Laß es Dir gutgehen – aber nicht zu sehr!

Küsse, Anne.

Nachricht, die ich auf meinem Kopfkissen fand. Wieder in Sperlonga. Mitternacht. 15. August.

Chérie, Du hast gesagt, daß es spät wird, deshalb bin ich tanzen gegangen. Ich bin mit den Mädchen von der Jugendherberge zusammen – Du weißt, die Engländerinnen, die Du als »lustige Hockeyschläger« bezeichnet hast. Ich finde den Ausdruck so lustig, daß ich immerzu lachen muß. Du bringst mich auch immer zum Lachen.
Ich liebe Dich.

J.-L.

Er kam sehr spät nach Hause. Ich hatte fest mit mir abgemacht, nichts zu fragen und mir nichts erzählen zu lassen. Ich hatte gute Lust, ironisch und bestimmt zu fragen: »Na, war's schön?« Ich wollte Bescheid wissen, ich wollte aber auch nicht Bescheid wissen. Ich hatte schon das Bett inspiziert, aber es war sauber gemacht, als ich zurückkam. Wer weiß, wer vergangene Nacht alles darin geschlafen hat, oder hat er wirklich soviel Takt, nicht auch noch ein fremdes Mädchen in mein Bett zu schleppen? Vielleicht hat er es mit den beiden ja auch am Strand getrieben – oder mit den Mädchen in der Jugendherberge ein Preisrammeln veranstaltet. Es war mir jedenfalls lieber, er hätte es mit mehreren als nur mit einer zu tun gehabt.

Ich wollte überhaupt nicht sprechen und öffnete nur meine Arme. Nur das tat ich. Wortlos versank er darin. Bald öffnete ich auch meine Beine. Auch darin versank er wortlos. Ich war wieder selig. Und wieder zwanzig.

Unterhaltung am Strand. 16. August.

»Hallo, ihr jungen Damen! Wie geht es euch? Ich bin froh, daß ihr euch um Jean-Louis gekümmert habt.«
»Wie war es in Rom, Missis Cumming?«
»Heiß, sehr heiß. Aber sagt ruhig Anne zu mir.«
»Danke. Wir wollten Jean-Louis fragen, ob er heute abend mit uns nach Gaeta ins Kino kommt. Ein deutscher Junge bringt uns mit seinem Auto.«
»Wie schön. Geh nur, mein Liebling. Ich wollte mich sowieso heute abend mit Bianca und Salvatore treffen. Ich weiß, sie langweilen dich.«

»Bist du sicher?«
»Natürlich, Liebling.«
Ich küßte ihn, für den Fall, daß die mehrfachen »Lieblinge« nicht in ihre Hockeyschläger-Gemüter eingedrungen sein sollten.

Tagebucheintragung – ein paar Tage später.

Eigentlich sollte ich froh sein, daß er mit diesen Mädchen ausgeht. Wenn das eine inzestuöse Mutter-Sohn-Beziehung ist, sollte ich wünschen, daß er selbst sich vergnügt. Aber ich kann es nicht. Wenn ich nicht selbst Bestandteil seines Vergnügens bin, werde ich eifersüchtig. Entwickelt sich das jetzt so, daß er alle Vorteile an unserer Beziehung hat und ich das Nachsehen? Werde ich jetzt zu einer besitzergreifenden alten Schachtel, während ich mich doch wie ein junges Mädchen fühle? Betrüge ich mich etwa selbst?

Auch die körperliche Seite der Angelegenheit entgleitet mir jetzt ein bißchen. Ich ertappe mich dabei, wie ich den ganzen Tag lang den Jungen anschmachte. Es macht mir ausgesprochen Spaß, ihn von hinten zu betrachten, wenn er nicht merkt, daß ich ihn beobachte. Seine Schultern sind noch ziemlich schmal, und seine Schulterblätter stechen noch kükenhaft unter der Haut hervor; es sieht einfach süß aus. Aus seinen Hüften wachsen muskulöse Beine und ein rundlicher Oberkörper. Er würde plump wirken, hätte er nicht den federnden Gang. Wenn er den Kopf wendet und mich mit seinen ach so blauen Augen blitzend ansieht, fallen seine Hippielocken über seinen Blick. Seine Zähne sind ein wenig zu groß, und seine Nase ist eine Spur zu klein, aber alles zusammen wirkt wie zum Vernaschen. Er ist eine männliche Brigitte Bardot. Am liebsten hätte ich ihn immer und ewig im Bett.

Gegen Mittag locke ich ihn vom Strand weg, und wir können die langen, heißen Nachmittage mit der Liebe verbringen. Mit jener eckigen Brigitte-Bardot-Bewegung springt er auch aus dem Bett; ich sehe ihm vom Fenster aus zu, wie er zum Meer hinunterläuft, sich ins Wasser stürzt und weit und schnell hinausschwimmt; es scheint, als wolle er sich den Schweiß, das angeklebte Sperma und vielleicht auch das Gefühl, in meiner Gewalt zu sein, abwaschen. Er ist in dem Alter, in dem man unbedingt frei sein möchte, und ich muß stark genug sein, um ihm das zu ermöglichen. Wenn nur nicht diese verdammten Mädchen wären, die mich von der Auslinie her beobachten und einfach abwarten.

Vielleicht ist es auch an der Zeit, daß ich ihn wieder zu seinen Eltern nach Frankreich schicke. Ende nächster Woche muß ich ohnedies nach Rom. Ich muß mich wieder auf meine Arbeit einstellen.

Unterhaltung in der Kneipe von Peppino. Abends. Sperlonga. 25. August.

»Liebling, ist dir eigentlich klar, daß wir nur noch zwei Tage hier sind? Vielleicht sollten wir uns noch ein wenig im Hinterland umsehen.«

»Aber es ist doch wunderschön hier, Anne. Und ich habe eine solch schöne Zeit hier.«

»Ich weiß. Aber wenn man an einen Urlaub zurückdenkt, sind es nicht immer nur die schönen Stunden, die zählen. Oftmals erinnert man sich mehr an den Ort als an die Menschen. Und von der Umgebung hier hast du noch nicht allzuviel gesehen.«

»Aber ich möchte einfach nicht vom Strand weg. Du bist zwar mein Lehrer, aber spiel dich nicht als mein Schulmeister auf, Anne!«

Das schmerzte; aber daß er mich statt »Chérie« einfach »Anne« nannte, schmerzte noch mehr. Alles, was er wissen mußte, hatte er von mir gelernt, und jetzt wollte er zu anderen Ufern aufbrechen. Er hatte es nur noch nicht bemerkt.

»Gehst du heute abend tanzen?« fragte ich beiläufig, als wollte ich das Thema wechseln.

»Ich möchte ganz gern. Kommst du mit?«

»Nein, danke, Liebling. Ich habe einiges in der Wohnung zu tun. Geh du nur. Morgen sind wir ja den letzten Abend hier zusammen.«

»Gut, ich möchte auch nur in die Diskothek, um zu sehen, wer da ist.«

»In Ordnung. Du kommst aber heute abend nicht allzuspät zurück. Versprichst du's?«

Ich fuhr mit ihm nach Rom zurück, aber er machte Schwierigkeiten. Er wollte unbedingt noch in der Jugendherberge bleiben. Seine Ausrede war, daß er nicht in die heiße Stadt zurückwollte. Ich war ziemlich nahe daran, meine Arbeit sausen zu lassen und mit ihm einfach anderswohin zu fahren. Es hätte mir wirklich Spaß gemacht, meine Ferien zu verlängern, nur um mit dem Jungen zusammen zu sein, aber ich mußte mich ja auf den neuen Film vorbereiten, und der Film, der in Cannes uraufgeführt worden war, sollte im September in den Kinos anlaufen; ich mußte dringend mit der Pressearbeit beginnen. Das bedeutete, daß ich fast den ganzen Tag bei den Herausgebern der Monatsmagazine saß, die jetzt ihre Septemberausgaben abschlossen. Jean-Louis war sich währenddessen selbst überlassen. Er verbrachte viel zuviel Zeit damit, daß er auf der Spanischen Treppe saß oder sich in zweifelhafter Gesellschaft an der Piazza Navona herumtrieb.

Die Polizei hatte nichts dagegen, daß die jungen Leute ihre selbstgemachten Ketten, Armbänder und Ringe auf der Treppe verkauften, und so rollten sie täglich ihre Tuchbündel mit den getriebenen Nägeln und Ledergürteln auf dem abgetretenen travertinischen Marmor aus, auf dem zu Ostern noch die Azaleen gestanden hatten. Ich vermute, daß dort auch gehascht wurde. Die italienische Polizei ist ziemlich streng, wenn es um Rauschgift geht, und darum war ich mehr als erleichtert, als ich von Aurelien einen Brief erhielt.

Brief von Draguignan nach Rom. 6. September.

Liebste Anne,

Marie und ich freuen uns immer wieder über die seligen Briefe, die uns Jean-Louis schreibt. Offensichtlich will er überhaupt nicht mehr nach Hause kommen. Was hältst Du davon, wenn wir für eine Woche nach Rom fahren und ihn wieder einfangen? Wir könnten im Hotel Inghilterra übernachten, das ja ganz in Deiner Nähe liegt, nicht wahr? Wir würden Jean-Louis im Wagen mit zurücknehmen und ihm auf dem Heimweg Florenz und Lucca und einige andere interessante Orte zeigen. Wir wollen jedoch keineswegs Euer Schäferleben stören. Für uns gibt es nichts Selbstverständlicheres, als daß unser Junge »mit seiner Patentante die Ferien verbringt«, wie Du es so weise bezeichnet hast. Ich weiß, daß Du besonnen genug bist, ma chérie, die Lage zu meistern, wenn wir mit unserem elterlichen Besuch mitten in Euren Honigmond hineinplatzen – ist es nicht so? Das letzte, das wir wollen, ist, Euch den Spaß zu verderben. Ich hoffe darauf, daß Du uns schreibst und ehrlich sagst, wie es Euch beiden geht.

Ich umarme Dich,

Aurelien

Tagebucheintragung, Rom, 10. September.

Wie es mir geht? Teils heiter, teils langweilig, teils erleichtert. Es stört in der Tat ein wenig, wenn der Traum zerrinnt und man wieder auf der Erde ist. Aber ist es denn noch so zweisam? Der Junge treibt sich, die meiste Zeit sich selbst überlassen, herum, während ich arbeite und er vielleicht sonst etwas anstellt. Manchmal bin ich eifersüchtig, manchmal aber auch ziemlich verärgert. Er ist allmählich für sich selbst verantwortlich. Vielleicht ist es gar nicht so schlecht, wenn ihn seine Eltern abholen. Es wäre ein klarer und sauberer Schlußstrich unter unsere Affäre. Heute abend werde ich ihn fragen, wie er darüber denkt.

Bruchstücke einer Unterhaltung während des Abendessens auf der Terrasse.

»Dein Vater hat mir heute einen Brief geschrieben. Deine Eltern wollen herunterfahren und dich einfangen.«

»O verflucht, das ist ja das letzte!«

»Es ist doch viel bequemer für dich, als zurückzutrampen. Was regst du dich so auf?«

»Ich weiß auch nicht. Ich glaube, sie gehören einfach nicht hierher, das ist alles. Warum können sie nicht zu Hause bleiben?«

»Mein lieber Junge, sogar wir alten Leute brauchen ab und zu ein wenig Luftveränderung!«

»Siehst du, immer ergreifst du ihre Partei. Das ist ein verdammt blödes Spiel!«

Ich ging auf ihn zu, setzte mich auf seinen Schoß und strich ihm durchs Haar – da sah alles schon wieder sehr viel besser aus. Der Altersunterschied hatte sich einen Augenblick lang bedrohlich aufgetürmt, aber dann küßte er mich, und wir hatten alles schnell wieder vergessen. Später, im Bett, kamen wir wieder auf den Besuch der Eltern zu sprechen.

»Wo wollen sie denn wohnen? Doch nicht hier, hoffe ich, im Zimmer nebenan. Das wäre zuviel!«

»Nein. Deine Eltern sind sehr taktvoll. Sie wollen sich im Hotel Inghilterra etwas weiter die Straße hinunter ein Zimmer nehmen.«

»Was meinst du mit ›sehr taktvoll‹? Sag bloß, sie wissen, daß ich mit dir ins Bett gehe?«

Ich verbarg mein Lächeln in seinem Lockenkopf und küßte ihn hinter dem Ohr. Sein Empfinden als Mann wäre sehr verletzt worden, wenn er erfahren hätte, daß alles ein von vornherein abgekartetes Spiel gewesen war. Ich wußte nicht, was ich weiter sagen sollte. Ich fuhr ihm mit der Zunge ins Ohr. Es schmeckte ein wenig nach Salz, und auf dem Ohrläppchen stand ein feiner, goldfarbener Flaum.

»Dein Vater kennt mich nur zu gut. Ich glaube, er wäre ziemlich enttäuscht, wenn ich nicht versucht hätte, dich zu verführen.«

»Lieber Gott. Du spinnst wohl! Der ist doch viel zu doof, um an so etwas zu denken.«

»Ich mache wirklich keine Witze, Liebling. Wir sehen unsere Eltern immer als alte Tattergreise mit vorsintflutlichen Vorstellungen. Ich bin sicher, du kannst dir nicht vorstellen, daß sie zusammen ins Bett gehen?«

»Nein, das kann ich auch nicht. Das ist ja widerlich!«

»Siehst du, du bist nämlich der Doofe. Deine Eltern sind noch ganz flott beieinander.«

»Woher weißt du das denn?«

Ich dachte sehr sorgfältig über meine Antwort nach, aber dann ließ ich es darauf ankommen. »Vor langen Jahren war dein Vater mein Liebhaber. Er gehört noch nicht zum alten Eisen. Er ist ein sehr leidenschaftlicher Mensch.«

Einen Augenblick lang dachte ich, das Kind würde ohnmächtig. Dann sah er mich wieder an, als wollte er auf mich losgehen. Schließlich aber, zu meiner großen Erleichterung, brach er in schallendes Gelächter aus.

»Du lieber Gott, ist das ein Witz? Das ist ja wie in dem alten Film ›Die schrecklichen Eltern‹, den ich mir neulich angesehen habe!«

»Der Film war noch neu, als dein Vater und ich jung waren. Ich glaube, wir haben ihn sogar gemeinsam gesehen. Wir fühlten uns damals genauso wie das junge Liebespaar. Jetzt sind wir die Eltern. Das Leben selbst ändert sich nicht, aber die Zeit zwingt uns dazu, die Rollen zu tauschen. Ich war genauso alt wie du, als dein Vater mich verführt hat.«

»Du lieber Himmel! Wie stellt sich der alte Mann denn im Bett an?«

»Ich spreche niemals mit dem einen Mann über einen anderen«, sagte ich bestimmt und fügte hinzu: »Er hat sehr viel mehr Phantasie, als du glaubst. Er hat mir all das beigebracht, was du jetzt von mir gelernt hast!«

»Ich halt' das nicht mehr aus! Das wird ja immer besser! Du meinst wirklich, du hast all diese kleinen ... du hast alle diese Sachen auch mit meinem Vater getrieben?«

Er sah jetzt ein wenig blaß aus, dazu schrecklich jung und schutzlos. Vielleicht war ich zu weit gegangen. Ich legte meinen Kopf an seine Schulter und schmiegte mich an ihn, so als sei ich das Kind.

»Liebling, du bist jetzt ein erwachsener Mann. Du stehst nun auf einer Stufe mit deinem Vater. Du kannst über das Ganze lachen oder aber die Noten vergleichen.«

»Sonst noch was?«

Ich ließ meine Hand über seine Brust gleiten. »Sieh mal, du bekommst Haare auf der Brust!«

»Ach, geh zum Teufel! Du bist ein Ungeheuer!«

Aber er stieß mich nicht weg. Im Gegenteil, er zog mich eng an sich. Es war, als wolle er mich von seinem Vater zurückholen. Diesmal trieb er es mit mir wütend und zornig, preßte mich, nagelte mich auf dem Laken fest und dachte überhaupt nicht daran, ob es mir so auch Spaß machte. Er sah mich nicht einmal an, sondern drehte mich um und rammte ihn mir von hinten hinein. Als er kam, schrie er zum erstenmal laut. Vorher hatte er nie etwas verlauten lassen. Dann rollte er zur Seite und vermied jede Berührung, ebenfalls zum erstenmal. Sonst hatte er immer lange in meinen Armen gelegen.

»Verdammte Hure«, sagte er. »Jetzt gehörst du mir.«

Brief von Rom nach Draguignan.

Lieber Aurelien,

es geht alles so in Ordnung. Wir freuen uns beide auf Euren Besuch. Ihr werdet sehen, daß Euer Sohn ganz gut zurechtkommt. Es kommt nur darauf an, daß Ihr ihn nicht wieder wie ein kleines Kind behandelt. Schreibt mir, wann genau Ihr ankommt, damit ich das Zimmer bestellen kann.

In Liebe,

Anne.

Die Dinge entwickelten sich indessen anders, als wir gedacht hatten. Maries Mutter war wiederum sehr schwer erkrankt, so daß Aurelien allein nach Rom kam. Ich fragte mich, warum? Jean-Louis hätte einfach mit dem Zug zurückfahren können. Wie auch immer – Aurelien sah sehr elegant aus, und Vater und Sohn gingen ausgelassen miteinander um. Am Ende war Jean-Louis derjenige von uns, der es am leichtesten nahm. Ich war richtig stolz auf ihn. Er verstand es ausgezeichnet, sich eine gewisse Zurückhaltung aufzuerlegen und dennoch nichts zu verbergen.

Seine Haltung war ruhig und bestimmt, so als wollte er die Stelle seines Vaters einnehmen. Manchmal mußten Aurelien und ich hinter seinem Rücken lächeln. Ich hatte sie beide in mein Herz geschlossen.

Nachricht, die ich zusammengefaltet auf dem Tisch der Eingangshalle fand. Freitag abends nach der Arbeit.

Meine liebste Meisterin,

ich hoffe, Du nimmst es mir nicht übel, aber mir war an diesem letzten Wochenende nach Schwimmen zumute; ich habe mir die Schlüssel von Sperlonga genommen und werde die paar Nächte in der Wohnung dort schlafen. Zum Trost hast Du ja Vater, der sich um Dich kümmern kann! Er lädt Dich heute vielleicht zum Abendessen ein und ruft Dich sicher gegen acht Uhr an. Wir sehen uns Sonntag abend wieder. Vater sagt, daß wir am Montag losfahren.

In Liebe,

J.-L.

Zuerst war ich wütend. Und eifersüchtig. Es war klar, daß er diese verdammten Hockeyschlägertypen wiedersehen wollte. Auf diesen Gedanken konnte ihn eigentlich nur Aurelien gebracht haben. Er hatte den Jungen weggeschickt, um sich ungestört an mich heranmachen zu können! Ich war in meiner eigenen Falle gefangen! Zu so einem Bubenstück können auch nur Franzosen fähig sein!

Tagebucheintragung, Sonnabend morgen.

Ich glaube, nach alledem muß ich ein Wort über unsere eigene Generation sagen. Aurelien schläft noch in meinem Bett. Es wurde gestern ein ganz unterhaltsamer Abend. Es kam mir nicht in den Sinn, die beiden Männer miteinander zu vergleichen. Natürlich hatte ich Aurelien noch nicht gekannt, als er in dem Alter von Jean-Louis war; er war vierundzwanzig, als ich ihn kennenlernte, für mich damals ein älterer Mann, und auch heute noch. Aber wir sind inzwischen auch alte Freunde, und wenn wir uns lieben, ist eine Spur Wehmut mit von der Partie. Es geht gemütlich und vertraulich vonstatten, meine Empfindungen sind nicht so stark wie bei seinem Sohn. Ich liebe sie beide, ohne sie irgendwie miteinander zu vergleichen oder sie in Gedanken gegeneinander auszuspielen. Sie sind zwei ganz verschiedene Menschen, die außer mir nicht viel gemeinsam haben.

Unterhaltung im Bett. Sonnabend nachmittag.

Aurelien ist erst spät am Vormittag wach geworden; wir sind einkaufen gegangen und haben dann zusammen zu Mittag gegessen. Wir sind dann wieder ins Bett gegangen, um uns auszuruhen und es dazwischen ein wenig zu treiben. Das Haar, das Aurelien auf der Brust hat, war schon ganz weiß, obwohl sein Kopfhaar erst leicht ergraut war. Sein Körper hatte sich für einen Mann von fünfundfünfzig oder sechsundfünfzig gut gehalten.

»Was empfindet man, wenn man mit einem alten Mann ins Bett geht, nachdem man es mit einem Teenager zu tun hatte?« wollte er wissen.

»Aurelien, wir haben doch ausgemacht, nicht über deinen Sohn zu sprechen. Außerdem bist du kein alter Mann, und er ist kein kleiner Junge mehr. Ihr seid zwei verschiedene Menschen, und in meiner Vorstellung habt ihr nichts miteinander zu tun. So habe ich das auch in mein Tagebuch geschrieben.«

»Du führst ein Tagebuch?«

»Unregelmäßig.«

»Und ich dachte immer, Tagebücher werden nur von jungen Mädchen geführt!«

»Manchmal bin ich auch noch ein junges Mädchen. Oder betrachtest du mich als alte Frau, Aurelien? Oder siehst du mich eher als das junge Mädchen, das du damals kennengelernt hast?«

»Als beides zugleich. Und du?«

»Ich kann mich kaum noch an dich erinnern. Es ist wie eine neue Beziehung mit einem anderen Mann. Nicht daß das Alter dabei eine Rolle spielen würde – es liegt einfach daran, daß ich keine Erinnerung mehr habe. Ich habe nie ein Gedächtnis gehabt.«

»Irgend jemand hat einmal gesagt: ›Wahrhaft glücklich ist der, der kein Gedächtnis hat.‹ Du bist eine glückliche Frau, Anne.«

»Bist du glücklich gewesen, Aurelien?«

»Nicht immer – aber es hat vieles in meinem Leben gegeben, für das ich dankbar bin. Dankbar bin ich für Jean-Louis. Er ist ein netter Junge, und du hast dazu beigetragen, daß ich das jetzt sehe. Für sein Alter ist er ›gut beieinander‹. Früher hat er kaum mit mir gesprochen, jetzt haben wir eine sehr enge Beziehung. Wir sprechen sogar über dich, von Mann zu Mann. Er ist nicht so schweigsam wie du, wenn es um die Liebe geht – er erzählt mir sogar die Einzelheiten!«

»Ihr seid wirklich Schweinchen. Ich glaube, ihr reißt sogar Herrenwitze über mich!«

»Jetzt aber Schluß. Freue dich lieber, daß wir beide dich großartig im Bett finden.«

»Es ist einfach unmoralisch.«

»Was denn? Wer macht denn schon von der Moral Gebrauch? Doch nur der, der unsicher ist!«

»Mir wächst das alles über den Kopf!«

»Du hast selbst dafür gesorgt, daß es soweit gekommen ist!«

»Was meinst du damit? Du hast mir doch geschrieben und mir diesen verdammten Vorschlag gemacht!«

»Und du hast während der Filmfestspiele schamlos mit meinem Sohn geflirtet. Ich habe doch mit eigenen Augen gesehen, wie du ihn nach allen Regeln der Kunst heiß gemacht hast. Ich war eifersüchtig und erfreut zugleich.«

»Worüber hast du dich gefreut?«

»Ich habe mich gefreut, daß mein Sohn in die Fußstapfen seines Vaters tritt. Daß er Gefallen an einer wirklichen Frau fand. Wir wollen doch alle, daß unsere Kinder so werden, wie wir es uns vorstellen.«

»Es ist ein großer Fehler, Aurelien, nur den Kindern nachzuleben. Oder willst du mir einreden, daß du Jean-Louis hierhergeschickt hast, um gleichsam aus zweiter Hand unsere erste Liebe wiederzuempfinden?«

»Nein, natürlich nicht. Ich wäre wohl kaum bei dir im Bett, wenn es so wäre.«

»Warum aber bist du dann hier? Ihr beide treibt doch ein Spiel mit mir! Das ist nicht gerade das, worauf ich gewartet habe!«

»Wolltest du denn mit uns spielen? Glaubst du, ich habe dir ein hübsches Spielzeug geschickt?« Seine Stimme nahm jetzt einen bedrohlichen Unterton an.

»Sei still jetzt, machen wir es lieber noch einmal!« sagte ich, um wieder Boden unter die Füße zu bekommen.

»Anne, ich bin sechsundfünfzig. Du willst mich wohl umbringen.«

»Keine Müdigkeit, Aurelien. Dein Sohn kann es zweimal hintereinander.«

»Du kleine Hure!«

Aurelien schlug nach mir. Ich hatte mir ausgerechnet, daß ihn der bösartige Vergleich aufbringen würde, und es klappte. In einer ähnlichen Situation hatte ich den Sohn in eine kindliche Wut versetzt. Der Vater legte beherrschte Wut und herrischen Besitzanspruch an den Tag. Er schüttelte mich wie eine Ratte, dann riß er mich an seinen Körper und durchbohrte mich, als wollte er mich vernichten, indem er mich verschlang. Durch seinen Rhythmus spürte ich seine männliche Kraft. Es war mit Bestimmtheit nichts Kindliches mehr an Aurelien.

Nach den Anstrengungen des Nachmittags wollten wir jeder in seinem eigenen Bett schlafen. Aurelien hatte auch ein wenig Angst, Marie könnte anrufen und ihn nicht im Hotel erreichen. Ich war nur erleichtert, denn auch Jean-Louis hätte mich von Sperlonga aus anrufen können, und ich wollte nun einmal nicht in Anwesenheit seines Vaters mit ihm sprechen.

Wir aßen außerhalb an der Piazza Santa Maria in Trastevere zu Abend. Herumziehende Musiker kamen singend an unseren Tisch und kredenzten uns so abgetakelte Ohrwürmer wie »O sole mio«, alte Frauen verkauften Blumen und stellten ihre Körbe mitten auf den Tisch, Kinder spielten auf der Piazza Fußball, und die mit Scheinwerfern angestrahlte Mosaikfassade der Kirche im Hintergrund leuchtete durch das Funkeln der Springbrunnen.

Aurelien hatte mir ein handgeschmiedetes goldenes Armband mit einem eingearbeiteten Jadeherzen geschenkt. Ich war gerührt von diesem Geschenk. Sein Sohn hatte während der ganzen Zeit, die er mit mir zusammen war, nicht einmal daran gedacht, mir auch nur eine einzige Rose mitzubringen. An den älteren Liebhabern war doch etwas dran!

Der verflixte Bengel rief nicht an. Wahrscheinlich war er mit den verflixten Mädchen beim Tanzen. Es gab da einen Nachtklub in der Nähe des Campingplatzes unten am Strand; es war kein Hexenwerk, von dort aus durch die Dünen zu spazieren und im Gebüsch zu verschwinden. Ich war eigentlich nicht eifersüchtig, eher traurig, daß ich nicht mehr ins Gebüsch ging und auch keine siebzehn mehr war. Ich hatte schon immer gewußt, daß ich den Jungen eines Tages verlieren würde, aber das Wissen konnte mich nicht vor dem Schmerz schützen. Ich vermißte den Jungen sehr.

Am Sonntagmorgen machte ich das Frühstück und trug es auf die

Terrasse; der Glastisch hatte Kratzer, und meine schmiedeeisernen Stühle hatten dringend Farbe nötig. Einer meiner früheren Liebhaber hatte einmal gemeint: »Anne bringt fertig, wonach wir alle streben – den stilvollen Untergang. Sie ist eine Schlampe mit Klasse!«

Das Telefon klingelte. Mein Herz schlug schneller. Ich war auf mich selber wütend, daß ich mir so Sorgen machte. Ich war noch mehr außer mir, als sich statt Jean-Louis der amerikanische Hauptdarsteller des Films meldete, an dem ich mitarbeiten sollte. Er ärgerte sich über irgendeinen Artikel in der Sonntagszeitung. Ich hatte ihn nicht selbst geschrieben, aber er war dennoch der Meinung, daß ich die Schuld daran hatte, weil ich einen so billigen Journalisten das Interview mit ihm hatte machen lassen. Filmstars sind alle gleich: sie schnappen über, wenn man ihnen Popularität verschafft, und sie schnappen noch mehr über, wenn man nicht von ihnen spricht.

Ich zitierte Moravia: »Es ist gleichgültig, was man über dich sagt, solange man nur über dich spricht!« Natürlich hatte er nie von Moravia gehört. Ich erklärte ihm, daß Moravia nicht nur der größte lebende italienische Schriftsteller sei, sondern auch die Filmkritiken für den »L'Espresso« schrieb. Schließlich beruhigte er sich und lud mich zum Essen ein.

Filmstars sind oft sehr einsam. Die Leute glauben, daß es ihnen glänzend geht, und deshalb wagt niemand, sie einzuladen. Oft sitzen sie einfach im Hotel und haben Angst, auszugehen und erkannt zu werden, manchmal haben sie auch Angst, allein und ohne aufregende Begleiterin gesehen zu werden. Aus diesem Grund haben die meisten von ihnen beständig ihren Sekretär im Schlepptau. Mit der Fanpost fertig zu werden ist ein Kinderspiel gegen die Einsamkeit, wenn man ganz oben ist.

»Ich komme gern zum Mittagessen, aber ich muß einen Gast meines Hauses mitbringen. Es ist ein charmanter Mann, Sie werden ihn mögen. Er ist aus Frankreich und Anwalt.«

»Spricht er Englisch?«

»Ja, ich habe es ihm beigebracht.«

»Nun gut; um eins im Grand Hotel?«

»Einverstanden. Wir sind pünktlich.«

Es würde Aurelien bestimmt Spaß machen, den amerikanischen Filmhelden kennenzulernen. Und es würde ein ausgezeichnetes Essen geben, weil ich wußte, daß unser Held über ein tägliches Spesenkonto von einhundert Dollar verfügte. Auch stand ihm ein Wagen mit Chauffeur zur Verfügung, so daß wir unter Umständen zur Appia Antica essen fahren konnten.

Unterhaltung auf dem Weg zum Grand Hotel. Rom. An einem Septembersonntag.

»Mein Sohn hat mich heute morgen angerufen.«
»Er hat dich angerufen? Dieser Mistkerl! Und ich habe auf seinen Anruf so gewartet!«
»Er wollte wissen, ob ich mit dir noch ein oder zwei Tage allein sein möchte. Er wollte noch etwas am Meer bleiben.«
»Das hätte er auch mich fragen können. Ich glaube, er hat überhaupt nicht an uns beide gedacht – es geht ihm darum, sich mit den beiden englischen Mädchen noch ein wenig die Zeit zu vertreiben.«
»Anne, ich glaube fast, du bist eifersüchtig! Nun erzähle mir bloß nicht noch, daß du dich in meinen Sohn verliebt hast!«
»Wäre das so schwer zu begreifen?«
»Aber er ist erst siebzehn.«
»Ich war achtzehn, als wir uns ineinander verliebt haben. Hast du das schon vergessen?«
»Aber jetzt bist du fünfzig!«
»Ich spüre das nicht, wenn ich mit Jean-Louis zusammen bin.«
»Nein, ich glaube, wirklich nicht. Es ist zwar ein wenig lächerlich ... aber es ist auch ganz bezaubernd. Sehr schön für euch, in der Tat.«
»Das ist wirklich sehr nett von dir, vielen Dank. Natürlich habe ich nicht erwartet, daß es ewig so gehen würde, aber etwas länger hätte es schon dauern dürfen. Es war wie meine zweite Jugend.«
»Lasse ich dich dein Alter spüren?«
»Nein – im Gegenteil. Aber es ist anders. Von dir fühle ich mich beschützt. Ich empfinde wieder wie ein verwöhntes Kind. Es ist schön, zur Abwechslung in einem teuren Restaurant zu sitzen und zu wissen, daß der Tisch eigens reserviert worden ist und daß die Rechnung von jemand anderem bezahlt wird und ich mir die teuersten Leckereien auf der Speisekarte aussuchen kann, weil du es genießt, wie ich sie genieße. Wenn ich mit dem Jungen zusammen bin, bin ich der Beschützer, ich bin derjenige, der verwöhnt.«
»Bin ich für dich immer noch eine Vaterfigur?«
»In gewisser Beziehung. Die sechs Jahre zwischen uns bedeuten heute nichts mehr, wir sind gleich alt; als ich achtzehn war und du vierundzwanzig, bedeutete es eine ganze Menge.«
»Tut mir leid. Ich habe niemals väterliche Gefühle dir gegenüber gehabt. Du warst meine erste große Leidenschaft.«
»Natürlich, Liebling. Du für mich auch.« Ich blieb mitten auf der be-

lebten Straße stehen. »Ich liebe nicht nur deinen Sohn, Aurelien, ich liebe dich auch.«

Ich küßte ihn mitten auf dem Zebrastreifen. Ein Taxi hielt mit quietschenden Reifen, der Fahrer streckte den Kopf aus dem Fenster und rief uns ärgerlich zu: »Basta! Ihr beiden da, ihr seid alt genug, um es besser zu wissen!«

Wir gingen lachend weiter. Ich wußte, daß ich die Gefühle Aureliens verletzt hatte, und versuchte, die Sache jetzt auszubügeln.

»Verstehst du, Liebling, der Junge hat mit uns beiden nichts zu tun. Wenn ich gestern einen herrlich reifen Pfirsich gegessen habe, so bedeutet das doch nicht gleich, daß ich heute die Erdbeercreme und morgen den Schokoladenkuchen zurückgehen lasse. Es verfeinert nur meine Zunge. Dein Sohn ist ein Leckerbissen, du aber bist ein ganzer saftiger Mundvoll.«

Aurelien sah aus, als würde er wieder Vertrauen zu mir fassen. Wirklich, die Männer sind solche Kinder!

»Ihr seid beide so herzhafte Mahlzeiten«, redete ich weiter, um die Stimmung aufzulockern und einen schlüpfrigen Unterton einfließen zu lassen. »Vielleicht werde ich euch eines Tages gemeinsam verspeisen.« Ich zwickte ihn in den Arm.

»Du schreckliches Weibsstück schlägst mir einen Dreier mit dir, mir und meinem Sohn vor?«

»Warum nicht? Das kommt alle Tage vor.«

»Gottlob nicht in meiner Familie.«

»Gut, lassen wir das!«

Wir waren an der Fontana di Trevi angekommen. Wir hatten einen kleinen Umweg gemacht, damit Aurelien seine Münze hineinwerfen konnte. Er hatte übrigens die Bitte von Jean-Louis abgelehnt, noch einige Tage bleiben zu dürfen. Der Junge kam, wie ursprünglich geplant, an diesem Abend zurück, und Vater und Sohn wollten morgen früh gemeinsam abreisen.

Hand in Hand gingen wir über die Stufen hinunter, auf den eindrucksvollen Brunnen zu.

»Für mich wirkt er zu überladen und speit viel zuviel Wasser. Ich glaube, wir Franzosen können das besser.«

Einer dieser überall störenden Paparazzi knipste uns, und wir waren uns einig, daß es keine gute Idee gewesen war, hierherzugehen. Es war jetzt auch schon sehr heiß, und der Brunnen roch nach Chlor.

»Mittags ist der Zauber gebrochen«, meinte Aurelien nüchtern.

Unser Filmheld hing an der düsteren Bar des Grand Hotel und trank eine Mischung aus Campbells Kraftbrühe und Wodka in sich hinein. Er redete sich wohl ein, daß das mehr mit Ernährung als mit Alkohol zu tun hatte; er unterhielt sich gerade mit einer Rothaarigen, offensichtlich eine Edelnutte. Sie konnte wohl kaum wissen, daß dieser langsam verfallende Supermann als Alkoholiker bestens bekannt war. Als ihr Kunde würde er wohl nicht viel taugen; wahrscheinlich hätte sie von seinem Foto und seinem Autogramm mehr gehabt.

Wir fuhren die Appia Antica auf und ab und versuchten, uns für ein Lokal zu entscheiden. Wir gingen schließlich ins Escargot gleich am Anfang der Straße. Es war eine wundervolle Fahrt, die Zypressen wirkten in der heißen Sonne fast schwarz. Alte römische Villen fristeten entlang der Straße ihr Dasein, während dahinter neue Anwesen zu sehen waren, auf denen sich die neureiche Schickeria Roms rund um die Swimmingpools aalte. Noch weiter draußen begannen dann die offenen Felder, auf denen Schafe weideten, und ab und zu sah man verfallene Aquädukte aus der Römerzeit.

Unter der Pergola am hinteren Ende des Escargot waren wir vor neugierigen Blicken und dem Benzindunst von der Straße her sicher. Alles war aus teurem Damast, sogar die Servietten, und ein gewaltiges Menu wurde aufgefahren. Die beiden Männer waren überaus höflich zueinander und verbeugten sich beständig vor einer eingebildeten Überlegenheit, die einer beim anderen vermutete; aber unser Filmheld war ein lautstarker, krampfhaft auf ewige Jugend bedachter Mittvierziger, während Aurelien ein wirklicher Mann war, der wußte, wer und was er war, und der sich seines Alters nicht schämte. Alle die Frauen, die sich nach dem großen Star die Finger leckten, hätten wahrscheinlich mit Aurelien mehr im Bett erlebt.

Wir setzten den Star im Grand Hotel ab, damit er seinen Rausch ausschlafen konnte, und da ich nichts mehr liebe als ein kleines Match an einem langen, heißen Nachmittag, fuhren wir in meine Wohnung und gingen wieder ins Bett. Ich versuchte nicht daran zu denken, daß Jean-Louis jeden Augenblick zurückkommen mußte, aber ich fand keine Ruhe in den Armen Aureliens und konnte auch nicht, wie gewöhnlich, einschlafen.

»Ich glaube, der Junge muß heute nacht hier schlafen«, meinte Aurelien, als könne er Gedanken lesen. Mit dem Laken wischte er mir die Schweißperlen von der Brust. Seine Stimme schwankte zwischen Mißgunst und Großzügigkeit.

Ich strengte mich gewaltig an, um der Versuchung dieses Angebots zu widerstehen. »Ich glaube nicht, daß das eine gute Idee ist, Aurelien. Warum verbringt er nicht die Nacht mit dir im Hotel? Du hast doch ein Doppelzimmer gemietet. Um so früher könnt ihr morgen zurückfahren.«

»Wünschst du dir nicht eine letzte Liebesnacht mit der frischen Jugend?«

»Nein«, log ich. »Ich hasse den langen russischen Abschied und die einstudierten Lebewohlszenen. Es ist besser, manchmal nicht zu wissen, daß man mit jemandem zum letztenmal ins Bett geht. Er wird bald hier sein, und ich werde ihm beim Packen helfen.«

»Dann stehe ich mal besser auf! Ich gehe jetzt ins Hotel zurück, aber wir können uns ja später zum Abendessen treffen.«

Er stand auf und begann sich anzuziehen. »Komm mit ihm und seinem Gepäck gegen halb neun vorbei, wir gehen dann zu Ranieri gleich um die Ecke. Ist das Lokal genehm für ein formelles Abschiedsessen im Kreise der Familie?«

Ich lächelte, obwohl mir nicht im geringsten danach zumute war. Ich stand jetzt ebenfalls auf, küßte Aurelien zärtlich, und diese Zärtlichkeit kam aus meinem Allerinnersten. Es war nur, daß ich für Aurelien nicht mehr das Hochgefühl empfand, das einen überkommt, wenn man Drogen nimmt oder sich eben gerade verliebt hat, jenes unwiderstehliche Hochgefühl, bei dem man den Kopf in den Wolken hat, obwohl man genau weiß, daß man mit den Füßen noch auf der Erde steht.

»Warum bleibst du nicht hier und wartest mit mir gemeinsam auf den verlorenen Sohn?« fragte ich; ich befürchtete, ich würde den Jungen nicht zurückweisen können, wenn sein Vater nicht da war.

»Nein, ihr beide habt euch Dinge zu sagen, die ich nicht hören möchte«, antwortete Aurelien, der sich jetzt ganz angezogen hatte und gehen wollte.

»Unsinn, Aurelien. Das ist doch alles schon Vergangenheit«, sagte ich, und während ich es noch aussprach, wußte ich schon, daß es auch so war. Aber als ich Aurelien hinausgelassen hatte, behielt ich absichtsvoll meinen durchsichtigen Morgenmantel an.

»Anne, Liebling, Anne, wie habe ich mich nach dir gesehnt!«

Jean-Louis brach in die Wohnung herein, braungebrannt und kraftvoll, seine goldenen Locken tanzten kunterbunt durcheinander, seine blauen Augen blitzten. Er hatte ein paar wunderbare Tage gehabt, aber er war so süß, das jetzt nicht zu erkennen zu geben, damit ich meine innere Ruhe hatte. Ich konnte das alles förmlich mit Händen greifen. Das

Messer wühlte in meinem Herzen, aber nach außen hin behielt ich mein Lächeln.

»Hallo, mein Liebling, auch ich habe dich vermißt.«

»Hat dich Vater denn nicht getröstet?« Er sah mich spitzbübisch an.

»Du weißt doch, daß ich nie einem Mann vom anderen erzähle«, sagte ich in scherzhaftem Ton.

»Kommt er heute abend zum Abendessen?«

»Nein, wir gehen in ein vornehmes Restaurant zu einem vornehmen Abschiedsessen. Du schläfst heute abend im Hotel bei deinem Vater, damit ihr morgen frühzeitig loskommt.«

Er machte einen Schmollmund. »Was, keine letzten Übungen mit meiner Lieblingslehrerin?«

»Die letzte Lektion besteht darin, daß es besser ist, die letzte Lektion zu überschlagen. Dann bleibt niemals ein bitterer Geschmack im Mund zurück.«

»Was für eine wundervolle Frau du doch bist!«

Er küßte mich, und ich glaube, insgeheim war er erleichtert. Er war also doch zum Hockeyspielen hinter die Dünen gegangen und brauchte mich jetzt nicht mehr.

»Ich glaube, ich komme heute abend nicht mit zum Abendessen«, sagte ich, während ich ihm beim Packen half. »Dein Vater wird das verstehen.«

»Soll ich ihm sagen, daß du die letzte Lektion überschlagen hast?«

»Ja, er weiß, was das bedeutet. Nun beeil dich, damit wir mit dem Packen fertig werden. Dein Vater erwartet dich um halb neun.«

Geschäftig liefen wir in der Wohnung hin und her, bis wir alles beisammen hatten. Ab und zu küßten wir uns. Er faßte mir an die Brustwarzen, ich streichelte seine Hoden.

»Fühlt sich leer an«, meinte ich.

Er wurde rot. »Wer bist du denn, daß du mir Vorwürfe machen kannst? Was hast du denn alles getrieben? Und sogar noch mit meinem eigenen Vater!«

Wir lachten und packten weiter. Es war jetzt alles nur noch Spiel.

Endlich war er fertig. Der schicksalhafte Augenblick war gekommen. Ich durfte nicht weinen. Ich hob seine Kamera auf und hängte sie ihm über die Schulter. Wahrscheinlich war der Film voll mit Aufnahmen von seinen beiden Hockeyassen. Immerhin gab es auch eine Aufnahme, die ich von ihm gemacht hatte, als er auf einem Felsen stand, und eine Aufnahme von mir, als ich am Strand auf meinem Handtuch saß. Er hat sie mir beide später mit einer Widmung geschickt.

Ich sah ihm noch nach, wie er mit seinen Siebensachen in den Fahrstuhl stieg.

»Kommst du damit auch sicher bis zum Hotel? Soll ich nicht lieber mitkommen?«

»Nein, ich möchte dir lieber an deiner eigenen Tür auf Wiedersehen sagen.«

»Dann auf Wiedersehen. Und komm einmal wieder, und laß deinen schönen kleinen Körper von Zeit zu Zeit so richtig rannehmen.«

»Du kannst dich drauf verlassen. Jedes Jahr einmal.«

Er drückte auf den Knopf, und der Fahrstuhl glitt nach unten.

»Sag deinem Vater, daß er mir fehlen wird!« rief ich ihm noch nach.

»Du wirst uns beide verdammt vermissen«, drang seine Stimme von unten zu mir hoch.

Es war wahr. Ich würde sie beide sehr vermissen. Die Winden hatten zum Schutz vor der Nachtkühle ihre Kelche geschlossen. Musik und Tanz waren vorbei. Aurelien war eine wehmütige Erinnerung an die tragende Melodie. Jean-Louis war das Lied selbst gewesen. In der Abenddämmerung war es jetzt sehr still.

Zweites Kapitel
Meine Erlebnisse in London

Im Dezember 1967 entschloß ich mich zu einem einmonatigen Urlaub in England. Nach dem Film mit dem ständig betrunkenen amerikanischen Hauptdarsteller war ich einfach erschöpft. Ihn aus den Schlagzeilen der Zeitungen herauszuhalten war noch anstrengender, als ihn hineinzubringen!

Im übrigen: Dann und wann sollte man dahin zurückkehren, wo man geboren ist, einfach um festzustellen, was da los ist; und deshalb fuhr ich nach London, um mit meiner Tochter Fiona zusammen Weihnachten zu feiern; außerdem wollte ich mich mit Rudi treffen.

Rudi war gerade mit der Ausstattung einer italienischen Oper an der Covent Garden Opera beschäftigt, und ich hatte ihn gebeten, mir eine kleine möblierte Wohnung in seinem Apartment-Hotel in Chelsea reservieren zu lassen. Auf diese Weise konnten wir zwar zusammen sein, aber wir hockten nicht zu eng aufeinander. Ich hatte ihn seit dem Herbst nicht mehr gesehen; unterwegs zu seinem Vater, hatte er mich kurzfristig eingeladen; sein Vater war Baron von Hoffmann, ein vornehmer, alter Witwer mit einem Franz-Joseph-Bart, der den Winter in Wien und den Sommer in einem allmählich verfallenden Schloß in der Nähe von Salzburg verbrachte. Rudi war gerade dabei, ihn nach Wien zu bringen, und wollte anschließend nach Rom fliegen, aber er wurde auf einmal von der Covent Garden ganz in Beschlag genommen. So blieb ich allein mit Rudis schwerem Gepäck und einer Einladung zur Premiere in London zurück.

Als ich auf der Victoria Station aus dem Zug stieg, starrte mir der vergrößerte Steckbrief eines finsteren, bärtigen Gesichts entgegen. Darunter stand: »Mörder gesucht. Wenn Sie diesen Mann erkennen, verständigen Sie sofort die Polizei.«

»Nur die Engländer sind so scharf auf einen frisch gebackenen Mörder«, meinte Rudi, als er mich an der Sperre abholte.

Ich war mit dem Nachtzug gekommen, weil ich für den Flug einfach zuviel Gepäck hatte. Das meiste davon gehörte Rudi. Ich brachte es ihm nach London, damit er unter Umständen direkt nach New York fliegen konnte. Das hört sich alles sehr nach dem Duft der großen weiten Welt an, aber ich reise ja nur mit der Bahn, und zudem zweiter Klasse, während Rudi natürlich erster Klasse nach London vorausgeflogen war. Ich war wieder einmal sein Liebessklave.

»Es ist vielleicht ganz gut, wenn wir die schweren Koffer einfach bei der Gepäckaufbewahrung aufgeben«, meinte ich. »Du kannst sie dann ja abholen, wenn du mit dem Fährzug nach Southampton fährst.«

Nach Weihnachten wollte Rudi mit der »Queen Elizabeth« nach New York dampfen. Wir baten also den Gepäckträger, uns zur Gepäckaufbewahrung zu bringen.

»Gepäckgewahr' iss' nich' mehr«, erzählte er uns und grinste dabei ausgelassen. »Verdamm'e irisch' Terroristen unn' die Bommen. Auf herrenloses Gepäck ist heute kein Aufpass' nich' mehr. Der al'e Kasten muss'e zu'emacht werden!«

»Ach du liebe Zeit, jetzt haben die Iren auch noch das bißchen Old England auf dem Gewissen! Dabei hatte ich mich so darauf gefreut!«

»Was meinst du mit ›so darauf gefreut‹? Du weißt doch gar nicht, wie es hier zugeht.«

Rudi hatte recht. Ich habe in der Tat so gut wie gar nicht in England gelebt.

Obwohl meine Eltern sehr ›britisch‹ gelebt hatten, waren sie nie in England ansässig gewesen. Statt dessen hatten wir alles andere ausprobiert, von Südafrika bis nach Südfrankreich. In meiner Kindheit zog ich von den kolonialen Hinterwäldern an die europäischen Boulevards, während meine Eltern zwischen den beiden Weltkriegen nach einem Leben, das ihrem Geschmack entsprach, suchten. Der kritische Punkt bestand darin, daß sie keinen gemeinsamen Geschmack hatten; ihre Suche endete mit der Scheidung, und deshalb verbrachten wir zusammen mit unserer Mutter das Ende der zwanziger Jahre allein in London.

In den zwanziger und dreißiger Jahren bestand das Leben dort aus einem gemütlichen, häuslichen Beieinander in bequemen Sesseln mit hochgeistigen Gesprächen am Gaskamin, über dem an langen Messingzangen Teebrötchen geröstet wurden. In kerzenerleuchteten, weitläufigen Räumen mit offenem Kamin und hohen georgianischen Fenstern wurden festliche Abendessen gegeben. An Sommertagen wurden diese Fenster so weit wie möglich geöffnet, um die wenige Sonne hereinzulassen. Im Winter wurden sie vor dem durch alle Ritzen eindringenden Grau hermetisch verriegelt.

Ich dagegen war es gewöhnt, draußen am Strand und auf der Terrasse die Sonne zu genießen, und die Fensterläden hatte ich bisher nur vor der heißen Sonne geschlossen. Es fiel mir nicht gerade leicht, unter dem Regenschirm mit meinem grauen Marineregenumhang über das nasse Pflaster zu hasten, noch fand ich Gefallen an den englischen Internaten, in deren trostlosen Schlafräumen das Waschwasser auf den Nachttischen zu Eis gefor. Ich war mehr als erleichtert, als sich meine Mutter nach ihrer Scheidung in einen Italiener verliebte und mit uns wieder an die Côte d'Azur zog.

Und jetzt, Jahre danach, sehne ich mich noch immer nach dem England meiner Kindheit, und es ist, glaube ich, kein Wunder, daß ich es nirgendwo fand, war es doch in meiner Vergangenheit ziemlich auf und ab gegangen.

»Mein Goldschatz«, sagte Rudi am Morgen nach meiner Ankunft zu mir, »ich brauche ein paar Musterbücher des 18. Jahrhunderts für die Kostümierung.«

Rudi hatte mich schon immer mit ›mein Goldschatz‹ angeredet, wenn er seinen täglichen Angriff auf meine Zeit und meine Kraft vorhatte; nach Art der Österreicher hatte er dabei die Betonung auf die erste Silbe gelegt.

»Nur Kostümmusterbücher, oder allgemein über das 18. Jahrhundert?« fragte ich zögernd, weil ich meinen Urlaub zerrinnen sah. Ich kannte ja die Rolle, die ich in Rudis Leben spielte – ich war sein Liebessklave. Er wußte nur zu gut, wie er die Daumenschrauben ansetzen mußte (wie immer man das verstehen will), und er machte das auf so charmante Art und Weise, daß ihm all seine Sklaven nur zu willig die größten Dienste leisteten. Rudi war bezaubernd, er war der bezauberndste, eigenwilligste Egoist auf der Welt, der die seltene Begabung hatte, einem den letzten Tropfen auszusaugen, ohne daß man das im geringsten spürte. Es war nun schon fünfzehn Jahre her, daß ich mich in seine Sklaverei begeben hatte, aber bislang hatte ich mich nicht daraus befreien können. Obwohl sich Rudi von meinem Bett weg in andere Richtungen verirrt hatte, hatte ich ihn doch fest in mein Herz geschlossen.

»Ich brauche Alltagsszenen von berühmten Malern der Zeit«, fuhr er fort. »Da sie Künstler sind, wissen sie, worauf es ankommt; sie kehren Charakter und Atmosphäre besonders hervor; hole doch am besten ein paar Bände aus der Leihbibliothek, und kaufe alles, was ich deiner Meinung nach brauchen kann.« Er setzte sein süßes, herzlich-gewinnendes Lächeln auf. »Wer schließlich wüßte genauer als du, was ich brauche«, fügte er listig hinzu.

Wer wirklich? Mein Urlaub war schon geplatzt. Ich war jetzt der unbezahlte Teilzeitassistent eines der größten Bühnenausstatter der Welt, der zudem mein Exliebhaber war.

Am nächsten Tag war ich gerade in Zwemmers Buchhandlung an der Charing Cross Road – den Tag zuvor hatte ich in einschlägigen Büchereien verbracht. Menschliche Beziehungen waren wahrscheinlich der Einsamkeit vorzuziehen, aber ich bildete mir ein, ich könnte während meines Urlaubs ruhig ein wenig Entspannung vertragen. Und gerade in Zwemmers Buchhandlung entpuppte sich diese Entspannung als ziemlich schwergewichtiges Kaliber.

»Einen Augenblick bitte, mein Herr. Wo wollen Sie bitte hin?«

Der Verkäufer ließ sich oben von der Leiter herab vernehmen, die den Zugang zum hinteren Ladenteil förmlich versperrte. Eben war ein junger Mann hereingekommen und wollte sich unter der Leiter hindurchdrücken, wegen seiner gewaltigen Körpergröße mit sichtlichen Schwierigkeiten.

»Ich möchte hinten nachsehen, ob Sie das Buch ›Die Entschlüsselung der Linear B‹ von Chadwick dahaben«, kam die Antwort mit einer so weichen, sanften und gebildeten Stimme, daß ich neugierig wurde, wem sie wohl gehörte. Doch sicherlich nicht dem riesigen jungen Mann?

Er stand jetzt auf der anderen Seite der Leiter. Seine Manieren waren ganz ordentlich, aber er sah einfach wie ein Wilder aus, so daß ich ganz gut verstehen konnte, warum der Verkäufer ihn angehalten hatte. Er machte einen Eindruck, als wollte er die Regalwände einreißen und nicht gerade ihren Inhalt kaufen.

Sein roter Haarschopf war wild und zerzaust, und er sah rundherum wie ein Ureinwohner aus, der nicht unbedingt aus dem Urwald, wohl aber aus einer abgelegenen Bergfestung entlaufen sein konnte, wo die jungen Männer allesamt zu Kriegern erzogen wurden, Riesen an Gestalt waren, mit finsteren Schnurrbärten und mit rechteckig gestutzten Assyrerbärten prahlten. Er platzte förmlich aus seinem schwarzen Rollkragenpullover, der wegen seiner riesigen Gewichthebermuskeln bis zum Zerreißen gespannt war. Es war kaum zu glauben, daß er hinten lediglich ein entlegenes archäologisches Buch heraussuchen wollte.

»Auch ich suche nach entlegenen Büchern«, sagte ich schnell und löste mich aus meiner Erstarrung. »Kann ich mitkommen?«

»Madame«, tönte es weich und verlockend aus der gewaltigen Gestalt, »ich darf Ihnen meine Führung anbieten.« Er streckte seine Hand aus und deutete mir an, daß ich ebenfalls unter der Leiter hindurchkriechen sollte.

Ich bewegte mich auf allen vieren, dann war ich bei ihm drüben.

»Wie ist Ihr Befinden?« wollte er wissen. »Mein Name ist Gregory.«

Der »Schlechte Gregory«, so sollte er später heißen (im Unterschied zum »Guten Gregory«), war ein sehr ungewöhnlicher junger Mann. Nachdem er mir bei der Auswahl der Bücher geholfen hatte, lud er mich zu sich nach Hause zum Tee ein. Zu sich nach Hause, wohlgemerkt. Sein Zuhause stellte sich als Dachstudio in Parson's Green heraus, das mit nicht viel mehr als wunderschönen persischen Teppichen möbliert war. Es gab noch ein paar Bücher und eine Stereoanlage, den Mittelpunkt aber bildete ein riesiges Doppelbett, das mit Kissen übersät war. Es war ein wenig zerwühlt, und ich rutschte von einem Kissen zum anderen, es machte aber einen sehr gepflegten Eindruck. Der »Schlechte Gregory« verstand es, alles, was er im Bett oder außerhalb unternahm, mit einzigartiger Klarheit, Präzision und Liebe zum Detail auszuführen.

»Warum wissen Sie soviel?« fragte ich ihn, nachdem er zwischen der Buchhandlung und seiner Wohnung über mindestens ein Dutzend Dinge seine Theorien verbreitet hatte.

»Weil ich ein Gedächtnis wie ein Computer habe. Man weiß nie genau, wann man sein Wissen gerade braucht.«

»Aber Sie sind doch noch so jung. Wie haben Sie sich das alles angeeignet?«

»Meine Mutter ist Beraterin der Atomenergiebehörde, und mein Vater betreibt theoretische Astronomie. Ich wuchs in einer schottischen Intellektuellenfamilie auf, in der es einfach erwartet wurde, daß man auf alles eine richtige Antwort hatte, und so habe ich eben sehr frühzeitig gelernt, meine Eltern nicht zu enttäuschen. Jetzt aber ab ins Bett und Schluß mit dem Gerede.«

»Aber ich habe doch gar nichts gesagt! Sie haben doch die ganze Zeit erzählt ...«

»Zieh dich aus!«

»Du bist ganz schön herrisch für einen, der erst halb so alt ist wie ich.«

»Ja, ich habe einen Machtkomplex.«

»Ich bin froh, daß du deine Fehler selber kennst. Tust du irgend etwas dagegen?«

»Nein. Ich fühle mich in der Welt des 20. Jahrhunderts sehr, sehr wohl. Ich bin ein paranoider, schizophrener, extrovertierter Mensch mit gelegentlichen Neigungen zur Gewalttätigkeit.«

»Ich verstehe ... und was noch?«

»Ich kümmere mich um die Erhaltung altertümlicher Denkmäler. Ich bin Archäologe, aber die meiste Zeit sitze ich in einem Büro und entscheide darüber, was erhaltenswert ist und was nicht.«

»Ich habe nicht den Eindruck, daß du mich erhalten haben willst. Es fühlt sich mehr nach Gewaltanwendung an.«

»Jetzt zieh dich aber aus, und laß es friedlich über dich ergehen. Es tut weniger weh.«

Es tat überhaupt nicht weh. Wie seine Stimme war auch seine Technik sanft und artig. Er ging ebenso gründlich wie detailliert vor. Er hatte – wieder einmal – alle Bücher darüber gelesen. Ich wünschte bald, daß er weniger wüßte, die Besinnung verlieren und sich einfach von der Leidenschaft fortreißen lassen würde, die sichtbar in ihm steckte. Aber der wilde Assyrer entpuppte sich als verlorenes Lamm – zumindest schien es im Augenblick so.

Gregory holte mich jeden Abend nach Dienstschluß im Covent Garden Theater ab. Rudi mußte mit seinen bezahlten Helfern bis spät in die Nacht hinein arbeiten, ich aber hörte um sechs Uhr auf. Trotz alledem hatte ich Urlaub, und Premiere war erst kurz vor Weihnachten. Obwohl im Theater die übliche Aufregung herrschte, war ich fest entschlossen, mich nicht allzusehr anstecken zu lassen; ich wollte meinen neuen Liebhaber und meinen sauer verdienten Urlaub genießen.

Gregory und ich brachen jeden Abend in die feuchte Dunkelheit auf, um uns selbst zu entdecken und London wiederzuentdecken. Gregory zeigte mir die jugendliche Seite. Ich schenkte ihm meine schwärmerischen Erinnerungen. Beides paßte sehr gut zusammen.

»Ich liebe dein schönes Lächeln«, sagte er. »Es erleuchtet meinen Alltag.«

»Ich liebe deine schwellenden Muskeln«, antwortete ich. »Sie erfüllen meine Nächte.«

»Fehlt noch etwas?« fragte er.

»Ja, du liebst mich nicht«, stellte ich fest, »aber es ist auch so gut.«

Ich hatte mich trotzdem ein wenig in ihn verliebt.

»Du verliebst dich viel zu leicht«, meinte Rudi, als ich ihm die Geschichte erzählte. »Er scheint noch weniger zu dir zu passen als sonst. Erstens ist er nur halb so alt.«

»Fünfundzwanzig ist eine Menge mehr als siebzehn«, stellte ich fest, und zugleich kam mir sehnsüchtig die Sommeridylle mit Jean-Louis in Erinnerung. »Außerdem ist er doppelt so groß.«

»Die Qualität und nicht die Quantität zählt.«

»Aber er hat doch auch außergewöhnlich viel Verstand. Er weiß alles über alles. Man braucht nur ein Thema zu nennen, und schon legt er des langen und breiten über Stunden hinweg los.«

»Was macht er beruflich?«

»Er kümmert sich um die Erhaltung alter Denkmäler. Er ist Archäologe, sitzt in einem Büro.«

»Je mehr du mir von ihm erzählst, desto unwirklicher kommt er mir vor. Bist du sicher, daß du nicht übertreibst?«

»Nein, wirklich. Ich werde ihn dir zeigen. Nach Dienstschluß kommt er mit dem Fahrrad auf einen Tee hierher.«

Gregory tauchte mit einem gelben Regenmantel und einem Südwester auf dem Kopf auf. Es war wieder einmal einer jener Tage, an denen der Regen so fein war, daß man kaum entscheiden konnte, ob es nun wirklich regnete oder nicht, ob man den Regenschirm mitnehmen oder zu Hause lassen sollte. So gesehen, wirkte sein Erscheinen ziemlich exotisch und übertrieben, aber so war es mit allem bei ihm.

Rudi und ich wohnten im Chelsea Cloisters, einem Apartmenthotel, das eher wie ein Schiff denn ein ehemaliges Kloster wirkte. Es war im Rechteck um einen innenliegenden Hof gebaut, von den langen fensterlosen Gängen öffneten sich links und rechts winzige Einzimmerapartments, die wie Schiffskabinen erschienen. Ein Teil ging nach hinten hinaus, wo es ruhiger war, andere Apartments gingen der Straße zu, wo es heller war. Es war bezeichnend für Rudi, daß er sich ein ruhiges, dunkles ausgesucht hatte, während ich in ein lauteres, helleres eingezogen war. Und es war noch bezeichnender, daß wir auf verschiedenen Stockwerken wohnten – wir wollten uns so nah und so fern wie möglich sein. Dies entsprach ganz der neuen Art unseres Zusammenlebens: verschiedene Liebhaber, verschiedene Leben.

Mein neuer Zweizentnerliebhaber füllte mit seinem Fahrrad fast das gesamte Zimmer.

»Wie, zum Teufel, hast du dein Fahrrad bis hier hochgeschafft?« stellte ich ihn zur Rede.

»Im Fahrstuhl natürlich.«

»Hättest du es nicht unten lassen können?«
»Damit es mir gestohlen wird?«
»Aber wir sind hier in England. Keiner stiehlt etwas!«
»Du machst Scherze!«
»Nein. Ich lebe gerade in meinen längstvergangenen Mädchenjahren. Jetzt zieh deinen Regenmantel aus, nimm Platz und trink eine Tasse Tee.«

Gregory lehnte das Fahrrad gegen die Wand und zog sich aus. Vollständig.

»Bist du so durchnäßt?«
»Nein, ich bin ein Exhibitionist.«

Er setzte sich auf die Liege, die von seinem Gewicht bis auf den Boden durchsackte.

»Was kommt zuerst, Ficken oder Tee?« fragte er ruhig.
»Nun, ich habe einen Freund über mir zum Tee eingeladen.«
»Sieht der gerne zu?«
»Ich habe ihn noch nicht danach gefragt.«

Schließlich rief ich Rudi an und bat ihn, erst in einer halben Stunde zum Tee zu kommen. Aber auch das war noch zu früh, wir waren noch immer zu Gange. Gregorys Umgang mit dem Sex war, wie alles, was er tat, übermäßig, ausgefeilt und wissenschaftlich begründet. Er arbeitete sich systematisch durch alle Paragraphen des Lehrbuchs hindurch.

Ich bat Rudi, noch einmal um das Viertel zu spazieren. Als er zurückkam, war die Turnstunde zu Ende, und ich stand gerade im Ankleidezimmer. Gregory war noch immer nackt, trank aber seelenruhig seinen Tee; sein Glied war jetzt zwar schlaff, aber dennoch unübersehbar. Glücklicherweise funktionierte die Zentralheizung gut, und Rudi war abgebrüht genug, um einen großen Schritt über die Situation zu machen. Er unterhielt sich mit Gregory über eine halbe Stunde lang nahezu freundschaftlich, dann zog sich Gregory an und verließ uns.

»Es ist ungewöhnlich, daß ein so großer Mann einen großen Schwanz hat«, meinte Rudi, als Gregory gegangen war. »Normalerweise ist es gerade umgekehrt.«

»Du meinst, kleine Männer haben große Dinger?«
»Ja, ist dir das noch nicht aufgefallen?«
»Wahrscheinlich habe ich weniger Erfahrung als du!«
»Oder du paßt nicht gut genug auf«, meinte er, weil er sich von mir und meinen Bumsereien nicht ins falsche Rampenlicht stellen lassen wollte.

Es ist schwierig für zwei Menschen, die sich einmal leidenschaftlich geliebt haben, eine andere Basis ihrer Beziehung zu finden. Rudi und ich waren noch immer nicht fertig damit. Mit einem normalen Mann hätte sie vielleicht in einer gleichbleibenden Trauer bestanden, aber mit Rudi in seiner augenblicklichen homosexuellen Phase bestand sie in so etwas wie einem edlen Zweikampf. In gewisser Weise war alles leichter dadurch.

Tagebucheintragung. London, am 5. Dezember 1967.

Ich finde nicht heraus, was sich stärker verändert hat, England oder ich. Ich gehe auf meinen einundfünfzigsten Geburtstag zu und lebe hier in einem Kloster. Aber natürlich nicht wie eine Nonne. Das mit der Liebe habe ich zwar aufgegeben, aber keineswegs den Sex. Gefällt mir die neue Situation? Sie hat ihre Vorteile. Befürchtungen und Zweifel können mir nichts mehr anhaben. Sex ist etwas so Natürliches wie Essen und Trinken, ein ebenso notwendiger wie unterhaltsamer Zeitvertreib.

Die Nachteile? Ich brauche gleichzeitig mehrere Männer statt nur einen. Liebe und Sehnsucht, Freundschaft und Zuneigung, Vertrauen und Sicherheit konzentrieren sich nicht mehr auf eine Person allein. Ich liebe meine Kinder und meine Enkel, auf eine andere Art liebe ich noch immer meine Ex-Ehemänner und Rudi. Ich empfinde Freundschaft für meine Freunde, Sehnsucht nach meinen Liebhabern, Zuneigung zu ihnen allen. Vielleicht ist das irgendwie auch gesünder. Man fällt nicht mehr so oft und so schmerzlich aus den Wolken. Es liegt an mir, ob es mir gutgeht. In diesem Punkt bin ich nicht mehr von anderen abhängig.

Meinen einundfünfzigsten Geburtstag verbrachte ich zusammen mit Gregory im Bett. Er hatte sich einen Tag freigenommen.

»Ich habe dir ein Geschenk mitgebracht, Oma«, sagte er beim Hereinkommen. Irgendwie hatte er sogar sein Fahrrad an das Treppengeländer unten in der Halle angekettet. Das Hotelpersonal hat noch nichts gesagt. Wahrscheinlich hat man ihn für den Fensterputzer gehalten.

»Ich werde meinen Liebhabern kaum erlauben können, mich ›Oma‹ zu nennen. Ich heiße Anne.«

»Schon zu spät, Oma, ich habe mich bereits daran gewöhnt.«

Er nahm mich ganz fest in seine Arme. Er kam mir wie ein warmherziger, gut abgerichteter russischer Tanzbär vor. Er hatte bemerkt, daß Arpège meine Parfummarke war, und mir eine Schachtel Seife und Badesalz mitgebracht. Dabei lag ein Gedicht:

Für Oma zum Geburtstag

Paradox

Wie lange braucht eine totgeborene Hoffnung
in einer Welt, in der allmählich alles kleiner wird,
um zu verschwinden?

In Liebe

Gregory

Bis zum heutigen Tag weiß ich nicht, was es zu bedeuten hat, aber ich war doch sehr gerührt. Ich steckte es später zu meiner Sammlung mit den Briefen meiner übrigen jungen Liebhaber.
»Und jetzt kommt das wirkliche Geschenk. Ins Bett, Oma!«
Das wirkliche Geschenk bestand in einer weiten Reise durch alle Gefilde der körperlichen Liebe. Irgendwo unterwegs war es dann soweit; es kam mir einmal, ja sogar zweimal, obwohl das bei mir sonst nicht der Fall ist. Gregory aber ließ sich mit dem Orgasmus stundenlang Zeit. Es war ein wenig ermüdend, aber nicht jedesmal und nicht mit jedem Mann kann alles immer perfekt vonstatten gehen; man muß für kleine Spenden und große Schwänze dankbar sein – und umgekehrt.
Rudi kam irgendwann im Laufe des Tages, um uns zu besuchen. Er überreichte mir eine kleine, flache Schachtel. Es war nichts von Cartier, sondern von Ken Lane. Es waren Hängeohrringe. Sie reichten mir fast auf die Schultern.
»Dazu trägt man höchstens schwarzen Satin«, sagte er. »Ich möchte, daß du bei meiner Galavorstellung nur so funkelst.«
Es machte ziemlich Spaß, einundfünfzig zu werden, so als würde man den Rubikon überschreiten.
Am nächsten Morgen suchte ich Rudi in dem riesigen Bühnenbildatelier der Covent Garden und traf ihn mit einem neuen Assistenten an. Er stellte ihn mir als Caspian vor, und dieser Name machte auf mich ebensoviel Eindruck wie der junge Mann selbst.
»Ich glaube, der ist nach Nurejews höchstpersönlichem Ebenbild gestaltet«, sagte ich zu Rudi. »Wo hast du ihn aufgetrieben? Bist du in ihn verliebt?«
»Natürlich liebe ich ihn nicht. Ich bin in meinen Freund Tom in New York verliebt, und ich bin viel zu beschäftigt, um ihn auch nur in Gedanken zu betrügen – obwohl ich zugeben muß, daß Caspian eine Versuchung ist!«

»Du hast ihn also noch nicht gehabt?«

»Nicht so, wie du es meinst – ach! Er ist normal. Er hat eine sehr hübsche Freundin, die ihn jeden Abend abholt.«

Seine Freundin hieß Kate; ich traf sie an jenem Abend am Bühneneingang. Sie und Gregory hatten dort gewartet und sich unterhalten.

»Laßt uns gemeinsam essen gehen«, schlug ich vor, als auch Caspian zu uns gestoßen war.

Rudi kam nicht mit; er wollte noch bleiben, um weiter an einem Bühnenbild zu arbeiten. Er war einer der hartgesottensten Arbeiter, die ich kannte. Seine Arbeit ist denn auch immer mein schärfster Rivale gewesen.

»Ich koche für euch, wenn wir noch irgendwo einkaufen können«, bot Gregory an.

Zuerst hielt ich das für sehr großzügig, aber später merkte ich, daß Gregory mit der Gründlichkeit kochte, mit der er alles tat, und überdies wollte er Mittelpunkt sein. Er mußte den Oberbefehl haben. Kate und ich boten unsere Hilfe an, aber wir wurden unmißverständlich aus der Küche verbannt. Wir gingen zu Caspian in das große Studio und hörten uns klassische Musik aus Gregorys Plattensammlung an, bis schließlich ein hinreißendes Cordon bleu hereingetragen wurde.

»Du bringst für mich eine Überraschung nach der anderen«, lobte ich Gregory. »Wo hast du kochen gelernt?«

»Bei meiner russischen Großmutter«, war die schnelle Antwort. »Sie ist in Petersburg aufgewachsen und war fast nur den Hausangestellten überlassen; die meiste Zeit verbrachte sie in der Küche, und da gab es einen französischen Koch. Als ihre Familie vor der Revolution fliehen mußte und alles verlor – einschließlich des französischen Kochs –, stellte es sich heraus, daß sie die einzige war, die etwas vom Kochen verstand. Dann hat sie hier in England geheiratet und brachte meine Mutter zur Welt, die so intellektuell wurde, wie sie heute noch ist – und meine Großmutter spielte wieder den Koch und versorgte jetzt mich in der Küche.«

Alles dies berichtete er mit einer flammenden Mischung aus Schaumschlägerei und trockener Sachlichkeit. Wie immer spielte Gregory auch diesmal mit seinen Zuhörern. Während wir in den Kissen lagen, wurde er zudringlich. Caspian und Kate saßen drüben bei der Stereoanlage und suchten Platten aus, aber er kümmerte sich gar nicht um sie. Es reizte ihn, glaube ich, es vor den Augen anderer zu treiben. Bei mir war das anders, und ich sagte ihm das. Er ließ sich aber nicht aufhalten. Ich wehrte mich, aber er drückte mich mit einem schraubstockartigen

Griff nach unten – er hatte ja auch Karate gelernt –, so daß ich mich geduldig in mein Schicksal ergab, aber ich kam nicht zum Höhepunkt. Der Rhythmus der Musik bildete den Kontrapunkt zum Rhythmus unseres Spiels – und ich habe es lieber, wenn wir allein sind.

Während der ersten Kostümprobe durften Kate und ich oben sitzen, auf dem Grand Rang, wie es in der Covent Garden heißt. Rudi und Caspian hasteten geschäftig von der Bühnenrampe zum hinteren Bühnenrand und umgekehrt, um an den auf- und abtretenden Sängerkostümen hie und da noch eine Kleinigkeit zu richten. Wie immer hatte es Rudi auch diesmal verstanden, eine magische Atmosphäre herzustellen, federleicht und üppig schwelgend zugleich. Weiche Pastellfarben wechselten mit schweren, tiefen Farben ab. Gold und Silber glitzerte durch ihre raffinierte Tiefgründigkeit hindurch wie Sternschnuppen in einer Sommernacht.

»Ich wäre so gern bei der Premiere dabei«, flüsterte mir Kate zu.
»Warum kannst du nicht?«
»Ich habe eine Rolle bei einer reisenden Theatertruppe bekommen. Es ist meine erste richtige Rolle.«
»Ich wußte gar nicht, daß du Schauspielerin bist.«
»Ja, dadurch habe ich Caspian kennengelernt. Wir gingen auf dieselbe Schauspielschule. Ich habe überhaupt keine Lust, jetzt von ihm wegzugehen, aber ich muß hoch nach Norden zu unserer Weihnachtsinszenierung. Die erste Vorstellung ist in Liverpool am Heiligabend, und vorher ist eine Woche lang Probe.«

Kate ging also nach Liverpool, und Caspian zog bei Gregory ein, um das Apartment besser auszunutzen. Kate wollte erst in etwa einem halben Jahr zurück sein, und da Gregory einen Mitbewohner brauchte, schien nichts naheliegender, als daß die beiden Buben zusammenzogen und die Ausgaben teilten. Ich war ein wenig böse auf jeden, der in Gregorys Reich eindrang – er war sehr besitzergreifend –, aber es ging mich ja nichts an, da ich London ohnedies bald verlassen wollte.

Unmittelbar vor der Premiere wurde Rudi sehr nervös.
»Die Königinmutter kommt«, erzählte er mir. »Ich werde ihr anschließend bei einem kleinen Empfang in der Crush Bar vorgestellt. Du kommst doch auch mit, Anne, vielleicht bringe ich es irgendwie fertig, daß sie dich auch begrüßt.«
»Ich habe bereits ihre Bekanntschaft gemacht, Rudi. Sie ist ziemlich weitläufig mit Roberts Familie verwandt. Obwohl, es ist schon ziemlich

lange her, daß ich ihren angeheirateten Verwandten im Buck House vorgestellt wurde.«

»Was meinst du mit ›angeheirateten Verwandten‹?«

»George V. und Königin Mary. Während ihres Jubeljahrs wurde ich bei Hof vorgestellt, mit dem weißen Satinkleid und der langen Schleppe – du erinnerst dich doch an das Foto.«

»Du bist seitdem noch schöner geworden. Was willst du anziehen?«

»Mach dir keine Gedanken – ich werde dich nicht enttäuschen, aber es muß eine Überraschung sein. Ich bin jetzt eine unabhängige Frau, Rudi. Ich suche mir meine Garderobe selbst aus!«

Am Premierenabend trug Rudi einen dunkelbraunen Samtanzug, ich selbst war ganz in schwarzem Satin und hatte die Ohrringe angelegt, die mir Rudi zum Geburtstag geschenkt hatte; die Königinmutter wirkte wie ein umgestülpter Schmuckkasten. Sie sah aus, als sei sie geradewegs von der Christbaumspitze ins Foyer hinabgestiegen. In ihrer Begleitung waren Prinzessin Margaret und Lord Snowdon. Livrierte Diener mit weißen Perücken und Kniehosen hielten samtene Baldachine über sie. Befrackte Kellner boten Champagner auf silbernen Tabletts an. Die königliche Familie lächelte und glitzerte und stellte wieder einmal unter Beweis, daß die Märchenwelt noch immer existiert, vorausgesetzt, man glaubt auch daran. In dieser Beziehung hatte sich England nicht verändert.

Als alles vorbei war, bekamen wir kein Taxi. So fuhren wir in unserer festlichen Abendkleidung mit der U-Bahn nach Hause. Auch das hatte sich nicht geändert. Auch daran erinnerte ich mich seit meiner Kindheit, daß Menschen in Festgewändern mit der U-Bahn fuhren.

»Da ist wieder der Mann«, sagte ich und deutete auf das große Fahndungsplakat, das noch immer in allen Bahnhöfen aushing.

»Seine Augen sind wie die von Gregory«, sagte Rudi. »Paß auf, daß er dich nicht umbringt. Du weißt ja, wie die Engländer sind. Ihre Spezialität ist der abgefeimte Sexualmord. Er steckt deine Leiche in einen Schrank, und am Wochenende holt er dich zu nekrophilen Spielchen wieder heraus.«

»Was meinst du damit?«

»Nun, er treibt es mit deiner Leiche.«

»Ach, Rudi. Dabei ist er ein so knuddeliger Junge, wie ein großer, unbeholfener russischer Bär. So etwas würde er nie tun!«

Dennoch ließ seine Bemerkung einen bitteren Geschmack in meinem Mund zurück. Hinter Gregorys sanfter, aber bestimmter Art steckte etwas merkwürdig Bedrohliches.

An Weihnachten strömte die ganze Familie in Fionas Wohnung zusammen. Vanessa kam mit ihrem Mann und dem Baby im Flugzeug. Robert, der Vater meiner beiden Töchter, kam von Wales herauf. Charles war mit seiner Frau ohnedies in London und wollte tagsüber mit dabeisein. Meine Ex-Ehemänner waren gute Freunde. Und so konnte es denn losgehen.

»Nun Mutter, einen Liebhaber darfst du mitbringen«, stichelte Fiona. »Wer wird es diesmal sein?«

»Rudi vermutlich. Sonst ist im Moment niemand Passendes da.«

»Ist er noch immer dein Liebhaber?«

»In gewisser Weise ja. Wir gehen nicht mehr zusammen ins Bett, wenn du das meinst.«

»Bring ihn nur mit, wenn es dir etwas bedeutet.«

Sie ist ein so zartfühlendes Mädchen, meine ältere Tochter.

Weihnachten ist stets ein Meilenstein im Familienleben, der alle chronologischen und gesellschaftlichen Veränderungen in einer jeden Familie verzeichnet, obwohl die Sitten und Gebräuche immer dieselben bleiben. Meine Liebhaber waren in alle Winde verstreut, aber meine Ex-Ehemänner waren zurückgekommen. Rudi mußte sich in letzter Minute zu einer Reise nach Wien entschließen, um seinen Vater, den alten Herrn Baron, zu besuchen, und Gregory war zu seinen Eltern gefahren.

Robert hatte aus Wales eine Bronchitis mitgebracht und machte es sich bei Fiona mit einem Brustwickel und der Wärmflasche gemütlich. Vanessa samt Mann und Baby kam mit einem Charterflug. Charles und seine Frau mußten anderswo übernachten. In Fionas Haus gab es nicht genug Betten für die gesamte Weihnachtsversammlung.

»Nur ein Mensch wie du hat solch ein menschliches Sammelsurium zusammentragen können«, meinte Robert, während ich ihm auf der Couch das Bett machte.

»Ich weiß gar nicht, warum du es unbedingt so unbequem haben willst, Robert. Du hättest doch bei mir im Gästezimmer schlafen können.«

»Ganz bestimmt nicht. Sehr ungehörig von dir. Zwanzig Jahre habe ich nicht mit dir zusammen geschlafen. Meine Bronchitis würde nur schlimmer.«

Robert ließ nicht mit sich reden. Wie ein treues altes Ehepaar saßen wir am Kamin, während unsere Töchter für uns ein englisches Weihnachten vorbereiteten, das sich in nichts von den Weihnachten unterschied, die wir für sie vorbereitet hatten.

»Vergeßt nicht, eine Mandarine in die Strumpfspitzen zu stecken«, hatten Generationen von Großmüttern am Heiligabend gesagt. Und ich sagte es noch einmal.

»Dürfen wir jetzt die Augen aufmachen?« hatten Generationen von Kindern an den dunklen, kalten Weihnachtsmorgen gefragt, während sie Stunden früher als gewöhnlich vor Aufregung kaum stillhalten konnten und sich in der Dunkelheit die Augen nach den knotigen Umrissen eines Strumpfes am Fußende des Betts aussahen.

Da Robert mir einen Korb gegeben hatte, schlief ich mit meinen englischen Enkeln zusammen. Vanessa hatte nun das Gästezimmer für ihren kleinen Matthew, der mittags noch schlafen mußte und abends natürlich als der kleine Italiener, der er war, spät zu Bett ging.

»Oma, dürfen wir jetzt die Augen aufmachen?« riefen zwei dünne englische Stimmchen unisono am Weihnachtsmorgen um halb sechs.

»Nein, jetzt noch nicht«, antwortete ich, fühlte aber zugleich, daß ich auf verlorenem Posten war. »Gebt Ruhe bis sechs Uhr. Dann dürft ihr an eure Strümpfe und anschließend zu mir ins Bett; ich lese euch etwas vor.«

Trotz ihres Protestes versuchte ich wieder einzuschlafen. Sie lagen Kopf bei Fuß in einem der Zwillingsbetten, während ich das andere hatte. Jetzt begannen sie, einander zu kitzeln und zu balgen, und ich war ziemlich nahe daran, ihnen die Strümpfe auszuliefern, um sie still zu halten.

»Wenn ihr nicht augenblicklich Ruhe gebt, kommen eure Eltern herein, und die werden euch etwas anderes erzählen als eure Großmutter.«

Einen Augenblick lang herrschte Ruhe im anderen Bett, aber dann brach das Mädchen in ein langgezogenes Geheul aus. Sie war das jüngere von beiden, aber ein geborener Unruhestifter. Ihr Bruder war ein Engel, aber wie alle männlichen Engel stand auch er bei dem ausgebufften Weibchen arg unter dem Pantoffel. In ihrem kindlichen Verhalten, in der Art und Weise, wie sie miteinander spielten, zeichnete sich in meinen Augen bereits ihr künftiges Schicksal ab. Sobald sie die Spiele der Erwachsenen zu spielen beginnen, wird sich ihre jetzt noch geschwisterliche Rivalität in den Kampf der Geschlechter verkehren. Wie konnte ich ihnen helfen? Die Würfel schienen schon im Alter von drei oder vier Jahren gefallen, sie waren vielleicht schon im Bauch meiner Tochter gefallen. Sollte auch ich meine Tochter bereits beeinflußt haben, als sie noch in meinem Bauch war? Konnte man bereits an den Erbanlagen herumbasteln, bevor man überhaupt schwanger wurde? Oder die Leibesfrucht unter Drogen setzen? Oder einen anderen Partner wählen? Oder sollte man zum Ackerbau zurückkehren, um der menschlichen Rasse wieder auf die Beine zu helfen? Jetzt war Weihnachtsmorgen. Wie hatte es die Jungfrau Maria nur angestellt, ein solch christusähnliches Kind zu empfangen? Sie hätte zusammen mit der Heiligen Schrift das Rezept dafür hinterlassen sollen.

»Oma, er hat mich geknufft.«

»Sie hat mich zuerst geknufft.«

»Gar nich' wahr!«

»Einer von euch kommt jetzt in mein Bett, und dann ist bis sechs Uhr Ruhe.«

»Ich ...«

»Nein, ich ...«

Gewühl und Gezerr und der übliche Klaps von Oma. Dann hatten sie es beide geschafft, an jeder Seite einer. Für einige Minuten lagen wir still. Ich tat so, als würde ich wieder schlafen, dann ging alles von vorn los. Vor meinen geistigen Augen sah ich Generationen von Kindern, die schlaftrunkene Eltern aufweckten; sie reichten weit in die Vergangenheit und weit in die Zukunft. Schließlich gab ich mich geschlagen und war endgültig wach.

»Hol mir die Schachtel mit den Büchern von Beatrix Potter, Malcolm ... Nein, du bleibst im Bett, du Racker.«

So las ich ihnen denn von Emma Ententropf, Peter Hase und den beiden bösen Mäusen vor, bis das Licht allmählich stärker durch die Vorhänge drang und die Zentralheizung ansprang. Jetzt durften sie ihre Strümpfe holen. Das kleine Mädchen tauchte wie der Blitz in ihren Strumpf und hatte im Nu die kleinen Päckchen ausgepackt und rund um das Bett zerstreut. Der Junge hingegen saß geraume Zeit vor seinem Strumpf, tastete die weichen Umrisse ab und versuchte zu raten, was es jeweils war. Dann erst sah er vorsichtig hinein. Später tapste der kleine Matthew herein, und wir halfen ihm dabei, seinen Strumpf auszupakken.

Während des Frühstücks ließ die Bekleidung mehr oder weniger zu wünschen übrig. Danach zog man sich vollständig an, und nun galt der Rest des Tages dem leiblichen Wohl. Pünktlich wurde der Portwein serviert, wir erhoben uns und tranken auf das Wohl der Königin. Wir sahen uns in Fionas neuem Fernsehapparat ihre Ansprache an; damals begann sie noch jeden zweiten Satz mit: »Mein Gemahl und ich ...« An alles andere kann ich mich nicht mehr erinnern, weil ich mitten in dem zerknautschten Geschenkpapier auf der Couch einschlief und erst wach wurde, als es Zeit zum Aufbruch war.

Charles und seine Frau nahmen mich in ihrem Mietwagen mit nach London zurück. Ich sehnte mich nach ein paar Tagen Einsamkeit. Während ich so im Wagen saß, dachte ich über die Wandlungsfähigkeit der Liebe nach. Charles war einst die dramatischste meiner großen Lieben gewesen, aber jetzt war er nur noch ein bedächtiger Freund. Es schien undenkbar, daß ich einst vor zwanzig Jahren mit ihm durch fünf europäische Länder weggelaufen war und dann acht Jahre später vor ihm weglief. Seine Frau war wie meine Schwester, ich empfand weder Eifersucht noch Verlust. Ich war einfach nicht stehengeblieben, sondern bin vorwärts gegangen, bis ich weit, weit weg war.

»Komm zu uns zum Essen, Anne. Caspian und ich machen ein kaltes Büffet zu Neujahr.«

Gregorys Stimme drang sanft durch den Hörer. Er war gerade von seinen Eltern zurückgekommen. Ich hatte ihn noch nicht wiedergesehen.

Als ich in sein Studio kam, hatten sich dort bereits etwa ein Dutzend junger Leute zum Essen eingefunden. Gregory war derartig mit der Zubereitung des Essens beschäftigt, daß er nicht einmal bemerkte, wie sich einer seiner Freunde auf dem Bett an mich heranmachte. Es war sehr kalt, und es gab keine Heizung. Wir saßen in der Runde und aßen auf den Knien; irgend jemand brachte uns schottische Reisedecken, damit wir es warm hatten.

Als einer der jungen Männer, der Peter oder Paul hieß, mir endgültig auf die Pelle rückte, meinte ich: »Das ist ja wie in der Sardinenbüchse.«

Sowohl ein Peter als auch ein Paul waren anwesend, aber ich konnte sie nicht auseinanderhalten. Einer von ihnen beiden wickelte sich förmlich um mich herum. Er war ziemlich betrunken und hatte mächtig einen stehen. Im Schutz der Decke hob er mir den Rock hoch, und nach einem kleinen Kampf mit Unterwäsche und Fleisch steckte er ihn hinein. Sobald er drin war, erstarrte er in der Bewegung. Ich drehte mich zu ihm um – er war eingeschlafen.

Alle klatschten, als Gregory die Crêpes Suzette hereinbrachte. Peter oder Paul wachte davon auf. So schnell, wie er hineingefunden hatte, war er wieder draußen und aß weiter, als sei überhaupt nichts geschehen – und in der Tat war ja nichts gewesen.

Während jener Wochen in England war ein merkwürdiger Leerlauf in meinem Leben, ein Urlaub, während dem nichts von großer Bedeutung war – am allerwenigsten der Sex. Die Buben kamen und gingen. Gregory, Caspian und ihre Freunde schienen meine Anwesenheit zu mögen, und sie machten mir allesamt schöne Augen, wenn Gregory nicht gerade hinsah.

»Was finden diese jungen Burschen nur an mir?« fragte ich Rudi, der wieder nach England gekommen war und dann mit dem Schiff von Southampton nach New York wollte.

»Bei dir scheinen sie leichtes Spiel zu haben«, antwortete Rudi. »Bei jungen Mädchen müssen sie sich mehr Mühe geben.«

»Wahrscheinlich hast du recht, Rudi. Aber ich gehe nicht bewußt auf die Jagd nach jungen Männern – ich gehe nur wie selbstverständlich auf sie ein, und ich glaube, das wirkt. Die Männer mögen es, wenn sie begehrt werden, und sie gehen auf das Spiel ein.«

»Eine Kettenreaktion, möchtest du sagen?«

»Ja ... und von dem Punkt an wird es zur Gewohnheit.«

Ich stellte Gregory und Caspian dieselbe Frage. Irgendwie begann mir das Ganze lästig zu werden. »Ist es nicht komisch, wenn ich mit jemandem ins Bett gehe, der so alt ist wie ich?«

»Nicht, wenn wir noch so jung sind«, antwortete Gregory. »Aber wenn ein Mann in mittleren Jahren mit seiner Großmutter ins Bett steigt, kann das schon ein wenig eigenartig aussehen.«

Und Caspian meinte: »Wenn man fünfundzwanzig vorbei ist, läuft man in eingefahrenen Bahnen; aber jetzt spielen wir noch immer herum, mal in diese Richtung, mal in jene Richtung, im Bett und draußen.«

Durch diese Bemerkung beruhigt, bekam ich Lust auf ein kleines Spielchen mit dem schönen Caspian. Kate war nun schon mehr als zwei Wochen weg, und so langsam mußte er da unten unruhig werden. Lieber die gute alte Großmutter als irgendein Mädchen, das ihn seiner Kate wegnehmen wollte, dachte ich.

Ich blieb oft über Nacht bei Gregory; eines Morgens, als er noch schlief, schlich ich mich hinüber in Caspians Zimmer. Er hatte mich gebeten, ihn zu wecken.

»Dein Wecker«, meinte ich und schlüpfte zu ihm ins Bett. Aber der Wecker ging nicht los. Was immer ich auch anstellte, das Ding kam einfach nicht zum Stehen. Er lag willfährig in seinen Kissen, und während ich mit der Zunge und den Fingern seinen Körper auf und ab bearbeitete, war ihm nur eine leichte Irritation anzumerken. Nichts bewegte sich. Ich war nicht so unfehlbar, wie ich glaubte. Ich stieg also schnell wieder zu Gregory ins Bett, bevor er aufwachte, und plötzlich fühlte ich wieder mein Alter. Jedenfalls beschloß ich, von diesem Zeitpunkt an den Mann den ersten Schritt tun zu lassen; ich wollte mich zurückhalten, weil mir Fehlversuche keine Spaß machten.

Rudi war ziemlich niedergeschlagen aus Wien zurückgekommen. Er hatte nicht gerade glückliche Weihnachtstage verbracht. Sein Vater kränkelte, und er war deprimiert von Krankheit, von hohem Alter, Familienbanden und häuslichen Verpflichtungen.

»Mein Vater klammert sich an eine Lebensart, die es längst nicht mehr gibt«, sagte er, während er auf dem Rand meines Betts im Kloster saß. »Und wenn ich irgend etwas verändern will, ist es, als wollte ich seinen Tod.«

»Du kannst nichts Besseres tun, als ihn allein zu lassen. Mit ihm zusammen kannst du ja unmöglich leben – dein Leben spielt sich in Amerika ab – oder wo du gerade arbeitest.«

»Ja, du und ich, wir sind edelblütige Nomaden. Wir müssen mit leichtem Gepäck reisen!«

»Nun, du gibst dir dabei nicht gerade große Mühe! Sieh dir mal deinen Gepäckberg an.«

Vor Weihnachten war Rudis Gepäck in meine Klosterzelle heruntergebracht worden. Es türmte sich wie eine Mauer um uns auf. Er wollte zwei Tage bei mir bleiben und dann mit dem Fährzug nach Southampton fahren. Es gab nur ein einziges Bett, und wir hatten noch nicht darüber gesprochen, ob wir zusammen darin schlafen oder ich zu Gregory gehen sollte. Dabei war mir überhaupt nicht danach zumute, mit irgend jemandem zu schlafen, aber ich mußte das geringere Übel wählen. Ich brauchte kaum zu befürchten, daß zwischen mir und Gregory eine tiefere Beziehung entstand. Aber jedesmal, wenn Rudi deprimiert war, hätte ich ihn am liebsten in die Arme genommen, selbst auf die Gefahr hin, daß das erloschene Licht wieder aufflammte.

Ich war ein wenig enttäuscht, nun wieder mit Caspian und Gregory allein zu sein; zu gern hätte ich gewußt, ob sie über meinen Ausflug in Caspians Schlafzimmer gesprochen hatten. Offensichtlich nicht, denn als ich nach dem Essen mit Rudi spät am Abend wieder auftauchte, kamen sie mir beide entspannt vor, und meine Anwesenheit schien sie nicht im geringsten zu beunruhigen. Gregory lief wie immer splitternackt auf und ab – und das, obwohl keine Zentralheizung vorhanden war –, und Caspian steckte in einem blaßblauen Pyjama, der wie ein Trainingsanzug aussah. Die beiden gaben ein hübsches Pärchen ab.

»Was für ein Glückspilz bin ich doch, daß ich mit den beiden schönsten Jungens von London ins Bett gehen darf«, stellte ich lauthals fest.

»Wer hat dir denn gesagt, daß du uns beide bekommst?« wollte Gregory scheinheilig wissen.

Caspian lächelte nur still vor sich hin.

Ich warf mich auf das große, kissenübersäte Bett im Wohnraum, in dem Gregory schlief, seit Caspian eingezogen war.

»Und ich glaubte schon, es gäbe heute eine ziemlich aufregende Ménage à trois«, meinte ich, während ich sie beide anhimmelte und mich mit ausgestreckten Armen und Beinen in die Kissen wühlte – verführerisch, wie ich hoffte.

Gregory beugte sich über mich, er war ja schon nackt, und sein Schwanz streckte sich vielversprechend. »Komm, Caspian, hilf mir mal, ihr die Stiefel auszuziehen«, sagte er.

Jeder griff sich ein Bein, und so schnell, wie die Stiefel ausgezogen waren, war auch das Höschen unten. Ich trug schwarze Strümpfe, die über Strumpfbänder gerollt waren.

»Strümpfe machen mich an«, meinte Caspian, »Strumpfhosen sind ekelig.«

Zu meiner Freude entdeckte ich die sprichwörtliche Wölbung in seinen Pyjamahosen.

»Lassen wir ihr also die Strümpfe an?« wollte Gregory fachmännisch wissen.

»Ja, lassen wir sie an.«

»Aber alles andere bleibt aus, und jetzt will ich erst noch aufs Töpfchen«, begehrte ich.

Ich stand auf und ging ins Badezimmer; unterwegs ließ ich meine restlichen Hüllen fallen und verstreute sie über das ganze Zimmer.

»Haltet die Ohren steif, Jungens!« rief ich, bevor ich die Badezimmertür schloß.

Ich hatte mir angewöhnt, erst noch mal aufs Töpfchen zu gehen, bevor es mit dem Gerangel losging, mich unten zu waschen und das Pessar einzusetzen. Letzteres war jetzt nicht mehr nötig, obwohl ich noch immer meine Tage hatte. Mein Gynäkologe hatte mir versichert, daß für eine Frau über fünfzig eine Schwangerschaft höchst unwahrscheinlich war, und deshalb verzichtete ich jetzt auf diesen Teil des Rituals. Nach wie vor wusch ich mich jedoch sehr sorgfältig und trug ein wenig Creme auf, da ich nach der Seife und dem Wasser zu trocken war. Heute war im Badezimmer der beiden Männer nichts Cremiges zu entdecken – aber ich war wenigstens sauber. Bei den beiden konnte ich sicher sein, daß sie allerhand Leckereien vorhatten.

»Nun stehe ich zu eurer Verfügung«, sagte ich, während ich mich in der Badezimmertür einen Augenblick lang sorgfältig in Positur stellte, splitternackt, mit Ausnahme der Strümpfe.

Beide lagen auf dem Bett, aber Caspian trug noch immer seinen Pyjama.

»Los, raus aus den Kleidern!« forderte ich ihn auf, während ich mich zu ihm kniete und an seinen Hosen zog.

Er kicherte vor sich hin, ließ mich aber gewähren. Zu meiner Erleichterung war er noch steif. Gregory legte sich gerade zurück und fing an, mit sich zu spielen.

»Großer Gott«, rief ich aus, »das muß der Traum jeder alten Frau sein, die vollkommene Selbstbefriedigungsvorstellung; und das ist kein Traum, sondern Wirklichkeit!«

Einen Augenblick lang betrachtete ich die beiden, Gregory mit seinen roten Haaren und seinem schweren Körper, den schwellenden Muskeln, und Caspian, sehr viel schlanker, aber vollendet gebaut, dessen blaßblonde slawische Schönheit in direktem Gegensatz zu Gregorys riesenhafter Bedrohlichkeit stand. Sie konnten wirklich das Herz höher schlagen lassen. Ich beugte mich vor, griff mit beiden Händen nach ihren Dingern und genoß den ersten Schritt.

Nach einer Weile wollte Gregory mit dumpfer Stimme wissen: »Welchen Teil willst du, Caspian, Mund oder Möse?«

Er erhob sich und stieß mich zurück; wie üblich wollte er der Herr des Geschehens sein. Er kniete sich zwischen meine Beine und ließ sich auf mich hinunter. Caspian blieb also keine andere Wahl; er setzte sich rittlings auf meine Brust und steckte seinen Schwanz in meinen Mund. Ich hob den Kopf und nahm ihn ganz auf.

Später ließen wir uns erschöpft zurückfallen und waren alle miteinander augenblicklich eingeschlafen.

Am nächsten Morgen wachte ich als erste auf, eingerahmt von den beiden Männern. Beiden stand er noch im Schlaf. Ich konnte nicht widerstehen und nahm sie in die Hand. Ich rieb sie, bis sie langsam wach wurden; sie rollten sich auf den Rücken und ließen mich im Halbschlaf gewähren. Dann wollten sie es selbst machen, und ich hatte die Hände frei, um mir zwischen die Beine zu gehen.

Da lagen wir alle drei nebeneinander und brachten uns zum Höhepunkt. Neben mir konnte ich die beiden hören und sehen, wie sie sich zum Überlaufen brachten; das war so erregend, daß ich als erste kam, während ich mich wild im Bett hin und her warf. Dann kam Caspian, und ich war gerade wieder so weit, daß ich ihn in den Mund nehmen und aussaugen konnte. Dasselbe machte ich dann mit Gregory. Wie immer brauchte er ziemlich lange, aber ich schluckte auch noch den letzten Tropfen. Danach fielen beide wieder in tiefen Schlaf, und ich hörte als einzige den Wecker klingeln.

»Zeit zum Aufstehen, Jungens!«

Keiner von beiden rührte sich, so daß ich schließlich allein aufstand; vielleicht würden sie wach, wenn ich ihnen den Kaffee ans Bett brachte. Da ich keinen Morgenmantel hatte, hob ich Caspians Pyjama auf und zog ihn an; als ich in der Küche war, stellte ich fest, daß keine Milch mehr da war. Als wir es vorhin mit uns selbst getrieben hatten, hatte ich gehört, wie der Milchmann seine Runde machte; es mußte also eine volle Flasche vor der Tür stehen.

Ich angelte mir Caspians Hausschuhe und schlurfte mit ihnen die Treppe nach unten. Als ich einen Schritt nach draußen machte, um die Milchflasche zu greifen, schlug die Haustür hinter mir zu.

»Scheiße«, sagte ich laut, weil die Klingel nicht ging, wie ich wußte; Gregory hatte sie abgeklemmt, weil die Kinder immer Klingelpartien machten. Die Fenster zum Wohnzimmer gingen nach hinten, so daß nichts übrigblieb, als um den Block herumzulaufen und von der Parallelstraße aus nach den beiden zu rufen.

Einige Passanten sahen mich ziemlich merkwürdig an, während ich in dem viel zu großen Pyjama durch den kalten Morgen schlurfte und die Pantoffeln auf das feuchte Pflaster klatschten. Aber so war England; keiner machte eine Bemerkung oder bot mir gar Hilfe an. Es war einzig und allein meine Sache.

»Gregory! Caspian! Gregory! ... Gregory!«

Zu meiner Überraschung steckte jemand den Kopf aus einem Fenster in der Nähe und rief: »Ja?« Ein fremder junger Mann sah mich neugierig an. »Hallo«, sagte er, »sollte ich Sie kennen?«

»Ich glaube nicht«, antwortete ich ein wenig durcheinander. »Wer sind Sie?«

»Ich bin Gregory.«

»Jetzt verstehe ich, aber Sie sind nicht der richtige.«

»Sie sind wohl ausgesperrt. Oder laufen Sie immer in fremder Leute Pyjama durch die Straßen?«

»Ja ... ich meine nein. Ich meine, ich bin ausgesperrt.«

»Ich lasse Sie rein, Sie können ja bei mir telefonieren. Der andere Gregory hat doch wohl ein Telefon?«

»Ja. Das ist eine sehr gute Idee! Danke! Wo wohnen Sie genau? Ich komme gleich rum.«

»Wahrscheinlich Tür an Tür mit Gregory Nummer eins. Chisholm Road, Nummer 25, an der Klingel steht Arundel.«

Gregory Arundel erwartete mich an der Tür, während ich die Straße zurücklief. Er war ein großgewachsener Mann, gertenschlank, konnte sich das Lachen nicht verkneifen, dabei war er von göttlicher Schönheit. Er war bestimmt Fotomodell von Beruf, schoß es mir durch den Kopf. Wer sonst wäre morgens um halb acht so tipptopp in Schale? Er war vollständig angezogen und trug einen gefälligen dunklen Anzug.

»Ich kam gerade herein«, sagte er zur Begrüßung, »nur deshalb habe ich Sie gehört.«

»Hallo. Das ist sehr nett von Ihnen. Ich heiße Anne Cumming.«

Wir gaben uns förmlich die Hand. Er führte mich in ein kleines Zimmer im oberen Stock. »Da steht das Telefon«, sagte er. »Kann ich Ihnen eine Kleinigkeit zum Frühstück bringen?«

»Nein, Sie müssen zu uns zum Frühstück kommen ... wenn ich die beiden überhaupt aus dem Schlaf bringe.«

Während ich erzählte, wählte ich die Nummer. Caspian meldete sich verschlafen. Ich erklärte die Situation. »Ich komme runter und mach' dir auf«, sagte er. »Aber ich sehe meinen Pyjama nirgends.«

»Den habe ich an.«

»Was soll ich jetzt machen? Soll ich deine Sachen anziehen?«

»Häng dir doch ein Badetuch um«, meinte ich grinsend.

»Aber es ist Januar«, sagte er ein wenig kleinlaut. »Der Tag fängt ja gut an!«

Ich bestand darauf, daß der neue Gregory mitkam, und wir frühstückten miteinander in den verschiedensten Stadien des An- bzw. Ausgezogenseins – mit Ausnahme von Gregory, dem guten Samariter, der natürlich noch immer seinen dunklen Anzug anhatte.

»Ich werde Sie den ›Guten Gregory‹ nennen«, sagte ich zu ihm. »Sie haben mir das Leben gerettet. Entweder wäre ich vor Erschöpfung gestorben, oder die Polizei hätte mich wegen Erregung öffentlichen Ärgernisses eingesperrt.«

Er lächelte. Das war ein Zug, der mich für ihn einnahm. Er lächelte bei allem, was ich sagte.

»Und ich bin jetzt wohl der ›Schlechte Gregory‹, weil ich dich ausgesperrt habe«, stellte der russische Bär fest, der jetzt vollständig angezogen war und gerade seine Fahrradklammern befestigte, weil er zur Arbeit gehen wollte. »Alberne Gans! Kann nicht einmal eine Tür aufmachen, ohne daß sie hinter ihr ins Schloß fällt!«

»Das ist die Tragik meines Lebens«, stellte ich traurig fest. »Es schlagen immer wieder Türen hinter mir zu.«

Ich verabschiedete alle drei. »Kommen Sie, wenn immer Sie Lust haben«, sagten die beiden Gregorys gleichzeitig, als sie auf der Treppe standen. Dann fuhr der »Schlechte Gregory« mit dem Fahrrad davon, der »Gute Gregory« ging nach Hause, um sich schlafen zu legen, und Caspian machte sich in Richtung Untergrundbahn auf den Weg; ich selbst ging ins Haus zurück, um aufzuräumen und abzuwaschen. Dann wurde es Zeit für Rudi und das Kloster.

Ich begleitete Rudi zum Fährzug. Er schien nicht allzu glücklich darüber, Europa nun verlassen zu müssen, und insgeheim fragte ich mich, ob das Verhältnis zu seinem Freund Tom in New York wohl in Ordnung war. Wir hatten kaum darüber gesprochen; Rudi hatte noch immer Schuldgefühle, weil er mich verlassen hatte und homosexuell geworden war.

»Es waren die glücklichsten Jahre meines Lebens«, sagte er oft, wenn die Sprache auf die fünf Jahre kam, die wir zusammen gewesen waren.

»Unsinn«, wehrte ich meist ab. »Wir haben überhaupt nicht zueinander gepaßt. Ich bin froh, daß du mich verlassen hast. Es geht mir jetzt viel besser.«

Es war nicht ganz die Wahrheit, aber ich redete mich immer so heraus. Es hat keinen Sinn, in alten Wunden zu wühlen oder gar Rachegefühle zu hegen; beides geht schlimm aus.

»Am liebsten möchte ich mit dir mitkommen. Ich war schon ewig nicht mehr in New York«, sagte ich noch, als wir an der Victoria Station waren.

»Und warum kommst du nicht mit?«

»Zu teuer! Und es gibt überhaupt keinen Grund dafür.«

»Doch, ich lade dich ein. Ich möchte gern, daß du meinen Freund Tom kennenlernst.«

»Gütiger Gott, Rudi. Was noch alles? Ich stecke doch gerade in einer Dreierbeziehung; eine reicht wirklich!«

»Ich miete dir ein Hotelzimmer in der Nähe. Wenn du einen billigen Charterflug nimmst, bezahle ich dir sogar den Flug. Du bist mir hier eine große Hilfe gewesen, und dafür möchte ich dich ein wenig entschädigen.«

Das sah Rudi ähnlich; an einem Tag egoistisch bis zum Geht-nicht-Mehr, am nächsten Tag von umwerfender Großzügigkeit. Ich gab ihm einen Abschiedskuß und versprach, über seine plötzliche Einladung nachzudenken. Ich hatte ja noch mehr als einen Monat Urlaub und nichts Besonderes vor. Vielleicht war es eine ganz gute Idee; außerdem – ich wollte meinen Freund Kurt in New York wiedersehen.

Der »Gute Gregory« hatte mich angerufen. Er kam mich in meinem Kloster besuchen.

»Sie sehen immer so tadellos aus«, sagte ich. »Wie machen Sie das?« Er lächelte. »Dabei bin ich gerade zurechtgestutzt und auch zurechtgestaucht worden.«

»Was meinen Sie damit?«

»Nun, ich war beim Friseur und bei meinem Analytiker.«

»Sie? Beim Analytiker? Aber Sie sehen immer so fröhlich und vergnügt aus!«

»Ich war letztes Jahr in einer psychiatrischen Klinik.«

»Und aus welchem Grunde?« fragte ich beiläufig, so als sei das etwas ganz Alltägliches.

»Depressionen. Ich kam über eine unglückliche Liebe nicht hinweg.«

»Sie sind schwul, nicht wahr?«

»Ja, aber es geht nicht immer so fröhlich dabei zu, wie man gemeinhin glaubt. Wir haben genau dieselben Probleme mit der Liebe, wie wir dieselben Probleme mit uns selbst haben.«

»So habe ich das noch nicht gesehen.«

Ich mochte den »Guten Gregory« und begann, ihn ein wenig zu begreifen. Caspian und der »Schlechte Gregory« mochten ihn auch, obwohl ein größerer Unterschied zwischen ihnen nicht denkbar war. Er begann, sich ihnen mehr als nützlich zu machen. Er kaufte für sie ein, bezahlte die Milchrechnung und nahm die Post entgegen. Er war der vollkommene freundliche Nachbar von nebenan, und was dem »Schlechten Gregory« am besten an ihm gefiel, war die Tatsache, daß man ihn kommandieren und hin und her schicken konnte und er dennoch sein freundliches, heiteres Wesen behielt. Als ich in der letzten Woche meines Aufenthalts in London sehr viel zu tun hatte, ließ er keinen Wunsch offen und war auch für mich eine große Hilfe.

Ich hatte mich dazu durchgerungen, Rudis Einladung anzunehmen und nach New York zu fliegen. Es war richtig, er stand ziemlich in meiner Schuld – aber nicht deshalb nahm ich seine Einladung an. Ich war neugierig auf seinen Freund Tom. Und den Winter über war im italienischen Filmgeschäft sowieso Sauregurkenzeit. Bis März hatte ich nichts zu tun.

»Sind Sie nicht eifersüchtig, daß ein anderer Mann Ihre Stelle eingenommen hat?« wollte der »Gute Gregory« wissen, als ich ihm von Tom und meiner Reise nach New York erzählte.

»Jetzt nicht mehr. Aber ein bißchen sehne ich mich nach dem Glück zurück, an das ich mich nur noch undeutlich erinnere.«

»Und die Homosexualität an sich schreckt Sie nicht ab?«

»Warum sollte sie? Liebe ich nicht selbst schöne harte Sachen, und lasse ich sie mir nicht überall hineinstecken? Es wäre doch ziemlich scheinheilig, wenn ich die Schockierte spielen würde, und am Ende käme doch heraus, daß die anderen genau dasselbe tun.«

»Ich wünschte, mehr Leute würden so denken wie Sie, Anne. Es wäre dann Schluß damit, daß wir mit Schuldkomplexen in psychiatrischen Anstalten landen.«

»Ich will Ihnen ein großes Geheimnis verraten, Gregory. Die meisten normalen Männer sind gar nicht scharf auf Mösen. Es ist das letzte Ziel, gewiß, aber sie mögen es nicht wirklich – was sie wirklich mögen, sind die Brüste einer Frau, ihr Haar vielleicht, ihre Beine, ihre schönen Augen, ihr hübsches Gesicht. Sie fassen ihr vielleicht gern um die Hüfte oder sind vernarrt in ihre hübsche, zierliche Figur, die sie von oben bis unten abtätscheln möchten. Aber die Möse wollen sie wirklich nicht aus nächster Nähe betrachten. Es sind sogar sehr wenige Männer, die da genau hinsehen; aber wenn eine Frau einen Mann will, faßt sie ihn fest beim Schwanz an – davor hat sie keine Angst.«

Der »Gute Gregory« lächelte. »Genauso empfinde ich auch!«

»Natürlich. Deshalb kommen Frauen und Homos so gut miteinander aus. Wir lieben dieselben Dinge.«

Der »Schlechte Gregory« ging nicht so bereitwillig auf mich ein, weder auf meine Ansichten noch auf meine unmittelbar bevorstehende Abreise. Er war nicht in mich verliebt, aber es gefiel ihm, daß ihm eine reife Frau auf Abruf zur Verfügung stand; er genoß die Macht, die er innerhalb und außerhalb des Bettes über mich hatte.

»Ohne dich werde ich es hier nicht mehr lange aushalten«, ließ sich auch Caspian vernehmen. »Gregory will, daß ich mich zum Teufel schere. Ich weiß, es ist seine Wohnung, und ich bin nur zahlender Gast, aber an den Abenden, an denen du nicht da bist, wird er immer unerträglicher.«

»Ich bin nicht dazu da, die Wellen zu glätten, Caspian. Mein Leben spielt anderswo.«

»So sehe ich das auch. Ich werde mich nach einem neuen Job umtun und meine eigenen Wege gehen. Ich kann nicht mehr so weitermachen und den Unterhalter anderer Leute spielen; ich kann nicht mehr in anderer Leute Wohnung wohnen, und ich kann nicht mehr mit anderer Leute Frauen schlafen. Das bedeutet wahrscheinlich, daß ich weg von London an ein kleineres Theater gehen muß, aber die Bezahlung wird besser sein; ich werde schöpferischer arbeiten und Kate heiraten.«

Wir umarmten uns. »Alles Gute für dich und Kate. Sag ihr bitte, daß ich nur ein wenig an dir genascht habe – und daß alles in der Familie bleibt!«

Während der nächsten zwei oder drei Tage traf ich keinen von den dreien. Ich war vollauf mit den Vorbereitungen meiner Abreise beschäftigt, besuchte andere Freunde oder die Familie und ging zum Zahnarzt oder war die gute Großmutter. Fiona brachte die Kinder tagsüber nach London. Sie ging Tapeten einkaufen, während ich mit den Kindern ins Naturkundemuseum ging. Caroline weinte, weil sie die ausgestopften Tiere nicht streicheln durfte, und Malcolm war brummig, weil er lieber die »ausgestopften Dampflokomotiven« im Technischen Museum angesehen hätte. Ich war ziemlich erleichtert, als ich sie alle zusammen wieder auf die Bahn gesetzt hatte.

Als ich die Tür zu meiner Klosterzelle öffnete, klingelte das Telefon. Während ich eilig abnehmen wollte, stolperte ich im Dunkeln über einen Stuhl.

Es war der »Gute Gregory«. »Anne, Sie müssen sofort herüberkommen. Der andere Gregory hat versucht, Caspian umzubringen.«

Zum erstenmal lächelte der »Gute Gregory« nicht, als er mich an der Tür zum Haus des »Schlechten Gregory« erwartete. »Ich weiß nicht genau, was passiert ist«, sagte er ein wenig atemlos, »aber als Caspian nach Hause kam, hatten sie Streit. Sie wissen, wie stark Gregory ist, und trotz des ganzen Karatetrainings hatte Caspian nicht die mindeste Chance.«

»Sie wollen sagen, er ist tot?« Ich fühlte selbst, wie die Todeskälte in mir hochstieg.

»Nein, nein. Aber er ist ins Krankenhaus gebracht worden, um sich von dem Schock zu erholen. Gregory hat ihn auf dem Boden festgehalten und dann gewürgt. Caspian glaubt, daß er wirklich schon tot war, denn das erste, an das er sich erinnert, war die Mund-zu-Mund-Beatmung, mit der er wiederbelebt worden ist. Gregory hatte offensichtlich begriffen, was er angerichtet hatte, und brachte ihn wieder zu Bewußtsein. Dann riß sich Caspian los und rannte zu mir herüber und brach mit einem Schock zusammen. Ich ließ den Notarzt kommen, und der brachte ihn ins Krankenhaus. Dann habe ich Sie angerufen.«

Gemeinsam gingen wir die Stufen zum Haus des »Schlechten Gregory« hinauf. »Haben Sie Angst?« fragte ich den »Guten Gregory«.

»Nein; höchstens, daß der ›Schlechte Gregory‹ jetzt einen Selbstmordversuch unternehmen könnte. Das paßt zusammen; auch Selbstmord ist ja eine Aggressionshandlung.«

Ich selbst hatte Angst, Angst davor, was wir oben vorfinden würden.
»Ich gehe zuerst hinein, Anne. Gegen mich hat er nichts.«
Ich war verblüfft darüber, wie sehr der süße, freundliche, lächelnde Gregory Herr der Lage war, und sagte ihm das auch.
»Sie wissen doch, ich war selbst in psychiatrischer Behandlung, ein bißchen was bekommt man dabei mit«, erklärte er.
Wir klingelten, aber nichts rührte sich. Nur Musik war zu hören. Es war Johann Sebastian Bachs Cantata in e-Moll, eines der Lieblingsstücke des »Schlechten Gregory«.
»Sicherlich würden Sie keine Platte auflegen und sich dann umbringen«, meinte ich zum »Guten Gregory«.
Wir klingelten noch einmal. Jetzt endlich öffnete uns der »Schlechte Gregory«. Er schien abwesend und wie erstarrt, und stärker denn je erinnerte er mich an einen großen, unglücklichen russischen Bären.
Ich umarmte und küßte ihn. Möglich, daß das eine ziemlich seltsame Reaktion gegenüber einem Beinahemörder war, aber ich tat es nun einmal. Ich küßte den Mörder. Freunde in Schwierigkeiten sind immer noch Freunde. Liebhaber brauchen ständig Liebe.
»Was ist geschehen, Gregory?« fragte ich, während ich ihn zu seinem Kissenbett führte.
Er sank neben mir in sich zusammen und legte seinen großen, dicken Kopf in meinen Schoß. Der »Gute Gregory« setzte sich gegenüber und zündete eine Zigarette an.
»Caspian wollte keinen Bach hören«, war alles, was er vernehmen ließ.
Ich blickte zum »Guten Gregory« hinüber. »Das wird schon wieder in Ordnung kommen«, sagte ich besänftigend. »Wollen Sie nicht ins Krankenhaus fahren und sich nach dem Befinden von Caspian erkundigen und uns dann berichten?« fragte ich.
»Es macht Ihnen nichts aus, mit ihm allein zu bleiben, Anne?«
»Nein, machen Sie sich keine Sorgen. Aber kommen Sie bald wieder!«
Als ich hörte, wie sich die Tür leise hinter dem anderen Gregory schloß, fragte ich: »Was war wirklich los?«
Er sah zu mir auf. Rudi hatte recht gehabt; seine Augen lagen zu dicht beieinander. Ich erinnerte mich, daß mich auch mein Bruder vor langer Zeit einmal gewarnt hatte: »Laß dich mit niemand ein, der eng beieinanderliegende Augen hat!«
»Was, glaubst du, ist mit mir nicht in Ordnung?« wollte Gregory wissen.

»Ich glaube, du brauchst zu lange, bis du hochkommst«, hörte ich mich sagen. »Ich bin sicher, das bedeutet irgend etwas, aber ich weiß nicht, was. Du gehst doch zum Psychiater, Gregory?«

Oftmals verstehe ich Dinge instinktiv, obwohl ich überhaupt nichts darüber weiß. Ich sah auf den riesigen jungen Mann da unten in meinem Schoß herab. Hinter diesem trotzigen Dschingis-Khan-Bart samt dem bestimmten Auftreten steckte eine weiche, wohlklingende Stimme. Das war der Widerspruch.

»Ich glaube, du bist Dr. Jekyll und Mister Hyde in einer Person, Gregory. Mit der einen Hand baust du auf, mit der anderen Hand reißt du wieder ein. Du hast einen Zug zur Zerstörung in dir.«

»Hast du Angst vor mir?«

»Ja, ganz ehrlich, ich habe Angst vor dir.«

»Ich möchte dich jetzt lieben, Anne. Ich habe dich tagelang nicht mehr gesehen.«

Ich zögerte mit der Antwort, dann holte ich tief Luft. »Und was mache ich, wenn du auch mir an den Hals fährst, Gregory?«

»Du stößt mir, so kräftig du kannst, zwei Finger in die Augen und trittst mir gleichzeitig in die Hoden«, sagte er ruhig.

Ich lächelte, die Spannung wich, und die Unterhaltung kam mir jetzt ganz alltäglich vor.

Gregory starrte mich von unten her an, verzog keine Miene und sagte sehr ernst und zärtlich zugleich: »Danke, daß du mich daran erinnerst, was ich gerade getan habe. Du hast niemals Angst vor der Wahrheit, oder doch, Anne?«

»Meistens, aber ich versuche, es nicht zu zeigen.«

Als der »Gute Gregory« zurückkam, lagen wir uns nackt in den Armen. Der »Schlechte Gregory« hatte sich wie ein Kind im Mutterleib zusammengekrümmt und seinen Kopf auf meine Brust gelegt.

Trotz alledem wollte ich London so schnell wie möglich verlassen. Der »Gute Gregory« hatte den »Schlechten Gregory« dazu überredet, in dieselbe Klinik zu gehen, die er eben erst verlassen hatte. Obwohl Caspian keinerlei Absicht hatte, den Vorfall an die große Glocke zu hängen, waren ihm im Krankenhaus doch ziemlich peinliche Fragen gestellt worden, bevor man ihn entließ. Ich half ihm dabei, seine Sachen zu packen und aus Gregorys Wohnung auszuziehen. Glücklicherweise hatte er bereits ein Engagement außerhalb Londons in Aussicht.

»Ich glaube, das war mit eine Ursache für all den Ärger, Anne«, erzählte er mir. »Ich hatte Gregory gerade erzählt, daß ich ein anderes

Engagement hätte und nicht mehr länger bleiben würde. Er muß wohl empfunden haben, daß wir beide ihm entgleiten.«

»Und was war das mit der Bach-Kantate?«

»Nun, als ich ihm mitgeteilt hatte, daß ich bald ausziehen würde, hat er die Stereoanlage auf volle Lautstärke gestellt. Dann wollte er wissen, ob ich von dir gehört hätte. Ich sagte: ›Nein, vielleicht ist sie abgereist, ohne auf Wiedersehen zu sagen‹; und dann ging ich hinüber und drehte den Lautstärkeregler herunter. Der Lärm betäubte mich. Aber Gregory schrie: ›Laß die Finger von meiner Stereoanlage!‹, und dann schlug er nach mir. Ich schlug zurück, und dann weiß ich nichts mehr, außer seinen Händen, mit denen er mich würgte. Als ich wieder zu mir kam, lag er über mir und beatmete mich von Mund zu Mund. Wir hatten uns nicht einmal mit Worten gestritten, sondern er war einfach auf mich losgegangen.«

Ich besuchte den behandelnden Arzt im psychiatrischen Krankenhaus. Da Gregory freiwillig da war, hatte er die Erlaubnis erhalten, seine Eltern zu besuchen und sich dort ein paar Tage zu erholen, mit der Auflage allerdings, sich nach seiner Rückkehr ambulant behandeln zu lassen. Ich hatte seine Mutter angerufen und ihr gesagt, daß ihr Sohn an Grippe erkrankt sei und ein paar Tage Ruhe brauche. Ich möchte den sehen, der eine Mutter anruft und ihr ungeschminkt sagt, daß ihr Sohn gerade versucht hat, seinen besten Freund umzubringen!

Peter oder Paul, oder wie immer er hieß, nahm die Angelegenheit ziemlich gelassen. Er versprach, alle Freunde des »Schlechten Gregory« zusammenzutrommeln und ihn nach meiner Abreise im Auge zu behalten. Auch der »Gute Gregory« versprach, sich ein wenig um ihn zu kümmern, falls es notwendig sein sollte.

»Es ist wie bei den anonymen Alkoholikern«, erklärte der »Gute Gregory«. »Wenn man das psychiatrische Krankenhaus einmal hinter sich hat, ist man auch bereit, anderen zu helfen.«

»Bin ich an dem Ganzen schuld?« wollte ich von dem Psychiater wissen.

»Ich bin kein Richter«, antwortete er kühl. »Meine Aufgabe ist es zu heilen. In einem unausgeglichenen jungen Mann hat irgend etwas eine latente Paranoia ausgelöst. In solchen Fällen wendet sich die Aggressionslust oft gerade gegen diejenigen, die man liebt. Ich hätte eigentlich geglaubt, daß eine Frau Ihres Alters sich selbst fragen sollte, warum sie gerade in eine solche Situation geraten ist. Das nächstemal sind Sie dran. Ich werde Ihnen dabei gewiß nicht im Wege stehen.«

Es war kein verheißungsvolles Zeichen, unter dem ich mich nach

New York aufmachte, aber wahrscheinlich war es besser, der »Schlechte Gregory« verlor uns beide, Caspian und mich, ganz aus dem Gedächtnis. Er war jetzt in der Analyse, und vielleicht würde er eine neue Beziehung eingehen können, die jeden Zug seiner komplexen Veranlagung zufriedenstellte. In der Zwischenzeit würden sich ja seine Freunde um ihn kümmern. Die neue Generation fühlte sich sehr verantwortlich füreinander, wie ich bemerkte. Ich bewunderte sie sogar dafür.

Wie um für frische Luft zu sorgen, ging wieder einmal eine Bombe hoch, diesmal in einem Briefkasten in der Baker Street Station. Angesichts der Unruhen in Irland vergaß allmählich jeder seine persönlichen Sorgen.

Am Flughafen in London suchten übernächtigte Sicherheitsbeamte nach Bomben und potentiellen Flugzeugentführern und hatten überhaupt kein Interesse mehr an geschmuggeltem Chanel-Nr. 5-Parfum. Der Steckbrief mit dem Gesicht des gesuchten Mörders hing immer noch. Das England der fröhlichen sechziger Jahre trieb auf ein böses Ende zu.

Drittes Kapitel
New York, New York, was bist du für eine wunderbare Stadt!

Ende Januar 1968 flog ich nach New York, und zwar mit der Air India, in der Hoffnung, es wäre nicht so banal und langweilig wie mit den British Airways oder der PanAm. Mit Ausnahme einer reizenden Stewardeß, die sich große Mühe geben mußte, um nicht über ihren langen Sari zu fallen, konnte ich während des Flugs kaum etwas von der sprichwörtlichen orientalischen Prachtentfaltung entdecken. Eine Düsenmaschine ist und bleibt eine Düsenmaschine, und ein Plastikcurryhuhn in Plastikfolie auf einem Plastiktablett ist kaum von einem Plastik-Bœufbourguignonne zu unterscheiden.

Was gäbe ich nicht alles, wenn die Zeiten der gemächlichen Ozeandampfer wiederkämen. Mit einem solchen Dampfer bin ich das erstemal nach New York gefahren, es war noch vor dem Zweiten Weltkrieg, als ich gerade Robert geheiratet hatte, eine errötende Braut mit einem Dutzend Koffern und einem riesengroßen Kabinenschrank. Damals hatten nur Charles Lindbergh und Amy Johnson den Atlantik mit dem Flugzeug überquert.

Ich war mit Robert zweiter Klasse auf der guten alten »Aquitania« gereist, alle Kabinen waren mit Mahagoni getäfelt, die Tischdecken waren aus echtem Damast, man konnte sich, gut in Decken und Kissen eingepackt, auf dem Sonnendeck räkeln, während hübsche Stewards Cocktails, Fleischbrühe oder englischen Tee auf silbernen Tabletts servierten. Es war luxuriös und behaglich zugleich.

Heute wird man in ein fensterloses Labyrinth endloser Flughafenkorridore eingesaugt, man muß sich selbst mit seinem Gepäck abquälen, und man kann sich nicht einmal richtig ausschlafen, weil die verdammten Dinger so schnell über dem Atlantik sind. Das Reisen hat seine besseren Tage gesehen.

Tagebucheintragung. New York, am 20. Januar 1968.

Rudi hat mich mit seinem Freund zusammen am Kennedy Airport abgeholt und mich erst einmal ins Hotel gebracht, damit ich den Zeitunterschied überschlafe. Großzügig, wie er ist, hat Rudi für einen Monat eine Suite im Fifth Avenue Hotel in der Nähe des Washington Square gemietet, weil es nur wenige Straßen von seinem Apartment entfernt liegt.

Rudis Freund Tom scheint sich über meine Ankunft gefreut zu haben. Ich glaube, er kann sich kaum vorstellen, daß Rudi und ich einmal ein Liebespaar waren. In seinen Augen bin ich wahrscheinlich nicht mehr als ein Besucher mittleren Alters vom anderen Ende der Welt. Tom ist noch nicht einmal in Europa gewesen. Er ist ein gesunder, normaler, weißer amerikanischer Mann, der nur zufällig homosexuell ist. Er ist sehr viel jünger als Rudi, und offensichtlich betet er ihn an. Es ist die typische Situation des Schülers, der zu Füßen seines Meisters sitzt, und Rudi scheint das zu genießen. Es ist wahrscheinlich genau das Richtige für sein gegenwärtiges Entwicklungsstadium und scheint meiner Vorliebe für junge Männer aufs Haar zu gleichen – vielleicht mit dem Unterschied, daß ich einen größeren Verschleiß habe!

New York hat sich weniger stark verändert als die europäischen Städte. Der Morgen dämmert noch immer malvenfarben, die Gehsteige sind noch immer zur einen Hälfte mit Schnee, zur anderen mit Müll bedeckt, Sinnbild des Glanzes und der Verwahrlosung, das diese lebensbejahende Stadt kennzeichnet. Ein Spaziergang durch ein einziges Viertel ist wie ein Spaziergang durch die ganze Welt. Vom Wolkenkratzer zum Mietshaus, vom Hamburgerstand zum Nobelrestaurant, vom strenggesichtigen Bankhaus zum luxuriösen Mineralbad, vom neuen Institut für Sozialforschung zur halbseidenen Pornofilmbude und von der Schnellreinigung zum Schnapsladen ist es nur ein Schritt. Himmel und Hölle sitzen in nur einem Wohnblock dicht an dicht, vollgestopft mit Menschen aller Rassen, Hautfarben samt allen Variationen, die man sich denken kann, nichts geht zusammen, nichts hat Sinn; das Häßliche und das Schöne werden hier zusammengequirlt in einem einzigen grotesken Schmelztiegel, der New York heißt.

Rudi hatte mich zu sich zum Mittagessen eingeladen. Als wir noch zusammen lebten, hat er niemals auch nur ein Ei oder eine Tasse Kaffee gekocht, aber jetzt, Jahre später, kochte er sogar ein ganzes Essen für mich.

»Komm rein, komm rein, wie schön, daß du da bist!«

Nicht Rudi begrüßte mich so, sondern sein Gespiele Tom. In gewisser Weise spielte er den Gastgeber, während Rudi sich noch in der Küche zu schaffen machte.

Die Rollenverteilung in einer homosexuellen Partnerschaft ist nicht so deutlich ausgeprägt und viel verwickelter, wie sich das die meisten normalen Menschen denken. Im Laufe meines Lebens habe ich ziemlich viele solche »Ehen« beobachtet, aber es war das erstemal, daß ich Rudi frank und frei mit einem Mann zusammenleben sah. Er wirkte gar nicht einmal weiblich, bemerkte ich. Das Gegenteil war der Fall. Da Tom sehr viel jünger war, wirkte Rudi als Vaterfigur, bestimmt, voller Verantwortungsbewußtsein und zuverlässig. Als er noch mit mir zusammen war, hatte er sich meist in die Pose des kleinen, verirrten Jungen geflüchtet.

»Ich sehe schon, Rudi, ich habe dich im falschen Alter erwischt«, sagte ich, als wir zu Ende gegessen hatten. »Ich hätte bis zu deiner Kochära warten sollen.«

»Hat er denn nicht gekocht, als ihr zusammen wart?« wollte Tom wissen.

»Ich war mit der Ansicht aufgewachsen, daß es Sache der Frauen sei, die Männer zu verwöhnen«, warf Rudi selbstgefällig ein. »Als meine Mutter starb, ging ich weg aus Wien, auf der Suche nach einem Job und nach jemand, der mich weiterhin verwöhnen würde. Beides fand ich in Rom, den Job und die Frau.«

Tom sah uns fragend an. »In Rom habt ihr euch also kennengelernt?«

»Ja, in einem Restaurant«, sagten wir gleichzeitig.

»Wir hatten Mitleid miteinander«, erklärte ich. »Ich hatte gerade meinen zweiten Mann verlassen und brauchte jemanden, den ich liebhaben konnte, und Rudi brauchte auch Liebe. So einfach war das.«

Tom führte mich nach dem Essen zu einem Spaziergang durch Greenwich Village; seit meinem letzten Besuch hatte es sich ziemlich verändert. Die Kulissen waren noch dieselben, aber die Besetzung war anders. Die Hippies hatten jetzt die Spielleitung. Eine Weile saßen wir am Washington Square, der früher eine gewisse bohemienhafte Eleganz aufgewiesen hatte, jetzt aber schlicht verkommen wirkte. Es mag ja sein, daß die Beat-Generation ihre eigenen Vorstellungen von Schönheit und Vollkommenheit hat, sie beruhen jedenfalls nicht auf Sauberkeit und Ordnung.

»Komm mit, wir trinken einen Kaffee im Hotel«, lud ich Tom ein. »Hier wird es mir zu kalt.«

In der Behaglichkeit und dem Luxus des Fifth-Avenue-Hotels blieben die Kälte und die Armseligkeit vor der Tür. Tom paßte mit seinem sauberen Haarschnitt und den frischgewaschenen Blue jeans in jede Umgebung. Uns überkam die Wohligkeit des Zusammenseins. Ich bat ihn, mit mir nach oben zu kommen, und wir legten uns auf das Bett; stundenlang ratschten wir miteinander. Es wurde mir klar, warum Rudi männlicher geworden war, seit er mit Tom zusammen lebte.

»Was soll all der Quatsch über aktive und passive Rollenverteilung, wer braucht das?« meinte Tom. »Ich bin ein Mann, wie andere Männer Männer sind, weil sie Männer sind. Was ich im Bett treibe, sind Turnübungen, die verändern doch nicht meine Persönlichkeit.«

Wir unterhielten uns sogar über körperliche Details und verteilten Noten.

»Rudi ist in erster Linie ein Narziß«, sagte ich schließlich. »Solange man ihm schmeichelt, ist alles in bester Ordnung.«

Tom blickte auf seine Uhr. »Um Himmels willen. Es ist höchste Zeit. Ich gehe jetzt besser. Wir wollen Rudi doch nicht eifersüchtig machen, nicht wahr?«

Wir küßten einander auf die Lippen. Was das bedeuten sollte, wußte ich nicht. Aber unter den jungen Leuten wurde es gerade Mode. Ich zog Tom an mich.

»Ich freue mich, daß du mit Rudi zusammen bist«, sagte ich.

»Und ich freue mich, daß du mit uns zusammen bist«, war seine Antwort.

Endlich besuchte ich meinen alten Freund Kurt. Kurt war mein Lieblingspsychiater, ich benutze Psychiater stets als meine Lieblinge. Es scheint, ich habe kein Talent für die Analyse, obwohl mich mein zweiter Mann einmal zu einer Dame geschickt hat, die im Geiste Freuds tätig war, wohl aber mehr, weil er die Probleme hatte. Nach zwei Sitzungen stand ich plötzlich auf und sagte der Dame ins Gesicht: »Sie gehören selbst auf die Couch, und ich gebe nicht das ganze Geld aus, um immer nur mir zuzuhören.«

Ich ging nie wieder zu ihr hin. Und wahrscheinlich brauchte ich das auch gar nicht. Ich hatte ja Kurt.

Ich lernte Kurt kennen, als ich als Studentin in Deutschland war, lange vor dem Zweiten Weltkrieg. Meine Mutter hatte mich nach Deutschland geschickt, als ich das englische Internat abgeschlossen hatte; anschließend sollte es nach Paris gehen. Kurt war ein gemütlicher, rundgesichtiger Jude und studierte damals Medizin; er lebte in Weimar.

Wir unternahmen oft ausgedehnte Spaziergänge und unterhielten uns so lange über Goethe, bis ich mich an seiner Schulter ausweinte und ihm all meine Probleme beichtete, die meist aus jungen Männern bestanden.

Eines Tages hörte ich auf mit dem Theater und ging von nun an mit einem jungen Mann aus, der in seiner Freizeit seine Fertigkeiten als Sturmmann erprobte. Ich hatte keine Ahnung, was ein Sturmmann war, geschweige denn, was Sturmabteilungen bedeuteten, Hitler war ja noch nicht an der Macht. Ich wußte lediglich, daß mir die bestechende schwarze Uniform und die blitzblank geputzten Reitstiefel gefielen, und es war einzig und allein die Frage, ob ich meine Unschuld verlieren wollte oder nicht. Bald weinte ich mich wieder an Kurts Schulter aus, weil mich mein hübscher Sturmmann ziemlich zerzaust hatte, als ich nicht mit ihm ins Bett gehen wollte.

Kurz danach begannen die Sturmmänner damit, jüdische Studenten zu verprügeln, und Hals über Kopf reiste ich mit Kurt nach London zurück. Seine Familie folgte nach und ließ sich in London nieder. Kurt setzte sein Medizinstudium fort und wurde Facharzt für Psychiatrie. Seitdem zähle ich ihn zu meinen besten Freunden.

Während meiner beiden Ehen, meiner beiden Scheidungen und während meiner zahllosen Liebesaffären habe ich Kurt stets um Rat gefragt, aber nicht als Psychiater, sondern als eine Art Orakel. Gewöhnlich platzte ich zu einem kurzen Besuch herein, gab ihm einen Kuß, während ich schon fragte: »Was soll ich jetzt nur tun?«, und schon war ich wieder draußen. Was er sagte, hörte ich nur mit halbem Ohr, es genügte mir vollkommen, daß er da war.

Eines Tages war er nicht mehr da. Er war nach Amerika emigriert. Statt dessen kam er jetzt oft nach Europa, um Urlaub zu machen, und ich besuchte ihn jedesmal, wenn ich in New York war.

»Kurt, mein Liebling, mein Liebling.« Die Vergangenheit war wie weggewischt, als ich diesen gemütlichen älteren Herrn umarmte.

Kurt hatte geheiratet, aber die Ehe war nicht glücklich verlaufen; er lebte jetzt wieder als Junggeselle, daher führte er mich in ein ungarisches Lokal auf der West Side. Zuerst tratschten wir über die Familie, und ich erzählte ihm alles, was es an Neuigkeiten über meine Töchter und meine Enkelkinder zu berichten gab.

Dann war die Reihe an ihm: »Was macht dein Liebesleben?«

Ich erzählte ihm die Geschichte vom »Schlechten Gregory«, und er tröstete mich und erwähnte ähnliche Fälle aus seiner Praxis. Ich erzählte ihm natürlich auch von Rom und meinem Gestüt jugendlicher Liebhaber: meinem einfachen, in jeder Weise zufriedenstellenden Lastwagenfahrer; meinem Jurastudenten; meinem Diplomaten und meinem geschäftigen Bruno mit dem Fünf-Minuten-Tick.

»Die meisten Frauen kommen während allen Jahreszeiten mit nur einem Mann aus. Du dagegen hast für jede Gelegenheit gleich mehrere zur Auswahl. Findest du das manchmal nicht etwas verwirrend?« wollte Kurt wissen.

»Nein. Verwirrend wird es erst dann, wenn ich es nur mit einem Mann zu tun habe«, antwortete ich.

»Ich hoffe, du ruhst dich wenigstens hier in New York auf deinen Lorbeeren aus. Du solltest wirklich einmal Urlaub vom Sex machen.«

»Ich fürchte, ich verliebe mich in den jungen Gespielen von Rudi.«

Kurt sah mich mißbilligend an. Er mißbilligte alles, was mit Rudi zu tun hatte.

Früher hatte ich gehofft, Rudi und Kurt würden Freunde werden, Rudi war ja auch in die Staaten emigriert, aber es kam alles ganz anders. Kurt hatte gemeint: »Ich glaube, Rudi ist nie ernsthaft in dich verliebt gewesen, er ist einfach ein verwöhnter junger Mann.«

Und Rudi hatte gemeint: »Kurt war zeit seines Lebens in dich verliebt, und du hast dieses Leben ruiniert.«

Keine der beiden Feststellungen entsprach ganz der Wahrheit, aber die beiden hatten sich nicht anfreunden können. Sie mißtrauten einander.

»Warum willst du dich in Rudis jungen Freund verlieben?« fragte Kurt. »Willst du Rudi damit zurückerobern?«

»Nein. Er gefällt mir ganz einfach. Er gefällt mir besser als Rudi.«

»Schön, daß du deine Meinung änderst, aber ich glaube, das ist keine gute Idee.«

»Mit wem soll ich denn dann ins Bett gehen?«

»Mit niemand.«

»Das sagst du immer, Kurt. Aber ich habe ja noch nie auf dich gehört.«

»Eines Tages wirst du. Wie alt bist du jetzt, Anne?«

»Ich bin gerade einundfünfzig geworden.«

»Wirst du je aufhören, immer nur an das eine zu denken?«

»Jetzt nicht. Ich hebe mir das fürs Alter auf.«

Beide lachten wir und hielten uns über den Tisch hinweg bei den Händen.

Dem ich jetzt die Hände hielt, war kein dicklicher, älterer Mann, sondern ein unbeholfener, rundgesichtiger Junge. Ich sehe die Menschen immer so, wie sie waren, als ich sie kennenlernte.

Ich ging nicht mit Tom ins Bett, aber ich lernte ihn ein wenig besser kennen. Ich ging in ihrem gemeinsamen Apartment ein und aus, und wenn Rudi zu tun hatte, komplimentierte er uns meistens hinaus.

Tom betätigte sich auf dem Gebiet der abstrakten Malerei und hatte viel Zeit. Oft genug schnitt ich mir davon ein Stückchen ab, und wir kosteten es gemeinsam. Es war ein selten schöner Urlaub. Durch Tom lernte ich andere junge Freunde kennen, entdeckte den Underground-Film, verbrachte die Abende in Kleinkunsttheatern und begriff bald, daß es jenseits des alten New York ein junges New York gab. Ich fand sogar einen neuen jungen Liebhaber, aber die Geschichte hatte nichts mit Tom zu tun.

Kurt hatte recht behalten; es war ungesund, Rudi und Tom so oft beieinander zu sehen. Allmählich wurde doch irgendeine Dreiecksbeziehung daraus. Oft tauchte ich auf, wenn die beiden noch im Bett lagen, und ich setzte mich sogar zu ihnen ans Bett. Ich aber brauchte nicht nur ein Bett, an das ich mich setzen konnte. Ich machte mich also auf und besuchte einen alten Freund nach dem andern; auf diese Weise gewann ich neue Freunde.

Einer von ihnen war ein sehr witziger, verquerer Homo, der meinen Akzent über alles liebte, die Art, mich zu kleiden, anbetete und meine Erscheinung als zu himmlisch empfand. Tom hatte mir das neue New York gezeigt, wo Homosexuelle sich als durchtrainierte junge Männer in abgetragener Armeekleidung zeigten; demgegenüber war das wirklich von gestern. Aber ich tauchte wieder in die Halbwelt ein, die mir seit langen Jahren vertraut war.

Eines Abends ließ ich mich auf dem üppigen Teppichboden in dem üppigen Apartment meines neuen Freunds nieder, das natürlich auf der Upper East Side lag; ich erwartete so etwas wie ein schickes Schwulengastmahl. Das Apartment war ganz in Marmor, Brokat und Goldbronze gehalten, und irgendwo stand eine Sammlung von Miniaturobelisken, die wie ein Wald von Phallussymbolen aussah. Die Party schien in der Küche zu beginnen. Ein wirres Gemisch halblauter Stimmen und Töpfeklappern drang herüber, und als ich die Küche betrat, entdeckte ich eine Frau und drei ältliche Küchenfeen.

»Zu viele Köche verderben den Brei«, meinte mein Gastgeber, als er in die Küche hereinrauschte, die zahllosen Saucen kostete und noch mehr Verwirrung in die Abfolge der Gewürze brachte.

Ich wurde den Anwesenden vorgestellt. Die einzige Frau außer mir trug zu meiner Überraschung einen Namen wie Astor oder Vanderbuilt oder auch Stuyvesant, ziemlich alter Adel jedenfalls. Sie hatte eingeheiratet und war jetzt geschieden, eine schöne, elegante Frau um Vierzig. Zur Begrüßung hielt sie mir einen Holzlöffel entgegen – ich schüttelte ihn.

»Und das ist unser Sportlehrer«, meinte irgend jemand, als ich wieder im Wohnraum war.

Auf dem weißen Brokatsofa saß ein wunderschöner blonder Naturbursche, umgeben von einer rosaglänzenden Aureole der Jugendlichkeit, der Gesundheit und der vollkommenen Reinheit. Er saß geduldig und äußerst dekorativ in einer Sofaecke und schien für eine alte Königin bestimmt, die viel zu sehr mit dem Kochen beschäftigt war, als daß sie ihm große Aufmerksamkeit hätte schenken können. Er war das Geburtstagsgeschenk. Eine jugendliche Mannsnutte, die trotz allem wie die geborene Unschuld aussah. Er wirkte überhaupt wie einer, der zum erstenmal in seinem Leben nach Dunkelwerden aus war.

Die meisten Gäste hatten schon ziemlich viele Martinis gekippt. Die rosaschimmernde Perle und ich waren die einzigen, die keinen Alkohol tranken. Plötzlich waren wir allein auf dem Sofa. Die anderen standen in der Küche, deckten im Eßzimmer den Tisch, arrangierten die Blumen oder kotzten sich im Badezimmer aus. Die rosafarbene Perle küßte mich auf die Lippen.

»Ich glaube, Sie machen da einen Fehler. Sie sind nicht für mich eingeladen worden.«

»Das hat noch viel Zeit«, antwortete er ganz gelassen, so als ob es sich um etwas ganz Banales handle, das man auch noch später erledigen könnte. »Gehen wir ein paar Minuten ins Fernsehzimmer.«

Offensichtlich kannte er sich in dem Apartment aus; er führte mich in einen kleinen Raum, dessen Wände mit Bücherregalen vollgestellt waren. Ich fühlte mich ein wenig kleinlaut. Ich wollte niemandem das Spiel verderben. Deshalb machte ich ganz schnell einen Sprung in die Küche und erklärte dem Gastgeber die Situation.

»Das ist schon in Ordnung, meine Liebe. Das Essen ist noch lange nicht fertig«, war alles, was ich als Antwort bekam.

»Wenn alles gestattet ist, mache ich natürlich keine Ausnahme«, meinte ich.

»Ja, meine Liebe, Sie sind unser Gast.«

Ich ging in das kleine Zimmer zurück. Der Fernsehschirm flackerte im Dunkeln, und die rosaschimmernde Perle saß auf dem Fußboden. Ich stellte den Ton ab, und wir legten uns angezogen auf den dicken Teppich vor den Fernsehschirm. Was dann kam, war warm und spontan und sogar unschuldig; unsere kindlichen Spiele steigerten sich zu erwachsenen Orgasmen. Die Stimmen in den anderen Räumen klangen wie leise Geräusche von einem weitab gelegenen Spielfeld.

Wir hielten uns friedvoll in den Armen, bis die Tür geöffnet und das Essen angekündigt wurde. Die rosaschimmernde Perle verhielt sich der Sexualität gegenüber absolut offen, natürlich und schuldlos. Er half mir beim Aufstehen, machte den Reißverschluß seiner Hose zu und bot mir seinen Arm; so schritten wir ins Eßzimmer, wie ein gutgezogenes Kind an der Hand seiner unverheirateten Tante. Er roch nicht einmal wie ein Mann.

»Wie alt bist du, Perle?«

»Fünfzehn.«

Ich seufzte. »Zum erstenmal habe ich einen Minderjährigen verführt.«

»Was ist Verführung?« wollte er wissen. »Was ist minderjährig?«

Er machte keine Scherze. Er kannte einfach die Bedeutungen nicht. Die Sportschule, in der er trainiert wurde, hatte nicht viel Bildung zu vermitteln. Er hatte die Schule mit elf Jahren verlassen, hatte mit seiner verwitweten Mutter in Atlantic City gelebt und den Tag damit verbracht, am Strand Muscheln zu sammeln. Er war unschuldig, weil er noch nie von Dekadenz gehört hatte, und das, obwohl er seit dem letzten Jahr auf den Babystrich ging. Mit vierzehn war er einem Schwulen über den Weg gelaufen, der ihn in New York einschlägig bekannt gemacht und dann seinem Schicksal überlassen hatte. Es kam dem Jungen einfach nicht in den Kopf, daß das, was er tat, falsch sein könnte. Er machte einfach die Hose auf, steckte sein Ding irgend jemand in den Mund und kassierte.

»Das ist alles, was es damit auf sich hat«, meinte er.

»Und du hast mit niemandem eine Beziehung? Treibst du es mit dir selbst?«

Er blickte mich ziemlich erschrocken an. »Nein, ich mache es nur gegen Geld.«

Er erzählte mir das alles während des Essens mit weicher, ernsthafter, kindlicher Stimme, während die anderen betrunken und albern grölten und lachten. Ich wurde abgestoßen und angezogen zugleich, nicht von den Tatsachen als solchen, sondern von seiner Auffassung dieser Tatsachen.

»Ich trainiere für eine Gymnastikvorführung«, erklärte er.

Alle um ihn herum verstanden das natürlich andersherum und brüllten vor Lachen, während die rosafarbene Perle verständnislos dreinblickte.

Nach dem Essen boten wir uns für den Abwasch an; wir waren jetzt die einzigen, die überhaupt noch einen glitschigen Teller halten konnten.

»Was willst du machen, wenn du erwachsen bist?« fragte ich ihn, während wir das Silberbesteck abtrockneten.

»Ich spare für Kalifornien«, antwortete er. »Ich möchte Surfer werden.«

»Aber das lohnt sich doch kaum. Wovon willst du denn leben?«

»Ich gable mir abends irgendeinen auf, und den Tag über bin ich am Strand.«

»Und was noch?«

»Essen, schlafen, ein Mädchen kennenlernen.«

»Und danach?«

»Du meinst, wenn ich alt bin? Wenn ich um die fünfundzwanzig bin?«

»Nein, ich meine, nach sechs Monaten, wenn das Ganze langweilig wird.«

»Warum sollte es mir langweilig werden?«

»Na, wenn man den ganzen Tag nichts tut!«

»Das ist es nicht. Ich langweile mich nur, wenn ich Dinge tue, die ich nicht mag.«

»Ich sehe schon, wir müssen uns in zwanzig Jahren noch einmal darüber unterhalten, wenn du wirklich sehr alt bist – mit fünfunddreißig.«

Er hatte keine Ahnung, worauf ich hinaus wollte. Er war wie ein junges Tier, das nur seinem Instinkt folgt. Da er keinerlei moralische Wertvorstellungen hatte, war er voll und ganz zufrieden mit dem Leben, wie er es führte.

Neben der Küche befand sich ein unbenutztes Dienstmädchenzimmer. Die rosaschimmernde Perle zog mich da hinein, als wir mit dem Abwaschen fertig waren.

»Manchmal darf ich hier schlafen«, erklärte er ohne irgendeinen Anflug in seiner Stimme. Erst wurde er von den anderen benutzt und dann hier abgestellt, aber er schien das überhaupt nicht zu bemerken.

Er zog sich langsam aus, ich setzte mich und beobachtete ihn, als sei er eins meiner Enkelkinder beim Zubettgehen. Sein Körper war makellos, eine blasse, durchscheinende Studie der männlichen Vollkommenheit, aber sein Verstand war überhaupt nicht entwickelt. Niemals habe ich, selbst unter den ausklappbaren Magazinschönheiten, ein so vollendetes, saftiges und reizendes Geschöpf gesehen.

Mit dem Zeigefinger strich ich an seiner Körpermitte herab, und schon kam mir sein Schwanz entgegen. Es steckte so etwas wie eine rhythmische Symmetrie in ihm — wie eine innere Uhr, die so und so schlägt —, die das alles ganz unsexuell erscheinen ließ.

»Zieh dich auch aus«, sagte er.

Wieder hatte ich das Gefühl, mich auf ein kindliches Spiel einzulassen. Ich wunderte mich ein wenig; nicht über ihn, sondern über mich. Für eine alternde Frau benahm ich mich reichlich verantwortungslos. Aber verführte ich das Kind, oder verführte das Kind mich?

Die natürliche Schönheit seines Körpers wirkte unwiderstehlich. Die Liebe mit der rosafarbenen Perle war wie eine Einführung in die Kunstbetrachtung. Jede Stellung, jede Bewegung war ein ästhetischer Genuß.

Plötzlich flog die Tür auf. Die grölenden Tunten waren über dem Kaffee wieder nüchtern geworden, und drei von ihnen fielen über uns her wie die Geier, rissen sich die Kleider vom Leib und sprangen zu uns ins Bett. Ich hatte schon Angst, sie würden die rosaschimmernde Perle in ihrer Liebesgier in Stücke reißen, aber er ließ alles ganz ruhig über sich ergehen, während ihre gierigen Zungen und Münder keine Stelle seines Körpers unberührt ließen. Es kam mir vor wie ein merkwürdiges Stammesritual. Zwei Kerle standen neben dem Bett und masturbierten, während sie den anderen dreien bei der Arbeit zusahen.

Ich ließ ihnen ihren Spaß und schlüpfte hinaus; im anderen Schlafzimmer zog ich mich an. Frau Von-und-Zu hatte sich währenddessen auf dem Bett breitgemacht und war auf der Tagesdecke aus Leopardenfell fest eingeschlafen. Ich ließ sie schlafen und ging in den Wohnraum. Irgendwie fühlte ich mich gesellschaftlich verpflichtet und harrte meines Gastgebers, um mich von ihm zu verabschieden.

Da erschienen die Männer in den verschiedensten Stadien der Nacktheit. Die rosaschimmernde Perle war vollständig angezogen, sah aber ein wenig ramponiert aus wie ein kleiner Junge nach einer Rauferei. Ich war keineswegs angewidert, sondern mütterlich besorgt. Ich zog einen Kamm aus meiner Handtasche und kämmte ihm das Haar.

»Gehen wir jetzt nach Hause?« fragte ich ihn.

»Ja. Das würde mir Spaß machen.«

Wir verabschiedeten uns formell. Unser Gastgeber steckte der rosaschimmernden Perle eine Fünfzigdollarnote zu, was ziemlich viel Geld für das Vergnügen zu sein schien, das sie gehabt hatten — oder sollte meine Unterhaltung damit auch abgegolten werden?

»Du mußt ziemlich müde sein«, sagte ich im Fahrstuhl.

»Nein, man gewöhnt sich an alles.«

Dennoch sah er jetzt ziemlich faltig aus und keineswegs mehr so knackig und frisch wie eine der Ausklappschönheiten. Er sah überhaupt nicht dem typischen amerikanischen Jungen gleich, und das überraschte mich eigentlich am meisten.

»Bekommst du im Sommer eigentlich Sommersprossen?« wollte ich wissen und berührte seine Nase.

Er sah mich unsicher an. »Ja, warum fragst du?«

»Ich möchte mir ein Bild von dir machen!«

Er begriff nicht, was ich meinte, aber das tat nichts zur Sache. Er war hübsch und knuddelig und kuschelte sich später im Bett in meine Arme wie ein Plüschtier. Er erinnerte mich an einen rosafarbenen Teddybär, den ich als Kind gehabt hatte, dem ein Ohr gefehlt hatte und der so durchgewetzt war, daß die Füllung herausquoll. Ob sich wohl noch jemand nach der rosaschimmernden Perle umdrehen würde, wenn er allmählich älter würde, die Ohren fehlen und die Füllung herausquillt?

Bis zu meiner Abreise kam er immer wieder zu mir. Da ich im Hotel zwei Räume mit einer kleinen Küche bewohnte, hatte die Hotelleitung gegen Besucher, die über Nacht blieben, nichts einzuwenden – ungewöhnlich war es aber doch. Man hatte sich schnell an das Kommen und Gehen von Tom am Tage gewöhnt, jetzt kam lediglich die rosaschimmernde Perle nachtsüber hinzu.

Rudi spielte auf meine Vorliebe an, indem er meine Hotelsuite als »Jugendherberge« bezeichnete. Er war mit der rosaschimmernden Perle überhaupt nicht einverstanden. Er war diesmal nicht eifersüchtig, sondern schockiert angesichts der Jugend, der Herkunft, der geringen Geistesgaben und des Lebensstils der rosaschimmernden Perle. Rudi titulierte mich schließlich mit »Perlmutter« und nannte den Jungen »Perlenfrüchtchen«.

»Hättest du dir doch wenigstens eine ausgewachsene Perle ausgesucht«, meinte er.

»Das ist doch Fallobst!« war meine Antwort.

Ich empfand die Perle als ziemlich unterhaltsam. Er war es gewöhnt, Laufburschendienste zu erledigen und Putzarbeiten zu verrichten. Und wenn er schon im Bett eher Mittelmaß war als die Klasse, die auf Gedanken bringt, er machte alles wieder wett, weil er so überaus dekorativ war. Es machte mir Spaß, ihn anzuschauen, und das war genau das, was ich im Augenblick brauchte.

»Heute abend habe ich zu tun«, sagte er ab und zu in etwa dem Tonfall, in dem man mitteilt, daß man jetzt seine Mutter besuchen geht.

Dann ging er »zur Arbeit«. Es lohnte sich ziemlich, es dauerte nicht lang, und dann kam er zurück und erholte sich in meinen Armen davon.

Es störte überhaupt nicht. Ich hatte keinerlei Gefühle für ihn entwickelt, und er war jung und gesund genug, um genügend für mich übrig zu haben. Eine Zeitlang war das alles ziemlich spaßig, aber dann begann ich nachdenklich zu werden.

Nachdenken kann einen ziemlich niederdrücken, wenn die Probleme unlösbar erscheinen. So mancher ist dadurch an die Flasche geraten, aber glücklicherweise trinke ich so gut wie gar nicht. Statt dessen halte ich mich mit der Erledigung von Alltagskram über Wasser.

Ich hatte Urlaub, also versuchte ich, nicht zu denken. Ich brachte meine Schuhe zur Reparatur, weil ich die Welt nicht reparieren lassen konnte; ich bügelte ein Kleid, als könnten damit die Leiden der Menschheit gelindert werden; ich lackierte meine Fingernägel, als könnte ich mich damit von meinen Sünden reinwaschen. Dann rief ich Kurt an und lud mich selbst zum Abendessen ein. Sollte Kurt doch für mich denken, er hatte es doch schon jahrzehntelang getan.

»Was ist mit dir los?« fragte er direkt. »Du hast heute dein ›Mit-wem-soll-ich-wohl-als-nächstes-schlafen-Gesicht‹ auf.«

»Es ist eher die Frage, mit wem er wohl als nächstes schläft«, antwortete ich. »In ein paar Tagen fahre ich nach Europa zurück, und es ist mir unbehaglich bei dem Gedanken, die rosaschimmernde Perle einem Schicksal zu überlassen, das schlimmer als der Tod sein kann.«

»Hast du moralische Skrupel?«

»Was meinst du?«

»Stört dich sein ›Geschäft‹?«

»Sollte es? Ist es Sünde, anderen Vergnügen zu bereiten? Haben die Puritaner stets recht, und machen die Heiden alles falsch?«

»Ich weiß nicht. Ich frage dich. Ich empfinde, wenn du willst, mit den Geschundenen und den Geschlagenen, aber ihr beide, deine rosaschimmernde Perle und du, ihr seid nicht von dieser Sorte.«

So, wie ich es sah, war es ziemlich richtig, anderen körperliches Vergnügen zu bereiten. Filmstars und Sportler verkauften ja auch ihren Körper und tauschten die Augenweide gegen finanziellen Gewinn. Das ist genau dasselbe, was alle Perlen der Welt tun – sie bereiten Vergnügen. Sie waren ebenso durchtrainierte Sportler, die eine Liebesnacht lieferten statt einer Ringschlacht, während der sie irgend jemanden zusammenschlugen oder einen Ball durchs Stadion trieben.

Schließlich meinte ich: »Ist das menschliche Bedürfnis nach Zuneigung und sexueller Erfüllung nicht wichtiger als irgendein Zuschauersport?«

Kurt lächelte. »Vielleicht, aber nicht alle sind deiner Meinung.«

»Was dem einen seine Eule, ist dem anderen seine Nachtigall?«
»Ja... Du kannst natürlich auch nach den wahren Schuldigen fragen, den Perlen oder den Schweinen. Soll man die Nutten einsperren oder ihre Kunden?«
»Keins von beiden. Die Prostitution sollte Teil des staatlichen Gesundheitswesens werden.«
»Masters und Johnson würden vielleicht deiner Meinung sein, die Regierung wohl kaum.«

Tom arbeitete eifrig in der Schwulenbewegung mit. Er wollte eine Gesellschaft, die frei von Prostitution ist.
»Wenn es mehr sexuelle Freiheit gibt, gibt es auch weniger Verbrechen«, sagte er.
Tom und ich verbrachten einen unserer Abende zusammen. Rudi ging oft ohne Tom aus, wie er oft mit mir allein ausging, ohne Tom einzuladen. Rudi war sexuell keineswegs frei, er war noch immer unentschieden bis zu dem Punkt, daß es niemanden etwas anging, was er mit jemand anderem machte. Tom dagegen sprach sehr offen über seine Sexualität.
»Ich bin so offen, daß ich bald wieder mit Frauen schlafen möchte«, erzählte er mir.
»Warum hast du damit aufgehört?«
»Zuviel Drumrum. Kein Mann hat wirklich Spaß an all den Präliminarien. Sie wollen so schnell wie möglich an die Sache ran. Wenn später Freundschaft und Zuneigung dazukommen, ist das in Ordnung, und man bleibt dann bei dem Partner. Wenn nicht, muß man weitersehen. Andere Männer verstehen das.«
»Liebe, Kinder?«
»Das hat Zeit, jetzt nicht. Jetzt habe ich viel zuviel zu tun!«
»Liebst du Rudi?«
»Natürlich. Ich liebe es, mit ihm zusammen zu sein, im Bett und draußen. Ist das nicht Liebe?«
»Eine ziemlich einfache Version.«
»Warum die Dinge komplizieren?«
»Das meine ich auch!«
Wir lagen auf meinem Bett, weil es der einzige bequeme Ort in meiner Hotelsuite war. Tom küßte mich. Sollte ich ihn dazu ermutigen, weiterzugehen?
»Wie bisexuell bist du, Tom?« fragte ich. »Liebst du Männer mehr als Frauen?«

»Schwänze erregen mich stärker. Mösen machen mich manchmal zufriedener. Im Moment ist mir nach Erregung. Kann sein, daß ich einmal zu den Mösen zurückkehre, wenn mir mehr nach Entspannung zumute ist.«

»Ich hoffe, ich bin dann in deiner Gegend«, meinte ich.

Die Zeit verging wie im Flug. In wenigen Tagen würde ich wieder in Rom sein und mit der Arbeit beginnen. Ich beschloß, eine Abschiedsparty zu veranstalten und alle Dramenfiguren dieses merkwürdigen Ferienabschnitts zusammenzubringen. Ich hatte ziemlich viele Freunde gewonnen.

»Aber du kannst sie doch nicht alle auf einmal einladen«, seufzte Kurt.

»Natürlich kann ich. Das ist das ganze Geheimnis des Cocktails, die ungewöhnliche Mischung.«

Sie kamen alle. Rudi und Tom, Kurt und die rosaschimmernde Perle, die Schweine, die Wespen, die schönen Leute und die häßlichen Enten, Freunde aus allen Richtungen der Stadt.

»Du siehst, Kurt, das alles ist New York. Ein Varieté, eine bunte Vielfalt. New York ist die schillerndste Stadt, die ich kenne.«

»Das hätte ich nie geglaubt.«

»Du denkst zuviel. Das mußt du ändern!«

Kurt kam mit mir zum Flughafen. Ich hatte mir einen ruhigen Abschied gewünscht. Keinen Rudi, keinen Tom, keine rosaschimmernde Perle, keine Abschiedstränen, weder die echten noch die falschen. In meinem Leben hat es zu viele traurige Abschiede gegeben.

Als das Flugzeug in den Nachthimmel stieg, fühlte ich mich erleichtert; ich flog in mein wirkliches Leben zurück. Die Ferien waren zu Ende.

Viertes Kapitel
Der Revolutionär aus dem 16. Arrondissement

16. Mai 1968: Am Air-Terminal, der Endhaltestelle des Zubringers zum Pariser Flughafen, trat ich in die warme Frühlingssonne. Ich hatte die Pressearbeit für einen Film über den französischen Dichter Arthur Rimbaud übernommen; aus diesem Grund war ich nach Paris gekommen. Ich sah zum Invalidendom hinauf, über einem dicht an dicht mit Fuchsien bepflanzten Platz, die ihre Blütenpracht voll entfaltet hatten. Dieser vollendet schöne Frühlingstag wurde nur durch eines gestört – es gab keine Taxis. Es herrschte ein heilloses Durcheinander. Die gerade Angekommenen blockierten mit ihrem Gepäck den Gehweg. Es gingen Gerüchte von wilden Streiks, von Arbeiteraufständen, einer neuen französischen Revolution.

Angesichts eines solch schönen Tages erschien mir das alles ziemlich lächerlich. Das einzige, was ich mir vorstellen konnte, war, in einem der Boulevardcafés zu sitzen, an der Seine entlangzuschlendern, in den Bücherboutiquen zu kramen und alte Bildpostkarten zu suchen. Denkbar war auch, daß ein Herr im besten Alter seine Angebetete mit Blumen überrascht. Revolutionen aber waren etwas für die Schlechtwettertage im November, wenn man nichts anderes anfangen konnte und es einfach langweilig war.

Wie auch immer, eines war klar: Selbst wenn die Taxifahrer ihren Streik beenden würden, es würde Stunden dauern, bis sie die Masse der Reisenden samt ihrer Koffer unter den Fuchsien weggefahren hätten. Also nahm ich seufzend meinen Koffer in die Hand und machte mich in Richtung Quai d'Orsay auf; von da konnte ich mit dem Bus zur Île St.-Louis fahren. Ich hatte dort ein Appartement gemietet, weil hinter dem Film eine große Koproduktion stand; die Aufnahmearbeiten in und außerhalb von Paris würden etwa vier Monate dauern, so daß ich mich auf einen längeren Aufenthalt einrichten mußte. Ich arbeitete gern für den französischen Film, es waren alles seriöse Leute. Ich wußte ganz genau, woran ich war, und ihre Streitbarkeit war anregend. Angesichts des zweideutigen Charmes der Italiener, die so überaus gefallsüchtig sind, so sehr darauf aus, alles nur im schönsten Licht erscheinen zu lassen, und die voller ungewollter Kompromisse stecken, wirkte die Alles-oder-nichts-Haltung der Franzosen wahrlich erfrischend. Ich freute mich auf meine Tätigkeit, ich freute mich auf meinen Bruder, der in Paris lebte, jetzt aber gerade auf Reisen war.

Mein Koffer wurde immer schwerer. Ich hatte Kleidung für alle Gelegenheiten eingepackt. Außerdem schleppte ich mich noch mit einem Pelzmantel, einer Reisetasche und einem Klappstuhl ab. Endlich war ich am Quai d'Orsay, aber ich war auf der falschen Seite der Seine: die Uferstraßen waren Einbahnstraßen, also mußte ich auf die andere Seite zu meinem Bus. Mitten auf dem Pont d'Alma war ich plötzlich mit meinen Kräften am Ende und setzte mich erschöpft auf meinen Klappstuhl; ich überlegte, ob ich weiterkämpfen oder den ganzen Plunder zur Endhaltestelle zurückschleppen sollte.

Ein junger Mann lehnte am Brückengeländer und schaute durch einen Feldstecher angestrengt zum Abgeordnetenhaus hinüber, vor dem eine Menge Polizisten auf und ab liefen. Er wirkte wie ein typischer junger Linksintellektueller. Obwohl seine Cordjeans völlig zerknittert waren und die Schuhe verschmutzt, erkannte ich sofort, daß sie beste englische Qualität waren, und der unförmige Sweater war aus verwaschener, aber echter Kaschmirwolle. Der Junge selbst war klein, häßlich und trug eine unmögliche Brille. Das einzig Schöne an ihm war sein lockiges schwarzes Haar, das er lang und dicht ineinander verfilzt trug, so wie es später überall Mode wurde. Jetzt sah ich das zum erstenmal. Ich stehe nun mal auf dichten schwarzen Locken. Ich möchte sie immerzu durch meine Finger laufen lassen und ihr kraftvolles Leben spüren.

»Was ist los?« fragte ich ihn.

»Wir haben heute eine Demonstration auf dem Quai d'Orsay aufgezogen. Aber jetzt muß sie gesprengt worden sein – es sind zu viele Bullen da.«

Während er noch sprach, hatte noch eine weitere Polizeieinheit eingegriffen und begann nun, auch das andere Ende der Brücke abzuriegeln. Jetzt steckten wir mitten zwischen zwei Polizeiketten.

»Kommen Sie«, meinte der junge Mann. »Sonst denken die noch, wir wollen die Brücke in die Luft jagen. Ziehen Sie Ihren Pelzmantel an, und tun Sie reich und vornehm. Ich trage Ihnen den Koffer.«

Er steckte seinen Feldstecher weg. Wir gingen in Richtung rechtes Seine-Ufer. Die Polizei machte uns höflich Platz, und wir wandten uns in Richtung Louvre. Es war jetzt ein friedvoller Spaziergang unter den Platanen.

Nach ungefähr hundert Metern setzte der junge Mann meinen Koffer an einem der gesprenkelten Baumstämme ab und suchte wieder das andere Seine-Ufer ab. »Sie sind sehr nützlich«, meinte er. »Wenn Sie nicht dabeigewesen wären, hätten sie mich gegriffen. Ich sehe schon, Sie müssen mir Ihren Vuittonkoffer morgen für die Bomben leihen und mit Ihrem Pelzmantel neben mir gehen. Es wäre zu schade, wenn Sie es nicht täten.«

»Warum nicht? Ich bin Anarchistin, aber gegen Gewalt eingestellt; wenn die Bomben nur gegen Sachen und nicht gegen Menschen gehen, können wir darüber reden – vorausgesetzt, es geht um eine gute Sache.«

»Es geht um eine gute Sache. Wir wollen eine neue Studienordnung und bessere Studienplätze. Sie haben meine ganze Fakultät rausgeschmissen und in Nanterre in vorfabrizierte Schweineställe gesteckt. Der Mißbrauch öffentlicher Gelder schreit zum Himmel.«

»Also gut. Wollt ihr die Schweineställe in die Luft jagen?«

»Darüber rede ich nicht. Wie kann ich einer Anarchistin trauen, die einen Nerzmantel trägt und einen Vuittonkoffer besitzt?« Er grinste hinter seiner komischen Brille.

»Erstens habe ich den Nerzmantel gebraucht gekauft, und zweitens habe ich den Koffer von einem übersättigten Filmstar bekommen, für den ich gearbeitet habe. Woher wissen Sie überhaupt, daß es ein Vuittonkoffer ist?«

»Meine Mutter hat auch so einen.«

»Wie kann man nur einem Revolutionär trauen, dessen Mutter sich mit derartigen Statussymbolen umgibt?«

»Treffer!« Er lachte und machte jetzt bei weitem kein so angestrengtes Gesicht mehr.

Inzwischen waren wir weitergegangen und trugen nun den Koffer zu zweit. An einigen Bushaltestellen machten wir halt, aber es schienen auch keine Busse zu verkehren. In einem Café, das ganz mit Vogelkäfigen umsäumt war, spendierte ich ihm eine Tasse Kaffee. Ich merkte, wie in seiner Gesellschaft der Morgen wie im Flug verging. Er war witzig, redegewandt und verfügte über eine gehörige Portion Charme. Unsere Denkgewohnheiten waren dieselben und äußerten sich in einem lebhaften Hang zur Unterhaltung. Ich genoß es, mit ihm zusammen zu sein. Es schien da keine weiteren Mißtöne zu geben, aber was es immer noch nicht gab, waren Taxis, und überhaupt fuhren nur wenige Autos. Es war ungewöhnlich ruhig.

»Sind Sie sicher, daß es sich wirklich um eine Revolution handelt?« fragte ich ihn, als wir auf der Höhe des Justizpalastes waren.

»Ja. Paris ist so groß, daß in einem Stadtteil eine Revolution stattfinden kann und anderswo nichts davon bekannt ist. Morgen kann es umgekehrt sein. Wenn die Arbeiter sich mit uns solidarisieren, ist der Generalstreik perfekt.«

»Dann werden die Dreharbeiten möglicherweise am Montag nicht beginnen.«

»Sind Sie denn Schauspielerin?«

»Nein, ich bin Journalistin und mache die Öffentlichkeitsarbeit für einen Film. Ich sammle Informationen und Bildmaterial, gebe beides an die Medien weiter und sorge dafür, daß während der Dreharbeiten immer wieder über uns geschrieben und berichtet wird.«

»Wenn ich mein Studium beendet habe, möchte ich auch Journalist werden. Meine ersten politischen Kommentare habe ich bereits veröffentlicht.«

»Meinen Glückwunsch. Dabei sehen Sie nicht einmal aus, als könnten Sie bereits lesen und schreiben.«

»Ich bin neunzehn. Wissen Sie, wenn man so dürr und häßlich ist wie ich, arbeitet man doppelt soviel, um schneller ans Ziel zu kommen.«

»Glauben Sie, es kommt so sehr aufs Aussehen an?«

»Es macht vieles leichter. Sie haben ja selbst gesehen, wie einfach es war, durch die Polizeikette zu kommen, nur weil Sie wie eine schöne und elegante Dame wirken. Ich möchte wetten, Ihnen ist noch nie eine Tür verschlossen geblieben.«

Sein unverbrämtes Kompliment gefiel mir. Er war ein sehr gerader junger Mann.

»Wahrscheinlich haben Sie recht, ich habe noch nicht darüber nachgedacht. Ja wirklich, ich denke nie lange nach, sondern gehe direkt darauf zu.«

»Wenn ich groß, hübsch und ein Athlet wäre, könnte mich nichts aufhalten. Aber wenn irgendwo was los ist, halten sie sich immer an die Kleinen, die Häßlichen. Sogar bei Rauschgiftrazzien. Meine Mutter meint, nur häßliche Leute kümmern sich um Politik. Meine Mutter ist ziemlich unpolitisch. Meine Mutter ist überhaupt nicht einverstanden mit dem, was ich so mache, aber sie stärkt mir jedesmal den Rücken.«

»Und Ihr Vater?«

»Ich bekomme ihn kaum zu Gesicht. Meine Eltern sind geschieden. Ich bin bei meiner Mutter aufgewachsen. Sie ist eine wunderbare Frau. Ich verehre sie sehr.«

»Dann gehören Sie also nicht zu den jungen Leuten, die üblicherweise gegen ihre Eltern rebellieren?«

»Nein, nein. Meine Mutter ist eine Traumfrau. Ich werde sie nie verlassen!«

»Das klingt nach verbotener Liebe.«

»Irgendwas dagegen einzuwenden?«

»Ich habe nie darüber nachgedacht.«

»Soll ich Ihnen beibringen, wie man darüber denkt?«

»Ich bin nicht neugierig. Außerdem kann ich mich ganz gut auf mein Gefühl verlassen.«

Wir waren am Pont Marie angekommen. Ich hatte es beinahe geschafft. Ich wollte jetzt den Koffer wieder selber tragen. »Wollen Sie jetzt nicht wieder Ihrer Wege gehen – wo immer sie hinführen, womöglich in die linke Szene?«

Er lachte. »Die Linke kann warten. Sie hat es immer schon getan!«

Wir gingen also zusammen weiter über die Brücke zu der schmalen Seine-Insel; wenn die Inselbewohner mit der Métro fahren müssen, fragen sie sich übrigens scherzhaft, ob sie zum Kontinent hinüber sollen. Die Conciérge gab uns den Schlüssel, und wir quälten uns die Treppen hinauf. Bis zu meinem Appartement waren es vier Stockwerke. Als wir endlich oben waren, schoben wir den Koffer einfach ins Schlafzimmer und ließen uns erschöpft aufs Bett fallen. Nach dem langen Fußmarsch war uns das Treppensteigen schwergefallen. Ich hatte noch immer meinen Nerzmantel an und schwitzte aus allen Poren.

»Möchten Sie ein Glas kaltes Wasser?« fragte ich, raffte mich auf und zog meinen Mantel aus. »Ich habe noch nichts anderes anzubieten.«

»Viel lieber möchte ich kalt duschen, darf ich? Wahrscheinlich werde ich für den Rest des Tages wieder an den Barrikaden zu tun haben, und für heute abend steht ein Sit-in bei der Medizinischen Fakultät auf dem Programm. Wer weiß, wann ich nach Hause komme. Von hier ist es schon weit genug.« Er stand auf und sah zum Fenster hinaus.

»Wo wohnen Sie denn?«

Er schien ein wenig überrascht. »Im 16. Arrondissement.«

»Ziemlich feine Gegend für einen Revolutionär!«

»Ach was. Karl Marx hat ein bequemes bürgerliches Leben geführt, sich wie ein Bankier gekleidet und an die Revolution gedacht, während er im Lesesaal des British Museum saß. Man muß sich nicht erst als Revolutionär verkleiden, um einer zu sein.«

»Ja, das habe ich Ihrem Kaschmirsweater angesehen. Ziehen Sie ihn aus. Ich zünde den Gasbadeofen an. Wir brauchen beide eine Dusche.«

Als ich zurückkam, hatte er seinen grauen Sweater ausgezogen. Er war erbärmlich dünn und hatte kaum Haut über den Knochen. Ich fragte ihn nach seinem Namen, während ich aus dem Kleid schlüpfte und einen Bademantel aus dem Koffer holte.

»Joseph Dreyfus«, war seine Antwort; dann stieg er aus seiner Hose. Es war einer der bestbekannten jüdischen Familiennamen in ganz Frankreich.

»Und ich bin Anne Cumming«, sagte ich und stand ihm, nur noch mit dem Slip bekleidet, gegenüber.

Er trug weiße Baumwollunterhosen wie ein kleiner Junge. Sie wölbten sich vielversprechend. Er hatte einen Steifen bekommen und schämte sich jetzt. Ich war gerührt und nahm ihn in die Arme. Mit der einen Hand zog ich ihm die Unterhose von seinem dünnen Bauch weg, mit der anderen Hand umschloß ich seinen harten Penis.

»Sei nicht schüchtern. Ich will dich ganz.« Ich lächelte ihm aufmunternd zu, und da küßte er mich. Es war ein fester, angriffslustiger Kuß, so, als müßte er mich erst noch erobern, aber dann fiel der harte, militante Student plötzlich in sich zusammen und wurde erst einmal zu einem vorsichtig zögernden Liebhaber.

Als wir ins Bett stiegen, schlaffte er ab, und als wir ihn endlich wieder hoch hatten, kam er zu früh. Er war durch und durch ein nervöser Intellektueller. Ich hätte ihm eigentlich beibringen sollen, wie man sich ganz entspannt und wie man den Körper anstelle des Kopfes gebraucht.

»Es ist überhaupt nicht schlimm. Sei ganz ruhig. Mir reicht es schon, daß ich dich ein wenig in mir gespürt habe«, sagte ich besänftigend.

Es war nicht ganz die Wahrheit. In Wirklichkeit lechzte ich nach einem Orgasmus, aber ich wollte ihn nicht noch mehr verwirren und sagte nichts weiter in die Richtung. Mich selbst befriedigen wollte ich auch nicht. Ich wußte ja, wie schnell sich Neunzehnjährige wieder erholen, und war sicher, daß mir noch einmal voll eingeschenkt werden würde. Ich hatte recht.

Beim zweitenmal ging für uns beide alles tief und leidenschaftlich vor sich. Was später zwischen uns schieflief – und es war ziemlich viel –, auf sexuellem Gebiet verstanden wir uns großartig. Und in Sachen Humor. Wir waren ein sehr ungleiches Paar, aber auf diesem wichtigen gemeinsamen Nenner fanden wir im Nu wieder zusammen. Im Grunde unseres Herzens empfanden wir gleich.

Telefonanruf am 17. Mai 1968.

»Hallo, Anne. Wir sind in der Medizinischen Hochschule eingeschlossen. Wenn ich jetzt zu dir komme, werde ich hundertprozentig geschnappt. Es wimmelt nur so von Bullen. Es ist die Hölle.«
»Die Politik ist keine leichte Sache.«
»Im Gegenteil, die Liebe ist keine leichte Sache.«

Nach diesem Telefonat hörte ich tagelang überhaupt nichts von ihm. Entweder er war tot, oder man hatte ihn eingesperrt. Ich vertrieb mir die Zeit, richtete mein Büro ein und versuchte nach Kräften, dieses seltsame Ereignis zu vergessen. Es war nicht viel mehr gewesen als eine Liebe an einem Nachmittag im Frühling. Warum sich also grämen? Ein ungezogenes Kind, das meine Gefühle durcheinanderbrachte, war wirklich das letzte, was ich jetzt brauchte. Aber mit der Liebe ist es wie mit dem Teufel, den man an die Wand malt. Kaum spricht man davon, schon ist sie da.

Ich fühlte so etwas wie eine stille Verzweiflung in mir und fragte mich bei der Telefonauskunft durch. Es war ein wenig umständlich, weil ich weder den Mädchennamen von Josephs Mutter noch die genaue Adresse wußte. Alle Eintragungen auf den Namen Dreyfus waren männlich, meist Ärzte. Vielleicht ließ seine Mutter das Telefon auf den Namen des Vaters laufen. Und was hätte ich seiner Mutter sagen sollen? »Ich bin eine Frau im mittleren Alter und habe einmal mit Ihrem Sohn geschlafen und kann ihn nicht vergessen. Wo ist er? Ich mache mir Sorgen um ihn.«

Was hätte sie wohl anders antworten können als: »Auch ich mache mir Sorgen um ihn, Madame«; dann hätte sie wohl aufgelegt.

Ich wartete tatenlos weitere zwei oder drei Tage, dann griff ich mir eines Abends das Telefon und wählte die erstbeste Nummer.

»Hallo. Entschuldigen Sie bitte, bin ich mit Joseph Dreyfus verbunden?«

Eine weiche weibliche Stimme sagte, daß dem so sei, aber er wäre augenblicklich abwesend. Ob sie ihm etwas bestellen solle?

»Nein, es tut mir leid – ich muß ihn persönlich sprechen. Darf ich später noch einmal anrufen? Wissen Sie, wann er zurück sein wird?«

Nein, sie wußte es nicht. Sie schien ein wenig beunruhigt. Sie fragte nach meinem Namen, den ich ihr nicht geben wollte, obwohl sie bloß höflich und keineswegs neugierig sein wollte.

»Mein Name würde ihm nichts sagen«, sagte ich schnell. »Ich muß ihm von jemand anderem etwas bestellen. Ich versuche es morgen oder übermorgen noch einmal.«

Ich legte den Hörer auf. Wahrscheinlich liegt er im Schlafsack in irgendeinem Universitätsflur mit einer dieser Emanzen, argwöhnte ich. Mein Name würde ihm wirklich nichts bedeuten. In den Wirren der Studentenrebellion hat er mich eben vergessen.

Aber ich sollte mich getäuscht haben. Als ich am nächsten Tag von der Arbeit kam, saß er auf der Treppe vor meiner Tür. Um es genauer zu sagen: Er saß auf der Treppe und lehnte seinen Lockenkopf gegen das Treppengeländer, das aus dem 17. Jahrhundert stammte und längst unter Denkmalschutz gestellt worden war. Er hatte drei Stunden lang auf mich gewartet, weil er meine Telefonnummer verloren hatte.

»Ich dachte schon, du hättest jetzt einen andern«, sagte er, kaum hatte er mich gesehen.

Ich stürzte förmlich die Treppe hinauf und kniete mich zu ihm hin. Als ich ihn sah, fiel mir ein so großer Stein vom Herzen, daß ich meine Handtasche einfach fallen ließ, nur um die Hände für sein Haar frei zu haben, dann ließ ich mich neben ihn fallen, und wir lagen auf dem obersten Treppenabsatz einander in den Armen und bedeckten uns mit heißen Küssen. Die Handtasche polterte die Treppe hinunter, ihr Inhalt lag wild verstreut auf den Stufen. Aber nicht einmal jetzt konnten wir voneinander ablassen, nicht einmal für die wenigen Augenblicke, die genügt hätten, um meine Habe wieder aufzusammeln. Seine Unruhe hatte sich in Leidenschaft verwandelt.

Ich riß mich schließlich los und griff nach den Schlüsseln, sonst hätte er mich noch auf der Treppe vergewaltigt. Nicht daß es mich gestört hätte. Um der Wahrheit zu genügen, im Appartement haben wir es überall getrieben: auf dem Fußboden, auf dem Eßzimmertisch, gegen den Kühlschrank gestützt. Besonders gern erinnere ich mich an den Perser-Teppich vor dem Kamin im Wohnzimmer.

»Das Muster wirkt wie irre auf mich, wenn es mir kommt«, sagte er einmal, als wir es dort gemacht hatten. »Du bist die Droge für mich. Du machst mich mehr an als alles, was ich je geschluckt habe. Wenn ich mit dir zusammen bin, bin ich endlich in der besseren Welt, die keinen Kampf mehr kennt.«

Äußerungen wie diese bewirkten, daß ich unsere Beziehung sehr ernst nahm. Es schien, als brauche er mich, um sich einem glänzenden, umfassenden Ziel entgegenzuarbeiten.

Tagebucheintrag, Paris, am 25. Mai 1968.

Es scheint ein wenig lächerlich, wenn man sich in meinem Alter in einen häßlichen kleinen Jungen verliebt. Von dem großen Altersunterschied einmal abgesehen, ist er nicht einmal mein Typ. Aus irgendeinem Grund bin ich nicht bei mir selbst und gestehe mir zu, die Illusion mit der Wirklichkeit zu tauschen. Vielleicht habe ich in letzter Zeit zu viele flüchtige Freundschaften geschlossen und brauche zur Abwechslung mal etwas mit Tiefgang, selbst wenn ich mich dagegen wehre. Warum sonst wäre ich auf so etwas Unmögliches verfallen? Wählt man oder wird man gewählt?

Eines Sonntags ging ich mit Joseph den Quai d'Anjou im warmen Frühlingsregen entlang; wir wollten nach Hause. Für eine Weile stellten wir uns unter einem naß tropfenden Baum und beobachteten die Seine, die jetzt vom Regen angeschwollen war; die Wasserwirbel wirkten wie schmelzendes, graues Metall.

»Wie lange gibst du uns noch?« fragte Joseph plötzlich.

»Vielleicht einen Monat«, antwortete ich beiläufig. Ich war mir damals meiner Sache sicher. Ich glaubte, ich könnte ohne ihn auskommen.

»Bitte sage so etwas nicht noch einmal so leichthin.«

Ich sah ihn erstaunt an. Er war leichenblaß geworden und lehnte gegen die Ufermauer, so, als würde er gleich das Bewußtsein verlieren. In seinen schwarzen Locken perlten kleine, silberne Regentropfen, und seine spaßige Brille war völlig beschlagen. Als er sie abnahm, um sie blankzuwischen, standen Tränen in seinen Augen. Plötzlich wirkte er wie ein kleines Kind. Gewöhnlich sah er wie ein merkwürdig unreifer, alter Mann aus.

»Wie soll so etwas von Dauer sein? Es ist grotesk! Ich bin einundfünfzig Jahre alt!«

Er schwieg. Ich zog ihn unter meinen Regenschirm und hakte ihn fest unter; schweigend ging er mit mir nach Hause, als stünde er unter einem Schock.

Als wir unter der Tür standen, taute er schließlich auf. »Bitte jage mir niemals mehr einen solchen Schrecken ein. Wenn der Zeitpunkt kommt und du mich verlassen willst, tu es. Aber erschreck mich nicht mehr damit.«

An diesem Abend wühlte er mit aberwitziger Besitzangst in mir herum. Er nagelte mich förmlich auf dem Rücken fest, und als er kam, krallte er seine Fingernägel derartig in meine Handgelenke, daß ich am nächsten Tag an jedem Arm fünf purpurfarbene Male hatte. Es dauerte eine ganze Woche, bis sie wieder weg waren. War es vorstellbar, daß die ganze Leidenschaft seiner Liebe auf Furcht beruhte? Aber auf welcher Furcht?

Zettel, unter meiner Tür durchgeschoben, vom 29. Mai 1968.
PERSÖNLICHE FEIERLICHE ERKLÄRUNG! EIN FÜNFJAHRESPLAN FÜR ANNE UND MICH!

Ein paar Tage lang werde ich nicht kommen können. Wahrscheinlich werde ich auch nicht anrufen, aber ich will fühlen, daß wir zusammengehören. Vor allen Dingen sollst Du wissen, daß ich zu Dir eine ebenso tiefe Beziehung habe wie zur Politik. Bis jetzt hat mir Sex ziemlich wenig bedeutet. Es war irgend etwas Komisches, Körperliches, mit dem man rumgespielt hat, weil es eben da war. Jetzt aber möchte ich alles über den Sex erfahren. Ich möchte immer mit Dir zusammen leben, weil ich sonst befürchte, ein trockener, bornierter Politfunktionär zu werden, statt wirklich zu leben.

Erstens: Ich glaube, fünf Jahre sind eine gute Zeit, weil ich in den fünf Jahren mein Examen hinter mich bringen kann.

Zweitens: Unter Umständen möchte ich heiraten, weil ich Kinder haben will.

Drittens: Meine Frau wird ein kleines, graues Mäuschen sein, das in der Zentrale der Kommunistischen Partei arbeitet und mich anbetet.

Viertens: Ich werde sie niemals so lieben, wie ich Dich liebe. Sie ist Bestandteil von Phase II.

Fünftens: Willst Du meine Phase I sein?

Das Obige ist nicht nur rationaler Ausdruck dessen, daß ich plötzlich die vergnüglichen Segnungen des Rammelns entdeckt habe – obwohl das mit eine Rolle spielt. Die Politik wirkt ziemlich schal neben dem Sex – aber erzähl das ja nicht der Kommunistischen Partei.

Joseph

Ich fühlte mich unmittelbar erleichtert und sehr glücklich. Ich reagierte wie jede Frau – meine Liebe war ja wieder bei mir. Erst viel später kamen mir die Schwierigkeiten zu Bewußtsein, die sein Plan mit sich bringen würde. Ich war ja keine junge Frau mehr. Und ich lebte nicht ständig in Paris. Ich konnte doch nicht plötzlich alles auf den Kopf stellen.

Glücklicherweise hatte ich ein paar Tage für mich, um mit mir ins reine zu kommen und meine etwas im argen liegende Arbeit wieder aufzunehmen. Ich hatte sie so ziemlich aus den Augen verloren – glücklicherweise waren die Dreharbeiten wegen der Unruhen verschoben worden, und man erwartete noch nicht allzuviel von mir.

In Cannes hatten die Filmfestspiele begonnen, und ich überlegte, ob ich nicht hinfahren und mich ein wenig umsehen sollte. Es standen neue Filme von Fellini, Louis Malle und Roger Vadim auf dem Programm. Mein Bruder Max wollte mich begleiten. Er war gerade aus Marokko zurückgekommen, er hatte dort halb abstrakte Wüstenszenen von gespenstischer Schönheit gemalt. Obwohl Max und ich unter den zwischen Geschwistern üblichen Spannungen litten und uns selten sahen, fühlte ich mich über die Haßliebe hinaus oft stärker zu ihm hingezogen als zu vielen meiner Liebhaber. Mag sein, daß ich mich in Joseph nur verliebt habe, weil Max bei meiner Ankunft gerade nicht in Paris gewesen war. Er hätte sicherlich die Lücke gefüllt, und Joseph wäre nur ein flüchtiges Abenteuer gewesen.

Wir fuhren mit dem »Blauen Zug« in den Süden. »Erinnerst du dich noch an die gemeinsamen Reisen mit unserer Mutter?« wollte ich wissen. »Sie konnte es kaum erwarten, in Juan les Pins bei Count Nicki anzukommen.«

»Wir fuhren immer erster Klasse«, stellte Max fest. »Alles in unserem Leben war erster Klasse. Erst mit dem Zweiten Weltkrieg ging es bergab.«

»Aber nicht für uns. Ich erinnere mich noch genau an die riesigen Schachteln mit Zuckermaroni, die uns Count Nicki immer mitbrachte – für meine Enkel habe ich nur noch kleine Smarties übrig.«

Cannes hatte eine ganz bestimmte Ausstrahlung, aber sie kam mir gewollt und künstlich vor. Wir waren ganz froh, daß auch dort unten das Festival durch Studentendemonstrationen unterbrochen wurde und alles abgeblasen werden mußte. So ziemlich Hals über Kopf reisten wir nach Paris zurück. Ich hatte gerade noch Zeit genug, um Aurelien anzurufen. Jean-Louis war nicht da, er studierte in Grenoble. Und Aureliens Frau hatte ich immer noch nicht kennengelernt.

Das erste, was ich in Paris machte, war ein Anruf bei Joseph. Ich war weggefahren, ohne ihn noch einmal zu sehen, und hoffte nun, daß er ebenso große Sehnsucht nach mir hatte wie ich nach ihm. Er erzählte mir, daß er für eine Prüfung büffelte und mich vierzehn Tage nicht sehen wollte, bis er alles hinter sich hatte. Zwei volle Wochen! Schließlich akzeptierte ich seinen Beschluß, wie ich sein Manifest akzeptiert hatte, mit leiser Trauer freilich. Ich war sicher, daß in ein paar Tagen alles ganz anders aussah.

Wir begannen nun ernsthaft mit den Filmarbeiten und machten Außenaufnahmen an einem Kanal außerhalb von Paris. Für die Handelsschiffahrt hatte er die Bedeutung verloren, aber für uns war er um so nützlicher. Er mußte für die Themse herhalten – wir drehten einige Szenen des London-Aufenthalts von Rimbaud – und diente auch als Hafen, als wir die Abreise des Dichters nach Afrika drehten. Wir waren jeden Tag mit einem kleinen Schlepper in aller Frühe draußen und tuckerten in dem schwarzen Wasser auf und ab, zwischen stillgelegten Fabriken hin und her, die mit ihrem tristen Aussehen an die industrielle Revolution des 19. Jahrhunderts erinnerten und selbst den standhaftesten Zeitgenossen für immer in die Emigration getrieben hätten. Ich hatte in der Presse zu verbreiten, daß wir einen Film über einen wirklich »Ausgeflippten« machten, über einen jungen Menschen, der eine bessere Gesellschaft wollte und dessen revolutionäre Dichtung noch heute so modern war wie damals. Nur unter diesem Dreh konnte der Film sein Geld einspielen. Zudem: es war höchst zweifelhaft, ob die große Masse der Kinogänger je von Rimbaud gehört hatte.

»Anne, würdest du dich um Verlaine kümmern? Er scheint sich über irgend etwas aufgeregt zu haben«, wurde ich eines Tages empfangen, als ich gerade an Bord kletterte.

Es war der Aufnahmeleiter, ein Amerikaner, der Schwierigkeiten hatte, sich mit einigen Schauspielern zu verständigen, weil er kaum Französisch sprach.

»Wo ist er denn, Phil?« wollte ich wissen.

»Irgendwo beim Kaffeetrinken. Seine Haarfarbe gefällt ihm nicht.«

Ich stieg die wackligen Stufen hinab und sah den bekannten französischen Schauspieler, der Verlaine spielte, mit einer Thermosflasche in der einen und einem Pappbecher in der anderen Hand. Der Maskenbildner hielt ihm einen Spiegel entgegen, und er drehte seinen Kopf von einer Seite zur anderen und schwenkte aufgeregt seinen Kaffee.

»Aber es ist nicht dieselbe Farbe wie gestern. Der Ton ist viel roter und steht mir überhaupt nicht. Wo ist der Friseur?«

Der Maskenbildner war ebenfalls Amerikaner, weil bei dieser franko-amerikanischen Koproduktion das größere Geld von jenseits des Atlantik kam.

Ich dolmetschte, weil der Übersetzer gerade anderswo beschäftigt war. »Der Friseur ist an Land, im Schminkwagen. Was ist denn bloß los, Monsieur?«

»Sie haben heute morgen mein Haar neu eingefärbt, aber es ist ganz anders geworden. Ich habe es gewußt, ich hätte eine Perücke tragen müssen, ich habe es gewußt.«

Er geriet jetzt ein wenig außer sich. Eigentlich war er Bühnenschauspieler, und jetzt machten ihn die Kamera und das ungewohnt frühe Aufstehen doppelt nervös. Ich hatte Mitleid mit ihm.

»Wie kann ich eine so große Szene, die sehr viel Gefühl verlangt, mit der falschen Haarfarbe spielen?«

Ich stieg wieder an Deck und unterhielt mich kurz mit dem Aufnahmeleiter.

»Die Garderobe soll ihm heute einen Hut aufsetzen. Ist der Kostümbildner an Bord?« wollte er wissen.

»Ich glaube ja. Unten steht ein Korb mit überflüssigem Kostümkram für die Komparserie. Ich steige wieder runter und sehe zu, was sich machen läßt.«

»Danke, Anne. Was würde ich nur ohne dich anfangen, Goldstück!«

»Mach einen wunderbaren Film, der alle Rekorde bricht.«

»Ich hoffe, du behältst recht. Ich bin nicht sicher. Hier in Europa kriege ich die Füße nicht auf die Erde.«

»Spring deshalb bloß nicht über Bord. Es ist kalt da unten.«

Er lachte und hob, während ich nach unten stieg, seine Lichtblende in die aufgehende Sonne.

Jeden Abend kam ich völlig erschlagen nach Hause und hoffte, Joseph würde ein wenig meine Spannungen mindern. Sein Ausbleiben und sein Schweigen quälten mich. Manchmal dachte ich, daß er das mit Absicht machte, um zu sehen, wie weit er mit mir gehen könne. Wie alle Juden verstand auch er sich auf das kalkulierte Risiko.

Eines Abends endlich schrieb ich eine Antwort auf sein Manifest, um mir die Zeit zu vertreiben und mein Gefühl ein wenig zu erleichtern. Ich wollte es ihm vorlesen, sobald er wieder auftauchte.

Paris, am 10. Juni.

Lieber kleiner Liebling mit den großen Gedanken,

ich danke Dir für Dein rührendes Angebot – oder war es ein Befehl? Mit politischen Statements habe ich vorläufig noch Schwierigkeiten.

Zu Deinen Vorschlägen fällt mir immer nur das Gegenteil ein.
1. Fünf Jahre sind eine lange Zeit.

2. Du lebst in Paris. Ich lebe in Rom.
3. Ich mit meinen einundfünfzig bin über dreißig Jahre älter als Du.
4. Deine Eltern würden die Hände über dem Kopf zusammenschlagen (zumindest sollte ich das an ihrer Stelle tun).
5. An meinem vierzigsten Geburtstag habe ich fest beschlossen, niemals mehr mit einem Mann auf Dauer zusammen zu leben. Meine häuslichen Pflichten hatte ich gegenüber zwei Ehemännern, zwei Kindern und vielen Wohnungen erfüllt. Von jetzt an sollte die Liebe nur noch Freude bringen und nichts mehr mit Verantwortung zu tun haben. Und dabei bleibe ich.

Im übrigen: Nicht nur »Freiheit« schreibt man mit großem F, sondern auch »Ficken«.

Deine Anne

Mein Brief lag drei Tage lang auf dem Nachttisch – drei schreckliche Tage lang. Meine wahren Gefühle für dieses altkluge, politisierende Kind standen in keinem Verhältnis zu den Prinzipien der Unnahbarkeit, die ich in meinem Brief geäußert hatte. Das war alles nur mit dem Kopf geschrieben. In Wirklichkeit wollte ich frei sein, zugleich aber auch jede Minute mit Joseph verbringen.

Eines Abends besuchte ich meinen Bruder auf dem Montmartre und weinte mich an seiner Schulter aus.

Mein Bruder hatte immer allein gelebt, es gefiel ihm so. Er hatte von Anfang an gewußt, was mich zwei Ehemänner und ein Dutzend Liebhaber gekostet hatten: das Herumschlafen sollte Spaß machen, sonst läßt man es lieber.

»Ich gebe den Sex auf«, sagte ich schließlich zu Max. »Diesmal meine ich es ernst.«

Max lächelte. Er bereitete gerade den Tee. Seit dem Krieg hatte er die meiste Zeit in Nordafrika gelebt, so manches arabische Zeremoniell war an ihm hängengeblieben. Wir setzten uns auf niedrige Schemel an ein großes Messingtablett, das er aus Fez mitgebracht hatte.

»Sex ist das Laster, von dem man am schwierigsten loskommt«, meinte er. »Denk dran!«

Ja, ich dachte dran. William Burroughs hatte das einmal gesagt, als wir Ende der fünfziger Jahre gemeinsam im Pariser Beat-Hotel wohnten.

»Was soll ich nur tun?« heulte ich wieder los.

»Du mußt lernen, mit deinen Lastern zu leben«, stellte Max trocken fest, während er sich aus bestem marokkanischem Kiff einen Joint drehte.

Ich faßte wieder Vertrauen zu mir selbst und ging nach Hause. Würde ich je lernen, mit Joseph auszukommen? Durch ihn hatte ich wieder teil an dem grenzenlosen Weltvertrauen der Jugend. Als ich so alt war wie er, hatte auch ich kommunistisch und revolutionär gedacht. War es wirklich möglich, die Uhr zurückzustellen?

Der Spiegel sagte mir, daß es nicht möglich war. Eine lebhafte und interessant wirkende Frau blickte auf mich. Man sah mir die Jahre an, aber ich wirkte noch nicht alt, und Joseph war ein so merkwürdig aussehendes Kind, eine Verschwendung von Jugend an einen alten Mann, dem sein Wissen zentnerschwer auf den Schultern lag, so daß es ganz so aussah, als würde er noch vor mir alt werden. Irgendwie schienen wir doch zusammenzupassen.

Das Telefon klingelte, aber es war nicht Joseph. Ich glaube, ich bin gegenüber dem netten Bekannten, der mich da zum Essen einladen wollte, ziemlich unhöflich gewesen, aber ich wollte nicht ausgehen, weil ich Angst hatte, ich könnte Joseph verpassen; also lehnte ich dankend ab, und im gleichen Augenblick haßte ich mich dafür.

Am Abend dann spielte ich mit mir selbst, um ein wenig zur Ruhe zu kommen. Ich war schon fest eingeschlafen, als wieder das Telefon klingelte. Dieses Mal war es der Anruf, auf den ich gewartet hatte.

»Bist du allein?« wollte Joseph wissen.

Es hörte sich nicht so an, als würde er sich Sorgen machen, er war einfach nur neugierig, das übliche Katz-und-Maus-Spiel.

Ich gab mir Mühe, mich zu beherrschen. »Natürlich bin ich allein. Wo steckst du? Kommst du zu mir?«

»Wahrscheinlich. Wenn ich aber in einer Stunde nicht da bin, warte nicht mehr auf mich, ich kann dann eben nicht kommen. Ich rufe dich dann morgens an.« Er legte auf.

Ich sprang mit einem Satz aus dem Bett, räumte auf, machte Toilette und parfümierte mich mit ein wenig Arpège. »Meine Mutter benutzt es auch«, hatte er einmal bemerkt. Ich stellte den Brief mit meinem Nein auf sein Manifest wieder deutlich sichtbar auf den Nachttisch. Ich wollte ihn ihm gleich als erstes vorlesen.

Aber ich las ihn nicht vor. Vor lauter Aufregung habe ich das ganz vergessen, als er endlich kam. Wie eine heiße Hündin war ich überwach und hörte seine leichten, federnden Schritte erst auf der Straße, dann im Hof und auf der Treppe. Mein Verstand hatte alles andere ausgeblendet: ich hörte nur noch seine Schritte. Mein Blutdruck stieg, mein Puls ging schneller, meine Brustwarzen prickelten, und meine Vagina öffnete sich erregt. Ich öffnete die Tür und fiel ihm in die Arme.

»Du warst so lange weg!«

»Was sind schon ein paar Tage in einem Fünfjahresplan?« wehrte er ab. »Ein Tausendstel von 0,25 Prozent.«

»Ich habe ein Herz und keinen Computer wie du im Kopf.«

Ich bedeckte ihn über und über mit Küssen. Zum Teufel mit Sitte und Anstand und Altersweisheit.

»He, ich kriege ja kaum noch Luft!«

Gleichzeitig fühlte er sich geschmeichelt. Ich packte ihn bei seinem Machtkomplex und ließ ihn all die Urängste vergessen, die so tief in ihm steckten und die ich noch nicht genau verstanden hatte.

»Pause jetzt. Ich möchte meine Mutter anrufen.« Er setzte sich aufs Bett und griff zum Telefon.

Ich kniete mich neben ihn und spielte mit Zunge und Lippen an seinem lockigen, schwarzen Nackenhaar.

»Darf ich meiner Mutter deine Telefonnummer geben?« fragte er, bevor er wählte. »Ich will ihr sagen, wo ich schlafe.«

»Weiß sie von uns?«

»Natürlich. Sie weiß alles über dich.«

»Ist sie eifersüchtig?«

»Sie sagt nein, obwohl sie zugibt, daß eine Frau in ihrem Alter eine größere Gefahr ist als ein junges Mädchen.«

»Du schläfst mit ihr! Ich weiß es. Ich fühle es. Ich bin diejenige, die eifersüchtig ist.«

»Sei still und mach die Beine breit.« Er wählte. »Hallo, Maman? Ich bleibe die Nacht über bei Anne. Schreib doch bitte die Nummer auf. Wenn irgend etwas sein sollte, kannst du mich ja anrufen.«

Dann schwieg er und hörte zu, während ich zu gern gewußt hätte, was sie sagte. Was würde ich unter ähnlichen Umständen sagen? Wahrscheinlich so etwas wie: »Viel Spaß!«

Er legte auf.

»Was hat sie gesagt?«

»Viel Spaß!«

Ich mußte laut lachen und erklärte ihm, warum.

»Dabei habt ihr kaum Ähnlichkeit miteinander. Ihr Liebhaber ist fünfzehn Jahre älter als sie.«

»Wie schön für sie. Ich habe die Teenager auch so langsam satt.«

Er schlug nach mir. Ziemlich fest sogar. Zu meinem Erstaunen gefiel es mir sogar. Ich reizte ihn weiter.

»Verdammter Nazi! Die Juden schlagen nie nach Frauen!«

Er schlug wieder nach mir, noch fester. Ich biß ihn.

»Scheiße! Den ganzen Tag habe ich alle Hände voll zu tun, mich zurückzuhalten.«

Er stieß mich in die Kissen, und einen Augenblick lang dachte ich, jetzt würde er mich erwürgen. Ich war nahe daran, ihm die Finger in die Augen zu stoßen (der Trick, den mir der »Schlechte Gregory« beigebracht hatte), als an die Tür geklopft wurde.

»Das ist Polizei. Sie müssen mir gefolgt sein.«

Er schrumpfte ganz zusammen vor lauter Feigheit. Aus dem Studentenrevolutionär war plötzlich ein ängstlicher kleiner Junge geworden. Ich stand auf und ging in den Flur. Auch mir saß der Schreck in den Gliedern, aber ich nahm mich zusammen.

»Wer ist da?«

»Telegramm für Sie!«

Ich öffnete die Tür, ein blauer Umschlag wurde mir übergeben.

»Danke schön!« Ich unterschrieb die Quittung, und während ich ins Schlafzimmer zurückging, riß ich den Umschlag auf und überflog hastig den Text. Erleichtert las ich: »Ankomme Paris 16. Juni. Bestelle ein Hotelzimmer in Deiner Nähe, wenn die andere Hälfte Deines Betts belegt ist. In Liebe Rudi.«

Ich reichte Joseph das Telegramm, er las und sprach ja fließend Englisch.

»Wer ist Rudi?«

»Ein österreichischer Bühnenbildner, der sich auf Opern spezialisiert hat. Vermutlich hat er hier zu tun – wir bleiben immer in Verbindung. Nachdem ich meinen zweiten Mann verlassen hatte, haben wir fünf Jahre zusammengelebt.«

»Wie lange ist das jetzt her?«

»Ungefähr zehn Jahre.«

»Er kommt immer wieder zu dir und möchte wohl mit dir schlafen?«

»Sie kommen alle wieder zurück, nicht nur er!«

»Warum habt ihr nicht geheiratet?«

»Er wollte keine Verantwortung, kein Haus und keine Kinder. Das einzige, was er wirklich liebt, ist seine Arbeit – mein größter Konkurrent.«

»Du hättest ihn schon geheiratet?«

»Wahrscheinlich. Mein Mann Charles fehlte mir sehr. Damals machte mir das Heiraten noch Spaß.«

»Dann hast du deinen zweiten Mann nicht von selbst verlassen?«

»Nein. Ich habe noch nie jemanden verlassen. Ich zähle zu, aber ich ziehe nicht ab. Eines Tages kam Charles ja zurück, und ich hatte in der Zwischenzeit mein Gottvertrauen verloren. Ich konnte einfach nicht so tun, als sei nichts geschehen.«

Wir lagen uns in den Armen und streichelten einander zärtlich. Seit es an der Tür geklopft hatte, war von Gewalt keine Spur mehr. Durch die dunkle, kühle Nacht drang ein Vogelruf zu uns herüber.

»Still!« sagte ich. »Es muß eine Nachtigall sein.«

»Mitten in Paris?«

»Warum nicht? Vielleicht im Jardin des Plantes oder im Zoologischen Garten. Das ist ja gleich am anderen Ufer.«

»Vielleicht hast du recht; meine Mutter sagt, daß sie es auch im Bois de Boulogne gibt. Wir wohnen ja in der Nähe.«

»Eigentlich muß es ziemlich leicht sein, sich revolutionär zu gebärden, wenn man so üppig bemuttert wird wie du in deinem versnobten Viertel«, sagte ich, während ich ihm den Rücken zuwandte und mich zusammenkuschelte.

Statt einer Antwort umklammerte er mich und zog mich hart an sich. An meinen Hintern drückte etwas Großes, Hartes. Ich staunte immer wieder darüber, was für ein großes Ding dieser kleine Junge hatte. Jetzt steckte er ihn mir ganz schnell von hinten hinein. Erst bewegte ich mich langsam, dann schneller und immer schneller, während die Nachtigall immer lauter und lauter schlug. Ihr Gesang durchdrang meine Lenden und strömte durch meinen ganzen Körper. Dann wurde sie allmählich stiller und setzte schließlich ganz aus wie eine abgelaufene Schallplatte. Wir schliefen ein, während er noch in mir war. Und ich hatte voll und ganz vergessen, ihm mein Nein auf sein Manifest hin vorzulesen.

Wir wurden wach, weil das Telefon klingelte. Ich hatte vergessen, die Klingel abzustellen.

»Hallo? Guten Morgen, Madame«, begrüßte mich eine Frauenstimme. »Kann ich meinen Sohn Joseph sprechen?«

»Natürlich, Madame, einen Moment.« Ich legte den Hörer ab und schüttelte ihn leise wach. »Es ist deine Mutter«, flüsterte ich. Dann rief ich laut, als sei er gerade in einem anderen Zimmer: »Joseph, für dich!«

Er rieb sich die Augen und setzte sich aufrecht. Da er ohne seine Brille so gut wie nichts sah, reichte ich ihm das Telefon.

Verschlafen begrüßte er seine Mutter. »Hallo, Maman!« Sie sprachen eine Weile miteinander. Dann reichte er mir wieder den Hörer.

»Maman will dich zum Essen einladen. Sprich selbst mit ihr.«

Einen Augenblick lang geriet ich in Panik. Das Aberwitzige der Situation jagte mir ein wenig Angst ein. Ich fühlte förmlich die Anwesenheit seiner Mutter im Schlafzimmer, als ich ihm den Hörer abnahm.

»Hallo, Madame. Ja ... ja. Das ist wirklich sehr nett von Ihnen, aber ich habe wahrscheinlich zuviel zu tun. Ja ... danke. Aber vielleicht kann ich es am Sonntag einrichten. Aber machen Sie sich keine Mühe mit dem Mittagessen. Ich komme nur kurz, auf einen Sprung, und trinke eine Kleinigkeit. Gut ... wenn Sie wollen. Um dreizehn Uhr? Danke ... ja, am Sonntag.«

Vorsichtig legte ich den Hörer auf und drehte mich nach Joseph herum, der nach seiner Brille tastete.

»Glaubst du, deine Mutter will mich wirklich kennenlernen?«

»Natürlich. Sie brennt darauf. Sie möchte bei allem, was ich tue, dabei sein.«

»Aber hat sie nicht mit sich selbst genug zu tun?«

»Kaum. Sie ist ziemlich viel zu Hause. Ihr Freund ist verheiratet, so daß sie nicht viel Gelegenheit zum Ausgehen haben.«

»Kommt er zu Besuch, wenn du zu Hause bist?«

»Na, natürlich. Er ist oft mit uns zusammen.«

»Wie empfindest du dabei? Bist du eifersüchtig?«

»Nein. Es ist, als hätte ich einen Stiefvater.« Er lächelte selbstzufrieden vor sich hin. »Und ich weiß, daß sie mich sehr liebt.«

»Verflixter kleiner Teufel!«

»Sei still, mach mir lieber Kaffee!«

Es machte ihm Spaß, mich herumzukommandieren. Und es machte auch mir Spaß. Wir spielten ja ohnedies »verkehrte Welt«, es amüsierte mich.

Als ich ihm den Kaffee brachte, sagte ich: »Ich rufe mal eben mein Büro an. Ich sage, daß ich mich mit irgendeinem Chefredakteur treffe und erst am Nachmittag auftauchen werde.«

»Wo ist das Büro?«

»In den Filmstudios in Billancourt. Es gehört mit zum Produzentenbüro.«

»Wo filmt ihr heute?«

»Auf den Docks neben dem Kanal. Rimbaud und Verlaine werden heute aus einer Opiumhöhle torkeln, in der sie die Nacht durchgemacht haben; dann werden sie die neblige Straße überqueren und in einer Sackgasse verschwinden.«

»Aber es ist doch heller Sonnenschein!«

»Schon mal was von Trickaufnahmen gehört? Wir brennen Nebeltöpfe ab; wenn es sein muß, machen wir auch mit irgendeinem Wasserhydranten noch die Straße naß.«

»Kann ich mitkommen und zuschauen?«

»Warum nicht? Bei Außenaufnahmen sind immer eine Menge Schaulustige da.«

So kam es, daß wir die Revolution eine Weile vergaßen. Wir ließen uns Zeit beim Aufstehen, aßen zu Mittag und fuhren dann mit der Métro zum Kanal. Wir waren ineinander verliebt, was spielte da Zeit für eine Rolle, was das Alter, was die Politik.

Als wir am Kanalufer ankamen, hatte das Team gerade alle Hände voll zu tun, um den Verkehr aufzuhalten, während Verlaine und Rimbaud die Straße überquerten. Die hupenden Autos wollten nichts anderes, als so schnell wie möglich weiterfahren, aber es ging wirklich nicht an, daß hinter zwei Herren, die dem letzten Jahrhundert entstiegen sind, plötzlich ein Auto vorbeifährt.

»Hallo, Anne! Wo hast du gesteckt?« Küßchen von allen Seiten. Ich war wieder bei der Herde aufgenommen. Das tief empfundene Duett zwischen Joseph und mir wurde abgelöst durch das polyphone Hin und Her, das im Aufnahmeteam herrschte. Ich wurde herumgestoßen, verlor Joseph aus den Augen, mußte einiges mit dem Aufnahmeleiter regeln, mit den Schauspielern, mit der Polizei. Wir hatten nämlich den Verkehr ohne behördliche Genehmigung aufgehalten. Vergeblich versuchte ich, mit einem wütenden Flic zu flirten, der vom nächsten Polizeirevier mit dem Fahrrad hergeradelt war und seinen marineblauen Umhang wie Fledermausflügel schwenkte.

»Aber Monsieur, es wird nur eine Minute dauern«, bettelte ich.

In diesem Moment zündete einer der Tricktechniker die Nebeltöpfe, und beißender, gelber Nebel zog über die Straße. Der Polizist war geschmeichelt, zugleich aber bekam er kaum Luft. Ich redete auf ihn ein und versuchte, ihn bei Laune zu halten, bis alles vorbei war; aus einem Augenwinkel beobachtete ich die Kamerafahrt.

»Da sehen Sie, das ist der junge amerikanische Schauspieler Norman Kent, der den Rimbaud spielt, und das da ist der große französische Mime Boissevain von der Comédie Française.«

Aber er hörte mir kaum zu und setzte seine Polizistenpfeife in Gang. Glücklicherweise ist es mir doch irgendwie gelungen, ihn in Schach zu halten, bis Rimbaud und Verlaine die Straße überquert hatten und in der Sackgasse verschwunden waren. Dann war er nicht mehr zu halten. Jedermann war höflich zu ihm und entschuldigte sich vielmals, und da die Szene im Kasten war, machten wir friedfertig weiter. Der Polizist mußte wohl den Eindruck haben, daß wir uns strikt an seine Anordnungen hielten, und war voll und ganz damit zufrieden, seine Pflicht getan zu haben.

Ich suchte nach Joseph. Er war gegangen. Warum hatte er kein Wort gesagt? Fassungslos machte ich mich auf die Suche nach ihm. Ich war über mich selbst wütend, daß ich einen Neunzehnjährigen derart vermissen konnte. Dabei war ich sicher, daß er mit Absicht verschwunden war, ohne auf Wiedersehen zu sagen, nur um mich zu ärgern.

Tagebucheintrag, Paris, im Juni.

Jetzt sind wieder zwei Tage vergangen, und Joseph hat kein einziges Mal angerufen. Folge ich nun morgen der Einladung seiner Mutter zum Mittagessen oder nicht? Am besten ist, ich rufe sie an, frage, ob die Adresse mit der im Telefonbuch übereinstimmt und ob sie mich wirklich kennenlernen will. Es ist schon kurios, wenn ein Junge, der feierlich erklärt hat, er wolle fünf Jahre lang mit einem zusammenbleiben, und der beinahe in Ohnmacht fällt, wenn man andeutet, es sei alles aus, einem nicht einmal seine Adresse gibt. Wir waren nun mehr als einen Monat zusammen, aber es ist immer er, der die Verbindung mit mir aufnimmt, für unsere Treffen sorgt und überhaupt darüber bestimmt, in welchem Rahmen sich unsere Beziehung bewegen darf. Die Rolle der »Liebessklavin« hat mir anfänglich ziemlich gut gefallen, aber jetzt ist sie zu Ende.

Es war jetzt Samstag abend. Rudi war angekommen, und ich hatte ihn ins Hotel gebracht. Ich erklärte ihm die Situation in Sachen Joseph und versprach ihm, daß er meine kleine Wohnung benützen dürfe, wenn ich einmal nicht in Paris sei. Bis es soweit sei, müßte ich selbst drin bleiben und mich auf die Lauer nach Josephs Zufallsbesuchen legen. Ich erzählte Rudi alles über meine quälenden Empfindungen für das Kind – und wie ich der Liebe wieder einmal auf den Leim gegangen war.

»Mein armes Mädchen. Du bist wirklich zu bedauern!«

»Auch nicht mehr, als wir damals zusammen waren. Jetzt denke ich manchmal, daß Joseph dir gar nicht so unähnlich ist. Auch du bist ja immer verschwunden ohne vernünftigen Grund. Bei dir waren es die Freunde, bei ihm ist es die Politik.«

»Habe ich dir wirklich weh getan? Wenn ich zurückdenke, fühle ich, daß es die glücklichste und ausgeglichenste Zeit in meinem Leben war. Ist es das nicht auch für dich?«

»Irgendwie schon. Ich habe dich so sehr geliebt, daß ich dir alles verziehen habe. Und es hätte mich mehr beunruhigt, wenn du mit Frauen statt mit Männern ins Bett gegangen wärst. Ich wußte, daß du mich immer brauchen würdest und daß ich die einzige Frau war, die die Doppelnatur deines Sexuallebens verstand; und ich wußte auch, daß du bei mir bleiben würdest, solange es dir Spaß machte, mit mir ins Bett zu gehen.«

»Ja, so war's auch. Das Angebot aus Amerika führte mich in Versuchung, nicht irgendeine andere Person. Ich tat mich mit Tom zusammen, weil er Amerikaner war und mir drüben beim Start in das neue Leben behilflich sein konnte. Und du konntest nicht kommen wegen der Kinder, erinnerst du dich?«

»Ja. Ich konnte sie nicht allein lassen, weil sie noch in die Schule gingen, nicht wahr? Jetzt sind sie erwachsen und verheiratet, aber für uns ist es zu spät.«

»Ich freue mich immer, wenn ich zu dir komme.«

»Es ist ja auch gar nicht das Kommen, das mich stört, sondern dein Gehen. Du warst einmal eine ganz große Liebe von mir, Rudi, aber allmählich wurde daraus eine Serie flüchtiger Abenteuer, und dies auch meist noch im unpassendsten Augenblick.«

»Was war daran so unpassend?« Rudi sah mich überrascht an.

»Das weißt du selbst am besten. Du bist einfach gekommen, hast dich fallen lassen und dann verlangt, daß ich alle anderen Beziehungen abbreche. Ich hatte dich im Gästezimmer untergebracht und wollte dich wie einen Gast behandeln, aber im nächsten Augenblick warst du schon in meinem Bett, weil dir gerade der Sinn danach stand – mich hast du nicht gefragt.«

»Du machst einen ziemlich üblen Egoisten aus mir.«

»Du bist so. Ein süßer Egoist.«

Er küßte mich. Absichtlich deutete ich das als einen geschwisterlichen Kuß.

»Los jetzt. Ich führe dich zum Essen aus. Gehen wir ins ›Les Chimères‹ zu den hübschen Mädchen.«

»Ich muß erst noch mit Madame Dreyfus telefonieren, ich muß ja wissen, was los ist.«

Ich war hin und her gerissen. Auf der einen Seite wollte ich mit Rudi gepflegt zu Abend essen, auf der anderen Seite verzehrte ich mich nach Joseph. Vielleicht war Joseph zu Hause und ging ans Telefon, ich hätte ihn dann einfach eingeladen, mit uns zu kommen.

Madame Dreyfus meldete sich.

»Hier ist Anne Cumming, die Freundin von Joseph. Sie waren so liebenswürdig, mich für morgen zum Mittagessen einzuladen. Da ich Joseph einige Tage nicht gesehen habe, bin ich ein wenig beunruhigt und hätte gern gewußt, ob die Einladung noch ernstgemeint ist?«

Sie sagte ja. Joseph war so stark beschäftigt, daß sie ihn selbst kaum zu Gesicht bekommen hatte. Sie entschuldigte sich für ihn. Aber Tatsache war, daß sie ihn gesehen hatte.

»Sollte er heute abend noch nach Hause kommen, würden Sie ihm bitte sagen, daß ich im ›Les Chimères‹ zu Abend esse? Gegen Mitternacht werde ich dann wieder zu Hause sein.«

Sie versprach es. Ich hatte den Eindruck, daß sie meine Angst mitempfand, meine Sehnsucht nach ihrem Sohn verstand und Mitleid mit mir hatte.

»Ich danke Ihnen sehr, Madame. Ich werde morgen gegen dreizehn Uhr bei Ihnen sein. Die Adresse ist doch wie im Telefonbuch? Avenue Henri Martin?«

Sie sagte ja.

Langsam legte ich den Hörer auf.

Rudi beobachtete mich. »Du siehst nicht gerade glücklich aus. Was ist los?« wollte er wissen.

»Nichts Bestimmtes. Joseph schwört mir ewige Liebe und Verehrung und verschwindet dann einfach. Da stimmt doch etwas nicht!«

»Er ist jung. Er hat viel zu tun. Außerdem ist da die Revolution. Vielleicht ist er auch gar nicht der Typ, der immer Händchenhalten möchte.«

»Liebe beginnt immer mit Händchenhalten – das war schon immer so.«

Ich zog eine Jacke über, kämmte das Haar, dann gingen wir ins »Les Chimères«.

Das Restaurant war sehr voll. Ganz hinten fanden wir einen Tisch. Das beunruhigte mich, weil ich die Tür nicht mehr im Auge behalten konnte. Während des Essens sah ich mich immer wieder um, aber Joseph kam nicht. Ich versuchte, mich damit zufriedenzugeben, daß mir Rudi jetzt wieder so herzlich und vergnüglich gegenübersaß, und spielte sogar schon mit dem Gedanken, ihn zu mir nach Hause zu bitten; wohl mehr, um Joseph in Wut zu versetzen, wenn er auftauchte und uns im Bett fand, als um mich selbst zu trösten. Ich ließ es aber. Ich ging allein ins Bett, und Joseph rief nicht einmal an.

Das Mittagessen verlief angenehmer, als ich zunächst gedacht hatte. Ich kam ein wenig aufgeregt an, nachdem ich die mit Bäumen gesäumten

Straßen von Passy auf und ab gegangen war; die mächtigen Kastanien kamen mir wie Paradieswächter vor, die das Ansehen der dort wohnenden oberen Mittelklasse beschützten. In meiner Aufregung war ich zu früh aufgebrochen und mußte mir die Zeit vertreiben; also ging ich in der Gegend spazieren und beobachtete die gesetzten Familien, die mit ihren Kindern von ihrem Morgenspaziergang im Bois de Boulogne zurückkamen. Die Kinder trugen lange, weiße Strümpfe, hatten kostspielige Fahrräder und ebenso kostspielige englische Rassehunde an der Leine, die in England schon lange nicht mehr gezüchtet werden, meist Cockerspaniels und Drahthaarterrier. Alles sah aus wie in den dreißiger Jahren – im 16. Arrondissement schien die Zeit stillzustehen.

Joseph lebte mit seiner Mutter in einem Neubauanwesen, einem der wenigen in der Gegend. Es wurde mir wohler, als mir Joseph die Tür öffnete und mich direkt in die Küche führte, wo seine Mutter letzte Hand an das Mittagessen legte.

Spontan und freundschaftlich streckte sie die Hände aus. »Was für eine Freude!« Sie nahm meine Hand in ihre beiden Hände und drückte sie warm. »Joseph hat recht. Sie sind eine sehr schöne Frau!«

»Und Sie sind sehr viel jünger, als ich gedacht habe. Sie hätten doch eigentlich beinahe in meinem Alter sein müssen.«

»Und Sie sind sehr viel jünger, als ich gedacht habe. Hätten Sie nicht ein wenig in die Nähe meines Alters rücken können?«

Wir lachten beide, und das Eis war gebrochen. Joseph war überhaupt nicht nervös, wie ich bemerkte. Augenblicklich genoß er die Gegenwart zweier Frauen, die ihn zärtlich liebten. Er war sozusagen gleich zweimal Einzelkind.

»Wissen Sie, ich bin die einzige Französin, die nicht gut kochen kann«, meinte Françoise Dreyfus. »Ob die Hammelkeule wohl durch ist?«

Ein köstlicher Duft aus Knoblauch und Gewürzkräutern stieg auf. Mit einer Gabel stach ich in das Fleisch und mimte eine Kennerschaft, über die ich nicht im mindesten verfügte. »Sieht köstlich aus, gerade richtig.«

Das ganze Ritual hatte natürlich eine symbolische Bedeutung. Wir waren zwei Frauen, im Leben wie in der Liebe Komplizen, die anläßlich eines Sonntagessens zusammenkamen. Von da an unterhielten wir uns unbeschwert über alles mögliche. Ich wollte gar nicht mehr gehen.

»Warum kommst du nicht noch mit uns? Wir wollen im Bois spazierengehen«, sagte Joseph, als ich endlich aufbrechen wollte. »Anschließend gehen wir ins Kino.«

»Ich glaube nicht, daß ich heute mitkomme«, sagte Françoise schnell. »Ich glaube, ich lege mich ein wenig hin.«

Ich merkte, daß ich an einer Familientradition rüttelte. Der einzige Sohn verbringt den Sonntag natürlich nur mit Maman.

»Das ist reizend von dir, aber ich muß für morgen noch einiges vorbereiten. Wenn Joseph später kommen möchte ...«

Damit war der Fall erledigt. Françoise und ich umarmten einander. Ihr Startschuß war gelungen.

»Ich versuche gerade, Joseph dazu zu bringen, Kontaktlinsen zu tragen. Wollen Sie mir dabei helfen? Bitte achten Sie doch mit darauf, daß er sie morgens beim Aufstehen auch einsetzt.«

Für den Rest des Tages war ich innerlich ruhiger. Ich hatte die Prüfung bestanden. Ich war – mit elterlichem Einverständnis – die offizielle Geliebte eines Neunzehnjährigen!

Joseph hatte mich noch bis zur Métro gebracht.

»Ich habe dir ja gleich gesagt, daß es klappt«, meinte er. »Meine Mutter akzeptiert alles, was ich mache.«

»Aber ich nicht. Warum hast du dich denn nicht einmal von mir verabschiedet, neulich bei den Außenaufnahmen? Warum hast du mich nicht angerufen? Warum sagst du, daß du fünf Jahre mit mir zusammen sein willst, und dann verschwindest du tagelang? Erzähle mir nicht, daß du noch auf den Barrikaden kämpfst, sie sind längst weggeräumt.«

»Weiber! Ich hatte zu tun. Ich lerne für meine Prüfungen. Ich habe dir meine Liebeserklärung sogar schriftlich gegeben; ich komme, wann immer ich kann, was willst du also noch? Geh jetzt nach Hause, und mach dir keine weiteren Gedanken. Ich komme zum Abendessen.«

Ich antwortete nicht mehr darauf. Wir standen oben an der Treppe zur Métro, wo sich bestimmt unzählige Verliebte schon vor den Jugendstilgeländern zum Abschied geküßt hatten. Wir küßten uns leidenschaftlich. Es war auch bitter nötig. Unser Kuß überbrückte Zeit und Raum und einen dreißigjährigen Altersabstand.

Rudi war bei mir, als Joseph zum Abendessen kam. Ich wollte, daß sie sich kennenlernten, aber Joseph verhielt sich seltsam widerwillig und blieb zögernd an der Tür stehen.

»Soll ich später wiederkommen?« flüsterte er, als ich ihm erzählt hatte, daß Rudi hier war.

»Unsinn. Ich habe deine Mutter kennengelernt. Jetzt machst du Bekanntschaft mit meinem Exgeliebten.«

»Ein Exgeliebter ist aber was anderes.«

»Du würdest noch mehr davon kennenlernen, wenn du fünf Jahre mit mir zusammenbleiben solltest! Ich habe Geliebte, keine Mütter, und ich habe dir ja gesagt, ich zähle dazu, ich ziehe nicht ab.«

Darauf konnte er nichts mehr erwidern.

»Rudi, das ist Joseph, mein Revolutionär aus dem 16. Arrondissement«, sagte ich, als wir in den Wohnraum eintraten.

»Wie reizend! Jede bessere Familie sollte sich einen leisten.«

Joseph stand seinen Mann sehr gut. Ich fürchtete schon, er würde sich über die Anspielung ärgern, aber er schlug mit denselben Waffen zurück. Rudis witzige und charmante Bemerkungen parierte er überraschend reif und überlegen, und ich bemerkte, daß Rudi sehr von ihm eingenommen war. Während ich in der Küche das Essen bereitete, bat Joseph Rudi eindringlich, mit uns gemeinsam zu Abend zu essen. Ich wäre zwar gern mit Joseph allein gewesen, aber zugleich belustigte es mich zu sehen, wie Joseph die Rolle des Herrn im Hause übernahm. Es war, als wolle er Rudi mit aller Kraft in die Vergangenheit abdrängen und ihm zu verstehen geben, daß er nun Herr und Gebieter, er jetzt der Gastgeber sei.

»Es stört dich wirklich nicht, Anne?« wollte Rudi wissen. »Ist genug zu essen da, oder soll ich rasch etwas holen?«

»Nein, alles in Ordnung. Ich bin ganz glücklich, mit den beiden Männern zu Abend zu essen, die ich am liebsten habe!«

Ich umarmte sie beide gleich leidenschaftlich und legte dann das Besteck auf. Sie unterhielten sich weiter wie zwei alte Freunde, die sich ihrer gemeinsamen Verbindung bewußt sind.

»Du sitzt rechts von mir, Rudi, weil du der Ältere bist«, sagte ich.

Rudi lächelte. »Ich kann mich noch daran erinnern, daß ich einmal der Jüngere war. Damals hast du sehr viel älter auf mich gewirkt.«

»Natürlich habe ich älter auf dich gewirkt. Ich hatte zwei Ehemänner und zwei Kinder. Zwischen uns lagen Welten. Nun hat sich alles ausgeglichen. Wir sind jetzt beide Mittelalter.«

Die Unterhaltung plätscherte ziemlich angenehm dahin. Wir fühlten uns wie in einer großen, glücklichen Familie. Plötzlich fiel mir ein, wenn Rudi und ich in unserer ersten Nacht ein Kind gezeugt hätten, wäre es einige Jahre älter als Joseph. Ich verdrängte diese Vorstellung sehr schnell – sie mißfiel mir.

»Ich glaube, ich lasse euch beide jetzt besser allein«, sagte Rudi, als wir mit dem Essen fertig waren. Er gab mir einen Gutenachtkuß und schüttelte Joseph die Hand. »Ich hoffe, wir sehen uns ab und zu«, meinte er zu ihm.

»Ruf mich morgen abend an, Rudi«, sagte ich noch, als ich ihn zur Tür begleitete.

Als ich zurückkam, lag Joseph vor dem Kamin mit einem Kissen unter dem Kopf.

»Können wir Feuer machen?« wollte er wissen.

»Mitten im Sommer?«

»Macht doch nichts – ich wollte immer schon mal vor einem Feuer Liebe machen.«

Ich zog mich aus, während Joseph sich um das Feuer kümmerte. Als es richtig brannte, machte er das Licht aus, legte seine Brille vorsichtig auf den Beistelltisch, besann sich aber dann und setzte sie wieder auf. »Ich möchte dich im Feuerschein sehen«, sagte er, während er sich wieder zurücklegte und mich betrachtete, wie ich nackt neben ihm kniete.

Da lag er nun ausgestreckt auf dem Rücken und sah mich unverwandt an. So war es auch mit seinem Penis. Er stand kerzengerade im Feuerschein, schwankte leise, manchmal machte er auch einen kleinen Sprung. Ich befeuchtete die Finger und rieb seine Kuppe naß, dann bestieg ich diesen Sattel mit abgewandtem Gesicht.

Ich beugte mich vornüber, bis ich seine Hoden sehen konnte, dann spielte ich damit. Ich rieb sie sanft gegen meine Schamlippen, wenn er nach oben stieß, wodurch wir beide zugleich ziemlich schnell hochkamen.

»Du gehörst mir, du gehörst mir!« schrie er, während er den Rücken krümmte und wie mit einer Lanze in mich hineinfuhr, als es ihm kam.

Sein Körper schüttelte sich unter mir, aber er rief immerzu: »Du gehörst mir, du gehörst mir!«

Schließlich waren wir beide fertig. Ich legte mich auf ihn zurück, und er nahm seine Hände von meinen Hüften und streichelte meine Brüste mit festem Griff, als hätte er Angst, sie zu verlieren. Dann ließen allmählich auch seine Hände nach, bis er sie einfach fallen ließ. Ich ging von ihm herunter und drehte mich zu ihm um.

»War es mit Rudi auch so?« wollte er wissen.

»Ich erzähle niemals einem Mann, was ein anderer Mann sexuell los hat. Es ist sowieso jedesmal anders.«

»Hat er auch einen so großen Schwanz wie ich?«

»Stell das doch selber fest«, reizte ich ihn.

»Ich bin aber kein verdammter Stricher«, schrie er und schlug mir ins Gesicht.

Ich schlug zurück, und wir rollten über den Boden.

»Paß auf meine Brille auf, paß auf meine Brille auf!« schrie er.

Ich nahm ihm die Brille ab und legte sie auf den Beistelltisch; dann warf ich mich wieder auf ihn. Wie echte Feinde kämpften wir nackt im Feuerschein.

»Es ist wie eine Szene aus ›Women in Love‹«, sagte er atemlos.

»Das glaubst nur du. Es ist eher ein grotesker Ausschnitt aus einem Gemälde von Hieronymus Bosch – eine häßliche alte Großmutter wird von einem kleinen, schwarzen Dämon bestiegen.«

»Fühlst du dich so?«

»Nein, ich fühle, daß wir beide jung und schön und verliebt sind.«

Wir hatten uns wieder beruhigt und blickten einander zärtlich an. Dann küßte er mich.

»Ich liebe dich, Anne.«

»Ich liebe dich auch, Joseph. Aber es ist eine Katastrophe. Wenn ich aufs Land gehe, sollten wir, glaube ich, Schluß machen.«

»Aber warum?«

»Ich bin innerlich müde. Ich möchte nicht mehr verliebt sein. Es nimmt mir zuviel weg.«

Er antwortete nicht, aber er drang wieder in mich ein, zärtlich und vorsichtig, während die Flammen langsam erloschen.

So ging es im nächsten Monat weiter, helle Flammen und tiefe Glut wechselten einander ab. Joseph kam und ging; einmal begeisterte er mich, das andere Mal ärgerte er mich. Oft verschwand er, vergaß anzurufen und vergaß sogar, zum Abendessen zu kommen, wenn es auf dem Tisch stand. Manchmal saß ich, den Tränen nahe, allein an dem für zwei Personen gedeckten Tisch. Oder ich rief bei Rudi an.

Rudi hatte mit der Ausstattung der »Comédie Française« zu tun und würde sicher ein paar Monate lang in Paris bleiben. Auch er war allein, sein Freund Tom war wieder in New York, so daß wir uns ab und zu sahen. Er kam gut mit Joseph aus, wenn der Junge da war. Und Joseph legte absichtsvoll all den Charme, der in ihm steckte, seinen außerordentlichen Verstand und sein riesiges Wissen vor dem älteren Mann an den Tag. Rudi war begeistert. Ein bißchen zu begeistert, wie ich fand.

Die Dreharbeiten kamen ganz normal voran. Wir machten jetzt Innenaufnahmen in den Studios von Billancourt. Schlafzimmerszenen. Verlaine mit seiner Frau, als er darauf besteht, daß Rimbaud bleibt; Nacktaufnahmen der beiden Männer in ihrer Londoner Pension und dem Brüsseler Hotel. Es war an sich ein intellektueller Film, aber doch mit einer fein abgestimmten Prise Pornographie.

Der junge amerikanische Schauspieler, der Rimbaud darstellte, machte überraschend viel Umstände, als es um die homosexuellen Liebesszenen ging. Ich fand das ziemlich verdächtig. Niemand im Europa der verrückten sechziger Jahre regte sich groß über Pornographie auf, und diejenigen, die am lautesten ihre eigenen homosexuellen Neigungen leugneten, standen im Verdacht, es heimlich auf der Toilette zu treiben.

»Die Dame ziert sich zuviel«, meinte der französische Schauspieler, der die Rolle von Verlaine hatte und aus seiner eigenen Homosexualität so gut wie keinen Hehl machte, vielmehr an jedem Drehtag mit einem anderen Jungen erschien, jedesmal hübscher als der Vorgänger. »Ein Schauspieler sollte eigentlich wissen, daß er zu schauspielern hat. Schließlich kann ich Liebesszenen nur mit einer Frau spielen!«

Alle lachten, aber der amerikanische Aufnahmeleiter verteidigte seinen Star; schließlich kam man überein, die Liebesszenen von einem Double spielen zu lassen, besonders die Szene, in der der junge Rimbaud mit siebzehn zum erstenmal nach Paris kommt und in einer Kaserne, in der er Unterschlupf gesucht hat, von Soldaten vergewaltigt wird.

»Es ist wirklich besser, wenn er seinen flachen Hintern nicht in aller Öffentlichkeit zeigt«, meinte Verlaine. »Wir müssen ein Double mit dem schönsten Körper von ganz Paris finden, dann kann ich die Liebesszenen echt spielen.«

»Er muß aber sehr jung sein und die richtige Größe haben«, sagte der Aufnahmeleiter nachdrücklich. »Ich möchte ihn für die Szenen aus der Kindheit in Charleville auch einsetzen.«

»Keine Sorge«, meinte Verlaine, »ich werde das Richtige schon finden.«

Und es war das Richtige. Er war keine übersinnliche Schönheit, er war nicht einmal übermäßig sexy, aber er hatte einen vollendeten Körper – mit einer kleinen Ausnahme. Auf der rechten Leistenseite hatte er eine Schwalbe eintätowiert.

»Das wird man gar nicht sehen«, meinte Verlaine. »Ich werde dafür sorgen, daß er dauernd auf dem Bauch liegt; mit einem solchen Körperbau sollte er überhaupt nur von hinten gefilmt werden.«

Mir tat der Junge – ein Eleve der Pariser Ballettschule – ein wenig leid. Er war narzißtisch und schüchtern zugleich. Meist stand er in Ballettpositur herum, dabei war er sich seiner Schönheit wohl bewußt, aber er wirkte innerlich unsicher. Wie es meist mit Doubles und Komparsen geschieht, wurde er wie Luft behandelt, wie ein Paket hin und her geschubst und oft einfach vergessen.

Eines Tages stieß ich auf ihn, als er mutterseelenallein herumlungerte, und nahm ihn mit in mein Büro. Joseph war gerade wieder einmal verschwunden und hatte tagelang nicht angerufen. Ich war einsam, litt unter dem Verlust und fühlte, daß ich ein Double für Joseph brauchte. Die beiden Jungen waren ungefähr im gleichen Alter und hatten die gleiche Größe, aber das war auch schon alles an Gemeinsamkeit.

»Komm rein, Antoine. Ich zeige dir ein paar Standaufnahmen von deinem schönen Körper.«

Ich gab ihm das Vergrößerungsglas, das ich brauchte, wenn ich Kontaktabzüge ansah. Er betrachtete aufmerksam die Kasernenszenen, als ihm die Hosen heruntergezogen werden und ihn drei stämmige Soldaten nacheinander von hinten nehmen. Zum Schluß fiel ziemlich viel von dieser Szene der Schere zum Opfer, aber in der jetzigen Fassung war sie ganz schön hart.

»Das Traurige am Film ist«, sagte Antoine, »daß alles in kurze, hart geschnittene Szenen gezwängt wird, die später künstlich aneinandergereiht werden. Wie voller Überraschungen ist dagegen das wirkliche Leben. Es fließt.«

Plötzlich sah ich den Jungen mit ganz anderen Augen. Er war nicht nur ein hübsches, kleines Handelsobjekt, er war auch intelligent und empfindsam. Er wuchs mir langsam ans Herz.

Danach ist er immer wieder in mein Büro gekommen.

»Du hast jetzt ein Double«, sagte ich zu Joseph, als er schließlich wieder auftauchte. Er hatte von der Polizei Prügel bezogen, und dabei war seine Brille kaputtgegangen. Endlich trug er die Kontaktlinsen, aber ohne seine spaßige Brille sah er noch häßlicher aus.

»Ist er genauso häßlich wie ich?« erkundigte sich Joseph nach Antoine.

»Nein, er ist ziemlich hübsch. Er hat einen wunderschönen Körper mit einer tätowierten Schwalbe, die in sein Schamhaar fliegt.«

»So weit bist du also schon gegangen, stimmt doch?«

»Eifersüchtig?«

»Nein. Ich wünsche dir viel Spaß.«

Ich war außer mir. Ich wollte Joseph in eine maßlose Eifersucht treiben. Er hatte eine wahnsinnige Angst davor, mich zu verlieren, aber mit wem ich ins Bett ging, schien ihn nicht zu kümmern. Ich wollte, daß er ebenso besessen auf seinen Besitz pochte wie ich. Ich war fest entschlossen, mit dem kleinen Antoine ins Bett zu gehen, wenn Joseph das nächstemal verschwand, und ich wünschte, daß er uns mitten im Vergnügen ertappte, wenn er zurückkam.

Ich brauchte nicht lange zu warten. Joseph war zwei Tage mit mir zusammen, dann fragte ein ernst wirkendes junges Mädchen mit Flugblättern und Broschüren unter dem Arm nach ihm. Sie zogen gemeinsam los zu irgendeiner Fabrik und wollten die Arbeiter zum Streik überreden.

»Ich werde erst morgen oder übermorgen zurück sein«, sagte er. »Wir haben außerhalb der Stadt zu tun.«

»Ruf mich morgen an«, bettelte ich.

Wieder hörte ich tagelang nichts von ihm, aber als ich bei Françoise anrief, erfuhr ich, daß er schon wieder in Paris sei.

Ich lud Antoine zum Abendessen ein. Wir fuhren von Billancourt mit der Métro nach Hause. Es dauerte ziemlich lange, und er erzählte mir unterwegs alles über sich. Er war Francokanadier und hatte gegen den Wunsch seiner Eltern mit dem Ballettunterricht begonnen. Sie hatten ihm darauf sämtliche Mittel gestrichen, und nun war er auf alle möglichen Jobs angewiesen, sogar auf die Komparserie beim Film, um den Unterricht bezahlen zu können. Seine Familie fehlte ihm sehr, besonders seine Mutter.

»Laß mich deine Mutter sein«, sagte ich ironisch und mit einem zweideutigen Lächeln. Ich war sicher, daß ich mit ihm gut zurechtkam, und ich wollte Joseph ja eifersüchtig machen.

Zuerst aber kauften wir Käse in dem Käsegeschäft mit den hundert Sorten ein, dann zähflüssiges Sorbett in dem Eissalon gegenüber und schließlich dünne Lendenschnittchen beim Metzger.

»Laß mich das Essen machen«, bat Antoine. »Es ist schon lange her, daß ich in einer richtigen Wohnung war.«

Wir machten es gemeinsam, mit ziemlich vielen Andeutungen und Albernheiten. Als wir gegessen hatten, setzten wir uns auf das Sofa.

»Darf ich deine Schwalbe sehen?« fragte ich.

Er stand auf und ließ seine Hose so gehorsam fallen, wie er es bei den Aufnahmen tat; halbnackt stand er neben mir. Die Schwalbe verdeckte eine Blinddarmnarbe. Ich strich mit dem Finger die Narbe entlang zum Schnabel des Vogels. Nichts passierte. Sein Penis hing herab, schön anzusehen, aber schlaff und ganz leblos. Jetzt war ich an seinem Schamhaar und kämmte es mit den Fingernägeln. Nichts bewegte sich. Ich nahm seinen Penis in die Hand und streichelte ihn. Aber er stand nur da und sah mich ziemlich traurig an.

»Ich glaube nicht, daß ich ihn hochbringe, du erinnerst mich eben zu stark an meine Mutter«, sagte er weich.

Ich beugte mich vor und reizte ihn mit der Zunge. Nichts geschah, sosehr ich mich auch anstrengte. »Vielleicht magst du am Ende gar keine Frauen«, wollte ich wissen.

»Nein, das ist es nicht. Das kommt ... ich denke eben, du bist so sehr viel älter als ich. Nie im Leben habe ich daran gedacht, einmal mit jemandem ins Bett zu gehen, der ...«

»Der so alt ist wie ich?«

»Ich glaube, das ist es. Bist du jetzt böse? Habe ich dich beleidigt, Anne?«

»Nein, keineswegs. In Wirklichkeit bin ich ja in jemand ganz anderen verliebt. Er ist in deinem Alter. Nur – er fehlt mir eben, wenn er nicht hier ist.«

»Lebt er denn nicht in Paris?« fragte Antoine und setzte sich wieder neben mich.

»Doch, doch. Das ist es ja gerade. Er betont immer wieder, daß er für immer und ewig mit mir zusammen leben möchte, und dann kommt er nicht. Und ich vereinsame.«

Antoine legte den Arm um mich. »Soll ich heute nacht bleiben und dir Gesellschaft leisten?«

»Da ist aber nur das Doppelbett. Das Sofa ist nicht sehr bequem.«

»Schon gut. Ich würde gern neben dir schlafen.«

Er wollte wirklich nur neben mir schlafen. Er lag in meinen Armen, wir waren beide nackt, aber die Schwalbe bewegte sich kein bißchen. Ich preßte mein Schamhaar gegen ihre Flügel, aber sie flatterte nicht einmal auf. Bald war Antoine fest eingeschlafen.

Ich lag noch lange wach und hoffte, Joseph würde kommen und mich in dieser kompromittierenden Situation entdecken, aber nicht einmal das klappte.

Am nächsten Morgen rief ich seine Mutter an, aber sie sagte, er sei die ganze Nacht nicht zu Hause gewesen.

»Er ist nicht hier, Anne. Ich habe geglaubt, er sei bei Ihnen«; sie schien ziemlich durcheinander zu sein.

»Offensichtlich ist er uns beiden untreu geworden«, sagte ich. Dabei gab ich mir Mühe, meine Stimme heiter klingen zu lassen, aber am Ende kam alles ziemlich bitter heraus.

»Nein, das auf keinen Fall«, versuchte mich Françoise zu trösten. »Er betet Sie an. Da gibt es niemand anderen.«

Joseph lag in der Badewanne, ich saß nackt auf dem Klosettdeckel und sah ihm zu. Er hatte eine ziemlich dürftige Entschuldigung dafür, daß er vergangene Nacht, unmittelbar nach seinem Ausflug in die Fabrik, nicht zu mir gekommen war.

»Ich habe meinen Vater besucht. Meine Stiefmutter trinkt gern einen Schluck nach dem Abendessen, und ich glaubte, ich hätte auch einen nötig. Danach war ich zu müde und betrunken, um noch nach Hause zu gehen, und sie überredeten mich, doch die Nacht dazubleiben.«

»Warum hast du dann aber nicht bei deiner Mutter angerufen?«

»Das mache ich nie. Sie ist nicht so verrückt wie du.«

»Ich glaube dir kein Wort. Du hast mich satt, du bist untreu und kümmerst dich nur um deine Familie! Wenn du dich überhaupt um etwas kümmerst!«

»Jetzt hör aber auf, Anne!« sagte er mit erhobener Stimme. »Dein Besitzdenken wird allmählich unerträglich!«

»Du hast recht – es hat schon aufgehört!« schrie ich zurück. »Ich hasse dich, Joseph. Ich hasse dich, weil du mich in diese Geschichte hineingezogen hast. Du spielst mit mir, um dir deine Macht über mich zu beweisen, und ich hasse mich selbst, weil ich mir das gefallen lasse. Spare dir deine Machtgelüste für die Politik auf!«

Ich weinte los. Ich saß nackt und weinend auf dem Klosettdeckel. Beide merkten wir, wie lächerlich die Situation war.

»Du verrücktes Weibsstück«, sagte er und warf mit dem Schwamm nach mir.

Ich warf ihn zurück – mitten ins Gesicht.

Er sprang tropfnaß aus der Badewanne und kam auf mich zu. »Ich möchte wetten, du bist noch nie auf dem WC gebumst worden«, sagte er.

»Ich glaube nicht, daß das sehr bequem ist«, antwortete ich, noch immer den Tränen nahe.

Es war sehr unbequem, und wir brachten es im Bett zu Ende. Er war noch immer naß, aber es machte mir nichts aus. Als es vorbei war, sagte ich: »Glaube ja nicht, daß du immer alles mit deinem großen Schwanz in Ordnung bringen kannst. Wir trennen uns in Güte, wenn ich nächste Woche zu den Außenaufnahmen nach Charleville fahre.«

Wir hatten Françoise zum Abendessen eingeladen. Ich wollte ihre Gastfreundschaft erwidern, bevor ich wegfuhr. Um das Quartett vollzumachen, kam auch Rudi, und es wurde ein fröhlicher, reizender Abend, an dem wir uns wohlfühlten. Als wir gegessen hatten, zog ich Françoise beiseite. »Kommen Sie auf eine Minute mit ins Schlafzimmer, ich möchte etwas mit Ihnen besprechen«, sagte ich.

Wir setzten uns aufs Bett.

»Ich hoffe, Sie wollen nicht wirklich mit Joseph Schluß machen«, sagte sie unvermittelt.

»Hat er mit Ihnen darüber gesprochen? Auch ich möchte mit Ihnen darüber sprechen. Was halten Sie davon?«

»Vielleicht denke ich da zu selbstsüchtig, aber von meiner Warte aus war es ideal gewesen. Er ist noch nie so zufrieden und glücklich gewesen. Aber man muß es natürlich auch von Ihrem Standpunkt aus sehen. Macht er Sie denn glücklich?«

»Ja und nein. Es ist nicht der Altersunterschied, der mir Sorgen macht, sondern sein totaler Mangel an wirklichem Gefühl. Er spielt seine Spielchen. Es tut mir leid, daß ich Ihnen das als seine Mutter sagen muß, aber ich glaube, daß er von Grund auf unfähig ist, zu lieben und zu geben. Ich bin nicht einmal davon überzeugt, daß er wirklich Kommunist ist. Er nimmt sich, was er bekommen kann, und streut uns allen dabei Sand in die Augen; er verhält sich wie eine kleine Spinne, die sich ihr schönes Netz webt; wenn wir erst einmal darin zappeln, kann er sich seelenruhig davonmachen und wiederkommen, wann es ihm behagt.«

»Wahrscheinlich haben Sie recht. Geschiedene Eltern tun oft zuviel des Guten. Ich fürchte, ich habe ihn zu sehr verwöhnt.«

»Mag sein – wie auch immer, ich glaube nicht, daß er reif für eine Beziehung ist, die auch etwas von ihm fordert. Vielleicht wird er es nie lernen.«

»Sie müssen tun, was Ihnen selbst richtig erscheint«, sagte Françoise großzügig. »Ich glaube aber doch, daß Sie und Joseph noch etwas füreinander übrig haben; können Sie beide nicht wenigstens gute Freunde bleiben?«

»Hoffnungslos!« rief ich aus. »Das geht nicht lange gut. Jedesmal, wenn wir zusammen sind, herrschen Spannungen. Wir laden uns gegenseitig auf. Der Himmel weiß, warum das so ist!«

Françoise lächelte. »Sie und ich bleiben aber Freunde, was immer geschieht. Sie müssen mir versprechen, mich jedesmal zu besuchen, wenn Sie in Paris sind!«

»Abgemacht. Ich glaube, wir gehen jetzt besser wieder hinüber zu den Herren der Schöpfung.«

Wir gingen ins andere Zimmer.

»Deine Mutter ist ein Schatz«, sagte ich, als Rudi und Françoise gegangen waren. »Jetzt bin ich nicht mehr auf sie eifersüchtig.«

»Warum ziehen wir dann nicht alle zusammen? Das wäre doch die Lösung!« rief Joseph aus.

»War das ein Bestandteil deines Fünfjahresplans?«

»Nein, ich wollte mit dir zusammen leben.«

Ich wehrte ab, obwohl ich mich geschmeichelt fühlte. »Ich glaube nicht, daß ich genügend Grund dafür abgebe, daß du dein Elternhaus verläßt. Das wird wohl bis zu deiner Hochzeit dauern.«

»Du willst mich also nicht wirklich?« Jetzt setzte er wieder sein »Kleiner-erschrockener-Junge-Gesicht« auf.

Ich überreichte ihm meine Antwort auf sein Manifest, das die ganze Zeit ungelesen herumgelegen hatte.

Er las es und gab mir den Brief wieder zurück. Er sagte nichts dazu, aber später machte er es mir so wild, wie er es immer tat, wenn er Angst hatte, er würde mich verlieren. Er grub seine Fingernägel so fest in meine Haut, daß am nächsten Morgen Blutspuren auf den Leintüchern waren. Und wieder rief er: »Du gehörst mir! Du gehörst mir!«, als es ihm kam.

Als wir uns dann ausruhten, sagte ich: »Eines Tages wirst du rufen: ›Ich gehöre dir! Ich gehöre dir!‹, Joseph. Aber ich glaube kaum, daß ich das dann bin.«

Er sah mich verwundert an. Aber auch diesmal fiel ihm nichts ein.

Jetzt waren wir mitten im Aufbruch nach Charleville, um dort die Außenaufnahmen über Rimbauds Kindheit abzudrehen. Antoine mußte mitkommen und die meisten Szenen spielen; es waren lange Einstellungen, und die Bewegungen mußten absolut kindlich sein, wozu unser amerikanischer Hauptdarsteller einfach nicht mehr fähig war. Es machte dem Maskenbildner schon Mühe genug, ihn Tag für Tag als taufrischen Zwanzigjährigen für die übrigen Szenen herzurichten. Er war erst Ende Zwanzig, aber mangelndes Körpertraining und zu viele Martinis forderten bereits ihren Tribut. Kein noch so raffinierter Trick der gewiß nicht einfallslosen Filmbranche hätte aus ihm je wieder einen Schuljungen gemacht.

Antoine dagegen war entzückt. Er hatte jetzt Sommerferien und einen guten Grund mehr, nicht gleich nach Kanada zurückzufliegen. »Viel lieber würde ich meine Ferien mit dir verbringen, Anne, als mit meiner Mutter«, sagte er, als er das alles erfuhr.

»Antoine, ich bin nicht sehr mütterlich veranlagt, und ich habe einen ausgeprägten Hang, mit meinen Ziehsöhnen ins Bett zu springen. Wir haben es ja versucht, aber es hat nicht geklappt. Laß dir einen guten Rat geben: Bleib deiner wirklichen Mutter treu.«

Er umarmte mich, aber immer noch mit kindlicher Verehrung. »Mein

Liebling, Anne, bitte mach mich nicht runter, nur weil ich ihn nicht hochkriege!«

»Um Himmels willen, Kind, ich mache dich nicht runter. Du hast mich down gemacht. Ich versuche nur, klaren Blick für unsere Beziehung zu behalten. Das Unglücklichsein kommt oft daher, daß man von den richtigen Leuten die falschen Dinge erwartet.«

Er gab mir noch einen Kuß und tänzelte dann wie ein wahrer Nijinsky aus dem Büro.

»Dein Ersatzmann kommt mit nach Charleville«, erzählte ich Joseph später am Abend.

Er reagierte nicht. Er lag nackt auf dem Sofa, mit dem Kopf in meinem Schoß. Ich war kaum aus dem Büro zurück gewesen, da haben wir es schon miteinander getrieben. Da er jetzt einen Schlüssel für meine Wohnung hatte, wartete er des öfteren schon auf mich.

Es war heiß draußen, und wir hatten keine Lust, uns wieder anzuziehen; jetzt, wo es warm war, liefen wir oft nackt in der Wohnung herum. Ich glitt mit den Fingern durch seine schwarzen Locken, die sich in meinem nackten Schoß mit meinem Schamhaar vermischten.

Joseph drehte den Kopf und steckte seine Nase in meinen Schoß. »Ich liebe diesen Geruch«, sagte er mit gedämpfter Stimme.

»Da kommt der Franzose in dir zum Vorschein«, kommentierte ich; ich strich ihm noch immer wie mechanisch durch die Locken. Suchend blickte ich seinen Körper entlang: er stand ihm schon wieder. Aber er kratzte sich auch im Schamhaar. »Joseph, warum mußt du dich denn kratzen? Sag bloß, irgend so eine Revolutionsziege hat dir Filzläuse aufgepackt!«

»Was meinst du mit ›Filzläuse‹?«

Ich dachte, vielleicht habe ich das falsche französische Wort verwendet, vielleicht gibt es auch im Französischen ein anderes Wort für »Schamlaus«. »Du weißt schon, diese schrecklichen, kleinen Insekten, die sich in den Schamhaarwurzeln einnisten und beim Geschlechtsverkehr von einem Schoß zum anderen rund um den Globus wandern.«

»Wie ekelhaft sich das anhört. Im Französischen haben wir dafür einen sehr viel hübscheren Ausdruck. Das sind ›Papillons d'amour‹ – ›Liebesschmetterlinge‹.«

»Und ich habe immer gedacht, Liebesschmetterlinge seien Liebesbriefe, die rund um die Welt vom Liebhaber zur Geliebten fliegen. Das ist ja ganz etwas anderes.«

»Ja. Ich habe noch nie einen Liebesbrief bekommen und habe noch nie Läuse gehabt.«

»Es gibt immer ein erstes Mal. Laß mich mal sehen. Dreh dich um!«

Joseph hob gefällig seinen Kopf von meinen Schenkeln und setzte sich mit dem Hintern auf meinen Schoß; er lag jetzt quer über mir, wie Christus nach der Kreuzesabnahme.

»Wir sehen jetzt aus wie eine Pietà«, meinte er. »Du beugst dich über mich wie Maria Magdalena.«

»Keine Gotteslästerungen, bitte!«

Sorgfältig strich ich sein Schamhaar auseinander und examinierte seinen Schamhügel. Aber ich konnte nicht gut sehen und brauchte meine Brille.

Ich stand auf und ging ins Schlafzimmer, um sie zu holen, aber dabei fiel mir ein, daß ich noch etwas sehr viel Besseres hatte: das Vergrößerungsglas, mit dem ich mir immer die Kontaktabzüge ansah.

»Jetzt laß mich einmal sehen«, sagte ich und kniete mich zu ihm hin, während er sorglos und unbekümmert auf dem grünen Samtsofa lag. Ich starrte durch das Vergrößerungsglas. »O Gott, du Schmutzfink! Du hast ja einen ganzen Stall voll davon erwischt!«

»Die hast du mir angeschleppt!«

Ich sagte nichts dazu. »Laß mich deine Achselhöhlen ansehen. Da können sie auch sein.«

Ich untersuchte auch die Achselhöhlen mit dem Vergrößerungsglas. Zwei steckten unter dem linken und drei unter dem rechten Arm. Ich sagte ihm das.

»Links, das muß ein Ehepaar sein, und die rechts haben einen flotten Dreier aufgemacht. Wie köstlich!« Er lachte.

»Das ist gar nicht köstlich, das ist beunruhigend. Und ich habe nichts, was ich drauftun könnte. Ich muß sie mit der Augenbrauenpinzette einzeln entfernen. Halt jetzt still!«

Ich hole die Augenbrauenpinzette und ein Kleenextuch. Eine nach der anderen holte ich heraus und legte sie auf das Tuch. Dann zeigte ich sie ihm.

»So sieht also eure Revolution aus. Mit kleinen, ungewaschenen Mädchen in verfilzten und verlausten Schlafsäcken vögeln.«

»Das ist nicht wahr. Du mußt sie angeschleppt haben!«

»Und von wem wohl bitte, wenn ich fragen darf?«

»Von Antoine.«

»Du bist also eifersüchtig!«

»Nein. Ich denke nur logisch. Hättest du die Güte, einmal bei dir nachzusehen?«

Ich untersuchte meinen Busch ebenfalls mit dem Vergrößerungsglas.

Ich fand zwei Läuse, die sich dicht aneinanderdrängten. »O Gott, ich glaube, die paaren sich gerade!«

»Siehst du. Es ist alles Antoines Schuld. Es handelt sich um einen Stamm, der es besonders bunt treibt.«

Ich wollte ihm die Genugtuung nicht gönnen und erzählen, daß ich mit Antoine überhaupt noch nichts gehabt hatte. Wir hatten lediglich eng beieinandergelegen. Das hätte ja möglicherweise auch genügt.

»Du hast aber mehr als ich gehabt«, erwiderte ich. »Du mußt sie zuerst gehabt haben.«

»Nein. Aber offensichtlich bevorzugen sie Teenager. Mein Stellvertreter hat sie wohl jahrelang gehütet, nachdem er die Mäusezucht aufgegeben hat.«

»Ich bin sicher, daß Antoine nie Mäuse gezüchtet hat. Er ist ein reiner, wunderschöner Junge, und er hat auch keine Läuse. Du wirst ihn kennenlernen, wenn du mit nach Charleville kommst; du kannst dich dann selbst überzeugen.«

»Ich werde mit Sicherheit nicht das Schamhaar meines Konkurrenten untersuchen. Das schwöre ich dir. Jetzt wirf das Kleenextuch weg, sonst marschieren sie erneut rund um den Globus.«

Ich nahm das Kleenextuch und spülte es im Klosett hinunter. Dann ging ich wieder zurück und legte mich neben Joseph auf das Sofa.

»Wir müssen uns morgen früh Spezialpuder besorgen und ihn aufstreuen, vielleicht auch auf das Kopfhaar«, sagte ich, während er den Arm um mich legte.

Ich fühlte mich besudelt und wollüstig zugleich. Die Wollust siegte. Es schien, als könne sich nichts zwischen uns stellen, nicht einmal die Liebesschmetterlinge.

Aber es stellte sich doch etwas zwischen uns. Einige hundert Kilometer, die quer durch Frankreich liefen. Das ganze Aufnahmeteam wurde mit Bussen, Autos und dem Zug nach Charleville verfrachtet. Ich versuchte noch einmal, Joseph dazu zu bewegen, mit uns zu kommen. Meinen festen Entschluß, mich von ihm zu trennen, hatte ich ganz vergessen. Auf höchst makabre Weise hatten wir durch die Schamläuse wieder zueinander gefunden. Er kam jeden Abend zur Behandlung zu mir, so daß wir die letzten Tage in Paris wirklich zusammen waren.

Als ich eines Abends wieder den weißen Puder aufstreute und einmassierte, kam unser Gespräch wieder darauf, woher die Läuse wohl gekommen waren.

»Hast du mit Antoine darüber gesprochen?«

»Ja, habe ich. Er hat noch nie in seinem Leben davon gehört. Als ich ihm das erklärte, meinte er, die hätte seine Schwalbe schon aufgepickt.«

»Er hat also auch noch Humor?«

»Natürlich. Ich sage dir ja schon die ganze Zeit, er wird dir gefallen. Komm mit nach Charleville, und du wirst ihn kennenlernen. Warum willst du nicht mitkommen? Es sind doch jetzt Semesterferien.«

»Ich fahre mit meiner Mutter irgendwohin.«

»Wohin?«

»Steht noch nicht fest.«

Ich rief Françoise an. Der Gedanke, ohne Joseph sein zu müssen, trieb mich in die Verzweiflung, und ich wollte wissen, was sie vorhatten. Es war nichts Genaues. Françoise mußte erst noch hören, ob ihr Geliebter weg konnte. Sie wäre überglücklich, wenn Joseph mit mir nach Charleville käme. Ich hätte ihm sogar eine kleine Rolle als einer der Schuljungen verschafft, in den Szenen, in denen Antoine den jungen Rimbaud doubelte.

»Es wird dir Spaß machen mit Antoine«, sagte ich nachdrücklich. »Nach außen hin werdet ihr sogar ein Zimmer zusammen haben.«

»Ich und ein gemeinsames Zimmer mit einem Babystricher vom Ballett? Du spinnst wohl!«

»Er ist kein Stricher. Er ist sich nur noch nicht sicher, in welche Richtung er will.«

»Du mußt es ja wissen.«

»Dann komm mit und beschütze mich vor ihm.«

Wie ich es auch anstellte, ich konnte Joseph einfach nicht zum Mitkommen bewegen. Sogar Rudi versuchte es. Er zog aus dem Hotel aus in meine Wohnung, solange ich weg war, und hatte gerade seine Sachen gebracht.

»Geh mit Anne mit. Es wird dir viel Spaß machen. Bei Außenaufnahmen geht es immer sehr lustig zu«, redete ihm Rudi mir zuliebe zu.

»Nein, ich kann Paris nicht verlassen. Die Revolution braucht mich.«

»Zum Teufel mit der Revolution«, sagte ich verbittert. »Der 14. Juli ist vorbei.«

Wie auch immer, am 17. Juli fuhr ich nach Charleville. Joseph hatte mich nicht einmal zum Bahnhof begleitet. Als ich in Charleville angekommen war, schrieb ich ihm einen langen Brief.

18. Juli 1968.

Mein liebster kleiner Liebling,

als Du mir Deinen Fünfjahresplan vorgeschlagen hast, habe ich spontan abgelehnt. Angesichts unseres riesigen Altersunterschieds wäre es eine ganz unmögliche Beziehung. Dann reizte mich die Herausforderung, das Experiment. Ich liebe Abenteuer und Veränderung. Vielleicht könnte ich doch mit einem so jungen Mann zusammen leben. In den letzten zehn Jahren hatte es ja kein älterer Mann fertiggebracht, mich zu einem längerfristigen Verhältnis zu bewegen.

Die Jugend und das mittlere Alter haben eins gemeinsam: die Angst vor der Zukunft. Ich konnte Dir bei deinen Ängsten nicht beistehen, aber könntest Du es bei meinen? Solange eine Beziehung dauert, muß ich empfinden können, daß ich wirklich geliebt werde.

Ich glaube, Du bist zu egoistisch veranlagt, um wirklich lieben zu können. Du verlangst Liebe, aber Du kannst sie nicht erwidern. Zum Teil liegt das an Deiner Jugend, überwiegend aber ist Dein Charakter schuld. Deine größte Gabe ist die Flüchtigkeit. Du kommst und Du gehst, Du liebst mich und Du verläßt mich wieder, und das in aberwitziger Hast. Wenn man geben will, braucht man Zeit und Kraft.

Niemand kann von mir verlangen, daß ich mein ganzes Leben auf den Kopf stelle – es sei denn, für eine überschaubare Zeit. Fünf Jahre sind überschaubar – aber Du kannst nicht einmal fünf Minuten stillhalten! Es fordert von Dir zuviel persönliches Opfer, aber das sehe ich weder in Deiner Persönlichkeit noch in deiner Politik. Deine Art von Kommunismus geht nicht sehr tief, er steckt in der Hauptsache in Deinem frühreifen, überdurchschnittlichen Verstand. Menschlichkeit und Nächstenliebe sind nicht Deine Stärke.

Jetzt hat ein gütiges Geschick mehrere hundert Kilometer zwischen uns gelegt; vielleicht wäre es vernünftiger, einen klaren Schlußstrich zu ziehen und dem Leiden ein Ende zu machen.

Ich liebe Dich – das ist das Schlimme.

Anne

Erleichtert warf ich den Brief ein – aber die Erleichterung war nicht von großer Dauer, Sehnsucht machte sich in mir breit. Sehr schnell zog ich wieder alle Motive für diesen Brief in Zweifel. War das alles wirklich reiflich überlegt, oder hoffte ich insgeheim darauf, daß Joseph meine letzten Worte nicht wahrhaben wollte und auf der Stelle zu mir käme, um mir glaubhaft zu machen, daß er mir alles geben kann, was ich brauche? War ich jetzt diejenige, die ihr Spiel spielte?

Es war jetzt Hochsommer, die Luft war heiß und stickig. Ich wollte in den Armen eines Vollblutliebhabers liegen, keines schmalbrüstigen Bürschchens. Das Dumme war nur, daß dieses Bürschchen im Bett ein Mann war, der mich trotz seiner Schmächtigkeit ganz in Besitz nahm und kraft seiner Willensstärke befriedigte – eine der bekannten jüdischen Eigenschaften zum Überleben mehr, die in ihm steckte.

Hätte ich nicht so sehnsüchtig auf die Antwort gewartet, wäre mir der Aufenthalt in Charleville mehr als leichtgefallen. Wir drehten die Aufnahmen in und um ein altes steinernes Bauernhaus und verbrachten die warmen, sonnigen Tage auf den grünen, mit Klatschmohn besprenkelten Feldern oder auf dem Hof und in der Scheune, wo Rimbaud seine ersten Gedichte geschrieben hatte, hoch im Heuboden sicher vor seiner strengen und mißgünstigen verwitweten Mutter.

Das ganze Team war in einem kleinen Provinzhotel untergebracht, wodurch ich jetzt leichter an die Schauspieler herankam und ihre kleinen Schwächen entdecken konnte, von denen die Klatschpresse ja lebte. Wir hatten sogar ein Pariser Fernsehteam bei uns, und ich hatte alle Hände voll zu tun, das Durcheinander in Grenzen zu halten, dafür zu sorgen, daß ihre Kameras nicht mit unseren in Konflikt kamen, und die Schauspieler dazu zu überreden, Stegreif-Interviews zu geben. Natürlich mußte ich auch Rimbaud dolmetschen, weil er kein Französisch sprach. Die bekannte französische Schauspielerin, die die Rolle seiner Mutter hatte, spielte so überzeugend, daß es vollkommen einleuchtete, weshalb Rimbaud mit achtzehn nach Paris ausgerückt war, nur um von ihr und von allem, was der französische Provinzmief bedeutete, loszukommen.

Eine der Szenen, die mir am besten gefiel, spielte außerhalb der Kirche von Charleville im Regen. Die gesamte Familie Rimbaud einschließlich Schwestern und Mutter befand sich unter Regenschirmen auf dem Weg zur Sonntagsmesse. Die Ortsfeuerwehr hatte gegen Bezahlung für den nötigen Regen gesorgt. Außer Antoine hatten wir keine weiteren Doubles, und alle Darsteller wurden immer nasser und übellauniger. Am nächsten Tag arbeiteten wir wieder auf den sonnigen Feldern, und ich zog mir dabei einen Heuschnupfen zu.

»Ist Post für mich gekommen?« fragte ich jeden Abend, sobald ich im Hotel war. Meine Töchter schrieben mir oft, von Joseph keine Zeile.

Dann ging ich die weitgeschwungene hölzerne Treppe hinauf in mein altmodisches Zimmer mit seinem Mahagonischrank und dem Messingbett. In einer Ecke des Zimmers hatte ich mir auf einem großen runden Tisch, den man mir freundlicherweise von der Eingangshalle hochgetragen hatte, meine Arbeit zurechtgelegt. Jeden Abend wühlte ich mich durch die Fotos, die Bänder mit den Interviews und die Notizen hindurch. Ab und zu rief ich Rudi an. Er wohnte ja jetzt in meiner Wohnung und war vollauf beschäftigt und glücklich.

Einmal rief ich bei Joseph an, um ihn zu fragen, ob er meinen Brief nicht bekommen hätte, aber Françoise war am Apparat und sagte, er sei nicht zu Hause. Wir unterhielten uns freundschaftlich miteinander, aber noch einmal wollte ich nicht anrufen, damit sie nicht den Eindruck bekam, ich wollte dem Jungen nachspionieren. Ich gab ihr meine Nummer, aber Joseph rief nicht zurück. Also beschloß ich, ihn zu vergessen; er schien ja auch klug genug, mich zu vergessen. Er hatte meinen Brief genau gelesen und nahm mich jetzt beim Wort.

Eines Tages kam ein reizender französischer Schauspieler aus Paris, der den Schulleiter Rimbauds spielen sollte. Er war ungefähr in meinem Alter und bekam das Zimmer neben der Halle. Am ersten Abend traf ich ihn auf der Treppe, und wir gingen zusammen zum Abendessen. Ich erklärte ihm, was ich so machte.

»Kann ich später ein paar von den Aufnahmen ansehen?« fragte er.

Ich wußte sofort, daß er mehr wollte, aber warum auch nicht? »Natürlich. Nach dem Essen gehen wir auf mein Zimmer.«

Wir lächelten uns an; wir wußten beide, wohin die Reise ging, Eile war nicht geboten.

Wir aßen gemütlich zu Abend, anschließend nahmen wir den Kaffee und ein paar Likörchen in der Bar, dann gingen wir zusammen langsam nach oben.

Ich hatte Angst, ich könnte Joseph in seinen Armen vergessen; das brachte mich ein wenig außer Fassung. Offensichtlich aber ließ er es gern ruhiger angehen und tätschelte mir wie einem aufgeregten Pferd sanft auf die Schenkel.

»Wir haben unendlich viel Zeit«, meinte er. »Wir sind nicht so jung, daß wir es kaum erwarten können. Das kommt zuletzt dran.«

Ich hielt mich also zurück, und dennoch fehlte mir das Stürmische, so wie ich es mit Joseph erlebt hatte.

»Das war ein ausgezeichnetes Mittel gegen die schlechte Teenagerfiebrigkeit«, stellte ich fest, als alles vorbei war. »Ich hatte es nur noch mit jugendlichen Liebhabern zu tun. Ich hoffe, du hast mich von dem Zauber erlöst.«

Während der drei Tage, die der Schauspieler bei uns war, genoß ich seine reife Überlegenheit. Er war ein ruhiger, weltgewandter Mann, der seine Vergnügungen ohne viel Aufhebens genoß. Die gemäßigtere Gangart tat mir wohl. Als er abfuhr, tat es mir wirklich leid, aber wir hatten darauf verzichtet, unsere Pariser Telefonnummern zu tauschen. Wahrscheinlich war er verheiratet; wir hatten jedenfalls einander keine Fragen gestellt und uns auch nicht für später verabredet.

Sein Zimmer stand ein paar Tage leer, dann brach eine ganze Horde von Journalisten über uns herein. Einer von ihnen bekam kein Zimmer mehr, denn das Haus war bis oben hin belegt.

»Ich habe noch ein Bett frei«, sagte ich so vor mich hin.

»Madame macht sich wohl lustig über mich«, meinte der Pechvogel, der mir der interessanteste von allen zu sein schien.

»Wenn der Ball schon in deinen Hof gefallen ist, heb ihn zumindest auf«, sagte ich. »Du mußt ja nicht gleich mitspielen, wenn du nicht willst.«

Wir spielten in dieser Nacht sehr unterhaltsame Spiele. Das alles half, die Zeit zu vertreiben. Es war nun schon vierzehn Tage her, seit ich aus Paris abgefahren war.

Ich machte mir keine Hoffnungen mehr auf einen Brief von Joseph. Vermutlich war er weitsichtiger als ich; ich hatte das endlich akzeptiert. Er wußte ganz genau, daß es besser war, nicht zu schreiben, wenn man eine Beziehung abbrechen wollte. Ich war deshalb ziemlich überrascht, als mir das dickliche blonde Mädchen an der Rezeption eines Tages etwas zurief und einen billigen weißen Umschlag hinhielt.

Ich öffnete ihn erst auf meinem Zimmer. Ich setzte mich auf das Messingbett, aber nicht auf das, in dem ich gewöhnlich schlief und in dem ich es mit den anderen Männern getrieben hatte. Ich setzte mich auf das unbenutzte Bett, um Josephs Brief zu lesen.

Liebste Anne,

Du bist nicht die erste, die mich als trocken und gefühllos bezeichnet. Wahrscheinlich ist es auch so, aber auf meine Art liebe ich Dich so sehr, wie es in meinen Kräften steht. Mehr kann ich nicht tun. Ich will Dich, ich brauche Dich. Bitte komm zu mir zurück.

Zuerst wollte ich nach unten laufen und mir den nächsten Zug nach Paris heraussuchen lassen. Aber dann beruhigte ich mich. In dem Brief stand nichts, was ich nicht schon wußte, und Joseph kam mit keiner Zeile meinen Wünschen und Nöten entgegen. Wie üblich stand nur drin, was er wollte. Als Antwort war der Brief seit zwei Wochen überfällig, und kurz war er außerdem, wenn ich an die Zeit und die Mühe dachte, die ich für meinen Brief aufgewendet hatte. Ich mußte ruhig abwarten und ihm vielleicht noch eine Chance geben, wenn ich in zwei Wochen wieder in Paris war. Bis zu meiner Rückkehr wollte ich nicht einmal antworten.

Aber ich konnte keine zwei Wochen warten, und ich konnte mich auch nicht von einer Antwort abhalten. Ich rief ihn an, und er war da.

»Du hättest auch schon früher anrufen können«, war das erste, was er sagte. »Du bist jetzt schon beinahe zwei Wochen weg.«

»Es sind jetzt schon beinahe drei Wochen, und du hättest mich anrufen können«, antwortete ich.

Eine kurze Pause entstand, dann sagte er: »Warum kommst du nicht auf ein Wochenende nach Paris? Du hast es mir versprochen.«

»Joseph, ich habe dir einen langen Brief geschrieben und dir zu erklären versucht, daß ich mit dir Schluß mache und dich vergessen will.«

»Aber hast du es auch wirklich gemeint?«

»Das solltest du eigentlich herausfinden. Du hättest ja schreiben oder anrufen können, um die Wahrheit zu erfahren.«

»Bitte komm an diesem Wochenende nach Paris.«

»Nein, Joseph. Jetzt mußt du zeigen, was ich dir wert bin. Du weißt, wo ich zu finden bin. Du kannst am Freitagabend hier sein.«

»Aber das ist so kompliziert!«

»Für mich ist es auch kompliziert.«

In diesem Moment legte ich auf und war eigentlich ganz zufrieden mit mir, daß ich so standhaft geblieben war. In den nächsten beiden Tagen trieb mich die panische Angst, er würde nicht kommen. Viel konnte ich nicht mehr aufbieten, aber ich zwang mich, nicht anzurufen. Er rief natürlich auch nicht an.

Am Freitag mußte ich einige Journalisten am Drehort herumführen. Im Hinausgehen hinterließ ich an der Rezeption, daß eventuell mein Neffe übers Wochenende zu Besuch käme. Sie könnten ihn ruhig in mein Zimmer lassen.

Als ich zurückkam, lag er auf meinem Bett und las Proust. »Es war eine verdammt lange Zugfahrt«, sagte er. »Gott sei Dank gibt es die ›Suche nach der verlorenen Zeit‹.«

Ich warf mich auf ihn und vergaß dabei ganz, daß ich eigentlich die Unnahbare hatte spielen wollen.

»Paß auf den Proust auf!« wehrte er sich und schwenkte das Buch hin und her.

»Verdammter Proust. Es wird ihm guttun. Diesem alten, ewig verstopften französischen Homo!«

»Er war nicht alt ...«

Joseph hat diesen Satz nie beendet. Wir redeten beide nichts mehr. Das Buch fiel auf den Fußboden.

Es wurde ein Wochenende wie aus »Madame Bovary«, wir kamen kaum nach draußen. Am Sonntagnachmittag schleppte ich ihn schließlich zu dem Bauernhaus der Rimbauds, aber die meiste Zeit lagen wir nebenan in einer hohen Wiese. Noch nie hatte ich die Bienen so laut summen gehört, und selbst das Rot des Klatschmohns erschien mir intensiver.

»Die Liebe ist das beste Rauschgift«, bemerkte ich.

»Du brichst also nicht mit mir?« Er lächelte glücklich.

»Natürlich werde ich. Aber erst, wenn der Film abgedreht ist. Warum rufst du nicht heute abend deine Mutter an und bleibst noch ein paar Tage?«

Joseph blieb eine ganze Woche. Weg von Paris lief alles besser zwischen uns. Er gab sich witzig und unterhaltsam, und alle hatten ihn in ihr Herz geschlossen. Zaungäste sind für ein Filmteam bei Außenaufnahmen so gut wie unvermeidlich. Niemand schien uns für das komische Pärchen zu halten, das wir in Wirklichkeit waren; seine Anwesenheit war durch die kleine Nebenrolle, die er bekommen hatte, vollkommen erklärt. Er war Rimbauds Schulfreund und durfte auch ein paar Sätze sagen, ja er bekam sogar für zwei Drehtage Gage. Er freundete sich sehr eng mit Antoine an, und die beiden hingen wie die Kletten aneinander.

»Siehst du, ich habe ja gewußt, Antoine würde dir gefallen«, sagte ich. »Wie ich sicher war, daß dir Rudi gefallen wird. Warum tust du dich so schwer, wenn es darum geht, Leute kennenzulernen?«

»Alles Homos. Ich will nun mal keine Homos kennenlernen!«

»Wie kann man nur so intolerant sein!«

»Ich bin nicht intolerant. Ich suche mir lediglich meine Bekanntschaften aus.«

Ich ließ es auf sich beruhen. Als ich am nächsten Tag zum Drehort kam, saßen Joseph und Antoine beieinander und waren in eine tiefe Unterhaltung versunken. Sie hatten beide altmodische Schuluniformen an; die Rollen konnten nicht besser besetzt sein, es waren wirklich zwei Schulabgänger – der eine schwarz, der andere blond. Sie sollten zusammen einen kleinen Hügel hinunterstürmen, so als kämen sie zum letztenmal aus der Schule, und im Rennen die Bücher ins hohe Gras werfen. Sie mußten die Einstellung einige Male wiederholen, bis der Aufnahmeleiter zufrieden war. Es war eine Szene voller jugendlicher Anmut.

Der Rest der Woche ging viel zu schnell vorbei. Wenn wir beide frei hatten, durchstreiften wir die kleine Stadt, besuchten das Heimatmuseum und benahmen uns im übrigen wie in den Flitterwochen. Manchmal aßen wir mit dem Team zusammen, aber meist gingen wir unserer eigenen Wege und aßen in einem kleinen Bistro, das in der Hauptsache von durchkommenden Lastwagenfahrern bevölkert wurde.

»In Rom habe ich auch einen Lastwagenfahrer als Liebhaber«, erzählte ich Joseph.

»Nimmst du die Beziehung zu ihm wieder auf, wenn du von Paris fortgehst?«

»Würde dich das stören?«

»Nein, es wäre mir lieber, wenn du dich mit dieser Sorte Mann einlassen würdest, wenn wir schon eine Zeitlang getrennt leben müssen. Ich bin nicht eifersüchtig auf das, was du im Bett machst. Ich bin eifersüchtig auf dein Herz und deinen Kopf.«

Es war eine typisch intellektuelle Reaktion, und sie war meilenweit von meiner Art zu lieben entfernt.

»Du brauchst nicht eifersüchtig zu sein. Ich habe keine einzige längerfristige Beziehung im Sinn«, beruhigte ich ihn.

»Auch keinen Fünfjahresplan?«

»Ich denke darüber nach, Joseph. Ich liebe Paris, und ich schwanke, ob ich mir nicht die Zeit nehmen und einen Roman schreiben soll.«

»Worüber?«

»Über die Liebe. Er soll heißen ›Jenseits der Zahlgrenze‹.«

»Was soll das bedeuten?«

»Der Titel fiel mir ein, als ich neulich mit der Pariser Métro fuhr. Da stand: ›Jenseits der Zahlgrenze ist der Fahrschein nicht mehr gültig.‹ Ich könnte den Roman auch in Frankreich schreiben. Wenn die Dreharbeiten zu Ende sind, gebe ich meinen Filmjob eine Zeitlang auf und schreibe mein Buch in Paris.«

»Tu das, Anne. Häng das alles an den Nagel, und komm so schnell wie möglich zu mir zurück.«

Er streckte seine Hände über dem karierten Tischtuch nach mir aus, und ich legte meine Hände hinein.

»Wann kommst du von Charleville zurück, beiläufig gefragt?«

»Ungefähr in zwei Wochen. Aber denke bitte daran, daß die Île

Saint-Louis nicht mein Zuhause ist – ich habe dort nur eine Mietwohnung, und das genau noch einen Monat lang.«
»Miete sie für fünf Jahre.«
Ich schwieg.

Am Montagmorgen fuhr Joseph in aller Frühe zurück. Er versprach mir hoch und heilig, mich jeden Abend anzurufen. Er schaffte es genau zweimal, und dann schickte er mir noch eine lustige Postkarte. Ich schrieb ihm fast täglich eine Postkarte, weil es mir einfach lächerlich vorkam, daß ich in meinem Alter noch Liebesbriefe schrieb. Die Zeit verstrich wieder schneller, und ich konnte etwas Hoffnung schöpfen.

Auch Rudi rief aus Paris an und sagte, er glaube kaum, daß er bis zu meiner Rückkehr dableiben könne; er müsse ein oder zwei Tage früher als geplant nach Salzburg. Er versprach, mich im Herbst in Rom zu besuchen. Auch er schien glücklich zu sein.

Wir waren mit den Dreharbeiten in Charleville fast am Ende; eigentlich bestand kein Grund, daß ich bis zum Schluß mit dabei war. In Paris konnte ich mich sehr viel nützlicher machen und einiges für die Ankunft des Teams vorbereiten. Also beschloß ich, Rudi zu überraschen; ich wollte ihm an seinem letzten Morgen in Paris auf Wiedersehen sagen.

Ich nahm den Nachtzug, damit ich rechtzeitig am Morgen in Paris war und Rudi mit dem Kaffee wecken konnte. Ich entschloß mich in allerletzter Minute, und darum sagte ich auch Joseph nicht, daß ich unterwegs war. Ich wollte unsere Beziehung auf ein anderes Niveau heben und ihr mehr Beständigkeit verleihen. Sicherlich würde Sex auch weiterhin die unabdingbare Basis bilden, aber all die Verrücktheiten und Atemlosigkeiten durften nicht mehr sein, wenn es etwas von Dauer werden sollte. Aber erst wollte ich Rudi verabschieden, bevor ich mit Joseph wieder Kontakt aufnahm.

Um acht Uhr morgens war ich wieder in Paris, und als das Taxi über den Pont Marie fuhr, sah ich zu meiner Überraschung schon Angler auf den Ufermauern sitzen, die voller Zuversicht ihre Angelleinen in das trübe Wasser hielten.

Ich kämpfte mich mit meiner Tasche und meinem Gepäck die Treppe hoch und schloß auf. Ich öffnete leise die Schlafzimmertür und sah neugierig hinein, ob Rudi wohl schon wach war. Er war noch nicht auf und auch nicht allein.

»Oh, Entschuldigung«, sagte ich unwillkürlich, obwohl sie beide fest schliefen.

Da die Läden geschlossen waren, konnte ich nicht einmal erkennen, ob Rudi mit einem Mann oder einer Frau schlief. Ich war nicht allzusehr überrascht. In den zehn Jahren seit unserer Trennung hatte ich zahlreiche seiner Liebhaber kennengelernt. In New York hatte ich sogar an ihrem Bettrand gesessen. Machte ich doch einfach eine Tasse Kaffee mehr!

Ich wollte gerade aus dem Schlafzimmer schlüpfen, als mich der andere hörte und sich aufsetzte. Aber es war kein Fremder, es war Joseph. Das Ganze war unglaublich, unnötig und geschmacklos. Ich wollte nicht alles noch schlimmer machen und unterdrückte meinen Abscheu.

»Guten Morgen«, sagte ich leise, um Rudi nicht aufzuwecken. »Ich komme zurück, um euch beiden das Frühstück zu machen.«

Ich glaube, ich wollte Joseph eigentlich aus dem Bett locken, damit er mir im anderen Zimmer wieder eine seiner wundersamen Erklärungen abgab.

Da wachte auch Rudi auf. »Oh, hallo«, sagte er ziemlich unbekümmert. Dann setzte er sich auf, und die Laken fielen herunter. Beide Männer waren vollkommen nackt, und es wurde mir klar, daß es diesmal keiner wundersamen Erklärung bedurfte. Rudis Pyjama hing unbenutzt hinter der Tür, und Josephs baumwollene Unterhosen lagen am Boden.

»Ich komme zurück, um euch beiden das Frühstück zu machen«, wiederholte ich geistesabwesend. Ich war viel zu aufgebracht, um mir etwas anderes ausdenken zu können. Ich ging in die Küche.

Rudi erschien augenblicklich im Morgenmantel. Joseph war im Badezimmer zu hören.

»Warum hast du das getan?« fragte ich ohne Erbitterung, aber mit tiefem Schmerz.

»Es war seine Idee. Du hast mir gesagt, daß du dich von ihm getrennt hast, so daß ich nichts dabei fand. Teenager sind sehr verführerisch. Nur wir Alten überlegen zweimal.«

»Ich möchte wissen, warum er das gemacht hat.«

»Frag ihn doch. Vielleicht braucht er nicht nur eine Mutter, sondern auch einen Vater.« Dann ging auch Rudi ins Badezimmer.

Ich widmete mich wieder dem Frühstück und versuchte, meine Trauer zu verbergen. Ich deckte den Tisch im Wohnzimmer, als Joseph vollständig angezogen hereinkam. Er sah ein wenig schüchtern, aber nicht allzu beunruhigt drein.

»Ich glaube, ich muß mich jetzt schleunigst auf die Socken machen«, meinte er. Zum erstenmal überhaupt hörte ich ihn etwas Belangloses sagen.

Ich ging mit ihm zur Tür. »Warum hast du das getan?« fragte ich wieder, als sei der Grund wichtiger als die Tatsache.

»Aus Kommunismus, glaube ich«, antwortete er rasch und mit erzwungener Leichtfertigkeit. »Jedem sein Teil!«

Ich sah ihm an, daß er Angst hatte.

»Ah ja. Kommunismus nach dem Geschmack der vornehmen Leute. Sehr schlau.«

Es sollte sich nicht verbittert anhören. Ich glaube nicht an Rache.

»Auf Wiedersehen, Joseph!«

Er ging hinaus, ohne mich zu küssen; er gab mir nicht einmal die Hand. Am Treppenabsatz, an dem ich damals meine Handtasche hatte fallen lassen und mich neben ihn gelegt hatte, drehte er sich noch einmal um. »Ich rufe dich an«, sagte er.

Ich schloß die Tür und ging ins Wohnzimmer zurück. Rudi kam gerade aus dem Badezimmer herein.

»Frühstück für zwei. Das Kind ist vor uns davongelaufen.« Ich kämpfte mit den Tränen.

»Hat es dich sehr mitgenommen?« wollte Rudi wissen. »Bitte verzeih mir. Ich wußte nicht, daß es so ernst war. Wir haben doch auch früher gemeinsame Liebhaber gehabt.«

Wir setzten uns einander gegenüber, und ich goß den Kaffee ein.

»Diesmal hätte ich gern nicht geteilt.«

»Es tut mir leid. Er ist ein faszinierender Bursche. Er hat angerufen und gefragt, ob er zum Abendessen kommen dürfe. Ich konnte nicht widerstehen.«

»Ich wußte nicht einmal, daß er homosexuelle Neigungen hat.«

»Ich habe ihn nicht verdorben«, antwortete mir Rudi. »Er war schon vorher mit anderen Männern im Bett.«

»Was mich am meisten verletzt: Er hat nie den Mut gehabt, mit mir darüber zu sprechen. Vor allem, als er alles über dich und deine Beziehung zu mir wußte. Er tat so, als hasse er die Homosexualität, und dabei war er mehr als eifersüchtig auf deine Anhänglichkeit mir gegenüber.«

»Dann hat er es wahrscheinlich getan, um uns zu entzweien.«

»Vielleicht, aber der Grund zählt jetzt nicht; es ist die Scheinheiligkeit, die ich nicht ertragen kann.«

»Er ist ein sehr interessanter junger Mann, aber mir ist jetzt klar, daß er mit dir tut, was er will, wenn du weiter mit ihm zusammenbleibst.«

»Ich bleibe nicht mit ihm zusammen, aber nicht wegen heute morgen.

Ich bin ihm ja selbst untreu geworden, während ich weg war. Aber ich kann nicht mit Halbwahrheiten leben, Rudi, ich muß wissen, woran ich bin.«

Rudi sah auf die Uhr. »Ich muß packen. Meine Maschine geht mittags.«

»Und ich müßte schon längst im Büro sein.«

Ich räumte die Frühstücksreste weg und wusch ab. Rudi war fast fertig mit Packen. Ebensogut hätten wir irgendein bürgerliches Ehepaar abgeben können, am Morgen irgendeines ihrer eintönigen Tage.

»Ich muß jetzt gehen, Rudi«, sagte ich schließlich, als ich fertig war.

»Wir sehen uns ja in Rom.«

Er kam auf mich zu und nahm mich in die Arme. »Verzeihst du mir?« Ich küßte ihn. »Es gibt nichts zu verzeihen. Vielleicht sollte ich dir sogar dankbar sein. Wahrscheinlich hast du mich davor bewahrt, viel Zeit zu verschwenden. Vielleicht fünf ganze Jahre.«

Wir küßten uns noch einmal. Dann brachte er mich zur Tür. »Ciao!« sagte er.

»Scheiße!« war meine Antwort, und ich rannte die Treppe hinunter.

Ich war erleichtert, daß niemand im Büro war, als ich ankam. Ich setzte mich an die Schreibmaschine, und die Tränen liefen mir über das Gesicht.

Liebster Joseph,

wenn die Stunde der Wahrheit schon sein muß, soll sie rasch schlagen. Nur mir selbst schreibe ich zu, daß ich jetzt so leidend und enttäuscht bin. In meinem Alter kann ich mir Illusionen nicht mehr leisten. Deinen Fünfjahresplan verdamme ich in Bausch und Bogen, aber nicht wegen dem, was geschehen ist, sondern weil Du Deine Karten nicht auf den Tisch gelegt hast; so konnten und so können wir nicht ernsthaft zusammen leben. Du hast drei Monate Zeit gehabt, Dich zu erklären, aber Du hast Dein wahres Ich lieber hinter Deinem großen Ding und der Revolution versteckt. Beides hat mir Spaß gemacht und würde mir sicherlich auch weiterhin Spaß machen, aber im Moment würde mir Dein wahres Ich wahrscheinlich wenig Spaß machen.

Sage bitte Deiner Mutter, daß ich sie anrufe, wenn ich wieder in Paris bin. Wenn ich sie jetzt nicht besuche, so deshalb, weil ich mich vor Dir schützen muß. Sie wird das verstehen. Ruf mich an, wenn Dir danach ist. Ich verweigere Dir nicht, mich zu besuchen.

Anne

Er hat nicht angerufen. Der Film war abgedreht, und ich ging nach Rom zurück. Als ich angekommen war, steckte ich Josephs Manifest samt seinem Brief und der Postkarte in die Schuhschachtel. Antoine schrieb mir aus Kanada, und auch sein Brief wanderte da hinein.

Einen Augenblick lang überlegte ich, ob es die beiden Knaben in Charleville wohl miteinander getrieben hatten, während ich beschäftigt war. Vielleicht hatte Joseph überhaupt Antoine die Läuse vermacht. Aber es war eigentlich unwahrscheinlich. Zu diesem Zeitpunkt waren die Liebesschmetterlinge ja schon tot.

Fünftes Kapitel
Ein Zimmer voller Regenbogen

Evaristo fiel für mich – im wahrsten Sinne des Wortes – aus den Wolken. Er trug einen Regenbogen in der Hand, ein ganzes Zimmer voller Regenbogen, mit denen er mehr als ein Jahr lang mein Leben in neuem Glanz erstrahlen ließ. Er zählt noch immer zu meinen besten Freunden.

Im Frühling 1969 flog ich von einem Osterbesuch bei Fiona und den Kindern zurück nach Rom. Um Geld zu sparen, flog ich mit der Sudan Airlines. Wie bei allen anderen arabischen Luftverkehrsgesellschaften auch, war auch diesmal eine Zwischenlandung in Rom zum Auftanken vorgesehen, und es gab für diesen kurzen intereuropäischen Hopser ermäßigte Flugkarten.

Kaum waren wir mitten über Frankreich, als in Italien wieder einmal zum Streik aufgerufen wurde. Alle italienischen Flughäfen wurden geschlossen, und unsere erste Zwischenlandung in Rom fiel aus. Es gab nur zwei Möglichkeiten – entweder direkt nach Khartoum weiterzufliegen, oder es in Deutschland zu versuchen. Frankreich wollte uns nicht haben, also fanden wir uns in Frankfurt wieder. Mir hätte es Spaß gemacht, nach Khartoum weiterzufliegen, aber die anderen Fluggäste waren alle ein wenig hysterisch. Eine der Frauen wäre bestimmt aus der fliegenden Maschine gesprungen, wenn sie nur gekonnt hätte!

»Auf nach Khartoum!« sagte eine Stimme hinter mir.

Ich drehte mich um, um mir diesen Geistesverwandten näher anzusehen, und erblickte einen ganz und gar unscheinbaren jungen Mann, der mir bislang überhaupt nicht aufgefallen war.

»Ich möchte auch nach Khartoum«, sagte ich zum Flugkapitän, der höchstpersönlich erschienen war, um mit uns zu sprechen. »Ich wollte schon immer einmal den Assuan-Staudamm und Abu Simbel sehen.«

Der Flugkapitän lächelte. »Ihr Abenteuermut in Ehren, Madame, aber die Fluggesellschaft kann keine kostenlosen Weltreisen anbieten. Den Rückflug müssen Sie schon selbst bezahlen.«

Ich blickte den jungen Mann bedauernd an. Er hielt ein merkwürdig aussehendes Paket in seinem Schoß, das sehr zerbrechlich schien; im übrigen kam er mir sehr durchschnittlich vor, so daß ich ihm wohl kaum weitere Beachtung geschenkt hätte.

»Können wir nicht irgendwo hinfliegen, wo es lustiger zugeht, als ausgerechnet nach Frankfurt?« wollte er wissen. Er sprach fließend Englisch, aber mit einem starken italienischen Akzent. »Wie wäre es mit Paris?«

»Wir befinden uns im Augenblick näher bei Frankfurt, außerdem verfügen wir dort über die besseren Anschlüsse«, sagte der Flugkapitän. »Sie werden in ein Hotel gebracht, wir kommen für Ihre Mahlzeiten auf und – wenn das nötig sein sollte – auch für Ihre Übernachtung. Sobald der Streik beendet ist, werden wir auch für Ihren Anschlußflug nach Rom sorgen.«

Der Flugkapitän verschwand wieder im Cockpit. Das Flugzeug schwenkte nach links und begann bald an Höhe zu verlieren. Ich war noch nie in Frankfurt gewesen und war ziemlich gespannt darauf.

»Alle Transitpassagiere nach Rom werden gebeten, das Flugzeug zu verlassen. Bitte achten Sie auf Ihr Bordgepäck.«

»Aber unser übriges Gepäck? Was ist mit unserem übrigen Gepäck?« wollte eine Italienerin mittleren Alters mit lauter, hysterischer Stimme wissen. »Meine Tochter erwartet mich in Rom am Flughafen. Weiß sie denn, was mit uns los ist? O mamma mia! Ich habe eben erst eine Herzoperation hinter mir. Die Herzschlagader arbeitet nicht richtig. O mamma mia!«

Sie sagte das laut auf italienisch, und nicht jeder verstand gleich, was sie wollte, am allerwenigsten die geduldige Hosteß.

»Die Dame macht sich Sorgen über ihr Fluggepäck«, übersetzte der junge Mann mit dem Paket. »Sie hat Angst, daß es nach Khartoum weitergeht.«

Man versicherte uns, daß das Fluggepäck nach Rom hier in Frankfurt ausgeladen würde. Ein junger Deutscher mit einem gepflegten Militärschnauzer übernahm unsere Führung. Er war, wie das Flugpersonal überall auf der Welt, höflich und umsichtig. Er trieb seine bunt zusammengewürfelten Schafe in das riesige moderne Flughafengebäude und bannte uns in eine Ecke; als wir dort etwa eine halbe Stunde gesessen hatten, wurden wir zu dem weitläufigen Abflugflügel geführt; fälschlicherweise hofften wir nun, daß es bald weitergehen werde. Für weitere drei oder vier Stunden saßen oder gingen wir auf und ab, während die Gerüchte und der blonde Schnurrbart kamen und gingen.

»Wenn einer eine Reise tut, dann kann er was erleben!« meinte der junge Mann, der mit mir nach Khartoum hatte fliegen wollen. Sein merkwürdiges Paket hatte er sorgsam auf einen teuer aussehenden Handkoffer gelegt. Gucci? Er war wohl doch nicht so durchschnittlich, wie er wirkte.

Irgendwie fanden wir uns jetzt zusammen. Da war eine lustige junge Amerikanerin, die zwischen London und Rom hin- und herpendelte und versuchte, sich für einen ihrer beiden Verlobten zu entscheiden. Und dann zwei glattrasierte italienische Homos, die zu zweit eine schrecklich schwere Leinentasche trugen. Es waren Antiquitätenhändler, die an ihrem englischen Tafelsilber schwer zu schleppen hatten. Dann war da ein Geschäftsmann aus Mailand, der in höchster Sorge schwebte über den wichtigen Verabredungen, die er jetzt versäumte. Und dann die junge Philippinin mit ihren weiten, ängstlichen braunen Augen, die sich vor den Folgen eines versäumten heimlichen Schäferstündchens fürchtete. Wir alle bildeten den »harten Kern«; die anderen – das waren kleine Familien, Handelsreisende, Lehrer auf Urlaub, ein Priester und ein paar unscheinbare Mädchen, die eine Stelle bei der Landwirtschaftlichen Genossenschaft antreten wollten.

Nach der ersten Stunde begann die Zeit immer zäher und zäher voranzukriechen. Die Fluggesellschaft bot uns kostenlos alkoholfreie Getränke an, und das Ganze wirkte, als sei man unvermutet bei einer bunt zusammengewürfelten Cocktailparty, wo keiner den anderen kannte. Erst allmählich kamen wir uns näher. Die junge Amerikanerin zeigte uns ihre beiden Verlobungsringe. Die Antiquitätenhändler ließen ihr Silber sehen. Ich zog ein paar Fotos von Filmstars heraus, deren Lebensläufe ich für die Pressearbeit vorbereitet hatte. Das alles trug dazu bei, daß die Zeit schneller verging und wir uns ein wenig näher kennenlernten. Der Mailänder Kaufmann war dauernd verschwunden, um in ganz Europa herumzutelefonieren, und die Jungfrau von den Philippinen saß einfach da und las die Bibel.

»Was glauben Sie wohl, ob sie nach Rom fährt, um ins Kloster zu gehen?« fragte ich den jungen Mann, der sich wieder gesetzt hatte und sein Paket an sich preßte.

Ehe er antworten konnte, verkündete unser Schafhirte mit dem Schnauzbart, daß der Streik unmöglich noch am Abend beendet sein würde; man würde uns jetzt in unser Hotel bringen. Wir standen auf und folgten ihm ergeben durch die Hallen, in denen sich in allen Sprachen die für uns quälenden Durchsagen von Abflügen in weniger problematische Richtungen brachen.

»Darf ich neben Ihnen gehen?« fragte der junge Mann mit dem Paket. »Wenn wir in die Gaskammern geführt werden sollten, möchte ich gern in den Armen einer schönen Frau sterben.«

Seine Bemerkung überraschte mich. Ich sah ihn mit völlig neuen Augen und Wünschen an. Er war klein, aber kräftig. Seine Gucci-Tasche hatte er über seine kräftige Schulter gehängt; alles an ihm saß, von seiner breiten Brust, seinem gut proportionierten Körper bis zu seinen muskulösen Schenkeln. Er war nicht hübsch, aber auf den zweiten Blick hatte er etwas Aufregendes an sich. Es war nicht Liebe auf den ersten Blick, es war die Liebe am Ende einer Saison, sagte ich zu mir selbst und dachte dabei an Oscar Wilde. Während einer Nacht zwischen zwei Flügen hätte es auch schlimmer kommen können.

»Ehe Sie in meinen Armen sterben, müssen Sie mir aber erzählen, was sich in dem geheimnisvollen Paket befindet. Meine Liebhaber dürfen keine Geheimnisse vor mir haben.«

»Ich werde es für Sie heute abend auspacken, aber nur unter vier Augen. Es ist ein ganzes Zimmer voller Regenbogen«, war alles, was ich aus ihm herausbrachte.

Wir wollten gerade gemeinsam in das Taxi steigen, als eine der Mitreisenden einen hysterischen Anfall bekam.

»Aber mein Gepäck? Wo ist mein Gepäck? Ohne mein Gepäck gehe ich nicht ins Hotel!« schrie sie auf italienisch.

Unser deutscher Schafhirte drehte sich hilfesuchend nach uns um. Ich saß schon im Taxi, aber mein junger Mann war noch draußen und hatte mir lediglich das Paket hereingereicht.

»Würden Sie das einen Augenblick lang halten? Und bitte mit dieser Seite nach oben«, sagte er, und schon war er weg, um zu übersetzen.

Die beiden Antiquitätenhändler setzten sich neben mich und drückten mit ihrer schweren Silbertasche auf den Knien gegen mein kostbares Paket.

»Oh, bitte seien Sie vorsichtig«, sagte ich unwillkürlich.

»Warum? Was ist das?« wollten sie wissen, während das Taxi anfuhr, obwohl der Fahrer gar nicht wußte, wohin es gehen sollte.

»Ich weiß nicht, was es ist. Es gehört dem jungen Mann.«

»Was für einem jungen Mann? Wir haben keinen jungen Mann gesehen.«

Sie sahen einander bestätigend und beunruhigt zugleich an. Mit ihren hungrigen homosexuellen Augen hätten sie vermutlich jeden jungen Mann verschlungen.

»Er sieht ziemlich unscheinbar aus aufs erste.«

»Das ist gefährlich. Es ist wahrscheinlich eine Bombe. Zum Bombenlegen nehmen sie immer die Unscheinbaren.«
»Er hat gesagt, es sei ein ganzes Zimmer voller Regenbogen.«
»Genau das sieht man, wenn eine Bombe hochgeht!«
»Gut, ich kann es ja aus dem Fenster werfen! Es kann aber auch etwas sehr Wertvolles sein!«
Wir fuhren durch dichten Wald. Die ganze Situation hatte für mich jetzt etwas Unwirkliches an sich. Es war wie in einem modernen Grimmschen Märchen – jeden Augenblick konnten wir im Schloß des Menschenfressers sein.
Und da war es auch schon – ein zweitklassiges Hotel nach bewährtem Muster. Stahl und Glasverkleidung außen, Hänsel-und-Gretel-Hütte innen, alles holzgeschnitzt, dazu Bierkrüge aus Zinn. Ein Mädchen mit goldenen Haarbändern und Dirndlkleid zeigte uns unsere Zimmer. Ich legte das geheimnisvolle Paket auf den Garderobentisch, machte mich frisch und ging dann nach unten zum kostenlosen Abendessen.
»Setzen Sie sich doch zu mir!«
Es war das Mädchen mit den beiden Verlobten. Wahrscheinlich würde sie mir den jungen Mann wegnehmen, wenn er wieder auftauchte, aber ich war müde und sowieso nicht richtig interessiert. Der Inhalt des Pakets war viel interessanter geworden als er, und das war schon in meinem Besitz.
Zu unserer Überraschung kam der Mailänder Großindustrielle zusammen mit der Nonne zum Abendessen. Sie trug jetzt ein blaßblaues Kleid und hatte ihren Rosenkranz abgelegt. Sie setzten sich an einen Ecktisch und schienen sich sehr füreinander zu interessieren.
»Seltsame Bettgenossen«, kommentierte die junge Frau.
»Vielleicht handelt er im Auftrag des Vatikan mit Schwarzmarktnonnen!« meinte ich.
Schließlich kamen die beiden Antiquitätenhändler und setzten sich zu uns, aber der junge Mann und die hysterische Frau blieben spurlos verschwunden.
Wir aßen nur vom Teuersten, und während der vollklimatisierten Nacht bekam es uns prächtig. Ich spielte mit dem Gedanken, das Paket zu öffnen, aber ich brachte es nicht fertig und hielt nur das Ohr daran, um zu hören, ob es innen tickte. Nichts war zu hören, aber ich stellte es ins Badezimmer, aus Vorsicht, und die Zimmertür schloß ich nicht ab, aus Umsicht. Sollte der junge Mann kommen und uns – entweder das Paket oder mich – in Beschlag nehmen wollen, konnte er herein.
Um sieben Uhr wurde ich telefonisch geweckt; für den Fall, daß der

Flughafen Rom wieder geöffnet wurde, sollten wir um acht Uhr fertig sein und um neun Uhr abfliegen.

Ohne Frühstück versammelten wir uns in der Halle. Da war auch schon mein junger Mann mit seiner Gucci-Tasche über der Schulter.

»Wo ist mein Paket?« fragte er betroffen.

»O Gott, ich habe es vergessen. Es steht im Badezimmer«, antwortete ich. »Ich gehe und hole es.«

»Ich möchte gern mitkommen. Darf ich?«

»Warum nicht? Ich habe gestern abend auf Sie gewartet.«

»Ich wußte Ihren Namen nicht. Also konnte ich auch nicht Ihre Zimmernummer erfragen.«

»Ach darum!« Ich stellte mich vor: »Ich bin Anne Cumming mit Zimmernummer 427.«

»Und ich bin Evaristo Nicolao.«

Er küßte mich im Fahrstuhl, als wollte er verlorene Zeit wettmachen. »Ich hoffe, du magst es vor dem Frühstück«, sagte er.

Wir gingen ins Zimmer, aber ein deutsches Fräulein war schon dabei, das Bett neu zu beziehen. Das Paket stand noch immer im Badezimmer; das Mädchen starrte uns an, als wir in den Schlafraum gingen. Sie verschränkte die Arme und hielt die Stellung, selbst als ihr Evaristo das Schild »Bitte nicht stören!« vor die Nase hielt.

»Ich glaube, wir müssen passen«, sagte ich.

Unten in der Halle waren alle verschwunden, aber wir hatten den Flug nicht versäumt. Sie waren im Bierkeller beim Frühstück.

Die Flugzeuge nach Rom waren noch immer am Boden, und wir wurden gebeten, bis Mittag zu warten, so daß wir uns nach einem herzhaften Frühstück wieder in der Halle versammelten. Wir durften das Hotel nicht verlassen, aber wir hatten jetzt auch keine Zimmer mehr, in die wir uns hätten zurückziehen können. Da entdeckte ich an der Rezeption einen Hinweis: »Swimming-pool und Sauna im obersten Stockwerk.«

»Gehen wir schwimmen«, schlug ich vor.

Der junge Mann kam mit – noch immer mit seinem Päckchen –, das doppelt verlobte Mädchen mit seinen beiden Ringen und die Antiquitätenhändler mit ihrem Silber. Unsere Wertsachen ließen wir in den Umkleidekabinen, die Badekleidung liehen wir aus. Der junge Mann bekam eine sehr kleine Badehose, die unübersehbar die Tatsache enthüllte, daß zumindest ein Teil von ihm nicht so unscheinbar war. Die Antiquitätenhändler bemerkten es zuerst; durch ihren Kommentar wurde ich darauf aufmerksam: »Da fliegt einer mit einem Jumbo-Jet!«

Danach lieferten wir uns ein Kopf-an-Kopf-Rennen, ob sie ihn zuerst in die Männersauna schafften oder ich ihn in die Frauensauna schmuggelte. Das Rennen endete durch Abbruch, weil wir zu einer besonderen Bekanntmachung in die Halle gebeten wurden.

»Sie haben drei Möglichkeiten«, sagte unser Führer mit dem Militärschnauzer, indem er mit den Hacken knallte und von einem Fernschreiben ablas. »Sie können nach London zurückfliegen, auf eigene Kosten hierbleiben oder nach Paris fliegen, von wo eine syrische Maschine nach Rom startet, egal, ob der Streik beendet ist oder nicht. Da es sich um eine kleine Maschine handelt, bekommt sie eine besondere Landegenehmigung, da der Treibstoff nicht bis Damaskus reicht.«

Ein Höllenlärm brach aus. Keiner konnte sich entscheiden, was er wollte.

Der junge Mann und ich halfen dabei, die Fluggäste in drei Gruppen einzuteilen: in diejenigen, die nach London zurück wollten – allen voran der Mailänder Großindustrielle und die angehende Nonne, die es jetzt gar nicht mehr so eilig zu haben schien –, in diejenigen, die hierbleiben wollten – unter anderem die beiden Antiquitätenhändler, die keine weiteren Zollformalitäten mehr haben wollten –, und in diejenigen, die nach Paris wollten, aber das waren nur Evaristo und ich. Das doppelt verlobte Mädchen hatte sich zum Rückflug nach London entschlossen, weil sie die Gelegenheit nutzen wollte, um sich ihren einen Verlobten noch einmal anzusehen. Denjenigen, die hier blieben, wurde ein Flug mit der Lufthansa angeboten; wir flogen mit der Air France und hofften das Beste.

»Wo ist mein Paket?« fragte er mich zum wiederholten Mal.

Diesmal hatte er es in der Umkleidekabine des Schwimmbads vergessen. Wir gingen nach oben, um es zu holen. Im Fahrstuhl küßte er mich noch einmal.

»Ich hoffe, du magst es vor dem Mittagessen«, sagte er.

»Ganz besonders gern in einer Umkleidekabine«, antwortete ich.

Aber ein Gauleiter in Badehosen versperrte den Weg zu den Umkleidekabinen. Er holte das Paket für uns.

»Was ist drin?« wollte er wissen.

»Himmelsbögen«, erfand ich und machte eine kreisende Bewegung, weil mir das deutsche Wort nicht einfiel.

Er sah mich fragend an und reichte das Paket so schnell herüber, daß Evaristo es beinahe fallen gelassen hätte.

»Wir werden es in Paris noch einmal versuchen«, sagte ich. »Mußt du sehr dringend nach Rom?«

»Ganz bestimmt nicht. Ich gehe nach Italien zurück, weil ich meinen Militärdienst ableisten muß.«

»Dann bist du erst zwanzig?«

»Neunzehn, aber ich habe keine Minute verschwendet.«

Seine Selbstsicherheit war ansteckend. Eigentlich wollte ich mich ja mit jungen Liebhabern nicht mehr einlassen, aber dieser da weckte viel zu viele Wünsche in mir, als daß ich ihn auslassen wollte.

Als wir wieder in der Halle waren, sagte man uns, daß wir jetzt zum Flughafen fahren und uns bei der Air France melden sollten. Unser Führer mit dem Militärschnauzer begleitete uns noch bis zum Taxi und verabschiedete uns mit einem Armwinken, das halb nach Abschiedsgruß, halb nach »Heil Hitler!« aussah.

»Die jungen Soldaten sterben nie aus«, sagte Evaristo.

»Lach nicht über ihn. Am Montag steckst du selbst in Uniform.«

»Das Soldatspielen liegt den Italienern nicht. Wir taugen zu ausgezeichneten Kellnern, Damen- und Herrenfriseuren, vielleicht sind wir auch ganz gute Liebhaber. Ich werde ein ebenso schlechter Soldat wie alle anderen werden, aber ich will wenigstens meinen Spaß dabei haben. Ich werde zu den Fallschirmjägern gehen und direkt in das Bett von Frau Oberst springen.«

Während der ganzen Fahrt zum Flughafen küßte er mich ab. Unser Flugzeug hatte Verspätung, und wir bekamen ein kostenloses Mittagessen. Wir machten uns auf die Suche nach einer diskreten Ecke, aber als wir sie endlich gefunden hatten, wurde unser Flug aufgerufen. Bald saßen wir Seite an Seite in der glänzenden Caravelle. Evaristo hatte wieder sein berühmtes Paket auf den Knien. Neugierig tastete ich es ab.

»Wenn ich es unter den Sitz stelle, wirst du dann auch mich abtasten?«

Ich lachte. »Warte, bis wir in Paris sind. Wenn du dein Paket auspackst, packe ich auch meines aus.«

Wir landeten auf dem neuen Flughafen Charles de Gaulle; alles war aus Glas und sehr großzügig angelegt. Mit ebenerdigen Rollbändern wurde man von einer Stelle zur anderen befördert. Einen Augenblick lang preßten wir uns aneinander, irgendwo auf dem Rollband zwischen Ankunft und Abflug, gerade lange genug, um mich zu überzeugen, wie gut bestückt er zwischen den Beinen war, obwohl es kaum noch zwischen seinen Beinen hing. Es reichte mir vom Schenkel bis zum Nabel. Bevor ich noch irgend etwas dafür tun konnte, wurden wir in einen Transitraum gesteckt. Die Syrian Airways schienen fest entschlossen, uns nach

Rom und Damaskus zu bringen. Mit der Liebesnacht in Paris war es also nichts.

»Nur keine Sorge. Wenn Rom uns nicht landen läßt, haben wir in Damaskus Tausendundeine Nacht«, versprach ich.

Als wolle er mein Versprechen unterstreichen, nahm ein arabischer Herr einen kleinen Gebetsteppich aus seiner Flugtasche, rollte ihn im Transitraum ruhig aus, kniete gen Mekka nieder und sprach sein Abendgebet.

»Jetzt wissen wir wenigstens, daß dort die Sonne aufgeht«, stellte Evaristo fest.

»Wann mußt du dich denn überhaupt in der Kaserne melden?«

»Morgen früh um acht Uhr.«

»Also heute abend oder nie?«

»Ein paarmal werde ich schon Urlaub bekommen.«

»Wenn dich Frau Oberst läßt.«

»Ich habe noch immer alles bekommen, was ich wollte. Manchmal sogar doppelt. Ich meine dich und die Frau Oberst.«

»Tun es nicht auch ein paar jüngere Mädchen?«

»Ich habe keine Zeit für junge Mädchen. Das Leben ist zu kurz. Man muß da ansetzen, wo sich alles andere wie selbstverständlich ergibt.«

»Ich sehe schon, von all den jungen Männern, die ich kenne, bist du der Vielversprechendste.«

»Aber bis jetzt komme ich in deinem Leben ja noch gar nicht vor!«

»Aber du wirst es!«

Eigentlich glaubte ich nicht so richtig daran. Junge Männer fallen gewöhnlich nicht direkt vom Himmel in die Arme einer Frau. Sicherlich handelte es sich mehr um die sexuellen Träumereien einer alternden Frau.

Unser altersschwaches Flugzeug, das als militärisches Nachschubflugzeug wohl schon bessere Tage gesehen hatte, hob ab und landete sicher. Wir hatten unsere »Notlandung« wegen Treibstoffmangels machen dürfen, jetzt wühlten wir im Bauch des Flugzeugs herum und suchten nach unserem Gepäck; schließlich durften wir es kilometerweit über das Flugfeld schleppen. Evaristo trug unsere Koffer und ich das Paket mit den Regenbogen. Der Flughafen war menschenleer – kein Zoll, keine Polizei, niemand war da. Gott sei Dank streiken die Taxifahrer nicht auch noch.

»Ich werde dich nach Hause bringen und dann meiner Familie guten Tag sagen«, meinte Evaristo. »Dann schnappe ich mein Rekrutengepäck und komme über Nacht zu dir.«

Ich wollte es noch immer nicht glauben. Als ich unten vor meiner Wohnung ausstieg, half er mir höflich mit dem Gepäck, aber mir fiel auf, daß er das Paket bei sich behielt.

»Das Haus hat keinen automatischen Türöffner«, bemerkte er, ehe er wieder ins Taxi stieg. »Wie komme ich später ins Haus?«

»Jeder Schlüssel paßt in meine Haustür!«

Er verstand die Anspielung und lächelte. »In einer halben Stunde bin ich wieder zurück. Mein großer Schlüssel kann es kaum erwarten.«

»Und das Schloß ist gut geölt«, antwortete ich.

Wir küßten uns, und ich fühlte, daß dies nun wirklich der Abschied war. Alles andere war nicht mehr als ein reizendes Wortspiel gewesen. Das Taxi verschwand im Dunkeln.

Ich war nur zwei Wochen weg gewesen, aber meine Wohnung sah aus, als würde niemand darin wohnen – es war alles viel zu ordentlich. Ich verstreute meine Sachen über die Couch, und sofort sah es besser aus. Ich öffnete die Briefe, die sich angesammelt hatten, und ließ heißes Wasser einlaufen. Es war schon nach Mitternacht, als ich das Bad verließ und ins Bett ging. Ich glaubte immer noch nicht, daß sich Evaristo sehen lassen würde; das war einfach viel zu unwahrscheinlich. Vermutlich wurde er jetzt gerade von einer zärtlichen Mutter ins Bett gesteckt, und wenn es hoch kam, würde er beiläufig an mich denken, wenn er in der Kaserne einmal masturbierte.

Ich war fest eingeschlafen, als es klingelte. Durch meinen Türspion wirkte er wie ein Zwerg, aber noch da ging etwas Reizendes von ihm aus. Ich öffnete die Tür. Er hielt sein Paket und seinen Rekrutenkoffer in der Hand.

»Ich habe dich unterschätzt.«

»Das kommt oft vor.«

Sorgsam stellte er das Paket auf das Flurtischchen, setzte den Rekrutenkoffer auf dem Boden ab und folgte mir ins Schlafzimmer. Als er sich auszog, war ich verblüfft über den Anblick. Das war einfach unbeschreiblich. Der größte Penis, den ich je gesehen hatte, war fertig zum Sprung. Die Vorstellung, die dann folgte, war ebenso groß.

Ich stand um sechs Uhr auf und brachte ihm das Frühstück ans Bett.

»Das wird dir ein Jahr lang fehlen. Laß es dir schmecken!«

Er stellte das Tablett auf den Fußboden und zog mich auf sich herab.

»Alles in der richtigen Reihenfolge.«

Da war es wieder, unglaublich groß und einfach nicht kleinzukriegen.

Als wir mit dem Tablett zwischen uns frühstückten, steckten wir noch immer wie zwei siamesische Zwillinge zusammen.

Dann sah er auf die Uhr. »Die Pflicht ruft.« Er sprang aus dem Bett, kraftvoll, energisch, bestimmt. Er duschte, zog sich an und holte dann das Paket vom Flur. »Mach es auf!«

Ich gehorchte. Es war ein gläsernes Prisma, das pastellfarben schimmerte. Er stellte sich auf einen Stuhl, hängte es an der Lampe über dem Bett auf und öffnete dann die Fensterläden. Die Morgensonne spiegelte sich in den zahllosen Facetten und erfüllte den Raum mit glitzernden, auf und ab tanzenden Regenbogenfarben. Es war, als ob alle Träume dieser Welt wahr geworden wären.

Er beugte sich herab und küßte mich, dann nahm er seinen Koffer, und weg war er.

Postkarte aus der Kaserne von Avezzano.

Sie haben mich ein paar hundert Kilometer weit weggeschickt. Vielleicht ist der Militärdienst dazu erfunden worden, daß Minderjährige nicht durch mittelalterliche Nymphomaninnen verdorben werden.

Evaristo

Der kleine Bastard! Wer hatte wohl wen verführt?

Postkarte aus Rom an die Kaserne von Avezzano.

Sieh zu, daß Du bald Urlaub bekommst, damit ich Dir eine runterhauen kann!

Postkarte aus der Kaserne von Avezzano.

Du kannst mir am Sonnabend, dem 16. Mai, eine runterhauen. Ich habe zwar andere Absichten, aber wir werden ja sehen, wer zuerst kommt!

E.

Ich überlegte schon, ob die Post auch in Friedenszeiten zensiert wird.

Postkarte aus der Kaserne von Avezzano. 19. Mai.

Meine Angebetete, es tut mir so leid, daß ich mich am Sonntagnachmittag so betrunken habe. Aber das Sonnenbaden auf der Terrasse, eine volle Flasche Whisky und Du nackt neben mir war einfach zuviel für mich. Ich werde lernen müssen, mich besser im Sattel zu halten, sonst werde ich nie General.
E.

Postkarte aus Rom an die Kaserne von Avezzano. 25. Mai.

Bitte werde nicht General. Tu irgendwas, damit sie Dich aus der Armee werfen, und komm so schnell wie möglich zu mir. Kannst Du denen nicht den Homosexuellen vorspielen?

Brief aus der Kaserne von Avezzano.

Ich habe Deinen Vorschlag aufgegriffen. Während der wöchentlichen Untersuchung habe ich dem Arzt erzählt, daß ich homosexuell sei und der Militärdienst eine große Versuchung für mich darstellt. Er sah mich lange nachdenklich an, dann nahm er ein Exemplar des Playboy vom Tisch. Er schlug ihn in der Mitte auf, wo das »Mädchen des Monats« eingeheftet ist, und reichte ihn mir wortlos. Ich bekam sofort einen Steifen, und das ist in meinem Fall kaum zu verbergen. »Hau ab«, sagte der Doktor, »und verschwende nicht meine Zeit!«
 Noch mehr Ideen?
E.

Postkarte aus Rom an die Kaserne von Avezzano.

Nur noch ein Vorschlag. Sag Deinem Oberst, daß Deine Großmutter im Sterben liegt. Sie stirbt wirklich. Sie stirbt vor Verlangen nach Dir.

Brief aus der Kaserne von Avezzano.

Großmutters Leben und meine Gesundheit müssen erhalten werden. Statt Fallschirmjäger bin ich nun Sanitäter geworden. Es ist zwar weniger romantisch, aber sehr viel bequemer, die Beine auf der Erde zu behalten. Wenn ich nachts in der Kaserne vermißt werde, glauben alle, ich hätte Dienst im Militärkrankenhaus. Spät am Abend geht ein Zug nach Rom, und um fünf Uhr morgens fährt einer zurück. Ich kann Dich mindestens einmal in der Woche besuchen. Das Militärkrankenhaus grenzt unmittelbar an den Bahnhof.

E.

Wenn ich jetzt durch den Türspion sah, erblickte ich öfter eine kleine Gestalt in einem weißen Mantel auf meinem Treppenabsatz. Ich wußte nicht immer genau, wann er kam, und einmal war schon jemand in meinem Bett.

Evaristo nahm das auf seine Art. Er ging ins Schlafzimmer, gab ihm die Hand und stieg auf der anderen Seite ins Bett.

»Sie haben doch nichts dagegen, oder doch?« wollte er von meinem Freund wissen. »Im Krieg und in der Liebe ist alles erlaubt.«

Der andere Herr war sichtlich erheitert.

»Fahren Sie fort!«

»Nein, nach Ihnen!«

»Ich bitte Sie – Sie waren zuerst da!«

Ich nahm die Angelegenheit in die Hand, oder besser eine Angelegenheit in den Mund und die andere in die Vagina. Dann drehten wir das Ganze um. Schließlich stand Evaristo auf und zog seinen weißen Mantel wieder an. Er gab dem anderen Herrn wieder die Hand, dankte uns für die Gastfreundschaft und verschwand in der Morgendämmerung.

»Ist das wirklich geschehen oder habe ich geträumt?« fragte mich der zurückgebliebene Herr.

»Natürlich hast du das geträumt, Liebling. Oder kann ein so kleiner Junge ein so großes Ding haben?«

»Natürlich nicht«, sagte er und schlief wieder ein.

Brief aus der Kaserne von Avezzano. September 1969.

Großes Unglück! Ich werde nach Norditalien zu Manövern versetzt. Statt zwei Stunden werden wir nun acht Stunden auseinander sein. Keine unerlaubte Entfernung mehr mit Nachtzügen möglich. Was kann die Abwesenheit mich lehren?
E.

Postkarte aus Rom.

Enthaltsamkeit. Sie läßt im Herzen Zärtlichkeit keimen.

In meinem Herzen war sehr viel Zärtlichkeit gekeimt, und er fehlte mir sehr, aber ich wußte, daß er wie die Regenbogen immer wieder erscheinen würde. Andere Männer mochten kommen und gehen, aber wenn wirklich einmal Not am Mann war, würden er und seine hellen Regenbogen mein Leben erleuchten. Eine lange Trennung, ein kurzes Wochenende, ein Faschingsabend, eine heiße Sommernacht, ein Wintertag und ein paar Briefe, alle leichten Herzens geschrieben, niemals eine Klage, nie ein Wort der Beschuldigung oder ein falsches Versprechen. Nichts hat je unsere ungewöhnliche Beziehung gestört. Eine der bezaubernden Sendungen von Evaristo bestand in einer Collage. In seinem Begleitbrief hatte er geschrieben:
»Liebste Anne, ich habe hier jede Menge Zeit, aber ich bekomme nur billige Zeitschriften zum Lesen. Ich habe daraus etwas zusammengebastelt, ein kleines Buch mit dem Titel: ›Warum ich sie liebe.‹ Hier ist es – ich habe dich sehr, sehr gern und sehne mich ständig nach dir. Evaristo.«
Ich hielt das Büchlein in der Hand, es war aus Illustriertenausschnitten zusammengeklebt. Auf der ersten Seite stand einfach: »Ich liebe sie, weil ...« Dann folgten Bildseiten mit witzigen Kommentaren, die nur für uns beide verständlich waren. Auf jeder Seite hatte er etwas anderes aufgeklebt – es war wirklich ein rührender Liebesbrief.
Ich betrachtete das kleine Buch ziemlich lange, dann packte ich es zu den anderen Briefen in die Schuhschachtel. Sie war am Überquellen. Ich sollte wirklich noch ein paar Schachteln mehr haben und die Briefe ein wenig sortieren. Ich fand zwei weitere Schachteln und grübelte über einem sinnvollen Ablageschema. Aber wie schematisiert man schon die Hinterlassenschaften der Liebe?

Schließlich beschriftete ich die Schachteln mit »Briefe meiner Ehemänner«, »Briefe meiner Liebhaber« und »Briefe meiner Jungens«. Die dritte Schachtel enthielt nur Briefe von denen, die noch keine einundzwanzig Jahre alt waren. Ich war überrascht, wie viele davon sich angesammelt hatten. Das Büchlein von Evaristo legte ich neben das Manifest von Joseph. Noch einmal las ich die erste Postkarte von Jean-Louis und die Briefe der vielen anderen. Aber Evaristos kleines Buch war ein echter Liebesdienst.

Tagebucheintragung. Rom, Anfang Oktober 1969.

Die Zeit, die Mühe und die Phantasie, die Evaristo auf seine Liebeserklärung verwendet hat, haben mich sprachlos gemacht. Womit beantworte ich nur seinen so vordergründigen, überraschenden und leichtfertigen Einfall, der nichtsdestotrotz ein rührendes Zeugnis meiner Grundeigenschaften ist? Es handelt sich wirklich um eine Liebeserklärung! Worte allein werden als Antwort nicht genügen; es sind schon zu viele Briefe geschrieben worden. Ich muß etwas tun.

Und ich tat etwas. Ich fuhr zwölf Stunden lang mit drei verschiedenen Zügen bis zu dem Dolomitendorf, wo Evaristos Einheit ihre Gebirgsübung abhielt. Ein Besuch war das einzige, das einer so anbetungswürdigen Gunstbezeugung ebenbürtig war. Noch vom Bahnhof aus rief ich an und wollte mit dem Stab des Obersten verbunden werden.
»Wer sind Sie noch einmal, gnädige Frau?« wollte der Adjutant des Obersten wissen. Seine Stimme klang zurückhaltend, aber mein ausländischer Akzent schien seine Wachsamkeit wohl etwas abgelenkt zu haben. Ich hörte mich wohl kaum wie eine treue italienische Mutter an, die nach dem Wohl und Wehe ihres Sohnes sehen wollte.
»Ich bin eine englische Journalistin, die eine Artikelserie über den Dienstalltag in der Armee schreibt. Ich möchte auch Ihr Regiment besuchen.«
Er schwieg eine Weile, dann sagte er: »Am besten sprechen Sie mit dem Herrn Oberst persönlich. Einen Augenblick, gnädige Frau!«
Der Oberst klang so friedfertig, wie ein Oberst in Friedenszeiten klingen kann. Er hatte ein Dach über dem Kopf und bekam regelmäßige Mahlzeiten, die Regierung sorgte für ihn, und wenn er nicht gerade silberne Löffel stahl, war auch seine Beförderung gesichert. Ziemlich zu-

frieden und etwas gelangweilt, wie sich sein Soldatenleben abspielte, war er hocherfreut, daß durch den unerwarteten Besuch etwas Abwechslung in die alltägliche Monotonie kam; er schickte mir seinen Dienstwagen zum Bahnhof.

»Ich bin von der Sunday Times«, log ich.

»Sehr erfreut, gnädige Frau. Ich nehme an, man hat Sie aus Rom geschickt?«

»Ja, natürlich. Im Verteidigungsministerium war man so überaus großzügig. Wir bereiten aus dem Blickwinkel der Frau eine Artikelserie darüber vor, was mit den Jungens in aller Welt passiert, wenn sie eingezogen werden.« Ich lächelte ihn an. »Es sind natürlich immer die Mütter, die sich Sorgen machen.«

»Sie machen nicht nur sich, sondern auch mir Sorgen! Davon kann ich ein Lied singen! Hunderte von Briefen bekomme ich jeden Monat, und es geht um nichts anderes, als ob die lieben Kleinen auch ja die Unterhosen gewechselt haben und den Teller leeressen!«

»Jetzt will ich Ihre kostbare Zeit nicht länger in Anspruch nehmen. Wenn es möglich ist, hätte ich gern, daß mir von jeder Kompanie ein Rekrut die Unterkunft zeigt. Ein Koch aus der Küche, einer aus der Wäscherei, ein Sanitätssoldat aus dem Krankenrevier und so weiter. Verstehen Sie?« Ich schlug die Beine übereinander und lehnte mich verführerisch vor. »Und wenn ich dann noch einmal zu Ihnen kommen dürfte, um Ihnen ein wenig von Ihrer Zeit zu stehlen ...?«

Wir lächelten einander verständnisvoll an. Nun, warum auch nicht? Wenn es Evaristo mit der Gattin des Obersten trieb, warum ich dann nicht auch mit dem Obersten?

Sein Adjutant begleitete mich über den Kasernenhof. Von einem jungen Leutnant zum anderen wurde ich weitergereicht. Den ganzen Vormittag über führte man mich, bewachte man mich, pfiff mir nach und flirtete mit mir. Schließlich war ich ziemlich nahe daran, selbst in die Armee einzutreten. Absichtsvoll ließ ich die Krankenstation bis zum Mittagessen aus.

Es wäre vermessen gewesen zu hoffen, daß ausgerechnet Evaristo dazu eingeteilt würde, mir den Krankenbereich zu zeigen, aber wer es auch immer sein würde, er würde ihn mit Sicherheit kennen. Der junge Arzt, der zu meiner Begleitung ausersehen worden war, wußte sehr gut über ihn Bescheid.

»Sie kennen also Evaristo Nicolao aus Rom? Das ist mir einer. Der hält uns alle auf Trab. Er ist ein richtiger Hofnarr. Sie möchten ihn natürlich gern sehen?«

»Wenn es die Disziplin der Truppe nicht untergräbt. So gegen Mittag, wenn es zum Essen geht. Vielleicht hat er eine kleine Dienstpause?«

»Ich werde dafür sorgen, daß er eine kleine Pause bekommt. Stört es Sie, wenn Sie in meinem Dienstzimmer warten?«

Während ich allein im Dienstzimmer wartete, klingelte das Telefon. Ich nahm ab. Der Oberst war am Apparat und wollte wissen, wie ich vorankam. Ob ich mit ihm wohl in einer halben Stunde zu Mittag essen würde?

»Es würde mir große Freude machen. Ob ich aber zuvor noch die Schlafräume besichtigen dürfte? Das erlauben Sie doch wohl?«

»Ja, natürlich. Wird man Sie aber auch geleiten? Und hat man sich anständig um Sie gekümmert?«

»Großartig. Ich habe sogar den Sohn einer alten Freundin aus Rom hier getroffen. Ich wußte gar nicht, daß das Kind hier ist!«

»Sehr gut. Eine der Wachen wird Sie zu den Unterkünften hinüberbegleiten. Anschließend bitte ich Sie in mein Büro.«

Evaristo erschien ohne seinen weißen Mantel. Er war zur Krankenhausverwaltung abkommandiert worden und trug nun seine gewöhnliche Uniform. Eigentlich sah er wie ein ganz normaler Soldat aus, aber ich wußte es ja besser.

»Ich bin gerade vorbeigekommen, und da dachte ich, ich bedanke mich persönlich bei dir«, sagte ich beiläufig. »Zeigst du mir deinen Schlafraum?«

»Den dürfen wir aber erst am Abend wieder betreten – und schon gar nicht mit einer Frau. Wie zum Teufel bist du überhaupt hier hereingekommen?«

Er war süß in seiner Verwirrung und wirkte ein wenig nervös.

»Ich bin auf Staatsbesuch und inspiziere die Truppen.«

»Du bist verrückt. Ich bekomme ein Dienstverfahren. Ich werde lebenslänglich in Einzelhaft gesteckt. Ich werde im Morgengrauen standrechtlich erschossen!«

Während er dies sagte, küßte er mich unablässig. Als er mich endlich wieder Luft holen ließ, sagte ich: »Schon gut, ich bin als Journalistin zu Besuch. Wenn schon jemand erschossen wird, ist es der arme Oberst, der vergessen hat, meine Legitimation zu prüfen. Er hat sogar die Wache angewiesen, uns in die Schlafräume zu lassen.«

So kam es denn, daß ich ein hartes Armeebett, ein rauhes Bettuch und eine verschwitzte Uniform als beflügelnder empfand als seidene Bettwäsche. Während die Sirene zum Mittagessen rief und Soldatenstiefel draußen auf dem Kasernenhof klapperten, kehlige Männerstimmen

Kommandos brüllten, hielt ich Evaristos muskulösen kleinen Körper im Schweigen eines leeren Schlafsaals in den Armen.

»All meine Masturbationsträume werden wahr«, keuchte er. »Du glaubst gar nicht, wie oft ich in diesem Bett von dir geträumt habe. Wie gern würde ich dich jetzt ausziehen, wie ich es in meinen Träumen hundertfach getan habe.«

»Das riskieren wir besser nicht. Außerdem erregt es mich, wenn deine Geheimwaffe so aus der Uniformhose heraussteht.«

Stolz reckte sich die geschwollene Eichel und suchte sich ihren Weg zwischen meinen Beinen. Das Ding kam mir noch größer als sonst vor.

»Endlich auf Heimaturlaub!« seufzte Evaristo.

»Mmmmm ... mmm ... Volltreffer!«

Wir hatten keine Zeit zu verschwenden, und wir verschwendeten auch keine Zeit. Ich kam noch nicht einmal zum Essen mit dem Oberst zu spät. Als ich ging, lag Evaristo ausgestreckt in seinem Bett.

»Ich werde dafür sorgen, daß du lange Urlaub und eine Freikarte bekommst«, sagte ich an der Tür. »Du hast es verdient. Das kleine Buch war der schönste Liebesbrief, den ich je bekommen habe.«

Wir fuhren aus dem Städtchen heraus zu einem Landgasthaus am Rand eines großen Pinienwalds; als wir ausgestiegen waren, schickte der Oberst seinen Fahrer weg. Es war jetzt Herbst, und wir machten einen ausgedehnten Spaziergang vor dem Essen. Nach dem Essen machten wir nochmals einen ausgedehnten Spaziergang. Als der Fahrer endlich kam, um uns abzuholen, war mein Höschen voller Pinienadeln.

»Da fällt mir ein«, sagte ich, als mich der Oberst zum Bahnsteig begleitete. »Meine Freundin ist sehr krank – ich meine die mit dem Sohn, der im Krankenrevier Dienst macht. Ein Krankenbesuch von ihm würde nicht schaden.«

»Ich will sehen, was ich tun kann«, versprach er. Er grüßte und stand stramm, während der Zug aus dem Bahnhof rollte.

Ich konnte mich kaum noch auf den Beinen halten und mußte mich sehr zusammenreißen, um die Anschlußzüge nicht zu verschlafen.

Ein paar Tage nach meinem Besuch ließ der Oberst Evaristo zu sich kommen.

»Nicolao, vor einigen Tagen hatten wir sehr interessanten Besuch. Die Dame sagte, daß sie mit Ihrer Mutter bekannt sei.«

Evaristo sank das Herz in die Hosentasche. Seine Mutter war schon vor Jahren gestorben, und das stand sicher irgendwo in seinen Personalpapieren, aber er ließ den Oberst ruhig reden, bevor er sich mit irgendeiner Äußerung in die Nesseln setzte.

»Ja, Herr Oberst.«

»Die Dame sagte, daß sie Artikel über die Streitkräfte schreibt.«

»Ja, Herr Oberst.«

»Das Hauptquartier in Rom kann sie nicht ausfindig machen. Bei denen geht auch alles verloren. Man kann sich einfach nicht verlassen. Dieses Land braucht wieder eine starke Hand wie Mussolini.«

»Ja, Herr Oberst.«

»Ich sehe, Sie sind ein kritischer junger Mann.«

Evaristo mußte sich sehr zusammennehmen. Linker als er konnte man kaum eingestellt sein. »Ja, Herr Oberst.«

»Nun, ich würde die Dame gern wieder ausfindig machen. Ich möchte lesen, was sie über uns geschrieben hat. Übrigens eine sehr hübsche Frau.«

»Ja, Herr Oberst.«

»Kennen Sie ihre Anschrift?«

»Ich werde meine Eltern fragen, Herr Oberst.«

»Dabei fällt mir ein, Ihre Mutter soll sehr krank sein?«

Jetzt begann es, kritisch zu werden. Evaristo wußte nichts von dem, was zwischen mir und dem Oberst vorgefallen war. Und seitdem ich ihn im Schlafsaal zurückgelassen hatte, hatte er auch nichts mehr von mir gehört; er hatte keine Ahnung von meinen anschließenden Abenteuern, noch konnte er sich ausmalen, von wem der Oberst diese Fehlinformation hatte.

»Sie war sehr krank, Sir, sehr krank«, sagte er zögernd.

»Vielleicht möchten Sie ihr aber doch einen Krankenbesuch abstatten? Und wenn Sie schon in Rom sind, können Sie doch auch nach der bezaubernden englischen Dame suchen und ihren Artikel mitbringen.«

»Ja, Herr Oberst, natürlich, Herr Oberst.«

Evaristo bekam also am Monatsende eine Woche Heimaturlaub. Als er wieder bei seiner Truppe war, erzählte er dem Oberst, daß die Dame wieder nach England abgereist sei; auch seine Mutter sei gestorben. Der Oberst drückte sein zweifaches Bedauern aus. Zweifellos wartet er noch immer auf meinen Artikel.

Endlich waren die Manöver beendet, und Evaristo wurde nach Triest an die jugoslawische Grenze versetzt.

Den nächsten längeren Urlaub hatte er im Dezember – eine Woche lang. Er kam an meinem Geburtstag an. Auch Rudi stellte sich ein.

Rudi gestaltete gerade eine Inszenierung an der Mailänder Oper; ich hätte ihn nicht eingeladen, wenn ich gewußt hätte, daß Evaristo kommt. Aber es war mein dreiundfünfzigster Geburtstag, Weihnachten stand vor der Tür, und ich hatte Rudi lange Zeit nicht mehr gesehen.

»Wenn du es wagen solltest, auch nur einen kleinen Finger nach Evaristo auszustrecken, brauchst du dich für den Rest deines Lebens nicht mehr blicken lassen«, sagte ich ihm in aller Deutlichkeit. »Getrenntes Leben, getrennte Zimmer, getrennte Liebhaber, an diese Regel erinnerst du dich doch?«

»Aber Anne, ich habe dir doch nie jemanden weggenommen, den du wirklich wolltest«, protestierte er zuckersüß, als wäre eine Sachertorte in seinem Mund zergangen. »Ich habe mir Joseph nur ausgeliehen, weil du ihn sowieso weggeben wolltest.«

Rudi verfiel immer nur dann in seinen österreichischen Tonfall, wenn er ganz bewußt charmant sein wollte.

»Ich wollte ihn nicht weggeben. Ich wollte ihn aus meinem Alltag heraus haben, das war etwas ganz anderes – eine Art Abkühlungsprozeß.«

»Sieh mal, eines Nachts habe ich ihn für dich aus deinem Alltag herausgebrochen. Hast du mir je dafür gedankt?«

»Das tue ich noch immer irgendwie.« Ich küßte ihn. »Aber Hände weg von Evaristo!«

Rudi ließ ganz brav seine Hände von Evaristo, nicht aber seine Augen. Er beobachtete alles, was wir taten. Ich empfand, daß mein Liebesleben ständig beschattet wurde, als würde sich plötzlich die Abteilung »Sitte und Moral« des amerikanischen Geheimdienstes für mich interessieren. Ich war wild entschlossen, mich dadurch nicht verkrampfen zu lassen. Und schaffte es auch.

Eines Nachmittags kam Evaristo an. Er platzte mit seiner verdrückten Uniform und einem unförmigen Pelzhandschuh an einer Hand herein. Der Handschuh war mein Geburtstagsgeschenk. Die Handfläche war mit einer verrückten Goldstickerei besetzt, der Rücken bestand aus weichem, schwarzem Nerz.

»Das einzige, das man einer Frau schenken kann, die alles hat, ist eine neue Erfahrung«, verkündete er. »Geh ins Schlafzimmer, und zieh dich aus! Ich möchte es sofort ausprobieren.«

»Das ist Rudi«, wagte ich einzuwerfen.

»Hallo! Sie können später den Handschuh ausleihen. Jetzt entschuldigen Sie uns aber für einen Augenblick!«

Er schob mich ins Schlafzimmer und ließ Rudi sprachlos zurück.

Amüsiert und freudig beobachtete ich, wie Rudi das Nachsehen hatte. Selbst wenn ich das Ganze bewußt inszeniert hätte, ich hätte mir keine süßere Rache vorstellen können. Zum erstenmal, seit Rudi mich verlassen hatte, war er ganz aus meinem Leben ausgeschlossen. Er war ein unschuldiger Zaungast, der einer stürmischen Romanze zusehen mußte, ohne die geringste Chance, mitspielen zu dürfen.

Evaristo war höflich und aufmerksam Rudi gegenüber, er behandelte ihn als den alten Mann, der er schließlich war, und gab ihm deutlich zu verstehen, daß er der Vergangenheit angehörte. Es war, als wollte er ihm sagen: »Du hast sie früher gehabt, und dann hast du sie fallengelassen. Jetzt bin ich an der Reihe. Du hast keine Rechte mehr.« So entschieden habe ich mich nie ausgedrückt.

Rudi war eifersüchtig. Nachts lief er unruhig hin und her. Er ging hinaus auf die kalte Terrasse und schritt unter dem winterlichen Sternenhimmel vor unserem Schlafzimmerfenster auf und ab. Wir achteten nicht darauf. Wir spielten nur vor unserem eigenen Publikum. Halb angezogen ließen wir uns durch die Wohnung treiben. Wir fühlten uns beide wie in den Ferien. Zum erstenmal waren wir so richtig für uns beide da. Durch Rudi ließen wir uns nicht davon abhalten, dies aus vollen Zügen zu genießen.

So schnell, wie er gekommen war, verschwand Evaristo auch wieder, Rudi und den Pelzhandschuh zurücklassend. Weihnachtsurlaub hatte er nicht bekommen. Aber Rudi wollte Weihnachten im Kreis unserer Familie verbringen. Warum auch nicht? Bis Januar waren Opernferien, sein Vater wollte seine Schwester in Wien besuchen, aber Fiona wollte mit ihrer Familie herüberfliegen und die Tage bei ihrer Schwester verbringen.

Diesmal war Vanessa an der Reihe, das Weihnachtsfest auszurichten, und sie machte das ganz wunderbar in ihrem alten Bauernhaus mit den vielen offenen Kaminen. Es war eine Mischung aus englischen und italienischen Bräuchen. Nach Weihnachten kamen sie alle nach Rom, um an den Jahrmarktsbuden der Piazza Navona Spielzeug zu kaufen. Mit meinen Enkelkindern zog ich von Kirche zu Kirche, um die verschiedenen Weihnachtsdekorationen anzusehen; die Kirchengemeinden schienen untereinander mit immer aufwendigeren Krippen zu wetteifern, einige waren sogar zum Aufziehen. Weihnachtskarten aus aller Welt häuften sich auf dem Kaminsims, und der Fußboden war mit Geschenkpapier übersät.

Bald fielen die Tannennadeln auf den Fußboden unter meinem Weihnachtsbaum, und nach der zwölften Nacht entfernte ich alles aus der Wohnung, die Dekoration und die Besucher. Rudi fuhr nach Mailand,

Fiona flog samt Familie nach England zurück, und Vanessa lebte wieder zurückgezogen auf dem Land. Das Familienleben ruhte wieder ein paar Monate lang, und ich konnte mich wieder meiner Arbeit widmen. Ich hatte ein Angebot für einen neuen Film in Jugoslawien.

Postkarte an den Gefreiten Nicolai, Triester Kaserne. 16. Januar 1970.

Bald werde ich unmittelbar über der Grenze in Deiner Nähe sein. Vielleicht können wir den Krieg erklären und uns im Niemandsland treffen.

Anne

Das Niemandsland lag viel weiter weg, als ich dachte, und es war ausschließlich mit Männern bevölkert. Ich hatte mich für diesen Film entschieden, um in der Nähe von Evaristo sein zu können, aber nun befand ich mich hinter dem Eisernen Vorhang bei den Aufnahmen zu einem Kriegsfilm an der falschen Grenze. Der Drehort lag nämlich in unmittelbarer Nähe von Rumänien. Ich war also weiter von Evaristo weg als in Rom.

Unsere Filmarbeiten hatten uns in eine kleine Provinzstadt in Mitteljugoslawien verschlagen, in der es nicht einmal mehr ein Pferd gab; wahrscheinlich war es schon längst im Restaurant des drittklassigen Hotels serviert worden. Es gab nicht einmal genügend Einzelzimmer, so daß die meisten des Aufnahmeteams in den Zimmern wie die Heringe aufeinanderlagen. Ich war glücklich dran: ich hatte ein Dreibettzimmer, aber schließlich mußte ich darin auch meine Büroarbeiten erledigen. Es war eisig kalt und der Wind blies ununterbrochen direkt von Sibirien über die öden Ebenen.

»Rußland ist näher, als man glaubt«, sagte der Kameramann und rieb sich seine erstarrten Finger. »Ich danke Gott für meine automatische Kamera. Wenn ich daran denke, daß zu Stummfilmzeiten noch mit der Hand gekurbelt wurde!«

»Ich stricke dir ein Paar Fausthandschuhe«, versprach ich.

»Danke. Und wenn du schon an die Arbeit gehst, stricke mir auch einen Sackwärmer, sonst friert mir der auch noch ab. Es ist sogar zum Bumsen zu kalt.«

Aber so war es nicht. So ist es nie. Das italienische Team dachte nicht daran, Hungers zu sterben, weder sexuell noch sonstwie, obwohl die meisten jetzt schon zwei Monate von zu Hause weg waren. Das Hotelrestaurant servierte nun zu jeder Mahlzeit Spaghetti, und der Hotelmanager hatte aus Belgrad Verstärkung des weiblichen Personals angefordert. Selbst die Strichdamen des Orts gehörten zum Hotelpersonal, und da die Hotels in Jugoslawien staatliche Betriebe sind, waren sie Angestellte wie alle anderen auch, mit den üblichen Sozialleistungen.

Ganz am Rande gelangte auch ich in den Genuß einiger ganz ungewöhnlicher Wohltaten des kommunistischen Staates. Da wir einen Kriegsfilm drehten, stand die ganze jugoslawische Armee zu unserer Verfügung, und ich selbst verfügte über ein paar jüngere Offiziere. Väterchen Staat sorgte wirklich für alles, und es war mir wichtig, einiges von meiner Schuld in meinem Schlafzimmer wieder abzutragen.

Postkarte an die Triester Kaserne. 20. Januar 1970.

Auch ich leiste jetzt meinen Wehrdienst. Es tut meinem Serbokroatisch sehr gut.

Anne

Antwortkarte nach Novi Sad.

Treibe es nicht zu toll auf Serbokroatisch. Denk dran, daß ich in diesem Sommer entlassen werde.

Evaristo

Postkarte an die Triester Kaserne.

Wer rastet, rostet. Das willst Du doch nicht, oder?

Anne

Ich rostete zwar nicht, aber ich fror. Es war ein langer, strenger Winter, und es war ein langer, schwieriger Film. Beinahe jeden Abend erlaubte ich Offizieren der unterschiedlichsten Ränge, ihre Uniform an meinen Bettpfosten zu hängen, damit es im Bett ein wenig wärmer wurde. Der Zutritt zum Hotel war für Unteroffiziere und Mannschaften verboten – der Kommunismus war nicht für Gefreite da.

Ab und zu konnte ich übers Wochenende nach Belgrad fahren. Einmal wurde ich im Fahrstuhl des Metropol-Hotels gegen einen gutaussehenden jungen Mann gepreßt, der später nach Novi Sad nachkam.

»Schlachtenbummler«, meinte der Kameramann. »Sie kommen in allen Spielarten und Geschlechtsgewohnheiten.«

»Er ist mein Kampfruf für die Befreiung der Frau«, erwiderte ich. »Wenn wir Mädchen jetzt schon in den Krieg ziehen müssen, wollen wir auch alle militärischen Rechte.«

Ich hatte schon Angst, mein Schlachtenbummler würde mir bis nach Rom folgen. Ziemlich viele Jugoslawen warten geradezu auf naive Touristinnen, die ihnen den Weg in die westliche Freiheit öffnen. Dieser da besaß sogar die Frechheit, mich anzupumpen, noch bevor wir zum Orgasmus gekommen waren. Ich sehne mich nach Evaristo, dem es nur um die Sache selbst zu tun war.

Postkarte an die Triester Kaserne. 8. März.

Mein Krieg ist zu Ende. Nächste Woche fahren wir nach Rom zu den Studioaufnahmen zurück. Kannst Du keinen Urlaub bekommen und mich in Rom treffen? Ich habe die slawische Melancholie satt und sehne mich nach Deinem Humor.

Anne

Postkarte, die ich erst in Rom vorfand.

Mein Humor braucht Dich auch. Ich kann es kaum erwarten. Aber ich bekomme jetzt so kurz vor der Entlassung kaum noch Urlaub.

Evaristo

Trotzdem schafften wir es, uns eine Nacht lang in Bologna zu treffen. Er reiste halb den italienischen Stiefel hinab, ich den halben Stiefel hinauf; wir hatten Bologna als Ort unserer glücklichen Wiedervereinigung gewählt, weil es Italiens wichtigster Schnittpunkt von Fernverbindungen aus allen Richtungen war. Außerdem war Bologna berühmt für seine Küche. Wir trafen uns am Bahnhof und gingen ins nächstgelegene Hotel.

»Wir haben nicht soviel Zeit, um zu bumsen *und* zu essen«, meinte Evaristo. »Es sei denn, wir machen beides zu gleicher Zeit.«

Wir gingen ins Bett und begannen unser Liebesspiel; wir hatten ein üppiges Essen bestellt. Als es aufs Zimmer kam, setzten wir uns nackt auf und aßen im Bett »Tortellini alla crema«.

»Ich weiß nicht, was ich lieber essen möchte«, sagte ich, den Mund voll mit cremigen Tortellini und Parmesankäse, »dich oder diese köstlichen kleinen Rettungsringe.«

Später probierte ich Evaristos »Spezialität des Hauses«. Ich hatte schon ganz vergessen, wie groß er war. Er paßte kaum in meinen Mund.

»Mmmm ... sehr reichhaltige Soße!« sagte ich, als es vorbei war. »Über Qualität und Geschmack von Samen könnte ich eine ganze Doktorarbeit schreiben. Deiner zum Beispiel ist sehr dick und schmeckt bitter.«

»Es scheint dich nicht abzustoßen, oder doch?«

»Nichts stößt mich bei meinen Mahlzeiten ab. Da gibt es die Liebe und da das Essen, ich brauche beides zur Ernährung. Die wirkliche Frau der Gefühle ist weder allzu wählerisch noch ausgehungert.«

»Wenn ich verliebt bin, bin ich nicht hungrig«, stellte Evaristo fest und beugte sich vor, um noch etwas Dessert zu nehmen, einen Biskuitauflauf.

»Dann liebst du mich also nicht? – Dein Appetit ist ungeheuer.«

»Nach einem Jahr Wehrdienst habe ich auf alles Hunger, auf Essen, Sex, Freundschaft, Liebe, Geld. Du und niemand anderer sonst vereinigt dies alles auf sich. Ich will dich. Ist das nicht Liebe?«

»Es hört sich ziemlich nach Gier an.«

»Ich bin glücklich mit dir. Ist das nicht Liebe?«

»Wenn Glücklichsein Liebe wäre und Liebe Glücklichsein! Liebe bedeutet aber auch Leiden und Opfer und Enttäuschung.«

»Davon möchte ich jetzt nichts wissen. Ich bin nur an den Sonnenseiten des Lebens interessiert.«

Die Unterhaltung stockte, weil er mit seinem Biskuit fertig war und sich jetzt an meinen Brustwarzen zu schaffen machte, was mich um den Verstand brachte.

Am nächsten Morgen trennten wir uns erst am Bahnhof; er fuhr zurück in die Kaserne, weil er sonntags keine Ausgangserlaubnis hatte, ich nach Rom, um zu arbeiten. Ich hatte sechs Stunden Zeit, um im Zug über das Glück und die Liebe nachzudenken. Das Glück kann ermüdend sein; war es schon an der Zeit, mich auf ein einfaches, weniger anstrengendes Zufriedensein zurückzuziehen?

Brief an Rudi.

Mein Liebster, ich beginne, meine Jahre zu spüren. Als Du mich verlassen hast, habe ich geschworen, daß Männer nicht mehr als Zerstreuung sein sollen, also keine tiefergehenden Beziehungen mehr, keine Zukunftspläne mehr. Jetzt ermüden mich sogar die Zerstreuungen. Evaristo ist derjenige, der mich von allen am meisten zerstreut hat, aber er braucht mehr, als ich ihm geben kann. Und ich habe schon alles gegeben. Was soll ich jetzt tun?

Anne

Telegramm von Rudi.

Lerne zu nehmen.

Rudi

Was ich jetzt vorbereitete, stellte sich als erstes einer ganzen Reihe von wundervollen Wochenenden heraus, zu denen wir uns den Frühling und den Sommer hindurch trafen. Sobald Evaristo Wochenendurlaub bekam, waren wir beisammen, immer an einem anderen Ort. Ich machte meinen Arbeitsplan so, daß ich am Freitagabend losfahren konnte; am Samstagmorgen lagen wir einander in den Armen. Auch er reiste meist über Nacht mit seinem Militärausweis; wo immer wir uns schließlich trafen, es begann mit einem Frühstück im Bett. Dann stellten wir das Tablett auf den Fußboden und sahen einander tief in die Augen.

»Laß uns bei jedem Treffen eine neue Position ausprobieren«, sagte Evaristo. »Wenigstens beim erstenmal. Dann meinetwegen all das, mit dem wir es jedesmal bringen.«

Ich hatte ihm einen pornographischen Tierkreis mit zwölf Liebespaaren in unterschiedlichen Stellungen anstatt der üblichen Tierkreissymbole geschenkt.

»Ich weiß nicht, woher du noch die Kraft nimmst, an ein solch ehrgeiziges Programm überhaupt nur zu denken«, sagte ich. »Du hast doch erst diese anstrengende Reise hinter dir.«

Wir lagen in einem wunderbaren, antiken Rokokobett, alles holzgeschnitzt, gedrechselt und vergoldet, und darüber schwebte ein echter Vigée Le Brun in herrlichen Pastellfarben. Und im Badezimmer, in dem Evaristo gerade geduscht hatte, hing ein echter Picasso.

»Kein sehr wertvoller. Gerade passend zum Badezimmer«, hatte unser Gastgeber gemeint.

Wir befanden uns bei meinem Cousin, der in der Toscana ein Schloß aus dem 18. Jahrhundert besaß. Mein Cousin ist einer der letzten wirklich großen Gentlemen auf der Welt. Er ist auch schon als »nettester Mann der Welt« bezeichnet worden; dieser Titel paßt wunderbar zu ihm. Sein Vermögen hatte er geerbt, und es wurde der Bestimmung zugeführt, für die es gedacht war: ein angenehmes Leben zu garantieren. Das Schloß zählt 99 Räume, die Weinkeller und Vorratsräume eingeschlossen, einen Park mit einem Schweizer Chalet, einem römischen Amphitheater für private Vorstellungen, einigen Etruskergräbern und einem beheizten Swimming-pool.

Evaristo war die Nacht hindurch bis zur nächsten Bahnstation gefahren, schließlich in der Morgendämmerung per Autostopp vor den großen Eisentoren angekommen, wo ihn ein Nachtwächter hereingelassen hatte. Der Wächter hatte eine kleine Nebentür des riesigen Anwesens geöffnet und Evaristo eine Karte in die Hand gedrückt, die ich am Abend zuvor gezeichnet hatte, um ihm den Weg zu meinem Schlafzimmer zu zeigen.

»Was wird es diesmal sein?« sagte Evaristo und stellte unseren erotischen Tierkreis auf den Kopf, um die verwickelte Liebesstellung besser erkennen zu können.

»Irgend etwas Französisches, glaube ich, um der Dame über unserem Bett einen Gefallen zu tun«, schlug ich vor.

Schließlich waren wir bei der Neunundsechzig – nicht gerade meine Lieblingsstellung, aber irgendwie schien sie zu der ganzen Situation zu passen. Und Evaristo paßt ja auch zu allen Gelegenheiten. Bevor ich sein riesiges Ding in den Mund nahm, sagte ich noch: »Kleine Männer sind oft große Liebhaber.«

Auf französisch antwortete er: »Eine alte Henne gibt eine gute Suppe.«

Als wir wach wurden, stand die Sonne schon hoch am Himmel über der Toscana. Als wir durch den Garten in Richtung auf den Swimming-pool gingen, kam ein Gärtner aus dem englischen Rosengarten und ging uns voran zu der türkischen Klause, aus der er Kissen für die Liegestühle und Pfauenfederfächer heraustrug, die er auf die Bambustische neben dem Swimming-pool legte. Dann spannte er die schattenspendenden thailändischen Lackschirme auf.

»Ich halte das nicht mehr aus«, sagte Evaristo, »das ist ja wie im

Märchen. Jetzt brauche ich einen harten Drink, um wieder klarzukommen.«

»Geh in die türkische Klause – dort findest du eine Bar.«

Ich hörte ihn seufzen, als er eintrat. Die Klause war rund, und in der Mitte stand ein Tisch mit allerhand Trinkbarem und allen erdenklichen Sonnencremes und Badeölen darauf. An den Wänden entlang verliefen gepolsterte Bänke, auf denen Sarongs und exotische Kopfbedeckungen für den Schmuck und das Vergnügen der Gäste ausgelegt waren.

Evaristo entschloß sich für einen feuerroten Sarong und ein schmales französisches Badehöschen, das er aus einem Sortiment für diejenigen Gäste ausgewählt hatte, die etwas unvorbereitet kamen.

»Dieser Minislip ist deinem Sinn für Humor ja kaum gewachsen«, bemerkte ich.

In diesem Augenblick erschien mein Cousin und hörte natürlich meine Bemerkung. »Wie glücklich mußt du sein, meine Liebe, über einen jungen Mann mit soviel Sinn für Humor zu verfügen!«

Wir gaben uns einen Gutenmorgenkuß, und schon erschien ein Dienstmädchen aus dem Haus hinter dem Lotusteich mit einem Teller Wachteleiern, die zwischen den Drinks geschlürft werden.

»Es fehlt nur noch eines«, neckte ich meinen anbetungswürdigen Cousin: »Ich vermisse einen nubischen Sklaven, der mir mit dem Pfauenfederfächer frische Luft zufächelt.«

Wie auf Bestellung kam ein wunderschöner, weißgekleideter Inderjunge den Gartenweg entlang. Der neueste Import meines Cousins aus dem Fernen Osten verbeugte sich vor mir, küßte meine Hand und begann dann mit einer zierlichen Bewegung seiner zerbrechlich wirkenden Handgelenke den Fächer zu bewegen. Ich bemerkte, daß er eine kleine, viereckige Armbanduhr von Cartier trug, deren Krone mit einem Saphir besetzt war.

Evaristo tummelte sich indessen im Swimming-pool, und sein kräftiger, kleiner Körper stand in direktem Gegensatz zu all dem Luxus und Raffinement.

»Was möchtet ihr gern zu Mittag essen?« wollte mein Cousin wissen.

Ich kann mich nicht mehr daran erinnern, was es zum Mittagessen gab – wahrscheinlich etwas mit einer Creme und Trüffelsauce. Oder vielleicht das köstliche englische Roastbeef mit frisch gepflückten Erbsen. Mein Cousin hatte auch Züge des Einfachen, die von seinem wirklich guten Geschmack herrührten, und trotz all der Dinge, die ihn umgaben, war er ein einfacher Mann.

Wenn ich mich auch nicht mehr an die Mahlzeiten erinnern kann, an die Stellungen des Tierkreises erinnere ich mich genau; an diesem kurzen Wochenende probierten wir sie alle zwölf durch.

»Willst du nicht beim nächstenmal wenigstens eine weglassen?« bat ich ihn, als wir an dem langen, heißen Sonntagnachmittag in dem Wäldchen in der Nähe des römischen Amphitheaters spazierengingen.

»Vielleicht komme ich nicht mehr aus dem Krieg zurück, deshalb möchte ich jetzt die Novemberstellung«, bestand Evaristo und ließ mich auf den gefallenen Stechpalmenblättern niederknien; mein weißes Seidenhöschen mußte ich herunterziehen. »Dein Körper ist über und über rosig von der Sonne«, sagte er und küßte mich auf beide Hinterbacken.

Das letztemal gingen wir im Mondschein spazieren, dann brachte der Chauffeur Evaristo zu seinem Nachtzug. Ich blieb noch bis Montagmorgen. Wir schlenderten bis zum Ende des Gartens, wo in einem Zierteich drei verschiedene Arten von Wasserlilien blühten. Ich erinnere mich besonders gut an die gelben, die im Mondlicht zu glühen schienen, während wir uns verabschiedeten. Wir legten uns an den Rand des Teiches, und während wir es zum letztenmal trieben, bemerkte ich, wie im Augenblick des Orgasmus eine blaue afrikanische Wasserlilie vor meinen Augen aufplatzte. Das war ein glücklicher Schluß von Position Nummer zwölf.

Liebster Coz [schrieb ich später],

es wird ziemlich schwer sein, sich auch anderswo mit den Selbstverständlichkeiten zu umgeben, mit denen Du aufwarten kannst. Ich habe Evaristo bei jedem unserer Treffen ein exotisches Abenteuer versprochen. Was bleibt mir noch, wenn Du schon der Höhepunkt warst? Ich hätte Dich bis zum Schluß aufheben sollen. Ich danke Dir jedenfalls, daß Du uns einen solch wunderbaren Anfang beschert hast.

Deine dankbare Anne

Dieser Standard war in der Tat nur schwerlich zu halten. Aber Evaristos jugendlicher Übermut machte alles wett, so daß wir eine wunderbare Zeit verlebten, wo immer wir uns befanden. Aber ich begann darüber nachzudenken, wie sich wohl alles entwickeln würde, wenn er entlassen und wieder in Rom sein würde. Ich glaubte nicht, daß unsere Beziehung von der beständigen Flamme der Liebe genährt wurde – sie kam mir eher wie eine regelmäßige Folge von abendlichen Feuerwerken vor.

Wie würde ich ihn empfinden, wenn er zurück war und bei mir bleiben wollte? Konnte ich noch einmal soviel Standfestigkeit aufbringen? Würde ich eine Beziehung zu ihm ertragen können, die von Tag zu Tag in Frage gestellt war?

Nachdem Evaristo aus dem Militärdienst entlassen und wieder in Rom war, entfernte er als erstes das Foto von Rudi von meinem Toilettentisch. Seit dem Tag, an dem mir Rudi dieses zauberhafte Tischchen in der Via dei Coronari gekauft hatte, stand das Foto zwischen den silbernen Bürsten und Flakons. Mit seinem angedeuteten Lächeln hatte er mich zwanzig Jahre lang an jedem Morgen aus seinem Silberrahmen heraus begrüßt, und jetzt sollte es mir fehlen! Evaristo war der erste Liebhaber, der daran Anstoß nahm. Sogar meine Ex-Ehemänner hatten bei ihren verschiedenen Aufenthalten in meiner Wohnung das Foto als Bestandteil meines Seelenlebens akzeptiert.

»Ich bin nicht sicher, ob mir diese symbolische Handlung gefällt«, sagte ich zu Evaristo, während ich das Foto in eine Schublade legte. »Übernimmst du dich auch nicht, wenn du alle anderen Männer aus meinem Leben verdrängen willst?«

»Ich und mich übernehmen! Ich muß auf meinen Ruf achten. Wie sagt man? ›Klein, aber oho!‹ Wo ich stehe, ist für niemand anderen Platz!«

Und er stand ziemlich oft. Es machte mich nervös. In der Kette unserer kurzen Abenteuer war er ein glänzender Unterhalter gewesen, aber als Dauerverhältnis erschöpfte er mich, ergriff völlig Besitz von mir und ließ mich mein fortgeschrittenes Alter spüren.

»Ich werde meinen jungen Hüpfer aufgeben müssen«, sagte ich zu meiner Freundin Franca; sie ist eine der wenigen wirklich emanzipierten italienischen Frauen, die ich kenne. »Würdest du dich für Evaristo interessieren?«

»Er wird dir fehlen. So einen bekommst du nie mehr – er ist einzigartig.«

»Ich weiß – aber ich kann körperlich nicht mehr mit ihm mithalten, und seelisch schon gar nicht. Die Geschichte mit Joseph reicht mir bereits.«

»Du wirst einsam sein.«

»Ich werde es aushalten.«

»Und Evaristo wird dich nie verlassen.«

»Muß er auch nicht. Aber er soll anderswo ein bißchen Dampf ablassen.«

»Ich bin gespannt, wie du das anstellen willst.«
Es war nicht einfach. Jedesmal, wenn ich aus der Falle schlüpfen wollte, fing mich Evaristo mit seinem Charme und seiner Kraft wieder ein. Seine Gesellschaft war aufregend, sein Körper stellte mich mehr als zufrieden. Wahrscheinlich bedurfte es höherer Macht, um ihn aus meinem Leben zu entfernen.

»Hallo, Anne! Mia cara! Come stai? Wo, zum Teufel, hast du die ganze Zeit gesteckt?«
Der rauhe römische Tonfall war unverkennbar. Es war mein lieber Lastwagenfahrer. Von Zeit zu Zeit parkte er in meinem Leben, und diesmal hatte ihn mir der Himmel im rechten Augenblick geschickt. Ich hatte ihn über Jahre hinweg nicht mehr gesehen.
»Ich bin im Ausland gewesen; ich war verliebt; außerdem bin ich alt geworden.«
»Ach was! Das kann mich alles nicht abhalten. Ich komm' gleich rüber. Bist du allein?«
»Ja, ich bin allein!«
Evaristo war mit einigen Studienfreunden ausgegangen. Er studierte jetzt Architektur, aber er nahm sein Studium ebenso leichtfertig wie er den Militärdienst genommen hatte. Ich unterstützte seine Kontakte zu seinen Studienfreunden nach Kräften, in der vagen Hoffnung, daß er sich von ihrem Studieneifer vielleicht anstecken ließ. Außerdem hatte ich dadurch ein paar Abende für mich, wie heute zum Beispiel.
»Ich komme gleich zu dir. Ich lasse meinen Lastwagen einfach am Marktplatz stehen. Jetzt um diese Zeit stört sich noch kein Mensch daran.«
Wahrscheinlich würde sich doch jemand daran stören. Gewöhnlich wurden die über Nacht abgestellten Autos am Morgen abgeschleppt. Pietro hatte seinen leeren Lastzug schon einmal dort abgestellt, und keiner hatte so recht gewußt, was mit dem Ungetüm anfangen. Als wir dann am Morgen hinuntergekommen waren, hatten sie ihre Stände rings um den Lastzug aufgebaut, und einer verkaufte sogar Orangen von der leeren Pritsche herab.
»Gut, dann komm schon! Ich brauche dich!« sagte ich, weil ich den Zauber Evaristos nun unter allen Umständen brechen wollte.

Nun hatte ich in den starken Armen von Pietro gelegen und seinen strengen, männlichen Schweiß gerochen; er durfte alles das mit mir machen, was er sonst entlang der Landstraßen von den Prostituierten geboten bekam. Er war wie eine Naturgewalt, und alles, was er tat, war völlig in Ordnung und natürlich, obwohl es bei einem anderen Mann vielleicht dreckig gewirkt hätte. Diesmal war er während der Dämmerung aufgestanden, noch bevor der Marktrummel losging. Ich hörte noch, wie er seinen Fünftonner startete und losfuhr. Keine Probleme – friedlich schlief ich wieder ein.

Gegen Mittag schneite Evaristo herein. Es war Sonnabend, und ich hatte frei – endlich hatte man gegenüber der italienischen Filmindustrie durchgesetzt, daß samstags nicht gearbeitet wurde, was schon längst überfällig gewesen war.

»Ich hatte heute nacht einen Gast«, erzählte ich Evaristo.

Ein Ruck ging durch ihn hindurch, aber er sagte nichts, als hätte er nicht richtig verstanden. Ich hoffte, er würde es mir mit meiner Beichte einfach machen.

»Willst du gar nicht wissen, wer es war?«

»Wir haben uns nie gegenseitig Fragen gestellt – wir haben immer schon die Antworten gekannt und sie für uns behalten!«

»Vielleicht stelle ich mir aber jetzt selbst Fragen?«

»Was zum Beispiel?«

»Zum Beispiel, ob wir nicht altersmäßig viel zu weit auseinander sind. Oder ob ich noch die Kraft habe, einem einzigen Mann alles zu geben, was ich habe? So viele andere Menschen wollen mich in Beschlag nehmen: meine Familie, meine Freunde zum Beispiel; habe ich dann noch genügend für uns beide übrig? Und dann – seit langem will ich keinen ständigen Liebhaber mehr!«

Evaristo war währenddessen auf und ab gegangen. Jetzt hielt er inne und fragte mich gespannt: »Gibt es irgend jemand, der dich glücklicher macht als ich?«

»Nein. So nicht. An sich habe ich mit dir kein Problem, nur – du nimmst mich zeitlich zu sehr in Beschlag. Du kennst doch das alte Sprichwort: ›Wenn du einen Tag lang glücklich sein willst, heirate; wenn du eine Woche lang glücklich sein willst, verliebe dich; wenn du dein Leben lang glücklich sein willst, bestelle einen Garten.‹ Vielleicht ist der Tag gekommen, an dem ich die Sache mit den Männern an den Nagel hänge und statt dessen Rosen züchte.«

Seine Spannung wich ein wenig. Ich bemerkte, daß er seine Eifersucht nur mühsam unterdrückt hatte. Wir waren niemals lange genug beisammen gewesen, als daß sie sich offen hätte zeigen können, und während unserer kurzen Unterhaltungen war ich ihm immer ganz ergeben gewesen. Und er hatte mich auch nie danach gefragt, was ich in der Zwischenzeit trieb.

»Kann ich nicht eine von den Rosen in deinem Garten werden?«
Er nahm mich in die Arme. Alles war wie sonst auch, sowohl körperlich als auch seelisch. Wahrscheinlich war ich noch nicht soweit, die Sache mit dem Gartenbau aufzunehmen. Mit letzter Kraft wehrte ich mich: »Es gibt da noch andere Rosen ...«
»Welches ist deine Lieblingssorte?«
»Eine Rose, die ›Frieden‹ heißt. Mit blaßrosa Rändern.«
»Dann werde ich alles tun, um blaßrosa Ränder zu bekommen!«
Wir gingen ins Schlafzimmer. Es war ein sonniger Nachmittag, und das Kristallprisma erfüllte das Zimmer mit seinen Regenbogenfarben.

Plötzlich war es draußen heiß und stickig geworden. Meine Freundin Franca war eines Abends zum Essen auf der Terrasse herübergekommen; sie trug ein reizendes Fähnchen aus den dreißiger Jahren, das sie aus dem Kleiderschrank ihrer Mutter gezogen hatte. Sie hatte sehr viel Geschmack und wirkte nicht älter als Evaristo, obwohl sie die Vierzig schon hinter sich haben mußte. Sie hatte es gerade nicht einfach, weil sie ihr Freund verlassen hatte und sie gleichzeitig umziehen mußte, aber sie war eine Frau, die sich nicht so leicht aus der Ruhe bringen ließ. Evaristo himmelte sie an.

»Du möchtest am liebsten mit ihr ins Bett?« fragte ich ihn, als Franca gegangen war.

»Ich hätte nichts dagegen. Aber wenn schon, dann mit euch beiden, in Omas leinenen Liebestötern, die einen erst so richtig in Stimmung bringen.«

»Den flotten Dreier habe ich nicht gemeint. Und für Omas Liebestöter bin ich zu alt – einfach zu alt, als hätte ich sie seit vierzig Jahren nicht herunterbekommen.«

»Entweder beide oder gar nichts. So leicht wirst du mich nicht los!«

Francas neue Wohnung befand sich in der Nähe der Wohnung von Evaristos Familie. Ich rief sie an, um ihr zum Einzug alles Gute zu wünschen.

»Bist du heute abend zu Hause? Ich möchte dir zur Wohnungseinweihung ein Geschenk machen.«

»Wie aufregend! Was ist es denn?«

»Eine altmodische Bettflasche!«

In Wirklichkeit meinte ich Evaristo. Er durfte nichts ahnen, aber alles mußte darauf hinauslaufen, daß er meine beste Freundin ebenso selbstverständlich wie unausweichlich auf die Matte nagelte. Ich ebnete ihm den Weg.

»Darling, Franca geht es im Augenblick nicht gerade gut«, sagte ich an jenem Abend zu Evaristo. »Willst du ihr heute abend nicht ein Geschenk zum Einzug in ihre neue Wohnung vorbeibringen?«

»Aber ich gehe doch gar nicht nach Hause, ich wollte die Nacht bei dir bleiben!« warf er ein.

»Du darfst ja zurückkommen, wenn du möchtest. Aber du solltest wirklich einmal wieder bei deiner Familie vorbeisehen; außerdem ist das Geschenk so empfindlich, daß es unbedingt von jemand persönlich abgegeben werden muß.«

Ich hatte eine milchglasfarbene Vase in Form einer Hand gekauft und gelbe Rosen hineingetan; das ganze Arrangement hatte ich in durchsichtiges Papier gepackt. In einem versiegelten Umschlag hatte ich eine kurze Bemerkung beigefügt:

»Stelle die Rosen ins Wohnzimmer, und geh mit Evaristo ins Schlafzimmer. Sein Gefühl für Humor ist das Größte in der ganzen Stadt. Ich bin glücklich, wenn ich es mit dir teilen kann. Mindestens jede zweite Nacht muß ich Ruhe davor haben.«

Ich erzählte Evaristo noch, daß ich mir um Franca ein wenig Sorgen machte, weil sie ihren Verflossenen nicht so einfach vergessen konnte, indem sie mit jemand Beliebigem ins Bett stieg, und Franca erzählte ich, daß sie sich schon Mühe geben mußte, um Evaristo ans Ziel ihrer Wünsche zu bringen. Alles sollte und mußte so ablaufen, daß der junge Mann die Achtung vor sich selbst nicht verlor.

»Bist du sicher, daß du es nicht bereuen wirst?« wollte Franca wissen. »Unsere Freundschaft soll doch unter keinen Umständen darunter leiden!«

»Im Gegenteil, du tust mir damit einen Gefallen. Er wird nie auch nur eine Silbe erfahren, und ich bin von dem ungeheuren seelischen Druck befreit und kann körperlich eine Weile aufatmen. Er hat für uns beide genügend Saft in sich und ist abenteuerlustig genug, um sich glänzend mit dir zu unterhalten, unter der Voraussetzung allerdings, daß er das Gefühl hat, die Fäden in der Hand zu halten. Er darf unter keinen Umständen merken, daß er ein abgekartetes Spiel vor sich hat.«

Evaristo trollte sich zum Autobus, und ich verbrachte den Abend zufrieden mit Gartenarbeiten. Ich vermied es peinlich, ihn mir in Francas Armen vorzustellen, aber ich war eifersüchtiger, als ich mir vorgestellt hatte. Er bedeutete mir doch ungeheuer viel, aber das war genau der Grund, der mich maßlos aufregte; er untergrub mein Prinzip der Zerstreuung. Aber lieber gehe ich für kurze Zeit durch die Hölle der Empfindungen, als lange an der Trennung zu leiden. Ich will kein altes Bettelweib werden, das sich nach den Zärtlichkeiten eines geilen Jünglings sehnt. Ich muß die Kraft aufbringen, ihm seine Freiheit wiederzugeben, bevor er selbst sie von mir fordert.

Verbissen widmete ich mich dem Unkrautjäten. Ich redete mir pausenlos zu, daß das alte Sprichwort richtig war: Die Liebe dauert nur einen Augenblick, der Garten ist für immer. Aber im Innersten war ich so gar nicht überzeugt. Zum Teufel mit dem Garten!

Ich ging in die Wohnung, wusch meine Hände und zog mich aus. Felsenfest war ich davon überzeugt, daß Evaristo aus dem Bett von Franca springen und in meines zurückeilen würde. Der Versuchung, uns beide während einer Nacht zu besitzen, würde er einfach nicht widerstehen können. Ich sehnte mich nach Evaristos einen Viertelmeter langem Gefühl für Humor und einer Nacht voller Entzücken. Ich mußte den Verstand verloren haben, als ich glaubte, ohne all das auskommen zu können.

Ich zog ein schlichtes weißes Nachthemd an und betrachtete mich im Spiegel. Ich konnte wohl erkennen, daß ich nicht wie eine unschuldige junge Braut aussah, sondern eher wie eine alte Schachtel aus dem 19. Jahrhundert. Mein Gesicht wirkte noch ziemlich faltenlos und frisch, aber um die Augen herum sah ich müde aus – sie schienen zuviel gesehen zu haben. Außerdem warf mein Körper Falten über Falten.

Ich machte die Nacht über kein Auge zu, aber Evaristo kam nicht. Er rief auch nicht an; statt dessen bedankte Franca sich am Morgen telefonisch für die Gastgeschenke.

»Die Vase ist himmlisch, und die Wärmflasche funktioniert hinreißend«, meinte sie.

»Gib ihm meine Liebe.«

»Wenn er wieder auftaucht, gern, aber ich glaube, er wird zuerst bei dir aufkreuzen.«

»Ist er denn nicht mehr bei dir?«

»Nein, ist er nicht bei dir?«

Zwei Tage lang haben wir ihn beide nicht gesehen, dann kam er wieder zu Franca. Am nächsten Morgen rief sie mich an.

»Er hat deinen Brief gelesen, bevor er mir die Vase gebracht hat; er fühlt sich von dir beleidigt«, erzählte sie mir.

»Aber ich habe den Brief doch versiegelt!« warf ich aufgebracht ein.

»Schon, aber offensichtlich hat er ihn geöffnet. Im Krieg und in der Liebe ist eben alles erlaubt; im übrigen glaube ich, daß er dich noch immer liebt. So einfach jedenfalls läßt er nicht mit sich umspringen.«

»Wenn er mich noch liebt, wird er mir eine Chance geben!«

Aber Evaristo gab mir keine Chance mehr, sein Stolz war ebenso groß wie sein Gefühl für Humor, und infolgedessen blieb er aus. Schließlich schrieb ich ihm kurz:

»Mein Bett wird allmählich zu kühl.«

An jenem Abend klingelte es um Mitternacht an meiner Tür. Ich sprang mit einem Satz aus meinem Bett. Ich trug noch immer das schlichte Nachthemd; blitzschnell war ich an der Tür, es konnte ja nur Evaristo sein. Aber vor mir stand ein unbekannter junger Mann – einer der schönsten jungen Männer, die ich je gesehen habe. In der Hand hielt er eine Vase in Gestalt eines Füllhorns, in der eine einzige »Friedensrose« steckte. Der junge Mann kam herein. Er sprach kein einziges Wort, kein Lächeln trat mir entgegen; statt dessen überreichte er mir einen Brief.

»Danke«, sagte ich, weil mir nichts Passenderes einfiel. »Wollen Sie nicht näher treten?«

Der junge Mann setzte sich aufs Sofa, während er die Vase in den Händen hielt. Wie alle Schönheit, wollte auch er unbeweglich und starr bewundert werden.

Liebste Anne [schrieb Evaristo],

eine Rose ist eine Rose, aber gleich und gleich gesellt sich nicht gern. Noch möchte ich einfach so verscherbelt werden. Dennoch sollst Du Deinen Frieden haben. Den jungen Mann habe ich nach dem üblichen Tarif bezahlt, plus Nachtzulage, alles nackt. Ich hoffe, Du hast Deinen Spaß.

Evaristo

Ich ließ den Brief sinken und sah den jungen Mann an. Automatisch lächelte er, kühl, wie auswendig, aber dennoch verbindlich; er streckte mir die Vase entgegen. Ich setzte sie auf dem Tisch ab, und zu meinem eigenen Erstaunen begann ich zu weinen.

Der junge Mann wurde verlegen. Damit hatte er nicht gerechnet, und ich selbst hatte mir ja etwas ganz anderes erhofft.

»Soll ich ein anderes Mal wiederkommen?« wollte er wissen.

»Nein, das wird nicht nötig sein«, schluchzte ich.

Er ging zur Tür, zögerte und sagte dann: »Also dann auf Wiedersehen!«

Meine Tränen hatten ihn verwirrt – und mich nicht weniger. Es gab da nichts, was er für mich tun konnte, also wies ich ihm die Tür. Er fuhr mit dem Fahrstuhl nach unten und verschwand in der Nacht. Ich bedauerte es nicht, daß er so schnell verschwunden war. So schön er auch gewesen war, einen Regenbogen konnte er nicht ersetzen.

Sechstes Kapitel
Das Leben kann früh enden

London, Mitte September 1971.

Eines Morgens wachte ich mit außergewöhnlich starken Schmerzen auf. Am Ende der Woche war mir schließlich klar, daß ich einen Arzt aufsuchen müßte. Ich konnte mich kaum noch aufrecht halten, geschweige denn gehen. Ich war sicher, daß meine Schmerzen seelische Ursachen hatten, was mir fast peinlich war.

Ich rief meinen Bruder Max an. Max war in London zu Besuch, um eine Ausstellung seiner Bilder vorzubereiten; er bewohnte eine sehr gediegene Wohnung, die ihm ein Freund überlassen hatte. Ich dagegen lebte in einer ziemlich schäbigen Behausung, die ich samt einer Legion von Flöhen gemietet hatte. Der Kammerjäger war gerade dagewesen, um sie auszuräuchern. An sich war ich in London, um Ferien zu machen und Fiona mit den Kindern zu besuchen; ich hatte es zeitlich so eingerichtet, daß ich Max bei seinen Ausstellungsvorbereitungen helfen konnte. Wie es jetzt aussah, würde eher er mir helfen müssen.

»Max«, schrie ich durch das Telefon, »ich habe irgendeine hysterische Lähmung erwischt – ich habe große Schmerzen und kann kaum laufen.«

»Sei nicht albern«, sagte mein Bruder. »Von allen, die ich kenne, bist du die letzte, die sich eine Neurose einhandeln würde. Es kann sich nicht um einen seelischen Knacks handeln; du hast Rheumafieber oder akute Arthritis oder Kinderlähmung.«

»Kinderlähmung in meinem Alter? Ich bin vierundfünfzig, Max. Man bekommt mit vierundfünfzig keine Kinderlähmung mehr!«

Aber ich erschrak, weil er recht haben konnte; Hände und Füße waren jetzt gelähmt.

Am nächsten Tag brachte mich mein Bruder zu unserem Hausarzt. Zusammen mit dem Taxifahrer trug er mich ins Wartezimmer.

»Um Himmels willen, Missis Cumming! Warum kommen Sie jetzt erst?«

»Es ist jetzt erst akut geworden. Ich habe nicht gemerkt, daß es so ernst wird. Ich dachte, ich bilde mir das alles ein, um unterbewußte Konflikte zu verstellen.«

»Da haben wir's! Erst hat die Psychoanalyse den Patienten eingeredet, daß sie krank sind, jetzt redet sie ihnen wohl ein, daß sie eigentlich gesund sind. Liebes Mädchen, Sie sind teilweise gelähmt. Ich bin kein Facharzt, aber ich werde Sie sofort überweisen.«

Bevor ich wußte, wie mir geschah, wurde eilig telefoniert, dann war ich wieder in einem Taxi, dann in einem Krankenwagen, schließlich wurde ich auf einer Trage in die Ambulanz des Queen's Hospital getragen.

Dort untersuchte mich ein berühmter Spezialist mit Namen Llewellyn-Jones. Er stach mir mit Nadeln in Hände und Füße. Die Einstiche spürte ich überhaupt nicht. Er klopfte Knöchel und Handgelenke mit einem Perkussionshammer ab – keine Reflexe. Er klopfte auf Kniescheiben und Ellbogen – kaum ein Zucken.

»Füße und Hände fühlen sich bleischwer an? Und die ganze Zeit nadelstichartige Schmerzen?«

»Ja.«

»Hm ... die klassischen Symptome.«

»Symptome wofür?«

»Für eine Entzündung des peripheren Nervensystems.«

»Ich habe noch nie davon gehört. Ist das schlimm?«

»Nicht, wenn nur die Extremitäten befallen werden – im Augenblick sieht es ja ganz danach aus.«

»Werde ich wieder gehen können? Bitte, sagen Sie mir die Wahrheit!«

»Das kann ich Ihnen erst beantworten, wenn wir weitere Tests gemacht haben. Erst müssen wir die Ursache haben, dann können wir mit der Behandlung beginnen. Sie bleiben jetzt zur stationären Behandlung hier.«

Man setzte mich von der Trage auf einen Rollstuhl, und dann schob mich mein Bruder zur Aufnahme.

Da lag ich nun im hintersten Winkel eines Krankensaals mit einem rauhen, baumwollenen Krankenhaushemd am Leib. Mein Bruder war zu mir nach Hause gefahren, um einige Sachen für mich zu holen. Mehrere Medizinstudenten standen um mein Bett herum und blickten gewichtig drein. Sie durften meine Gliedmaßen abtasten und mir Fragen stellen. Der Professor rief einen von ihnen auf, er stach mich wieder mit Nadeln und prüfte die Reflexe. Ich fühlte noch immer nichts.

»Nesbitt, das ist Ihr Fall. Bitte stellen Sie eine ausführliche Analyse an!«

»Ja, Sir. Danke, Sir!« antwortete der junge Mann.

Dann zogen sie zum nächsten Bett weiter. Lauter ernst dreinblickende junge Männer in weißen Kitteln – ich sah ihnen nach, bis sie am unteren Ende des langen Krankenhaussaals waren, der mit Frauen vollgestopft war. Der junge Mann, der mir zugeteilt worden war, gefiel mir am besten von allen. Er hatte ein jungenhaftes Glitzern in seinen Augen. Immerhin, es war ein Junge. Er sah noch einmal vom anderen Ende des Krankensaals zu mir herüber, und wir lächelten einander zu.

Ich verstand jetzt endlich die Bedeutung des Wortes »Patient«. Gemeint war damit jemand, der krank war, aber vor allem unendlich geduldig warten konnte. Ich wußte nicht, worauf ich noch warten sollte, es sei denn auf die Schmerzen, die sich unaufhörlich weiterfraßen, bis sie mich völlig verrückt machten und ich an nichts anderes mehr denken konnte.

Nur mein Bruder kam zu Besuch, er selbst war ja auch Besucher. Meine Tochter Fiona lebte ja außerhalb Londons und konnte sich nicht regelmäßig mit den Kleinen im Schlepptau hierherplagen. Ich hatte ihr dabei gut zugeredet. Auch hatte ich keinem meiner Freunde mitgeteilt, wo ich jetzt war, und ganz bestimmt auch keinem meiner Exliebhaber. Ich wollte sie nicht in Unruhe versetzen. Es war mir lieber, wenn sie beleidigt waren statt traurig; es war mir schon immer verhaßt gewesen, andere Leute mit meinen Sorgen und Mühen zu belasten.

Mein einziger, wirklich menschlicher Kontakt im Krankenhaus war der junge Nesbitt, der meinen Fall analysierte. Nach jeder Visite blieb er noch, um mich genauer zu untersuchen, aber es wollte sich nichts zum Besseren wenden.

Zwischen Nesbitt und mir ging etwas vor, das unser Verhältnis gänzlich von dem üblichen Kontakt mit den Ärzten und Krankenschwestern abhob. Von meiner Seite steckte bestimmt kein Wunschdenken dahinter; aber eines Tages hatten wir eine merkwürdige Unterhaltung, sicherlich die Ouvertüre zu irgend etwas. Da mein Bett in einer Ecke des Krankensaals stand und das Bett gegenüber zeitweise nicht belegt war, war ich ein wenig für mich, und wir konnten uns gemütlich unterhalten.

»Es tut mir leid, aber ich muß Sie ein wenig plagen, ich muß Ihnen

Blut abnehmen«, sagte er, als er am Ende der üblichen Visite durch Mister Llewellyn-Jones zu mir zurückkam.

»Nehmen Sie sich, soviel Sie möchten.«

Er ging mit der Spritze so geschickt um, daß ich den Einstich kaum bemerkte. Von nah wirkte er sehr anziehend auf mich, und mir fiel auf, was für lange Wimpern er rund um seine kühlen grauen Augen hatte. Mein Blut füllte allmählich die Spritze.

»Hat eine hübsche Farbe«, bemerkte er.

»Ist auch ein guter Jahrgang. In alten Flaschen ist immer guter Wein.«

Er lächelte. »Unwahrscheinlich, daß Sie vierundfünfzig sein sollen.«

»Woher wissen Sie, wie alt ich bin? Sie lesen doch nicht etwa auch die Aufnahmeformulare?«

»Doch, manchmal. Die Behandlung Ihres Falls gehört ja zu meiner Ausbildung. Ich brauche jedes Detail, weil es für Ihre Erkrankung keinen vernünftigen medizinischen Hinweis gibt. Es handelt sich mit Sicherheit auch nicht um eine hysterische Paralyse. Ihr motorisches Nervensystem ist aus irgendeinem Grund blockiert – deshalb mußte ich wissen, wer Sie sind und woher Sie kommen.«

Er war jetzt aufgestanden, weil er das Blut in ein Teströhrchen umfüllen wollte. Da stand er nun mit der Spritze in seinen gefühlvollen Händen und blickte auf mich herab. Sein Haar war lang gehalten und fiel über seine Stirn. Er sah einem jungen Musiker viel ähnlicher als einem angehenden Arzt, wäre da nicht der kühle, abschätzende Blick gewesen.

»Ich habe noch nie jemanden wie Sie kennengelernt. Sie müssen aus einer anderen Welt stammen. Ich kann mir Ihre Persönlichkeit und Ihre Lebensweise nicht vorstellen«, sagte er, während er mich wieder ansah.

Ich war überrascht und lächelte ihn an. Sein Interesse an mir tat mir wohl – ich begann, mich wieder ein wenig als Mensch zu fühlen.

»Eines Tages werde ich Ihnen erzählen, wer ich bin«, sagte ich.

Er blickte auf die Nierenschale mit dem Teströhrchen, die er in der einen Hand hielt, und sagte schüchtern: »Ich möchte Sie gern näher kennenlernen.«

»Warum?«

»Sie sind sehr schön«, sagte er und ging.

Tagebucheintrag, 21. September.

Viele Frauen träumen von einem Verhältnis mit ihrem Arzt; in meinem Fall wäre es wahrscheinlich natürlicher, wenn sich meine biologischen

Bedürfnisse auf den berühmten Spezialisten richten würden – ein Mann in meinem Alter. Warum will ich Nesbitt, den jungen Mann mit den grauen Augen, so unbedingt haben? Warum ausgerechnet diesen jungen Mann? Seit mich Evaristo vor einem Jahr verlassen hatte, verlief mein Sexualleben in ziemlich ruhigen Bahnen; ich hatte es fast nur mit meinen ständigen Liebhabern zu tun, einige von ihnen waren nun auch schon fast vierzig; aber seit Rudi war keiner mehr dabeigewesen, der in meinem Alter war. Mein Diplomat stand jetzt wieder in Rom im Dienst des Außenministeriums, nachdem er lange Zeit einen Auslandsposten bekleidet hatte. In regelmäßigen Abständen parkte mein Lastwagenfahrer über Nacht bei mir, und dann gab es noch den kleinen Bruno, der die Pausen füllte. Auch er geht auf die dreißig zu. Aber jetzt, wo ich ans Krankenbett gefesselt bin, sehne ich mich nach meinen jungen Liebhabern. Tiefe Sehnsucht nach Jean-Louis, Joseph und Evaristo durchströmt mich. Sogar der »Schlechte Gregory« fehlt mir; vielleicht schreibe ich ihm, wo ich bin. Trotz – oder vielleicht auch gerade wegen – seiner Paranoia besitzt er ein liebendes, zärtliches Herz. Er wird mich sofort besuchen kommen und auch gar nicht ängstlich sein, selbst wenn ich im Sterben liege.

Früher habe ich keine Sexualphantasien gehabt, weil ich in der Wirklichkeit zuviel davon hatte; aber jetzt kommt es mir vor, als stellten meine viel zu jungen Liebhaber eine konkrete Form sexuellen Wunschdenkens dar. Jetzt bin ich bewegungsunfähig und habe keinerlei sexuellen Kontakt mehr; trotz des Schmerzes und der Leiden beginne ich zum erstenmal in meinem Leben zu phantasieren. Nesbitt, der junge Medizinstudent, der mir nicht mehr aus dem Kopf geht, sieht aus, als hätte er gerade den Schulabschluß hinter sich.

Ich scheine eine Vorliebe für Teenager entwickelt zu haben, und die physische Seite dieser Vorliebe macht mir allmählich Sorgen. Es wird eine Sucht – eine Knaben-Sucht. Ich liebe es, junge, weiche Haut zu streicheln und zu riechen. Ich genieße es, mit den Händen durch dichtes, kräftiges Haar zu gleiten. Die Liebe mit einem jungen Mann ist wie ein Frühlingserwachen, ein sinnliches, körperliches Vergnügen. Ich hoffe, Nesbitt kommt mich bald wieder besuchen.

»Guten Morgen, ich muß eine Lumbalpunktur vornehmen. Es wird ein wenig unangenehm sein, aber es tut nicht wirklich weh. Bitte legen Sie sich auf die linke Seite.«

Ein junger Arzt, den ich noch nicht kannte, stand an meinem Bett.

Wie er es angeordnet hatte, legte ich mich auf die linke Seite und machte die Augen zu.

Eine lange Nadel wurde mir in den Rücken gestoßen – damit wurde Rückenmarkflüssigkeit entnommen. Es war alles andere als ein Vergnügen; ich versuchte, mich in eine Art von Trancezustand zu versetzen, um nichts zu spüren. Ich stellte mir vor, ich läge auf einem Nagelbrett oder ginge durch eine Feuerwand – und das alles, um mich von dem Gedanken an die lange Nadel in meinem Rückgrat abzulenken, die das Leben aus mir heraussaugte. Ich konzentrierte mich immer mehr und versuchte meditativ das Bewußtsein zu verlieren, aber die Stimme des jungen Arztes rief mich zurück: »Missis Cumming? Alles in Ordnung?«

Er klang besorgt. Vielleicht dachte er, ich sei ohnmächtig geworden. Ich bemerkte, daß er ebenso aufgeregt war wie ich und eine solche Prozedur sicher noch nicht oft gemacht hatte. Vielleicht dachte er auch, er hätte mich umgebracht.

»Ich lebe noch«, sagte ich. »So leicht werden Sie mich nicht los.«

Er lächelte erleichtert und hielt mir triumphierend ein kleines Fläschchen mit einer farblosen Flüssigkeit entgegen. Das war also der Lebenssaft aus dem Rückenmark! Dabei sah es wie Wasser aus.

Das war erst der Auftakt zu einer Reihe widerwärtiger Untersuchungen – manche waren schlimmer als das Kranksein selber. Die nächsten Tage wurde mir alle paar Stunden Blut abgenommen – der Diabetes-Test. Dann wurde eine Myelographie gemacht; man brachte mich in Kopftieflage und nahm mittels jener hinreißenden Sonde einen Luft-Liquor-Austausch vor; es sollte herausgefunden werden, ob ein Riß, eine Stauchung der Wirbelsäule oder ein Wirbelvorfall vorlag. Dann kam eine Elektromyographie – scheußliche kleine Metallspitzen wurden in die Beine getrieben und dann unter Strom gesetzt, um die Muskeln zur Kontraktion zu bewegen und das Stadium der Lähmung zu ermitteln. Die Lungen wurden durchleuchtet, meine Lebensgeschichte um und um gekrempelt. War ich alkoholabhängig? Hatte ich je an Unterernährung gelitten? Von Tag zu Tag wurde ich immer depressiver. Wenn am Abend im Saal das Licht gelöscht wurde und nur noch eine kleine Tischlampe der Nachtschwester brannte, wurden Schlaftabletten ausgegeben. Ich nahm meine nicht ein, sondern hortete sie für den Fall, daß ich für immer gelähmt bliebe. Lieber wollte ich mich irgendwohin verkriechen und sie alle auf einmal schlucken, als für den Rest meines Lebens von anderen abhängig zu sein.

Eines Morgens hatte mein Spezialist Llewellyn-Jones eine Neuigkeit für mich, aber es war nicht die, auf die ich wartete. Er teilte mir mit, daß alle Untersuchungen ergebnislos verlaufen seien und mir nichts fehle.

»Nein, mir fehlt nichts, außer daß ich teilweise gelähmt bin und vor Langeweile sterbe«, sagte ich ziemlich wütend. »Was soll jetzt geschehen?«

»Sie müssen Geduld haben, Missis Cumming«, meinte er. »Wir haben Ihren Fall ja noch nicht aufgegeben. Wir passen gut auf Sie auf.«

Dann ging er weiter und lächelte vor sich hin. Nesbitt, mein grauäugiger Student, wurde angewiesen, das Herz abzuhorchen und den Blutdruck zu messen. Wir waren allein in meiner Ecke. Wir unterhielten uns wie alte Freunde – er freute sich wohl ebenso, mich zu sehen, wie ich. Wir waren beide neugierig aufeinander. Ich wollte mehr über ihn wissen. Sein Akzent verriet mir, daß er von ziemlich weit unten aus der Arbeiterklasse kam und sich durch eisernes Büffeln hochgearbeitet hatte. Seine Vergangenheit interessierte mich.

»Wie heißen Sie mit Vornamen?« wollte ich wissen. »Ich kann Sie ja schlecht ›Dr. Nesbitt‹ nennen, dazu sind Sie einfach zu jung.«

»Ich heiße Grant. Grant Peregrine Nesbitt.«

Es klang ein wenig nach Erfindung. Ein Vorname wie George Albert wäre mir wahrscheinlicher vorgekommen. Offensichtlich wollte er ganz nach oben und glaubte einfach, daß ihn ein anderer Name näher an die Erfüllung seiner Träume heranbrächte. Ich fand seine romantische Sehnsucht rührend.

»Ich werde Sie ›Grant von den Grauen Augen‹ nennen. Das hört sich nach einem mittelalterlichen Ritter an«, sagte ich und wollte damit auf das Phantastische in ihm anspielen.

Unter dem Vorwand, meine Finger zu untersuchen, berührte er meine Hand; er war mutiger, als ich erwartet hatte; deshalb sagte ich: »Ich habe Sie gern, Grant, damit Sie es wissen!«

Überrascht sah er auf. »Das hat mir noch nie jemand gesagt. Sie sind eine sehr offenherzige Frau. Ich wußte gar nicht, daß so etwas in Ihren Kreisen möglich ist. Das kommt wohl daher, daß Sie im Ausland leben?«

»Ich glaube nicht. Es ist nur so: In meinem Alter weiß man, was man will.«

Er ließ meine Hand los und setzte das Stethoskop an meine Brust. »Ich weiß auch, was ich will«, sagte er, »aber ich erzähle es Ihnen besser nicht.«

»Nun erzählen Sie schon.«

Er stand über mich gebeugt und hörte mit dem Stethoskop mein Herz ab; einen Augenblick lang glaubte ich, er würde mich jetzt küssen. Der Gedanke schien ihm durch den Kopf zu schießen, aber wir befanden uns ja in einem Krankensaal unter den Augen höchst neugieriger Frauen; zögernd erhob er sich.

»Ich möchte von Ihnen alles über die Frauen erfahren«, sagte er keß.

»Ich glaube, Sie wissen eine Menge darüber. Und ich muß noch einiges lernen.«

»Sie sind doch wohl keine Jungfrau mehr, oder doch?«

»Nein, einige Erfahrungen habe ich schon gemacht. Letztes Jahr hatte ich eine ständige Freundin, eine Lehrerin, sie war aber älter als ich.«

»Wieviel älter?«

»Sie war achtundzwanzig.«

Ich mußte laut lachen. »Und wie alt sind Sie?«

»Beinahe einundzwanzig. Lachen Sie jetzt über mich? Was ist daran so komisch, wenn man jung ist?«

»Nichts. Es ist komisch, wenn man alt ist. Ich muß älter sein als Ihre Mutter. Wie alt ist sie?«

»Ich weiß es nicht. Sie ist mit einem Polizisten durchgebrannt, als ich sechs war, wir haben sie nie mehr gesehen.«

»Wer ist wir?«

»Mein Vater und ich. Er hat mich allein aufgezogen. Ich lebe noch immer bei ihm.«

»Was arbeitet er?«

Kleine Pause. »Er restauriert alte Möbel.«

Die Pause war bezeichnend. Irgendein Geheimnis war um den Vater. Wahrscheinlich war er nur ein einfacher Zimmermann, und sein Sohn schämte sich seiner Herkunft. Er stand an meinem Bett wie der kleine Schornsteinfeger aus »The Water Babies«, der aus dem Kamin gekrochen kommt und sich plötzlich in einem großen Zimmer wiederfindet; sprachlos steht er am Fuß eines Bettes, in dem ein armes, kleines, reiches Mädchen mit goldenen Locken krank unter einer blütenweißen Decke liegt. Ich empfand plötzlich mütterliche Gefühle für ihn. Natürlich dachte ich dabei an Beischlaf, und ich hielt ihm wieder meine Hand hin. Er nahm sie in seine Hände.

Da kam eine Schwester eilig auf uns zu. »Jetzt machen wir uns aber ganz schnell reisefertig, meine Liebe«, sagte sie schnippisch und reichte mir meinen Morgenmantel. Ein Pfleger kam mit einem Rollstuhl – man brachte mich zu einer weiteren Untersuchung.

»Bis bald«, sagte Grant und stand schnell auf; aber er zögerte, er wollte mir noch mehr sagen.

»Auf Wiedersehen«, sagte ich, um ihm den Abschied leichter zu machen.

Als er außer Reichweite war, meinte die Schwester: »Der junge Mann hat wohl ein Auge auf Sie geworfen, meine Liebe.«

»Unsinn, Schwester«, beschwichtigte ich. »Er nimmt seine Aufgabe sehr ernst.« Ich wußte es ja besser.

Der Pfleger half mir in den Rollstuhl. Ich wurde nach unten in die Röntgenabteilung gebracht. Dort wurde der Blutkreislauf des Gehirns untersucht. Eine farbige Flüssigkeit wurde in die Venen gespritzt, dann wurde ihr Weg durch den Gehirnkreislauf auf dem Bildschirm, verfolgt. Man wollte herausfinden, ob der Kreislauf an irgendeiner Stelle unterbrochen war und deshalb vielleicht eine bestimmte Gehirnpartie nicht mehr arbeitete. Da mein motorisches Nervensystem nicht mehr funktionierte und sonst keine Befunde da waren, konnte das die Ursache sein. Keine rosigen Aussichten, denn es konnte sich dabei auch herausstellen, daß ich einen Gehirntumor hatte.

Am Nachmittag kam Grant überraschend in den Krankensaal. Gewöhnlich ließ er sich nachmittags nicht sehen, und irgendwie wirkte er auch ein bißchen komisch. Nichts schien ihn aufhalten zu können, so, als sei er betrunken.

»Ich möchte Ihre Beine sehen«, sagte er und kam direkt auf mich zu.

Er hatte jetzt überhaupt nichts Schüchternes oder Romantisches mehr an sich. Auch machte er bei weitem nicht mehr den Eindruck des kleinen, verlorengegangenen Kindes. Offensichtlich hatte er sich irgend etwas in den Kopf gesetzt und bei seinem Entschluß mit einem kräftigen Schluck nachgeholfen.

»Wie stark sind Ihre Schmerzen?«

Mit der Hand fuhr er an einem Bein entlang. Es fühlte sich mehr nach einer Zärtlichkeit als nach einer ärztlichen Untersuchung an.

»Ein bißchen spüre ich es.«

»Wie fühlt sich der Schmerz an?«

»Ein scharfer, anhaltender Schmerz, kein dumpfes Pochen wie bei Rheumatismus und kein stechender Schmerz wie bei einem übertretenen Fuß oder einem verstauchten Knie. Es ist so schwer zu beschreiben, ich hatte solche Schmerzen noch nicht.«

»Helfen die Schmerztabletten, die Sie bekommen?«

»Nur ein paar Stunden, aber dann hören sie schnell auf zu wirken. In der Nacht ist es besonders schlimm, weil ich vor lauter Schmerzen nicht schlafen kann.«

»Bekommen Sie denn keine Schlaftabletten?«

»Ja, schon. Aber ich nehme sie nicht. Ich bin gegen zu viele Tabletten. Ich verlasse mich da lieber auf die Natur.«

Er lachte auf und begann mit meinen Zehen zu spielen. Ich fühlte nichts, meine Füße waren ganz taub, aber ich konnte sehen, was er machte.

»Sagen Sie, wenn Sie etwas merken!«

Er zwickte in meinen Knöchel und arbeitete sich langsam zum Knie vor. Als er halb auf dem Oberschenkel war, stieß ich einen kleinen Schrei aus. Seine Hand war jetzt unter meinem Nachthemd. Er hörte mit dem Zwicken auf und strich jetzt über den oberen Teil des Oberschenkels. Eine sehr angenehme Empfindung, fand ich.

»Ich spüre das tatsächlich! Das hätte ich nie zu träumen gewagt!«

Ich lächelte ihm ermutigend zu und war ganz froh, daß das Nebenbett nicht belegt war und niemand uns hören konnte.

Kühl und bestimmt sah er mich an. Seine Pupillen erschienen mir stark geweitet. Indem er sich über mich beugte, sagte er mir leise: »Die Patientin wird aller Wahrscheinlichkeit nach wieder gesund werden. Ihr Lustzentrum ist noch intakt, und ich werde mit ihr schlafen, noch bevor sie dieses Krankenhaus verläßt.«

Vor Überraschung war ich sprachlos. Und auch er schien angesichts dessen, was er gesagt und getan hatte, ziemlich ängstlich, letzten Endes aber auch wieder entschlossen. Wieder fühlte ich, daß sein Verhalten in irgendeinem Punkt künstlich war.

»Haben Sie getrunken?« fragte ich, als ich wieder sprechen konnte.

»Nein«, sagte er noch leiser. »Aber nach dem Mittagessen habe ich einen Joint geraucht.«

»Sind Sie denn davon abhängig?«

»Ein bißchen.«

»Hören Sie auf damit. Lieber möchte ich Ihnen dabei helfen als bei Ihren sexuellen Problemen.«

»Wie wär's mit beidem?«

»Aber wie und wo?«

»Es gibt hier ziemlich viele Ecken, wo wir ungestört sein können. Sie werden staunen!«

»Ich staune ja schon, nein, ich bin verblüfft!«

In diesem Augenblick kam die Oberschwester auf uns zu. Grant stand schnell auf und ging auf sie zu, sagte irgend etwas und ging mit ihr zusammen aus dem Krankensaal. Ein paar Minuten später kam sie mit der Krankengymnastin und einem Rollstuhl zurück; die Krankengymnastin war ein kräftiges, gefühlvolles Mädchen, die bestimmt Lehrgangserste gewesen war und jetzt mit dem kurzen Schwesternmantel an meinem Bett stand, als sei sie noch immer in der Ausbildung. Sie redete mit mir, als sei ich eine Anfängerin.

»Missis Cumming, wir beide gehen jetzt in den Gymnastikraum. Ich werde Ihnen einige Übungen zeigen, die verhindern werden, daß Sie auch noch unter Muskelschwund leiden müssen.«

»Ja, gut. Aber sollte ich dann nicht gleich versuchen, zum Gymnastikraum zu laufen? Haben Sie vielleicht ein Paar Krücken?«

»Später bekommen Sie welche. Jetzt geben Sie mir Ihren Arm, und stützen Sie sich auf mich.«

Ich schwang mich mit den Beinen aus dem Bett und stand vorsichtig auf. Dann ergriff ich ihren durchtrainierten Arm und wankte los.

Als ich den Gymnastikraum sah, wurde mir klar, wie wenig ich bisher von dem Krankenhaus gesehen hatte. Ein Teil war allein für die Gehirnchirurgie vorgesehen. Überall auf dem Boden und auf Matten krochen Patienten herum, die wie Weltraumfahrer aussahen. Zum Teil hatten sie die Schädel rasiert oder trugen noch den Kopfverband; die meisten hatten gestreifte Schlafanzüge an. Sie waren alle vollkommen hilflos, ohne Gleichgewichtsgefühl, und konnten sich, sosehr sie sich auch anstrengten, kaum vorwärts bewegen.

»Wir sind ja alle Krüppel«, weinte ich los, während mir meine Lage schlagartig klar wurde.

»Nur vorübergehend«, antwortete mein muskulöser Schutzengel. »Gehen wir jetzt an den Barren!«

Ich sah mir die ärmlichen Kreaturen auf dem Boden an. Das Schlimme daran war ja, daß ich mich keineswegs in einer psychiatrischen Anstalt befand. Jeder von ihnen wußte genau über seine Lage Bescheid und kämpfte gegen schreckliche Qualen an mit übermenschlichem Mut, aber mit wenig Hoffnung. Ich holte tief Luft und machte einen Schritt vorwärts, so fest ich nur konnte. Während ich vorsichtig um die sich am Boden krümmenden Körper herumging, wurde mir klar, daß keiner von ihnen überhaupt aufstehen, geschweige denn gehen konnte. Sie alle waren mit Rollstühlen herangekarrt worden, dann hatte man sie ausgeladen und auf die Matten gekippt, wo ihnen nichts anderes blieb, als sich wie Würmer zu krümmen. Angesichts dessen war ich wirklich ein höheres Wesen, das gehen konnte.

Ich war so sehr in den Vergleich meiner Lage mit der der anderen vertieft, daß ich den Arm der Krankengymnastin losließ, plötzlich ins Schwanken geriet und auf dem Boden zusammenbrach. Ich fand mich auf einer Matratze neben einem seltsamen älteren Herrn wieder; ich im Nachthemd, er im Pyjama. Er lächelte mir zu. Er hatte sehr dunkle Augen mit Krähenfalten in den Winkeln. Ich mochte ihn sofort, und umgekehrt war es wohl auch so. Die Situation war so spaßig, ich mußte einfach lachen.

»Ich habe schon lange niemand mehr lachen hören«, sagte er ziemlich nachdenklich. »Danke, es hat mir ziemlich gutgetan!«

»Bitte verzeihen Sie, daß ich einfach so bei Ihnen hereingeplatzt bin«, sagte ich. »Normalerweise warte ich, bis ich aufgefordert werde, ins Bett zu kommen.«

Jetzt mußte er lachen. Es tat ihm offensichtlich gut; ich kam mir schon wie Florence Nightingale vor, die auf alle Wehwehchen eine Antwort wußte; ich mußte diesen Mann noch einmal zum Lachen bringen. Dabei war er ein kräftiger, netter Mann Anfang Vierzig, was alles leichter machte. Es tat mir gut, so einfach neben ihm zu liegen. Nur gab es da einen Störenfried.

»Stehen Sie doch jetzt bitte auf und kommen Sie zum Barren, Missis Cumming!« sagte der Störenfried.

Ich sah zu ihr auf, dann drehte ich mich zu meinem neuen Freund um. »Ich komme wieder. Laufen Sie mir inzwischen nicht weg; ja?«

»Wohl kaum, oder doch?« Mit seinen Händen machte er eine hilflose Bewegung.

»Mir laufen die Männer immer weg. Gott sei Dank habe ich jetzt einen gefunden, der das bestimmt nicht kann. Sie werden sicher meine große Liebe.«

Er sah mich überrascht an, weil er begriff, daß ich meinte, was ich sagte. Ich kämpfte mich auf die Knie, aber weiter hoch kam ich nicht. Die Krankengymnastin zog mich hoch, bis ich wieder stehen konnte.

»Sonst falle ich eigentlich nicht vor einem Mann auf die Knie, um mich dann in den Armen einer Frau zu trösten!« erklärte ich.

Er lächelte mich an. »Kommen Sie bald wieder«, sagte er.

Am folgenden Tag kam Grant wieder, um mich allein zu untersuchen. Er zog den Vorhang ganz um mein Bett, wir waren allein in einem lauschigen grünen Zelt.

»Ich sollte eigentlich eine Schwester dabeihaben, während ich die Patientin untersuche. Soll ich eine rufen?«

»Ist das eine Frage oder ein Vorschlag?«

»Beides. Wir müssen uns nach Möglichkeit vor sexuellen Übergriffen schützen. Sie haben ja keine Ahnung, wie viele hysterische, liebeshungrige Frauen es auf der Welt gibt, die nur darauf warten, von ihren Ärzten verführt zu werden. Und später drehen sie alles um, um ihre Schuldgefühle loszuwerden.«

»Glauben Sie, daß auch ich mich beschweren werde?«

Er lächelte und schüttelte den Kopf. »Ich würde sagen, Sie sind eine Patientin mit geringem Risiko; wenn Sie einverstanden sind, will ich die überarbeiteten Schwestern heute verschonen und mich mit Ihnen allein vergnügen.«

»Einverstanden.«

»Dann ziehen Sie bitte Ihr Nachthemd aus.«

Dann untersuchte er mich gründlich und vollständig mit Stethoskop, den Nadeln, dem Perkussionshammer; er fühlte den Puls und maß den Blutdruck. Er notierte alles auf dem Krankenblatt. Nur etwas war diesmal anders: die ganze Zeit über sah er mich mit seinen kühlen grauen Augen unverwandt an. Er elektrisierte mich förmlich. Ich bebte und zitterte, wurde feucht zwischen den Beinen, meine Brustwarzen standen steil empor. Ich vergaß meine Schmerzen, ich vergaß den dunkeläugigen Herrn von gestern, in den ich mich verliebt hatte, ich vergaß die anderen zwanzig Frauen im Krankensaal, ich vergaß das Risiko, das wir eingingen. Ich wollte nur noch die Berührung von Grant spüren.

»Ihre Nervenendungen sind mit Ausnahme der Unterarme und der Unterschenkel außergewöhnlich lebendig und sensitiv«, sagte er und blinzelte schelmisch mit den Augen. »Darf ich weiter untersuchen?« Schon streichelte er mir mit der Hand über die Brust.

Ich brauchte nicht zu antworten. Er hatte ja schon während der Untersuchung gemerkt, daß mein Puls schneller ging und meine Brustwarzen hart wurden. Jetzt ließ er seine Hände über ihnen kreisen. Er kannte meine Antwort schon.

Er setzte sich zu mir ans Bett und zog das Bettuch über mich, ließ aber seine Hand zwischen meinen Beinen. Noch nie hat mich jemand so gefühlvoll und zärtlich berührt. Während er mit der linken Hand unten blieb, erforschte er mit der rechten jeden Quadratzentimeter meines Körpers. Liebkosend fuhr er mir durchs Haar, streichelte mir das Gesicht, fuhr mit einem Finger den Nasenrücken entlang und umkreiste dann meine Lippen, strich am Hals entlang, nahm meine Brüste in die Hand, zwickte leicht die Brustwarzen, dann fuhr er mit einem Finger die Bauchlinie nach und umkreiste den Nabel. Die ganze Zeit über steckte er mit dem Zeigefinger tief in meiner Möse, den Daumen hatte er auf den Kitzler gelegt. Zärtlich ließ er beide Finger kreisen, bis er den Rhythmus gefunden hatte, der mir am besten behagte. Aufmerksam beobachtete er mein Gesicht, um die Vergnügungen der linken Hand mit denen der rechten in vollkommenen Einklang zu bringen; alles endete schließlich in einem so heftigen Orgasmus, daß ich alles aufbieten mußte, um nicht laut zu schreien. So gründlich und so umsichtig hatte mich noch kein Mann hochgebracht. Er beobachtete mich kühl, aber er atmete schwer dabei. Als die erste Welle des Orgasmus kam, nahm er schnell seine rechte Hand von meinem Venushügel weg und legte sie auf meinen Mund; beinahe hätte ich vergessen, wo wir waren. Ich wollte seinen Namen schreien, aber jetzt flüsterte ich ihn nur.

Als ich wieder bei Sinnen war, streckte ich meine Hand aus und berührte seine Schenkel, dann seinen Schoß. Unter seinem weißen Kittel hatte er einen Mordsständer, der immer noch zu sehen war, als er aufstand.

»Ich möchte etwas dagegen tun«, sagte ich und machte daran herum, während er noch am Bett stand und sich über mich beugte.

»Nicht jetzt. Für heute haben wir genug angestellt.« Er küßte mich. Es war unser erster Kuß. »Wir werden schon noch einen Weg finden, mach dir keine Sorgen. Zieh jetzt dein Nachthemd an.«

Gehorsam wie ein Kind schlüpfte ich hinein und war begeistert, wie männlich er die Situation beherrschte. Plötzlich waren unsere Rollen vertauscht, er hatte mich ja jetzt sexuell in der Gewalt.

Er zog die Vorhänge zurück und sagte laut: »Vielen Dank, Missis Cumming. Ihr Fall ist sehr interessant, obwohl uns einiges noch nicht ganz klar ist. Wir werden noch ein paar Untersuchungen machen müssen.«

»Jederzeit, Doktor Nesbitt, jederzeit.« Ich versuchte mir das Lachen zu verbeißen.

»Ich bin noch kein Doktor«, verbesserte er mich.

»Aber Sie machen Ihre Arbeit schon ganz gut!«

Der Rest des Tages verging wie im Traum. Eine Zehn-Minuten-Episode, und ich sah die Welt mit anderen Augen an. Was geschehen war, war erstaunlich genug, aber ich hatte noch etwas sehr Wichtiges dabei gelernt. Obwohl ich so gut wie keine Empfindung in den Händen hatte, hatte ich doch Grants steifes Glied »gefühlt«. Wie eng mein Lebensspielraum in Zukunft auch sein würde, ich war immer noch in der Lage, alles zu »fühlen«! Die wahre erogene Zone ist die Seele.

Am nächsten Tag wurde ich auf Nulldiät gesetzt. An mein Krankenblatt am Kopfende wurde einfach ein Zettel geheftet: »Nichts per orem!« Es war mein Diabetes-Test-Tag. Pünktlich wurde mir jede Stunde Blut abgenommen.

Am Nachmittag war ich nahe am Verhungern: kein Frühstück, kein Mittagessen – und die Kantinenwagen waren längst in den Tiefen des Krankenhauses verschwunden; als die Krankengymnastin kam, schilderte ich ihr meine Nöte. »Sehen Sie, ich habe den ganzen Tag über nichts zu essen bekommen, weil heute ein Zuckertest gemacht worden ist. Ich falle in Ohnmacht, wenn ich die Übungen mit leerem Magen machen muß. Gibt es denn nicht wenigstens eine Cafeteria im Krankenhaus?«

»Ja, ich glaube. In der Ambulanz gibt es belegte Brötchen und Tee! Ich werde Ihnen jemanden besorgen, der Sie im Rollstuhl hinbringt.«

»Wenn ich Krücken hätte, würde ich es vielleicht allein schaffen.«

Die Frau im Nachbarbett bot mir ihre Krücken an.

»Sie brauchen sie aber doch!«

»Es sieht nicht danach aus, als ob ich noch mal irgendwohin gehen könnte«, sagte sie traurig.

So machte ich mich also allein auf den Weg und mußte versprechen, in einer halben Stunde im Gymnastikraum zu sein.

Munter pendelte ich durch die Station. Ich war selbst überrascht, wie schnell ich damit gehen konnte. Ich fuhr mit dem Fahrstuhl nach unten und pendelte den Flur zur Ambulanz entlang.

Hier im Erdgeschoß, wo alle Straßenkleidung trugen, fühlte ich mich in meinem Morgenmantel ein wenig komisch. Im Wartezimmer der Ambulanz stand ein großes Zierfischbecken; die Sitzgarnituren waren aus Leder; und da gab es tatsächlich auch einen Schalter, an dem eine dickliche Frau Tee, belegte Brötchen und Pflaumenkuchen verkaufte.

»Ich möchte von allem etwas. Ich bin nahe am Verhungern!«

Sie sah mich ein wenig irritiert an und fragte sich wohl, was ich hier zu suchen hatte. »Das schaffen Sie mit Ihren Krücken doch nicht, meine Liebe. Kommen Sie, ich stelle Ihnen Ihr Tablett auf den Tisch.«

Mit einem freundlichen Lächeln kam sie hinter dem Schalter hervor, setzte mich in einen Sessel und rückte mir ein Tischchen zurecht; da saß ich nun, aß und beobachtete die Fische. Wären meine Krücken nicht gewesen, die ich neben mich gelegt hatte, ich hätte ebensogut in irgendeinem englischen Frühstückszimmer sitzen können.

Jetzt kam die Frau herüber und nahm mir das Tablett weg. »Ich muß jetzt aufräumen. Wir schließen die Ambulanz um siebzehn Uhr. Das meiste ist morgens zu tun.«

»Sie wollen doch nicht sagen, daß die Ambulanz den ganzen Abend über leer ist?«

»Ja, natürlich, meine Liebe. Hier ist nur Tagdienst!«

Während ich zum Fahrstuhl zurückpendelte, dachte ich darüber nach. Was konnte mich eigentlich davon abhalten, mich abends dort mit Grant zu treffen? Während der Besuchszeiten gingen oft Patienten mit ihren Besuchern die Gänge auf und ab. Ich schlüpfte einfach in einen Fahrstuhl und verschwand in den abgedunkelten Räumen der Ambulanz – jeden Abend zwischen halb sieben und acht Uhr, um mich mit Grant zu treffen!

Als ich den Gymnastikraum betrat, suchte ich als erstes nach meinem gelähmten Freund. Ich war ihm körperlich untreu geworden und fühlte mich schuldig. Da lag er auf seiner Matte und versuchte sich aus eigener Kraft umzudrehen. Ich ließ mich neben ihn fallen und gab ihm einen Kuß. Es kam mir vor, als kehrte ich nach einer flüchtigen Romanze mit einem jungen, attraktiven Fremdling zu meinem wahrhaft geliebten Ehemann zurück.

»Soll ich Ihnen ein wenig helfen, oder ist das verboten?«

»Was mir an Ihnen gefällt«, sagte er lächelnd: »Sie haben keine Angst vor der Wahrheit. Alle anderen tun so, als sei nichts mit mir geschehen.«

»Aber was ist geschehen?«

»Ein paar Tage lang hatte ich ziemlich hohes Fieber und Schmerzen überall im Körper, ich dachte, es sei eine Grippe; aber eines Morgens wachte ich auf und konnte mich nicht mehr bewegen. Ich bin selber Arzt, aber ich wußte nicht, was ich hatte.«

»Was haben Sie unternommen?«

»Gar nichts konnte ich unternehmen. Seit meiner Scheidung lebte ich allein. Es hätte mich nicht einmal jemand gehört, wenn ich gerufen hätte.«

Er erzählte das alles ziemlich nüchtern und sachlich, aber ich konnte mir seine schreckliche Lage deutlich vorstellen. Er war ein tapferer, wunderbarer Mensch, und ich liebte ihn.

»Was ist dann passiert?«

»Glücklicherweise gehöre ich zu einer Fahrgemeinschaft. Ein Freund holt mich jeden Morgen ab, wir fahren gemeinsam zum Dienst. Gewöhnlich warte ich an der Straßenecke auf ihn, damit er nicht erst noch parken muß. Als ich diesmal nicht herunterkam, rief er von einer Telefonzelle an. Ich hörte das Telefon klingeln, aber ich konnte nicht aus dem Bett, um den Hörer abzunehmen – das war meine schwärzeste Minute.«

»O Gott! Wie ging es dann weiter?«

»Er wollte schon weiterfahren, weil er dachte, ich hätte vielleicht bei einer Frau geschlafen und vergessen, ihm Bescheid zu sagen. Durch einen glücklichen Zufall sah er eine Parklücke und beschloß doch, heraufzuschauen. Vielleicht hatte ich unter der Dusche gestanden und das Telefon nicht gehört. Als er klingelte, rief ich laut, und er holte die Polizei und ließ die Tür aufbrechen.«

Meine Heilgymnastin hatte mich endlich entdeckt und kam, versteckt lächelnd, auf uns zu.

»Na, ihr beiden, was ist los?«

»Ich gebe meinem Freund gerade meine eigene Medizin weiter«, sagte ich und gab ihm noch einen Kuß.

»Sie tut mehr für mich als irgend jemand sonst.« Er lächelte, als ich nach meinen Krücken griff und mich damit hochzurappeln versuchte.

»Bis bald!« rief ich, als ich zum Barren hinüberpendelte.

Als mein dunkelhaariger Arzt und Freund wieder auf seine Station gebracht werden sollte, bat er den Pfleger, ihn zu mir herüberzurollen; er wollte mich fragen, ob ich ihn am nächsten Tag einmal besuchen würde.

»Ich liege drüben im Nuffing-Flügel. Können Sie denn so weit laufen? Und dürfen Sie Ihre Station verlassen?«

»Wenn ich das während der Besuchszeit mache, wird mich wohl kaum jemand aufhalten können. Wir leben doch nicht im Gefängnis, oder?«

»Irgendwie sind wir Gefangene unseres eigenen Körpers. Aber Sie, meine Liebe, werden bald wieder frei sein.«

Zwischen seinen Worten hörte ich, daß er seinen Fall für hoffnungslos hielt, aber es klang doch so, als hätte er sein Schicksal heiter und gelassen akzeptiert; sein Mut überraschte mich. Ich beugte mich vornüber, stützte mich auf die Lehnen seines Rollstuhls und gab ihm noch einen Kuß als Zeichen meiner Bewunderung. Mir standen die Tränen in den Augen. Es fiel eben schwer, ihm gegenüber so tapfer zu bleiben, wie er sich selbst gegenüber war.

Im Laufe des nächsten Abends bekam ich meine Stöcke und konnte die Krücken zurückgeben. Entschlossen machte ich mich zur Männerstation auf.

Am Wochenende herrschte im Krankenhaus eine eigenartige Atmosphäre. Es waren weniger Ärzte da und überhaupt keine Medizinstudenten. Seit unserem kleinen Liebesabenteuer hatte ich nicht einmal Grant mehr gesehen. Vielleicht war er erschrocken, was er angerichtet hatte. Vielleicht sind ihm aber auch über unserem Altersunterschied die Augen aufgegangen. Ich hatte keine Ahnung, was er am Wochenende machte, wo er überhaupt mit seinem verehrten Vater wohnte.

Die Krankensäle der Männer wirkten düsterer als die der Frauen. Alles war unordentlich. Wir Frauen, zur Häuslichkeit geboren, machen es uns mit unseren persönlichen Gegenständen und den Toilettenartikeln gleich gemütlich. Wir bekommen mehr Blumen, wir machen unsere Betten selbst und stellen Fotos auf den Nachttisch.

Mein Freund lag im ersten Bett rechts, was gut war, denn ich hätte nicht gewußt, wie ich mich nach ihm durchfragen sollte. Wir hatten uns ja gar nicht vorgestellt; es war nicht nötig gewesen. Wir hatten uns angefreundet und die gesellschaftlichen Formalitäten einfach übersprungen, und wahrscheinlich hätten wir uns tief ineinander verliebt, wenn die Beziehung irgendeine Zukunft gehabt hätte. Mit einem Bein war ich schon in dieser Liebesbeziehung, aber es wurde mir klar, daß er als Arzt nie und nimmer in einer Traumwelt leben würde. Er würde von mir nur erwarten und annehmen, was er selbst auch zurückgeben konnte.

»Hallo«, sagte ich fröhlich, als ich ihm die Hand hinhielt. »Wollen wir, wo wir uns jetzt auf einem anderen Territorium befinden, noch einmal von vorn anfangen? Mein Name ist Anne Cumming. Wie geht es Ihnen?«

Er machte meinen Gesellschaftston nach: »Ich heiße Ian Bromley. Ich freue mich, Ihre Bekanntschaft zu machen!«

Er saß aufgestützt in den Kissen und konnte seinen Kopf wenden, um mich anzusehen, aber es wollte ihm nicht gelingen, seine Hand nach der meinen auszustrecken.

»Üben wir gleich das Händeschütteln«, sagte ich schnell, als ich meinen anfänglichen Fehler bemerkte. »Ich kann meine Hand zwar ausstrecken, aber ich kann sie nicht zusammendrücken.«

Ich nahm seine Hand ein paarmal und übertrieb meine Schwierigkeiten; wir machten es wie die Kinder und legten eine Hand auf die andere, als würden wir »Backe, backe Kuchen« spielen. Wir wachten über unsere eigene Unfähigkeit, glücklich darüber, daß wir wenigstens das gemeinsam hatten. Dann setzte ich mich zu ihm.

»Jetzt aber Schluß mit den Förmlichkeiten; wie wäre es jetzt mit einem Küßchen?« fragte er. »Du glaubst gar nicht, wie gut das getan hat, als du mit deinen Krücken umgefallen bist und mich geküßt hast, als würdest du meine Lage überhaupt nicht bemerken.«

Ich beugte mich vor und küßte ihn auf die Lippen; ich küßte ihn genauso lange, daß er nur mein Mitleid, nicht aber meine Leidenschaft empfand. Ich wußte nicht, wie weit ich mit meinen Liebesbezeugungen gehen durfte, ohne daß ihm plötzlich bewußt wurde, daß er impotent war.

»Ist ein völlig neues Gefühl, wenn ich jetzt von einer so schönen Frau geküßt werde. Ich fühle es wohl, aber die übliche Körperreaktion bleibt aus.«

»Macht es dir Kummer?«

»Mich beschäftigt nicht so sehr die Entdeckung, daß ich nie mehr ein körperliches Vergnügen empfinden werde; mir ist unbehaglich bei dem Gedanken, daß ich anderen keinen Spaß mehr machen kann.«

»Du mußt ein guter Liebhaber gewesen sein. Die meisten Männer denken mehr an sich selbst als an die Frau.«

»Für mich war der letzte Höhepunkt, daß ich in den Augen einer Frau die Lust gesehen habe. Ich könnte nicht einmal mehr deine Hand berühren, wenn ich sie noch einmal sehen würde.«

Ich war jetzt sicher, daß er begriffen hatte, welche Art von Frau ich war, zu flüchtig und zu gefühlvoll, um es lange in einer festgefahrenen Situation auszuhalten; es war ihm auch klar, daß ich nur zu genau sah, wie denkbar tief er in der Patsche saß. Er würde mir dankbar sein für meine gelegentliche Aufmunterung und meine verschwenderischen Küsse, aber er wußte auch, wie er seine Gefühle mit Rücksicht auf seine Behinderung unter Kontrolle halten mußte. Er wollte keine Lust in meinen Augen sehen. Ich wünschte, ich wäre wie er.

Ich sagte ihm das. »Ich bewundere deine Schicksalsergebenheit und deine Ruhe, Ian. Ich will noch immer zuviel für mein Alter, von meinem Zustand ganz zu schweigen. Es ist oft schon unanständig.«

»Nein, ich glaube, für dich ist das alles richtig. Mach weiter so, du wirst es schon zu Ende bringen. Ich sehe dich noch mit neunzig in den Armen eines jungen Mannes.«

»Großer Gott, lieber nicht. Ich werde schon wissen, wann es genug ist, aber ob es die jungen Männer auch wissen?«

»Kaum. Ich glaube, du verführst noch auf dem Sterbebett junge Männer.«

Bei dieser Vorstellung mußten wir beide lachen. Ich hätte ihm gern von Grant erzählt, aber das wäre sicherlich ein Schlag unter die Gürtellinie gewesen. Ich mußte die beiden Männer unbedingt auseinanderhalten und soviel geben und nehmen, wie ich konnte, während wir alle im Krankenhaus waren. Hoffentlich konnte ich nach meiner Entlassung alles wieder vergessen, selbst wenn ich in Rom auf Krücken gehen mußte. Ich wollte so hart arbeiten, daß mir keine Zeit blieb, auch noch an Schmerzen zu denken.

Ich erzählte Ian von meinen Hoffnungen und fragte, welche er denn hätte. Er wollte mir davon erzählen, und wieder einmal traf er mit seinen Worten mehr mich als sich selbst. Er erzählte mir von dem Rehabilitationszentrum, wo er soviel wie irgend möglich von seiner Bewegungsfähigkeit wiedererlernen wollte; danach wollte er in ein festes Heim für unheilbare Fälle einziehen, wo Leben und Arbeit so organisiert waren, daß den Fähigkeiten von Leuten wie ihm Rechnung getragen werden konnte. Er wollte seine Forschungen auf seinem Spezialgebiet, der Allergie- und Asthmabekämpfung, wieder aufnehmen und vielleicht ein Lehrbuch darüber schreiben.

Es lief mir kalt den Rücken hinunter, als er den Begriff »Heim für unheilbare Fälle« verwendete, aber er erzählte davon, als sei es irgendein Hotelname. Mir wurde klar, daß meine Selbstmordgedanken eher an Feigheit denn an Mut grenzten. Ian war ein echter Held. Trotz seiner rührenden Dankbarkeit tat er mehr für mich als ich für ihn.

Die Besuchszeit war viel zu schnell zu Ende. Wir hatten auch über unsere Vergangenheit gesprochen, über unsere Ehen, über die Höhen und Tiefen des Lebens. Dann klingelte es, und die Besucher mußten gehen.

»Jetzt brauche ich keine Gefühlsverwirrungen mehr zu befürchten«, sagte er. »Das ist eine ziemliche Erleichterung. Von jetzt an werden meine Probleme rein physischer Natur sein.«

Ich hoffte darauf, daß meine Abwesenheit nicht bemerkt worden war, aber die Oberschwester war berechtigterweise ziemlich verärgert, daß ich einfach losgezogen war, ohne ihr zu sagen, wohin ich gehen wollte. Ich erklärte ihr alles, und sie beruhigte sich schnell.

»Es ist ja nur, weil Sie Besuch hatten.«

»Was für Besuch? Ich habe niemand erwartet.«

»Es war der junge Mann, Ihr Medizinstudent. Er hat Ihnen die Blumen dagelassen. Er wollte Sie zu einem Spaziergang abholen. Auf ärztliche Anweisung. Ziemlich spaßig. Sie haben eine Eroberung gemacht!«

Sie dachte natürlich an eine Romanze. Und wie hätte ich ihr auch klarmachen können, daß Sex alles war, was ich von Grant wollte? Eine Romanze würde viel zu viele Gefühlsrücksichten erfordern.

Die Besuchszeit begann sonntags am Nachmittag, aber diesmal blieb ich im Krankensaal. Ich hatte ein schlechtes Gewissen, weil ich Ian keinen Besuch machte, aber ich traute mich nicht weg, weil ich Grant nicht wieder verpassen wollte. Ian wußte, daß ich einen Bruder hatte – er konnte sich also ausrechnen, daß ich Besuch hatte und nicht weg konnte.

Ich wartete und wartete, aber Grant kam nicht. Ich fühlte mich niedergeschlagen. Schließlich gab ich die Hoffnung auf und machte mich zurecht, um Ian einen Besuch abzustatten.

Ich wartete gerade am Fahrstuhl, weil ich nach unten in die Männerstation wollte, als Grant heraustrat. Um ein Haar hätten wir uns wieder verpaßt. Er hatte ein Päckchen in der Hand und trug ein zeitloses Harris-Tweedjackett.

»Mein Vater schickt dir diesen Kuchen. Er hat ihn selbst gebacken.«

Da standen wir nun und sahen einander an. Ich nahm meine beiden Stöcke in eine Hand und griff nach dem Kuchen.

»Dein Vater kann also auch kochen?«

»Ja, sogar sehr gut. Sonntags gibt es immer ein großes Festessen, danach helfe ich ihm beim Abwaschen, und dann machen wir mit dem Hund einen ausgedehnten Spaziergang. Wir wohnen nicht gerade elegant, dafür aber gemütlich. Alles steht voll mit wertvollen Antiquitäten.«

Ich lächelte, weil ich ihm nicht glauben wollte. Wie sein Name war auch das wahrscheinlich übertrieben.

Ich hielt noch immer den Kuchen in der Hand. Er nahm ihn mir wieder ab.

»Soll ich ihn auf dein Bett legen?«

»Nein, wir nehmen ihn mit nach unten. Wir können in die Ambulanz gehen. Am Abend ist dort keine Menschenseele, aber es gibt dort Sessel und Tische und einen Cola-Automaten. Wir feiern dort ein rauschendes Fest.«

Und so nahm dann alles seinen Lauf. Wir saßen vor dem Zierfischbecken, mit Pappbechern und dem Kuchen auf einem Tischchen zwischen uns. Den Kuchen mußten wir mit den Fingern brechen, weil wir kein Messer hatten. Grant steckte mir kleine Stückchen in den Mund, ich biß ihm dafür zärtlich in die Finger und sah tief in seine grauen Augen. Er stand auf und schüttelte sein Jackett ab, dann hob er mich auf und nahm mich in seine Arme. Kein Mensch ließ sich blicken, obwohl uns ab und zu entfernte Schritte unruhig machten und wir innehielten, um zu horchen. Seine Hände hoben jetzt meinen Morgenmantel und mein Nachthemd hoch, und ich machte ihm den Hosenstall auf. Jetzt sah ich ihn, lang und dünn und schrecklich steif, genauso, wie ich es mir vorgestellt hatte.

»Bring mich nach drüben zu dem großen Tisch. Ich kann mich kaum auf den Beinen halten.«

Drüben an der Wand stand ein großer Tisch, auf dem Zeitschriften lagen.

Wir gingen langsam hinüber, er hatte den Arm um mich gelegt; sein Penis schaute aus der Hose heraus und wies den Weg. Ich beugte mich über den Tisch, meine Brust preßte sich gegen die Titelseite der »Lady«, und mit dem zur Seite gedrehten Gesicht sah ich auf »The Illustrated London News«. Ich zog meine Kleider wieder nach oben, und mein Hinterteil stand nackt hervor.

»Steck ihn rein. O Gott, steck ihn rein!«

Er machte es sanft, vorsichtig, zog meine Schenkel an sich, bis er ganz tief drin war, und gleichzeitig stieß er vorwärts. Zuerst bewegte er sich langsam, und obwohl er schon fast auf dem Höhepunkt sein mußte, spürte ich, wie er sich zurückhielt. Sein langer, bleistiftdünner Schwanz geriet plötzlich ins Zucken und zerbarst. Ich war zwar noch nicht soweit, aber das Gefühl des warmen Samens, der herausschoß und mich füllte, brachte auch mich schließlich zum Orgasmus, während er schon wieder abschlaffte. Diesmal kam es mir vor, als würde es stundenlang anhalten. Er stieß noch immer zu, und Höhepunkt folgte auf Höhepunkt. Es dauerte ziemlich lange, bis ich den Kopf von den »The Illustrated London News« wieder erhob.

Als er sich zurückzog, drehte ich mich um. Er nahm mich in die Arme, weil er wußte, daß ich fallen würde, wenn er es nicht tat, und legte meinen Kopf auf seine Schulter und kuschelte mein Gesicht an sein Genick. Eine Weile standen wir so da und sprachen kein Wort, während mir der Samen an den Schenkeln herablief. Schließlich säuberte er uns sorgfältig und gewissenhaft mit ein paar Papierservietten von der Cafeteria-Theke, dann setzten wir uns wieder.

Wir setzten uns nebeneinander und zwängten uns in einen Sessel; wir redeten und redeten, als hätte der Geschlechtsakt alle Schleusen geöffnet – und so war es ja auch. Es war das »Sesam-öffne-Dich« all seiner verborgenen Sehnsüchte und Ängste gewesen. Er erzählte mir alles über sich; wie ich vermutet hatte, war es die Geschichte eines Jungen aus der Arbeiterklasse, der sich alle Mühe gab, es denen gleichzutun, die er für seine Vorbilder hielt. Wenn er am Abend mit seinem Vater allein war, las er alles, was er bekommen konnte, und allmählich entstand in ihm eine seltsame Mischung aus einer eingebildeten, erdichteten Welt und den Realitäten des Arbeitermilieus, das ihn alltäglich umgab. Er kleidete sich, wie sich ein Gentleman seiner Ansicht nach trug; die Jungen aus den teuren Privatschulen aber balgten sich in schmutzigen, ausgewaschenen Jeans und Windjacken. Durch all das wirkte er ein wenig hinter seiner Zeit, wie ein romantischer Troubadour, der von der Fee hinter den sieben Bergen träumt. Mir war jetzt auch klar, was ich für ihn bedeutete: ich war adlige Dame und verlorene Mutter zugleich. Aber es gab da noch einiges, was ich nicht verstand.

»Du stellst mich vor ein Rätsel, Grant. Manchmal kommst du mir vor wie ein empfindsamer, kleiner Junge, dann aber verwandelst du dich in einen schwierigen, anmaßenden jungen Mann. Das paßt doch irgendwie nicht zusammen. Das sind doch zwei völlig verschiedene Personen.«

Er sah mich überrascht an, wollte etwas sagen, schwieg aber dann in sich hinein. Dann setzte er neu an. »Wenn du in meiner Umgebung aufgewachsen wärst und dieselben Schulen besucht hättest ...«

»Nein, darum geht es doch gar nicht. Irgend etwas Unheimliches ist an dir, etwas Unnormales.«

Wieder sah er verwirrt drein, dann senkte er seine kühlen grauen Augen und sagte sehr schnell, ohne mich dabei anzusehen: »Ich brauche regelmäßig Aufputschmittel. Ich habe damit angefangen, als ich vor den Prüfungen stand; es hilft mir ein bißchen – ich habe dann den nötigen Mut, mich über Schwierigkeiten hinwegzusetzen. Ohne das Zeug wäre ich nie an dich herangekommen.«

»Ich verstehe.«

»Machst du dir Sorgen?«

»Ja, ich habe entsetzliche Angst vor Drogen.«

»Vielleicht hätte ich es dir nicht beichten sollen?«

»Aber nein, ich bin ganz froh, daß du es getan hast. Ich möchte dich ja verstehen. Verstehen und Anerkennung, das ist es, glaube ich, was du in mir suchst.«

»Und was suchst du in mir?«

Ich lachte und machte eine obszöne Geste.

Er mußte auch lachen.

Wir küßten uns, und das Liebesspiel begann von vorn. Ich blieb im Stuhl sitzen und machte einfach die Beine breit. Er kniete auf dem Boden, und alles, was ich unten zu bieten hatte, lag offen vor seinen Augen. Er beugte sich darüber und untersuchte es.

»Ich habe es mir nie genauer angesehen«, meinte er, »außer in Lehrbüchern. Und angefaßt habe ich's bisher nur im Dunkeln.«
»Ist es unanständig?«
»Nein, es sieht aus wie eine Blume. Wie eine Passionsblume.«
Er zog seinen steifen Penis wieder heraus. Ich schob ihm die Vorhaut zurück.
»Und deiner sieht aus wie eine Knospe. Sogar ein Honigtropfen ist auf der Spitze.«

Niemand hatte gesehen, wie wir zusammen zum Fahrstuhl gegangen waren; ich schlüpfte also einfach wieder in den Krankensaal, und Grant ging geradewegs durch den Ausgang, so als hätten wir nie etwas miteinander zu tun gehabt. So machten wir es wieder und wieder und wieder. Jeden Abend sah ich auf dem Weg nach unten kurz bei Ian herein, und dann traf ich mit Grant in der Ambulanz zusammen. An den Abenden, an denen mich mein Bruder besuchte, war ich voller Ungeduld; meist nahm ich ihn mit zu Ian hinunter und erklärte ihm, daß es vielleicht besser wäre, wenn er nach ein paar Minuten wieder ginge; mein Bruder blieb also nie sehr lange. Da Ian immer rasch ermüdete, war er keineswegs überrascht oder beleidigt, daß ich ihn kurz nach meinem Bruder verließ. Wir hielten Händchen, sagten uns liebe Sachen, hatten tiefe Empfindungen füreinander – das reichte. Er war zur körperlichen Liebe nicht mehr in der Lage und brauchte das auch nicht mehr, und ich holte mir es einfach anderswo. Ich fiel Grant jeden Abend buchstäblich in die Arme.

Eines Abends wären wir beinahe mittendrin erwischt worden. Eine farbige Ambulanzschwester kam mit Fischfutter. »Ich habe vergessen, sie heute morgen zu füttern«, sagte sie zur Erklärung und ging zum Aquarium hinüber.

»Was für ein Krankenhaus! Eine exotische Krankenschwester für exotische Zierfische!« sagte ich und zog rasch mein Nachthemd zurecht.

Wir mußten alle drei lachen, dann ließ sie uns wieder allein; sie sah zwar ziemlich verwirrt drein, sagte aber nichts.

»Was die wohl von uns denkt?« fragte Grant.
»Nichts. Sie hält mich für eine ältere Patientin, die sich mit ihrem lieben Neffen unterhält.«
»Aber warum gerade hier unten?«
»Familienangelegenheiten, über die man im Krankensaal nicht sprechen kann. Warum fragst du? Hast du Angst?«

»Ein bißchen. Ich könnte rausfliegen, weil ich mich an einer Patientin vergriffen habe.«

»In diesem Fall sollte ich aber rausfliegen, weil ich mich an Minderjährigen vergriffen habe.«

»Vielleicht hast du recht. Ich sollte mir nicht so viele Gedanken machen.« Er legte seinen Kopf an meine Schulter. »Weil ich Angst hatte, bin ich auch abhängig geworden. Es geht hier ziemlich hart her, die alten Standesunterschiede kommen immer wieder hoch. Immerzu wird man gefragt, was der Vater macht und ob man Rugby spielt. So möchten sie herauskitzeln, ob man auch ja eine Privatschule besucht hat.«

»Gütiger Gott. Die kümmern sich heutzutage noch um solche Lappalien?«

»Frag nicht mich – frag sie!«

»Wen?«

»Die Etablierten. Aber du verstehst das nicht – du bist mit einem silbernen Löffel im Mund zur Welt gekommen.«

»Schwamm drüber. Du läßt dich ja nur einschüchtern!«

Wir lachten. Während unserer verbotenen Abende lachten wir ziemlich viel. Wir liebten uns, und wir lachten. Ich konnte jetzt schon sehr viel besser gehen; die Übungen mit Grant waren sehr viel besser für mich als alle Krankengymnastik!

Ich hatte an Rudi geschrieben und ihm von meiner Krankheit berichtet. Ich erhielt zwei Briefe aus New York, einen von Rudi und einen von Tom.

Mein Schatz
[schrieb Rudi; er sprach besser Englisch, als er schrieb],

auch ich habe es im Augenblick schwer, obwohl ich nicht körperlich leide. Tom hat mich verlassen und wird in Kürze heiraten. Er wird Dir selbst schreiben – ich habe ihm erzählt, wo Du bist. Ich habe Deinen Brief als Vorwand benützt, bei ihm anzurufen. Ich möchte mit ihm in Verbindung bleiben, so wie Du es mit Deinen Liebhabern tust, aber ich glaube, ich habe Deine Kraft und Großzügigkeit nicht, so daß es nicht so ganz klappt. Ich fühle mich einsam. Am liebsten würde ich Dich sofort besuchen, aber ich muß nach San Francisco zu einer Inszenierung der »Cinderella«. Ich erinnere mich, daß Du einmal zu mir gesagt hast: »Der Märchenprinz existiert nur in der Einbildung – man muß sich seinen eigenen Märchenprinzen erfinden, wenn man ihn braucht, oder man sitzt sein Leben lang allein am Feuer.« Ich will es versuchen und mir einen anderen Märchenprinzen erfinden, und ich weiß, daß auch Du wieder auf dem Ball tanzen wirst. Du bist eine starke Natur, Anne, und allein Deine Liebe zum Leben wird Dich wieder gesund machen, auch wenn die Ärzte nicht wissen, wie.

Ich brauche Dich, ich komme so bald wie möglich zu Dir.

Dein Rudi

Es war typisch für Rudi, daß er sich wieder einmal um seine Probleme mehr sorgte als um mich, aber er brauchte mich, und ich mochte es, wenn man mich brauchte. Darauf hatte seit jeher unsere Beziehung beruht, und ich fand es irgendwie tröstlich, daß sich nichts daran ändern konnte. Selbst im Augenblick meiner Schwäche war er von meiner Kraft überzeugt; ich konnte ihn nicht fallenlassen.

Neugierig öffnete ich den Brief von Tom. Er war sehr kurz:

Grüß dich! Du darfst nicht sterben. Du mußt herüberkommen und Sharleen kennenlernen. Sie ist großartig und erinnert mich an Dich. Sie hat zwei kleine Kinder, und jetzt bin ich ganz verrückt nach Kindern, meine ganze Malerei dreht sich um die Anfänge des Lebens. Zwei Menschen ergeben noch nichts Ganzes, sie bleiben zwei getrennte Hälften; alles, was ich bislang gemalt habe, war falsch. Ich mußte die Dinge neu zurechtrücken, oder ich hätte mein künstlerisches Gleichgewicht verloren.

Ich habe Dir eine Zeichnung beigelegt, die Dir zeigen soll, was ich meine, außerdem ist sie mein Beitrag, Dir wieder auf die Beine zu helfen.

In Liebe,

Tom

Es lag eine kleine Schwarzweißskizze mit merkwürdigen abstrakten Formen, die sich aufwärts und nach außen bewegten, bei. Man konnte erkennen, daß es wachsende Organismen waren – ein Spiegelbild von Tom. Es gab an ihm selbst und in seinem Werk nichts Statisches. Er mußte sich weiterentwickeln.

»Guten Morgen, Missis Cumming.« Mister Llewellyn-Jones machte

Visite. »Gute Nachrichten für Sie heute. Die Myelographie und das Pneumoenzephalogramm sind ohne Befund. Wir haben keinerlei Schäden feststellen können. Keine Anzeichen für einen Tumor.«

»Danke. Gut zu wissen. Aber was ist dann mit mir los?«

»Wir wissen, was mit Ihnen los ist. Aber wir werden die Ursache vielleicht nie finden.«

Wie immer stand Grant hinter ihm. Seit wir uns liebten, habe ich nie versucht, bei der Visite seine Aufmerksamkeit zu erregen, aber dieses Mal sah ich ihn hilfesuchend an.

Er ergriff meine Partei. »Ist es nicht so, Herr Professor, daß in solchen Fällen der Patient sich auch ohne gezielte Behandlung erholt?« fragte Grant, weil er wußte, was ich hören wollte.

»Die Natur verfügt über gewaltige Heilkräfte, und wir Ärzte können ihnen nur auf den richtigen Weg verhelfen. In diesem Fall scheinen wir keine Fremdeinwirkung beseitigen zu müssen noch liegt eine Infektion vor, die abgetötet werden müßte; wir müssen daher abwarten, was geschieht. Glücklicherweise scheint sich die Patientin auf dem Wege der Besserung zu befinden – zumindest verschlechtert sich ihr Zustand nicht.«

»Aber es geht so langsam voran«, stöhnte ich. »Wie lange wird dieser Zustand noch dauern?«

»Ungefähr ein Jahr, möchte ich annehmen. Aber schon nach sechs Monaten wird es Ihnen merklich besser gehen«, wollte er mich trösten.

»Mein Gott, ein halbes Jahr!« rief ich entsetzt. Es kam mir vor wie ein ganzes Leben.

Im Gymnastikraum setzte ich mich zu Ian auf die Matte. »Ich werde ein ganzes Jahr lang so bleiben!«

»Und ich werde ein Leben lang so bleiben!«

»Ich werde nicht einmal in deiner Nähe sein und dich besuchen können. Ich werde in Italien sein. Aber ich schreibe dir jede Woche.«

»Und ich werde auf deine Briefe warten, aber schreibe nur, wenn du dazu aufgelegt bist. Vielleicht willst du das alles hier auch vergessen. Ich bestimmt. Ich will jetzt nichts als meinen Frieden.«

»Was willst du damit sagen? Willst du nicht mehr weiterleben?«

»Nein, natürlich habe ich auch daran gedacht. Ich will versuchen weiterzuleben. Ich will mit Menschen in einer Umgebung zusammen leben, in der nichts mehr an den Menschen erinnert, der ich einmal gewesen bin. Körperlich werde ich vor mich hindämmern, aber ich werde es schöpferisch ausfüllen, wie ich hoffe, und mit meinen Büchern leben.

Wenn ich mit einer Frau leben würde, hätte ich ständig den Wunsch, ein normaler Mann zu sein.«

»Aber ich liebe dich so, wie du bist. Darf ich dich nicht auch in Zukunft liebhaben?«

»Ich glaube nicht. Du gehörst zu einer anderen Sorte von Liebe. Durch dich nehme ich zärtlich Abschied von alledem. Irgendwie hast du mir den Übergang leichter gemacht. Es ist traurig, aber auch süß. Es hätte auch nur traurig sein können.«

Am nächsten Abend war ich schon frühzeitig unten in der Ambulanz. Ich hatte Ian keinen Besuch gemacht, weil ich erst darüber nachdenken wollte, was er gesagt hatte. Während ich auf Grant wartete, beobachtete ich die tropischen Fische. Ob sie wohl glücklich waren in ihrem geheizten Aquarium? Konnten sie sich an die Freiheit der tropischen Gewässer überhaupt erinnern?

Da hörte ich Grants Schritte vom Korridor her; mein Herz schlug plötzlich schneller, eine Empfindung durchströmte mich, wie sie nur der Geschlechtsakt, die tief empfundene Liebe und der Drogenrausch kennen. Einen Augenblick lang blieb er in seinem nassen Regenmantel am Eingang stehen. Ich wollte mich in seine Arme stürzen, aber die Krankheit hatte meine Beine an den Boden genagelt, und die Stöcke lehnten gegen den Tisch.

Aber Grant kam rasch auf mich zu; er preßte mich gegen den nassen Regenmantel und trug mich in eines der Untersuchungszimmer; dort legte er mich auf den harten Untersuchungstisch.

»Ich wollte, ich wäre jung und gesund«, sagte ich.

»Hör bitte auf, dir wegen deiner Krankheit Gedanken zu machen. Ich schließe die Tür ab und halte dich hier fest, bis du nicht mehr weißt, wer du bist und wo du bist.«

»Das ist es ja. Ich kann nicht vergessen. Ich bin ein exotischer Fisch, der daran gewöhnt ist, frei im warmen Wasser umherzuschwimmen. Man kann mich nicht einsperren. Sogar Ian begreift das. Er versteht mich viel besser als du.«

»Wahrscheinlich. Er ist ja auch viel älter. Und er kommt aus deinen Kreisen.«

»Du bist ja eifersüchtig.«

»Ja, das bin ich. Obwohl das arme Schwein dich mir kaum wegnehmen kann. Aber ich bin eifersüchtig auf all die Dinge, die ihr miteinander gemacht habt und von denen ich bisher nur in Büchern gelesen habe.«

Er ging ruhig zur Tür und schloß uns sicher in unserer eigenen kleinen Welt ein. Er hatte wieder einmal seinen kühlen, bestimmten Tag.

»Du hast wieder etwas genommen. Du bist mir etwas zu selbstsicher.«

Er gab keine Antwort, sondern begann mich auszuziehen, obwohl er noch seinen Regenmantel anhatte. Plötzlich bedeckte er mich über und über mit Küssen. Er nahm meine Brustwarzen in den Mund, spielte mit der Zunge in meinem Nabel und wandte sich dann dem zu, was er seine »Passionsblume« nannte. Unwillkürlich breitete ich sie vor ihm aus. Seine Zunge glitt um meine Schamlippen herum und konzentrierte sich dann auf meinen Kitzler. Unmittelbar spürte ich den durchdringenden Reiz des kommenden Orgasmus.

»Nein! Nein! Warte, Liebling, warte! Ich möchte mit dir zusammen kommen. O nein! Bitte warte ... bitte ... bitte ...«

Aber er wartete nicht, und auch ich konnte nicht mehr warten; ich wand mich und stöhnte und verkrampfte mich in seine Hände, mit denen er mir die Schenkel spreizte.

Als alles vorbei war, hob er den Kopf und beugte sich über mich; dann küßte er mich auf den Mund. Ich schüttelte mich ein wenig in seinen Armen; der nasse Regenmantel preßte gegen meine nackte Haut, und ich schmeckte meinen eigenen Geschmack, was ich nicht mochte.

»Zieh dich aus. Jetzt bist du dran.«

»Nein, ich möchte warten, bis du dich erholt hast und es dir wieder kommt.«

»Das wird aber ziemlich dauern.«

»Mach dir keine Gedanken. Ich arbeite mich gern langsam heran. Ich trage oft stundenlang einen Steifen mit mir herum und denke an nichts anderes als Sex. Ich habe jetzt mächtig einen stehen und kann es aushalten, bis du wieder soweit bist.«

»Gut. Aber ich möchte ihn sehen. Laß mich dich langsam ausziehen«, sagte ich und setzte mich auf. »Du kannst hier nicht den ganzen Abend im Regenmantel herumstehen.«

Instinktiv berührte ich zuerst seinen Schoß und fühlte die Schwellung mit meiner Hand, dann machte ich den Hosenschlitz auf. Und schon sprang sein Kastenteufel heraus.

Ich setzte mich zurück und kam aus dem Staunen nicht heraus. Er lachte und schlug seinen Regenmantel zurück, sein Penis schwang auf und ab, als wollte er mir zuwinken.

»Du machst ja eine Fetischistin aus mir. Regenmäntel und Exhibitionismus, um Himmels willen!«

Er zog erst seinen Regenmantel aus, dann seine übrigen Kleider und stand lange Zeit nackt neben mir; er streichelte mich kühl und neugierig, wie es für ihn so typisch war. Sein Penis wurde immer härter und härter, bis der sprichwörtliche Sehnsuchtstropfen auf der Kuppe stand und auch ich fühlte, wie ich langsam feucht wurde. Als ob er es wüßte, kletterte er auf mich.

Das Bett war sehr hart und schmal; ich ließ meine Beine seitlich herabbaumeln, damit er Platz hatte und in mich eindringen konnte. Es war eine gute Stellung, weil mein Kitzler jetzt mit ihm direkt in Berührung kam. Ich kann unmöglich sagen, wer von uns zuerst kam oder zuletzt fertig war; es war eine der ganz seltenen Gelegenheiten, bei denen man gemeinsam zum Höhepunkt kommt und glaubt, körperlich ganz eins zu sein. Wir hielten uns endlos lange umklammert und lagen einander atemlos in den Armen, bis die Benommenheit abebbte und schließlich ganz aufhörte. Lange Zeit lagen wir schweigend da.

»Ich muß dich hier herausbringen.« Er hob den Kopf und sah mich an. »Wir müssen irgendwo hingehen, wo wir immer so zusammen sein können wie jetzt.«

»Grant, Liebling, wenn ich hier herauskomme, gehe ich nach Rom zurück.«

»Dann komme ich eben mit dir. Ich will wirklich mit dir dahin kommen. Du kannst nicht einfach vor mir davonlaufen.«

»Davonlaufen ist wohl kaum das richtige Wort. Ich werde ins Leben zurückhinken, nach Rom zurückhumpeln und versuchen, dich zu vergessen.«

Sein Kopf fiel auf meine Schulter. Er sagte nichts. Aber er weinte.

Ich hatte meinem Impuls nachgegeben und die Verbindung mit dem »Schlechten Gregory« wieder aufgenommen. Er arbeitete an einem Projekt in Bath mit, aber er kam eigens nach London, um mich zu besuchen. Seine riesige Erscheinung türmte sich eines Tages während der Besuchszeit an der Eingangstür auf, und die Schwestern waren ganz durcheinander, weil er einen richtigen Baum dabei hatte.

»Ich dachte, Blumen verwelken ja doch«, meinte er, »deshalb habe ich dir einen Lebensbaum mitgebracht.«

Er stellte ihn neben mein Bett, und da blieb er bis zu meinem letzten Krankenhaustag und zeigte seine Blütenpracht. Noch nie zuvor war jemand mit einem ganzen Baum beschenkt worden, und deshalb mußte die Oberschwester gefragt werden, ob er im Krankensaal stehen bleiben durfte.

»Sie können einer Sterbenden doch nicht ihren Lebensbaum wegnehmen«, sagte Gregory standhaft.

»Ich glaube nicht, daß Missis Cumming im Sterben liegt«, antwortete die Oberschwester säuerlich. »Wenn jeder einen Baum hierherschleppen würde, hätten wir hier bald einen ganzen Wald beisammen.«

»Besser ein Wald als ein Friedhof«, konterte Gregory, während seine Augen immer starrer blickten und aufeinander zuzurücken schienen.

Die Oberschwester machte einen hastigen Rückzug. Als sie Gregorys Blick bemerkte, erkannte sie wahrscheinlich die Symptome einer beginnenden Paranoia. Also blieb mein Baum.

Als sie weg war, zog Gregory mich an; dann nahm er mich wie ein kleines Kind auf den Arm und trug mich nach unten in die Parkanlagen vor dem Krankenhaus. »Ich möchte dich nicht an Krücken oder im Rollstuhl sehen«, sagte er.

Die Schwestern waren viel zu überrascht, um etwas dagegen einzuwenden.

Wir saßen draußen, bis die Dunkelheit hereinbrach. Gregory schien wieder auf der Höhe zu sein und mit dem Leben und seinen Affären gut zurechtzukommen. Er hatte jetzt eine Freundin, die mit ihm zusammenarbeitete. Er erzählte mir von Caspian und Kate, vom »Guten Gregory«, von Peter und Paul; er traf immer wieder mit allen zusammen. Ich erklärte ihm, daß sie mich in meinem jetzigen Zustand nicht besuchen sollten.

»Du bist anders, Gregory, du wirst immer anders sein. Ich liebe dich, weil dein Wesen und dein Verhalten so gar nichts miteinander zu tun haben, als wollten sie keine Kompromisse mit dem Leben eingehen. Du bist barbarisch, und du bist nie langweilig. Irgendwie passen wir zueinander. Beide lieben wir die Übertreibung.«

Er umarmte mich zärtlich; wieviel Zärtlichkeit konnte dieser russische Bär aufbringen! Er war ein Riese, aber kein Ungeheuer.

Als es draußen zu kühl wurde, trug er mich wieder nach oben, zog mich aus und legte mich ins Bett zurück, als sei ich seine Puppe. Dann küßte er mich und ging. Ich bat ihn, nicht mehr zu kommen; die Anreise war einfach zu lang. Ich war sicher, daß wir uns wiedersehen würden – und das war vielfach der Fall.

»Das war aber ein seltsamer Besuch«, meinte die Dame im Nachbarbett, die gerne untertrieb. »Ein Verwandter von Ihnen?«

»Sozusagen. Wir sind miteinander verwandt.«

Mehr wollte ich nicht erklären.

Das Wochenende kam, eine willkommene Unterbrechung. Ich wollte ein Bad nehmen und mich anziehen; wenn meine Tochter erst einmal da war, wollte ich kühn mit einem Stock durch die Ausgangstür humpeln, um mich in den Garten zu setzen. Ian wollten wir im Rollstuhl mitnehmen. Es sollte meine große Geste werden, mit der ich ihm zeigen wollte, daß unsere Freundschaft auch draußen noch galt, daß ich mich weigerte, das Ende unserer Beziehung anzuerkennen. Wir sollten uns weiterhin treffen, auch wenn wir das Krankenhaus längst verlassen hätten. Ganz anders also als mit Grant. Man muß wohl einen Unterschied zwischen Lust und Liebe machen.

Mein Entschluß wurde hinfällig, aber nicht durch meine Schuld. Ian hatte mich verlassen! Der einzige Mann, von dem ich glaubte, er könne mir nicht weglaufen, hatte genau das getan.

Unmittelbar nach dem Mittagessen ging ich zu ihm hinunter und fand sein Bett leer. Das überraschte mich nicht, weil es zahlreiche Möglichkeiten gab, wo er mit seinem Rollstuhl sein konnte. Ich setzte mich und wartete. Der Mann im Bett daneben sah mich befremdlich an, sagte aber nichts. Dann fiel mir auf, daß auf dem Nachttisch kein einziges Buch mehr lag, die Uhr fehlte, und auch der Wasserkrug war verschwunden.

»Wo ist Doktor Bromley? Ist er verlegt worden?« fragte ich seinen Nachbarn.

»Nein. Er ist entlassen worden. Wußten Sie das nicht? Seine Schwester ist heute morgen gekommen und hat ihn abgeholt.«

»Sie meinen, er hat die ganze Zeit gewußt, daß er heute entlassen wird?«

»Ja, ich glaube. Er verbringt das Wochenende bei seiner Schwester, ab Montag ist er in einem Querschnittgelähmtenzentrum.«

Ich humpelte zum Schwesternzimmer und erkundigte mich nach der Telefonnummer seiner Schwester.

Aber seine Krankenakte war schon wieder bei der Verwaltung, und die hatte bis Montag morgen geschlossen.

Es war Samstag nachmittag – meine Tochter kam mit den Kindern von Monmouth zu Besuch. Es bedeutete für sie ein großes Opfer, weil die Kinder während der langen Zugfahrt laut und quengelig waren und auch zu wild, um es lange im Krankenhaus auszuhalten. Zunächst waren sie von den schauerlichen Einzelheiten des Krankenhauslebens beeindruckt, von der Bettpfanne bis zum Topf interessierte sie alles, und sie stellten den ganzen Krankensaal auf den Kopf. Fiona bemühte sich nach Kräften, sie stillzuhalten, aber nach einer halben Stunde war klar, daß sie besser wieder nach Hause fuhren.

Da ich angezogen war, begleitete ich sie nach unten bis zum Ausgang; sie stiegen in ein Taxi, und ich humpelte über die Straße und setzte mich in die Anlage. Ich war zum erstenmal wieder draußen. Eigentlich hätte Ian dabei sein sollen; jetzt war mir kalt und elend und einsam zumute. Grant war wegen des Familienbesuchs nicht gekommen. Ian hätte zu einem solchen Tagesablauf gepaßt, aber Grant nicht. Ich tappte zu meinem Krankenbett zurück.

Am nächsten Tag, dem Sonntag, erlebte ich eine nette Überraschung. Ich saß ganz ruhig mit meinem Bruder Max im Aufenthaltsraum, als ein kleiner Mann mit einer zerknautschten Plastiktüte hereinkam. Er sah sich um, und als er mich erblickte, ging ein Leuchten über sein Gesicht; er kam direkt auf mich zu.

»Hallo, Sie müssen Lady Anne Cumming sein«, sagte er.

»Ja und nein«, antwortete ich. »Ich bin ganz einfach Anne Cumming.«

»Das sieht meinem Sohn wieder einmal ähnlich. Nichts kann er so lassen, wie es ist. Alles muß er übertreiben.«

»Lieber Gott. Sie sind bestimmt der Vater von Grant.«

»Auf den Kopf getroffen. Hier, ich habe Ihnen einen Kuchen mitgebracht. Habe ihn selbst gebacken.«

Er legte mir die zerknautschte Tüte in den Schoß. Ich sah hinein. Es war ein Pflaumenkuchen, nach Großmutters Rezepten gebacken.

»Wie himmlisch!« lächelte ich zu ihm hinauf. »Ich danke Ihnen, Väterchen.«

Er grinste von einem Ohr zum anderen. »Ich höre es gern, wenn Sie mich Väterchen nennen. Das ist viel natürlicher. Grant drückt sich jetzt so vornehm aus und nennt mich Vater. Das ist nicht gerade meine Tonlage.«

»Ich habe Sie mir immer als Väterchen vorgestellt, es ist mir gerade so herausgerutscht. Ich bin froh, daß es Ihnen nichts ausmacht.«

Ich stellte meinen Bruder vor und bat Väterchen, bei uns Platz zu nehmen. Mein Bruder verstand überhaupt nichts, und Väterchen freute sich wie ein Schneekönig, als sie sich die Hände schüttelten.

»Freue mich, Sie kennenzulernen. Über Anne habe ich ja einiges gehört, wußte aber nicht, daß sie einen Bruder in London hat. Grant sagt, sie ist überall auf der Welt zu Hause.«

»So ist es«, antwortete mein Bruder. »Da muß schon eine Krankheit wie diese kommen, um sie lange genug an einem Fleck festzunageln, daß ich sie einholen kann.« Er sah mich fragend an. »Ich glaube nicht, daß ich Grant kenne, Anne?«

»Nein, ich habe ihn ja selbst erst eben kennengelernt. Er ist Medizinstudent, der sich besonders mit meinem Fall befassen soll.«

Väterchen strahlte stolz. »Ist immer schon so gescheit gewesen. Hat es durch eisernes Lernen geschafft. Immerzu ist er am Arbeiten, mein Sohn. Der will ganz nach oben, und ich wette, er schafft es. Hier, das schickt er Ihnen.«

Väterchen zog einen Umschlag aus seiner Tasche. Mit schwungvollen Buchstaben stand mein Name darauf. Wie Grant schien auch der Brief nicht ganz von dieser Welt.

»Ich werde ihn später lesen. Er kommt also heute abend nicht?«

»Nein, er ist am Wochenende nicht da. Ist in eine von den Höhlen eingestiegen. Speli..., Spelo... oder wie das Zeug heißt.«

»Speläologie«, unterbrach ihn mein Bruder. »Ihr Sohn muß ja ein ganz bemerkenswerter junger Mann sein. Betreibt er regelmäßig Höhlenforschung, Mister ...?«

»Nennen Sie mich George. George Percy, ja. Wie mein Vater und mein Sohn, aber der Herr will ja Grant Peregrine heißen. Warum nur? Ich bringe es ja selbst kaum heraus; aber wenn es ihn glücklich macht, nur zu, von mir aus!«

Jetzt mußte ich lächeln. Also doch »George Percy«! Eine Welle von Zärtlichkeit überkam mich; zugleich war mir klar, daß ich Grant sehr verletzen mußte, wenn ich seine proletarische Herkunft, seinen Namen und diesen zauberhaften kleinen Mann, der nichts als »Väterchen« sein wollte, irgendwie ankratzte.

»Jetzt muß ich mich aber auf die Socken machen. Ich habe mit Bügeln angefangen. Ich bin Mütterchen und Väterchen zugleich, Sie sehen schon. Meine Frau ist mit einem Polizisten durchgebrannt, als mein Junge kaum gehen konnte, aber ich hab' es geschafft. Hab' ihn nie ohne Taschentuch aus dem Haus gelassen.« Er schüttelte uns freundschaftlich die Hände. »Alles Gute denn«, sagte er strahlend und war schon draußen, bevor ich mich noch einmal für den Kuchen bedanken konnte.

»Uff«, sagte Max laut. »Die Lust, fremde Männer aufzugabeln, scheint dir jedenfalls nicht vergangen zu sein. Was ist das für einer, dieser Sohn?«

»Die Antwort auf das Stoßgebet einer alten, bettlägerigen Frau. Er besucht mich jeden Tag und besorgt mir alles, was ich so brauche!«

Mein Bruder sah mich neugierig an, dann schüttelte er den Kopf.

»Ich weiß nicht, wie du es machst, aber du fällst immer wieder auf die Füße, selbst wenn du gelähmt bist!«

Später ging ich zu Bett und las den Brief von Grant.

Liebste Liebe,

ich fühlte, daß Du mich dieses Wochenende nicht sehen wolltest, und mir war klar, daß ich nicht zu Deiner Familie passe. Du wirst begreifen, was ich meine, wenn du meinen Vater kennenlernst; er besteht darauf, Dir diesen Brief mitzubringen. Er ist ein gewöhnlicher, kleiner Mann, aber ich weiß, Du wirst nett zu ihm sein. Er hat es sich so sehr gewünscht, die schöne Lady einmal kennenzulernen, von der ich ihm immer vorgeschwärmt habe.
Dein ergebener Bewunderer und leidenschaftlicher Liebhaber
Grant Peregrine Nesbitt

Es war wieder Montag; die Visite machte an meinem Bett halt; Grant war auch dabei, aber seine Augen blickten wie abwesend in weite Ferne. Am liebsten wäre ich aus dem Bett gesprungen und hätte ihn liebevoll in die Arme genommen. Statt dessen konnte ich zu ihnen allen nur ein höfliches »Guten Morgen« sagen.

Zu meiner Überraschung eröffnete mir Mister Llewellyn-Jones, daß ich als Demonstrationsobjekt im Großen Hörsaal vorgeführt werden sollte. Einer der königlichen Leibärzte, der schon in Ruhestand lebende Lord Brighton, sei eigens angereist, um einer ausgewählten Gruppe fortgeschrittener Studenten neurologische Spezialfälle zu erläutern. Ich wurde gebeten, sofort nach unten zu gehen und vor dem Hörsaal zu warten. Ich hatte nicht einmal Zeit, mit Grant ein Wort zu wechseln.

Von den anderen, die vorgeführt werden sollten, lagen drei auf Rollbetten. Dann war da noch eine Gehirnoperation mit rasiertem Schädel und einer schwarzglänzenden Operationsnaht, die von der Schläfe über die gesamte Schädeldecke verlief. Nur ein einziger, ein Mann in einem Rollstuhl, litt unter Gehbeschwerden wie ich. Ich war die einzige, die aus eigener Kraft hineingehen konnte; im übrigen empfand ich es als ziemlich ärgerlich, daß wir über eine Stunde warten mußten. Ich stellte deshalb den armen Lord Brighton zur Rede, bevor er überhaupt den Mund aufmachen konnte.

»Patienten sind kranke Menschen und sollten auch so behandelt werden. Ich habe jetzt eine geschlagene dreiviertel Stunde auf dem zugigen Korridor gewartet und hatte nicht einmal einen Stuhl, auf dem ich Platz nehmen konnte; wundern Sie sich also nicht, wenn ich in Ohnmacht falle.«

Lord Brighton ging unsicher auf mich zu und bot mir seinen eigenen Stuhl an. Er war wirklich schon sehr alt und konnte nicht besser gehen als ich.

»Hier, meine Liebe. Setzen Sie sich erst einmal. Und vielen herzlichen Dank für Ihren Besuch bei uns.« Er reichte mir seinen Stuhl.

Er strahlte eine solche Liebenswürdigkeit aus, daß ich mich augenblicklich für meine Ungehaltenheit entschuldigte. »Bitte verzeihen Sie. Das ist das einzige, was in diesem Krankenhaus schlecht organisiert ist; wahrscheinlich, weil keiner die Kraft aufbringt, dagegen zu protestieren. Ich bin allein auf weiter Flur, aber dennoch: ›Gerechte Behandlung für alle Versuchskaninchen!‹«

Lord Brighton lächelte und strich mir über den Kopf. Zitternd, aber bestimmt winkte er mit der Hand. »Schwester, lassen Sie die Oberin kommen!«

»Ja, Mylord.«

Die hübsche, kleine Krankenschwester eilte hinaus, während Mylord sich in mein Krankenblatt vertiefte.

»Nun, hat irgend jemand eine Meinung zu diesem Fall?«

Ich suchte nach Grant, aber ich merkte, daß die Zuhörer sämtlich älter waren und er nicht dabeisein konnte.

Zu meiner Überraschung fragte jemand in amerikanischem Tonfall: »Hat man schon festgestellt, ob die Patientin unter Umständen intoxiniert worden ist?«

Wie es schien, setzten sich die Zuhörer aus jungen Ärzten aller Nationen zusammen. Der da fragte, hatte jedenfalls auf seinem Namensschildchen den Zusatz »Mayo-Klinik« stehen.

Lord Brighton drehte sich mit seinem gewinnenden Lächeln zu mir um. »Nun, meine Liebe, wir müssen alles in Betracht ziehen. Haben Sie irgendeinen Anlaß zu der Annahme, vergiftet worden zu sein, zufällig oder vorsätzlich?«

Doktor Mayo-Klinik setzte hastig hinzu: »Ich meine, geht sie irgendeiner Tätigkeit nach, bei der sie mit Blei, Arsen oder anderen Schadstoffen in Berührung kommt?«

Lord Brighton blieb beharrlich. »Die Patientin sieht mir nicht gerade nach einer Industriearbeiterin aus, aber sie scheint mir so hübsch zu sein, daß sie ein eifersüchtiger Liebhaber vergiftet haben könnte. Was sagen Sie dazu, meine Liebe?«

»Ich finde das sehr schmeichelhaft, Mylord, aber meine Ehemänner und meine Liebhaber waren wohl immer ganz froh, wenn sie mich mit friedlichen Mitteln loswurden«, antwortete ich. Dann aber schoß mir ein Gedanke durch den Kopf. »Mit Gift bin ich allerhöchstens in Kontakt gekommen, als meine Wohnung desinfiziert wurde.«

Doktor Mayo-Klinik fragte sofort sehr ernst: »Was für ein Sprühmittel wurde verwendet?«

»Ich glaube, es war DDT – warum sollte ich danach fragen?«

»Wird DDT denn in England noch angewendet?« Der junge Arzt schien ziemlich überrascht.

In diesem Augenblick stolzierte eine brettsteife Oberin brüsk in den Hörsaal. »Sie wollten mich sprechen, Lord Brighton?«

»Ja, Oberin. Ich möchte zweierlei wissen. Wird in England noch DDT verwendet? Das zum ersten. Und zum zweiten: Warum müssen die Patienten stundenlang vor dem Hörsaal warten, wenn sie schon so entgegenkommend sind und wir ihre unglückliche Lage in aller Öffentlichkeit erörtern dürfen?«

»Ich weiß keine unmittelbare Antwort, Mylord. Ich werde mich um beide Dinge kümmern!«

So brüsk, wie sie eingetreten war, rauschte sie hinaus, aber die gestärkten Flügel ihrer Haube zitterten.

»Nun«, meinte Lord Brighton, »zu der angeblichen Vergiftung. Es ist richtig, daß eine ganze Reihe von Giften das Nervensystem schädigen. Da die Insekten durch DDT getötet werden, indem sie gelähmt werden, ist es wohl möglich, daß auch Menschen daran sterben können, wenn die Dosis groß genug ist.«

»Wir haben viele Fälle von DDT-Vergiftung unter amerikanischen Landarbeitern gehabt«, sagte der junge Arzt. »Deshalb ist es jetzt verboten worden. Leiden Sie an Allergien, Madam?«

»Ja, oft, Heuschnupfen, Nesselfieber, Quaddeln und so weiter.«

»Dann sind Sie ja mehr als prädisponiert für die Wirkung von DDT. Haben Sie denn in der Wohnung geschlafen, nachdem sie desinfiziert worden ist?«

»Ja. Es hat mich ja niemand gewarnt.«

Lord Brighton ergriff wieder das Wort. »Wir müssen die Gesundheitsbehörde zu Rate ziehen, das Gesundheitsamt und die Firma, die das Mittel herstellt. Eigentlich hatte ich vorgehabt, mich bei dieser Vorlesung auf medizinische Aspekte zu beschränken, aber jetzt sind wir mitten in Umweltproblemen. Wir müssen eine Blutprobe der Patientin an das Landwirtschaftsministerium senden; dort muß ein DDT-Test gemacht werden. In der Tat haben wir jetzt die Ursache ihrer Erkrankung festgestellt, aber ihr Körper wird sich von selbst erholen; vielleicht bis auf kleinere Behinderungen, die man nicht ausschließen kann.«

»Meinen Sie damit, daß ich nie mehr ganz gesund werde?« fragte ich ängstlich.

»Keiner ist normal, kein Ei gleicht dem anderen«, sagte er besänftigend. »Alter und Krankheit hinterlassen verschieden starke Spuren. Nur ganz wenige Ihrer motorischen Nerven sind für immer zerstört, Missis Cumming, aber Sie werden bald wieder gehen können.« Er kam auf mich zu und half mir auf meine Stöcke. »Gehen Sie jetzt ruhig wieder auf Ihre Station, meine Liebe. Ihre neuen Nerven sind schon mitten im Wachsen, und gleichzeitig lernen Sie, ohne einige von ihnen auszukommen. Der menschliche Körper ist die einzige Maschine mit der Fähigkeit zur Selbstergänzung, und wir Ärzte können diesen Prozeß lediglich in Gang setzen. Sie werden von selbst gesund werden, Missis Cumming. Ich bin dabei überflüssig.«

Ich war den Tränen nahe und dankte ihm überschwenglich. Seine Vorlesung war für mich sehr viel wichtiger gewesen als für seine Studenten. Und fortan ging ich nur noch an einem Stock und nicht mehr an zweien.

Auf dem Flur warteten immer noch die Liegefälle, bis sie an die Reihe kamen, aber niemand schien sich um sie zu kümmern. Als ich mit den beiden Stöcken in einer Hand an ihnen vorbeihumpelte, verfolgten mich ihre Augen still und fragend. Ich verstand ihre Neugier und Anteilnahme nur zu gut und hielt inne, um sie zu trösten.

»Er ist heute blendend in Form – ein rundum gescheiter alter Herr, der genau weiß, was Krankheit bedeutet. Sehen Sie nur mich an, mit zwei Stöcken bin ich hineingegangen, jetzt brauche ich nur noch einen.«

Dann humpelte ich weiter und winkte ihnen mit der freien Hand noch einmal zu; alle drei winkten zurück und lächelten dabei. Ich machte mich auf den Weg zur Verwaltung, um mir Ians Anschrift geben zu lassen. Ich konnte es noch immer nicht ganz glauben, daß er vollkommen allein sein und nichts von mir hören wollte; ich beabsichtigte, ihm einen Brief zu schreiben.

Ich erhielt die Adresse eines Rehabilitationszentrums, was sich wenigstens besser anhörte als ein Heim für unheilbar Kranke. Ich fuhr hinauf zur Krankenstation, weil ich den Brief noch vor dem Tee schreiben wollte, aber Grant kam überraschend zu Besuch.

»Ich möchte dir einiges erzählen«, sagte er.

»Ich möchte dir auch einiges erzählen!«

Wir setzten uns vor den Gaskamin im Aufenthaltsraum, und er nahm meine Hand. Wir redeten gleichzeitig los, als hätten wir uns wochenlang nicht mehr gesehen. Er erzählte mir von seinen Höhlenabenteuern, erzählte mir, wie sehr er mich vermißt hatte, und natürlich auch »Väterchen«, von dem er aber als »mein Vater« sprach.

»Er lebt sehr einsam. Ich weiß nicht, was aus ihm wird, wenn ich wegziehe und mit dir zusammen lebe«, meinte Grant.

»Grant, du bist übergeschnappt«, erwiderte ich. »Ich habe dir doch erklärt, daß es aus ist mit uns, sobald ich das Krankenhaus verlassen kann.«

Er wollte mir gerade heftig widersprechen, als eine portugiesische Helferin hereinkam, um die Tische zu decken. Ich drängte ihn aus dem Tagesraum.

»Bis später«, sagte ich betont.

Ich hatte ihm noch nicht einmal die Geschichte mit dem DDT erzählt.

Unser Rendezvous am Abend war irgendwie seltsam. Zum erstenmal liebten wir uns nicht. Wir hatten uns noch immer eine Menge zu erzählen – so über Ians Verschwinden und die DDT-Vergiftung. Grants Reaktion war gemischt. Er war natürlich hocherfreut, daß der Grund meiner Erkrankung eine Vergiftung war – etwas, das man klar eingrenzen konnte und nun auch schon Wochen zurücklag – und es mir im Laufe der Zeit zwangsläufig immer besser gehen mußte. Aber gleichzeitig verband er mit diesen guten Aussichten seine Trennungsängste. Wieder einmal verließ ihn seine »Mutter«, und seine Furcht trat ganz offen und stürmisch zutage. Er riß mich plötzlich an sich, und dann ließ er innerhalb einer Sekunde wieder von mir ab und ging hinüber zum Cola-Automaten. Er drehte mir den Rücken zu, als die Flüssigkeit in den Pappbecher rann, aber trotzdem konnte ich erkennen, daß er schnell etwas in den Mund steckte und es dann hinunterspülte.

»Was machst du da?«

Er sah mich schuldbewußt an. »Ich habe mir eine verpaßt. Ich fühlte mich zu schlapp, um mit dir Liebe machen zu können. Jetzt wird die Zeit knapp.«

Er kam wieder auf mich zu. Ich stand wütend auf und griff nach meinem Stock. In meine Wut mischten sich gekränkte weibliche Eitelkeit, weil er erst eine Pille brauchte, um sich in Fahrt zu bringen, und mütterliche Sorge, weil er etwas tat, das ich ihm ausdrücklich verboten hatte. Mein Selbstgefühl war ebenso durcheinander wie das seine. Es war mir so, als würde ich zum erstenmal während meiner zahllosen Affären mit jungen Männern mein Alter spüren, und das erleichterte es mir, ihn wegzustoßen.

»Grant... verschieben wir es auf morgen. Verdirb jetzt nicht noch alles, wo es zu Ende geht.«

»Aber es geht nicht zu Ende. Alles beginnt erst richtig. Wir werden jetzt zusammen sein, wirklich zusammen sein.«

Er umarmte mich, küßte mich, umklammerte mich, Kind und Mann in einem.

»Aber ich will dich ... ich will dich ...«, wiederholte er immer wieder und versuchte, mich auf den Armen zum Zeitschriftentisch hinüberzutragen. »Ich will dich so, wie ich dich zuerst gehabt habe, mit dem Kopf nach unten und dem Nachthemd nach oben – dein Körper soll ganz mir gehören.«

»Grant, bitte ... bitte. Ich will nicht mit dir schlafen, wenn du mit Tabletten aufgeputscht bist. Dich bringt es hoch, aber ich komme immer weiter runter. Ich will dich nicht ... ich will dich nicht in diesem Zustand. Ich will nicht mit einem Drogenabhängigen schlafen!« schrie ich förmlich hinaus.

Da ließ er mich fallen, sah mich verzweifelt an, dann drehte er sich auf dem Absatz um und verließ die Ambulanz. Ich quälte mich zum Fahrstuhl zurück und fühlte mich dabei alt und müde und krank. Zum erstenmal hatten wir Krach miteinander gehabt, und vielleicht war es das letztemal. Ich war gespannt, ob er noch einmal kam.

Am nächsten Tag fiel mir auf, daß Grant nicht unter den Studenten war. Mister Llewellyn-Jones pflegte sich während der Visite automatisch nach ihm umzudrehen und mein Krankenblatt zu verlangen. Da Grant nicht anwesend war, trat ein anderer Student damit vor.

»Nesbitt ist heute nicht gekommen, Sir. Hier ist das Krankenblatt von Missis Cumming, und der Bericht des Landwirtschaftsministeriums ist auch soeben eingetroffen.«

»Nesbitt kommt mir zu oft nicht. Was hat er denn?«

»Vielleicht ist er krank, Sir.«

»Ein Arzt darf nicht krank sein. Nun ... wo waren wir stehengeblieben?«

Er las aufmerksam in dem Bericht des Landwirtschaftsministeriums und dem Blutuntersuchungsbefund. Dann las er laut vor: »Der in der Probe vorhandene DDT-Anteil ist hoch, aber er ist vermutlich nicht höher als bei allen anderen Menschen, die in Ländern leben, in denen moderne Sprühmittel, Pflanzenschutzmittel, Bestäubungsmittel pulverförmig oder als Luft-Wasser-Gemisch angewendet werden; darunter fallen sogar Fliegenfänger, von denen Insektizide ausgeströmt werden ...«

Grant war plötzlich aufgetaucht und hatte den letzten Abschnitt noch aufgefangen. Auch er hatte ein Schriftstück in der Hand. »Entschuldigen Sie, Sir«, sagte er zu Mister Llewellyn-Jones. »Ich komme gerade vom Gesundheitsamt, wo man mir versichert hat, daß das Mittel tagtäglich angewendet wird und bislang nichts passiert ist; dies sei der erste Fall, der ihnen zu Ohren kommt. Ich habe auch mit dem Hersteller gesprochen, der steif und fest behauptet, daß noch nie bei den Hunderten von Arbeitern, die mit der Herstellung von DDT beschäftigt sind, Schwierigkeiten aufgetreten seien.«

»Ich danke Ihnen, Nesbitt, ich habe mich schon gefragt, wo Sie stecken.« Zu meiner Erleichterung sagte er dies in einem versöhnlichen Ton, dann sprach er weiter: »Es kommt häufig vor, daß Menschen Vergiftungen erleiden, ohne die Ursache zu bemerken, aber in diesem Fall können wir wohl mit Recht annehmen, daß Missis Cumming eine DDT-Vergiftung erlitten hat. Dennoch können wir nicht mit Sicherheit ausschließen, daß es ein unbekannter Virenstamm gewesen ist.«

»Mit anderen Worten«, sagte ich dazwischen, »es gibt nicht genügend Beweise, und ich kann niemanden belangen.«

Mister Llewellyn-Jones lächelte mich an. »Missis Cumming hat eine liebenswürdige Art, immer gleich auf den Kern der Sache zu kommen!« Er tätschelte meine nackten Beine. »Ich werde bestimmt traurig sein, wenn Sie nicht mehr da sind, meine Liebe. Sie waren eine interessante Patientin, aber ich fürchte, wir können nichts mehr für Sie tun.«

Jetzt war ich endlich entlassen. Jetzt war ich ein überflüssiges Versuchskaninchen.

Dann wandte er sich an Grant. »Nesbitt, die Oberschwester soll alles für die Entlassung von Missis Cumming morgen vorbereiten. Dann drehte er sich wieder zu mir um und sagte: »Sie werden langsam wieder ganz gesund werden, Missis Cumming. Haben Sie Geduld mit sich selbst.«

Er lächelte mich an und gab mir seine Hand.

Die kleine Schar zog weiter. Grant und ich blieben allein, überrascht von der plötzlichen Wendung der Dinge. Pläne, Worte, die Zukunft, das Mögliche, das Wahrscheinliche und das, was dann wirklich geschieht, das alles mußte später kommen.

»Bis heute abend«; mehr konnte ich Grant jetzt nicht sagen.

Es schien recht kompliziert und aufreibend, wenn man ein schmales Bett in irgendeiner Krankenhausecke endgültig verlassen wollte; fast der ganze Tag ging dabei drauf. Die wochenlange Übervorsicht, die beschränkte Bewegungsfähigkeit hatten mein alltägliches Bezugsfeld völlig verändert. Ich, die ich immer leicht und schnell durch die Welt gegangen war, konnte mir jetzt nur schwer vorstellen, wie ich von einem Ende Londons zum anderen Ende kam.

Erst rief ich meinen Bruder an, dann meine Schwester, bei einem von ihnen beiden wollte ich zunächst die kommenden Tage verbringen. In die DDT-verseuchte Wohnung konnte ich unmöglich zurück; ebenso unmöglich konnte ich auf der Stelle nach Rom fahren, bevor nicht die Gesundung weiter vorangeschritten war. Der Krankenberater suchte mich auf und bot mir einen einmonatigen Aufenthalt in einem staatlichen Erholungsheim an; dabei schoß mir durch den Kopf, daß ich dann möglicherweise Ian in seinem Rehabilitationszentrum besuchen könnte. Ich setzte mich sofort hin, um ihm zu schreiben.

Ich war immer noch nicht ganz sicher, ob Ian wirklich ein so abruptes Ende unserer Beziehung gewollt hatte oder ob er es mir zuliebe so gemacht hatte. Mit meinem Brief wollte ich ihm sagen, daß ich ihn noch immer in meinem Leben haben wollte, aber ich würde es auch verstehen, wenn er mich nicht mehr in seinem Leben haben wollte. Ich bat ihn, mir unter der Anschrift meines Bruders zu schreiben. Dann ging ich nach unten und warf den Brief in der Eingangshalle in den Briefkasten. Und dann trat ich auf die Stufen der Eingangstreppe hinaus und sog die frische Luft tief in mich hinein.

Der Nachmittag schleppte sich bis zur Besuchszeit träge dahin; ungeduldig wartete ich, bis ich zum letztenmal heimlich in die Ambulanz hinuntergehen konnte.

Als ich ankam, stand Grant schon bei den Zierfischen. Seine Pupillen waren geweitet, seine Gesten unsicher. Er stand wohl wieder unter Drogen. Im ersten Moment stieg Zorn in mir hoch, aber unser letztes Zusammensein sollte nicht getrübt werden.

»Du wirst mich nicht verlassen!« platzte er heraus, bevor ich auch nur ein Wort gesagt hatte.

»Ich verlasse das Krankenhaus, ich verlasse nicht dich!«

»Aber wo wirst du wohnen?«

»Bei meinem Bruder. Was bleibt mir sonst übrig? In die verseuchte Wohnung kann ich unmöglich zurück.«

»Komm zu uns, zu mir und Väterchen.«

Zum erstenmal nannte er seinen Vater in meiner Gegenwart »Väterchen«; davon war ich mehr überrascht als von seinem Angebot, das mich dennoch tief berührte.

»Wie kann ich das annehmen? Was würde denn Väterchen von mir denken?«

»Er würde sich sehr geehrt fühlen – und glücklich. Ständig hat er Angst davor, daß ich ihn eines Tages allein lasse und mit einem Mädchen davonziehe. Er wäre bestimmt begeistert, wenn das Mädchen bei uns einziehen würde.«

»Aber ich bin kein Mädchen.«

»Du bist mein Mädchen. Komm zu Vaterchen und mir«, sagte er und blickte mir suchend in die Augen.

»Nicht jetzt. Vielleicht besuche ich euch einmal später, aber zunächst will ich bei meinem Bruder bleiben. Er ist den ganzen Tag unterwegs, an den Wochenenden ist er nicht in der Stadt, du kannst mich also ab und zu besuchen.«

»Das ist zuwenig. Ich möchte dich nicht an deine Familie verlieren, an diese andere Welt. Unsere Wohnung ist auch für dich gut genug – sie steht voller schöner Antiquitäten.«

Ich glaubte ihm nicht, sagte aber nichts. Ich machte mir Sorgen wegen der Anhänglichkeit des Jungen – nicht wegen seiner Aufschneidereien; in seinem Interesse war es wahrscheinlich das beste, wenn wir uns nach meiner Entlassung nicht mehr sehen würden.

Ich war entschlossen, standhaft und bestimmt aufzutreten. Aber es war Grant, der standhaft und entschlossen auftrat. Er zog mich zum Tisch hinüber, auf dem noch immer die überfällige Nummer der »Illustrated London News« lag; er beugte mich sanft darüber und schob mir das Nachthemd hoch. Zitternd und seufzend und stöhnend stand er hinter mir, während er von hinten in mich eindrang, bis er nicht mehr weiter konnte. Danach brach er über mir zusammen und weinte sich seinen Kummer von der Seele. Auch ich weinte. Wir lagen über dem Tisch und weinten, bis die Klingel läutete. Die letzte Besuchszeit war zu Ende.

Tagebucheintragung, mitten in der Nacht. Ich bin wieder zurück in der großen, weiten Welt. Es ist Sonnabend, der 2. November.

Ich bin doch wieder schwach geworden und habe Grant zum Wochenende eingeladen. Mein Bruder ist nicht da, und wir liegen in seinem großen Doppelbett. Zum erstenmal haben wir wirklich miteinander geschlafen. Was bekommt man nicht alles mit von jemandem, der da so neben einem schläft! Es gibt Männer, die liegen wie Steine da, stumm, beziehungslos und einsam. Dann sind da diejenigen, die einen die ganze Nacht über umarmen und auch noch im Schlaf besitzen wollen. Dann diejenigen, die verzärtelt werden wollen, diejenigen, die am liebsten die Flucht ergreifen würden, und diejenigen, die nicht wissen, was sie wollen.

Grant ist eine verlorene Seele, ein Junge, der vollkommen durcheinander ist. Er wälzt sich hin und her, spricht im Schlaf und liegt keine Minute lang still. Wegen seiner Ruhelosigkeit und der sich wieder meldenden Schmerzen kann ich kaum Schlaf finden. In meiner Verzweiflung bin ich aufgestanden und will jetzt in meinem eigenen Bett im Gästezimmer schlafen; dort mache ich jetzt auch diese wenigen Notizen. Nie und nimmer hätte ich Grant zum Bleiben einladen dürfen.

Ich erwachte plötzlich, weil Grant ins Zimmer stürmte, mit aufgewühltem Haar und Tränen in den Augen. Schluchzend warf er sich auf mich.

»Du hast mich allein gelassen. Du bist vor mir davongelaufen. Du liebst mich nicht!«

Ich war überrascht von der Heftigkeit, mit der er reagierte.

»Warum hast du mich verlassen? Warum?« In seine Tränen mischte sich jetzt Wut.

»Grant, ich bin noch immer krank. Ich habe die ganze Nacht hindurch schreckliche Schmerzen in den Beinen und muß ab und zu aufstehen und umhergehen. Ich wollte dich nicht aufwecken.«

»Tut mir leid, aber das hätte ich beinahe vergessen. Wenn wir uns lieben, klagst du nie darüber, du sagst nie, daß ich dir weh tue. Du scheinst nur Schmerzen zu haben, wenn wir es nicht miteinander treiben.«

»Das ist irgendwie richtig. Vielleicht kann man es auch medizinisch ausdrücken: ›In der sexuellen Erregung empfindet der Patient keine Schmerzen.‹«

»Dann werden wir die nächste Zeit nicht so schnell aus dem Bett kommen! Ich will dich einfach nicht aus den Augen verlieren.«

Ich merkte, daß er schon die ganze Zeit über einen Steifen hatte. Wie brachte er das nur fertig, während er gleichzeitig weinte? Aber ich hatte keine Zeit mehr, ihn danach zu fragen. Er war schon in mir, und es war viel zu schnell vorbei, als daß ich auch etwas davon gehabt hätte.

»Ist es dir nicht gekommen?« Er wußte es ganz genau, lügen wäre zwecklos gewesen.

»Mir fehlen halt die ›Illustrated London News‹«, sagte ich leichtfertig, dann schliefen wir wieder ein, dicht an dicht in dem engen Einzelbett.

»Du bist ja schon auf«, beklagte er sich. Er litt noch immer unter seiner Verlustangst.

Er stand nackt unter der Küchentür, mit zerzaustem Haar: wie schutzlos kam er mir vor!

»Liebling, du wirst dir den Tod holen! Ich bringe dir den Morgenmantel meines Bruders!«

»Gib mir zuerst einen Kuß. Ungeküßt kann ich unmöglich zum Dienst gehen.«

Wir frühstückten zusammen, dann machte sich Grant auf den Weg zum Krankenhaus. Ich bat ihn, ein paar Tage lang nicht zu Besuch zu kommen. Ich wollte jetzt unter allen Umständen zurück nach Rom, noch in dieser Woche, und wenn es sein mußte, auch im Rollstuhl. Es war wohl besser, wenn wir uns nicht mehr begegnen würden. Ich hatte einfach nicht die Kraft, mit Grants komplizierten Gefühlslagen fertigzuwerden, und es würde wohl auch nichts ändern, wenn die gefährliche Situation aufrechterhalten bliebe. Ich wollte mich in der Ambulanz noch einmal gründlich untersuchen lassen, bei der Gelegenheit ein Abschiedswort für Grant hinterlassen und schon in der Luft sein, bevor er es überhaupt lesen konnte – ein schneller, sauberer Schnitt war wohl das beste für uns beide.

Am Nachmittag ging ich aus, bewaffnet mit einem gummibesetzten Gehstock, den man mir im Krankenhaus gegeben hatte. Der Gehstock bedeutete eine große moralische und körperliche Hilfe für mich, aber wie ich so an der Bushaltestelle stand, fühlte ich mich schwach und elend. Schließlich fuhr ich doch mit dem Taxi in die Regent Street und buchte den Hinflug nach Rom.

Als ich nach Hause kam, öffnete mir mein Bruder – er hatte gerade die Nachmittagspost in der Hand.

»Ist etwas für mich dabei?« fragte ich.
»Nein. Erwartest du etwa Post?«
»Nur einen Brief von diesem Ian Bromley, meinem gelähmten Arztfreund.«
»Ah ja. Wie geht es ihm?«
»Ich wünschte, ich wüßte es.«
»Du hast dich ziemlich in ihn verliebt, nicht wahr?«
»Irgendwie schon, aber ich verliebe mich ja immer viel zu schnell.«
»Du Glückliche.«
Am nächsten Morgen wollte ich unbedingt mit dem Bus zur Ambulanz fahren. Der Busfahrer half mir geduldig beim Aussteigen, dann humpelte ich langsam die Straße entlang, dann über den weiten Vorplatz mit den verblühten Rosen und den langen Flur entlang zur Rückseite des Krankenhausgebäudes.

»Kann ich bitte Ihren Ambulanzausweis haben?«
Ich suchte in meiner Handtasche, dann zog ich mein nagelneues Brandzeichen hervor. Ich durfte nun offiziell bewohnen, was noch vor wenigen Tagen meine ureigenste, geheime Dunkelzone gewesen war.

»Bitte nehmen Sie Platz. Professor Llewellyn-Jones muß jede Minute hier sein.«

Ich setzte mich in den großen Plastiksessel, in dem wir uns so oft geliebt haben. Es wird nie mehr sein können. Meinen Abschiedsbrief an Grant wollte ich an der Hauptpforte abgeben, weil ich wußte, daß er ihn dann erst am nächsten Tag bekam. Er könnte nichts mehr unternehmen, weil es einfach zu spät wäre; das einzige, was ihm blieb, waren die Tränen, und insgeheim befürchtete ich, daß es so kommen würde. Aber er würde darüber hinwegkommen, und eines Tages würde ihm klar werden, daß es nur so hatte gehen können, sauber und schmerzlos.

»Bitte kommen Sie mit mir, Missis Cumming!«
Unsere exotische Schwester führte mich in das Untersuchungszimmer. Sie schien sich an unser früheres Zusammentreffen nicht zu erinnern, als sie vergessen hatte, die Fische zu füttern, noch konnte sie wissen, daß ich dieses spezielle Untersuchungszimmer auch mit verbundenen Augen gefunden hätte.

»Kommen Sie herein, Missis Cumming! Sie können ja schon ganz gut gehen!« sagte der Professor.

»Wie Sie es vorausgesagt hatten; ich versuche eben, mich so gut es geht einzurichten, und ich bin ganz dankbar, daß ich einigermaßen zurechtkomme.«

»Ich möchte mir einfach noch einmal Ihre Reflexe ansehen. Wenn Sie nur die Strümpfe ausziehen würden – das genügt schon.«

Ich lächelte in mich hinein, weil ich an die anderen Kleidungsstücke denken mußte, die ich so oft ausgezogen und auf den Boden hatte fallen lassen.

»Sagen Sie mir, wenn Sie etwas spüren.«

Mit der Nadel fuhr er die Beine entlang, dann untersuchte er mit dem Perkussionshammer Knöchel und Kniegelenke. Nichts geschah, keine Reaktion. Es war wie immer. Es ging mir weder besser noch schlechter.

»Kommen Sie in einem halben Jahr wieder zu mir. Sie werden dann schon wieder gut gehen können. Und rufen Sie uns bitte an, wenn Sie sich Sorgen machen oder irgend etwas Ungewöhnliches passiert.«

Ich zog die Strümpfe wieder an; dann gab ich ihm die Hand und dankte ihm herzlich.

Bevor ich den kleinen Raum verließ, sah ich mich noch einmal wehmütig um; er sah jetzt so hell aus, so steril und wirkte wie das krasse Gegenteil des warmen, dunklen Kämmerchens, in dem es nach Schweiß, Liebe und Harris-Tweed gerochen hatte und in dem wir aus Angst niemals Licht gemacht hatten. Langsam ging ich auf die Pforte zu.

»Würden Sie das bitte morgen früh Mister Nesbitt geben – einem der Medizinstudenten?« Ich übergab dem Pförtner den Brief.

»Soll ich es nicht lieber gleich in die Unterrichtsräume rüberschicken?«

»Nein, nein, legen Sie es ihm einfach in sein Fach, dann findet er es morgen früh bestimmt.«

»In Ordnung. Soll ich Ihnen ein Taxi rufen?«

»Nein, danke, ich möchte ein wenig gehen.«

Zum letztenmal ging ich über den großen Vorplatz mit seinen Rosen – sie waren restlos verblüht.

Liebster Grant,

wenn Du diese Zeilen mit Deinem kühlen, grauen, wimpernumflorten Blick lesen wirst, bin ich schon halb in Rom. Alles, was mich noch mit London verbindet, verengt sich auf die Einsicht, daß ich die Finger von Dir lassen muß.

Ich fühle mich schuldig, daß ich Dich benützt habe, um mein Ich und meinen Körper zu befriedigen. Junge Liebhaber sind das Heißeste, das man sich vorstellen kann; es ist so, als wären es die eigenen Kinder. Wahrscheinlich wirst Du mir mehr fehlen als umgekehrt. Du wirst wütend sein, weil ich einfach so verschwunden bin. Betrinke Dich, nimm Hasch oder was Du sonst hast, aber vergiß mich. Und danach hörst Du bitte mit dem Zeug auf.

Du kannst mir schreiben, wenn Dir danach zumute ist, ich verstehe aber auch, wenn kein Brief kommt. Ich werde Dich immer lieben, Dich vermissen, an Dich denken. Vergiß mich, vergib mir und sei glücklich.

Anne

Als ich wieder in Rom war, fand ich bergeweise Post vor, alles war staubig, und das Telefon klingelte. Mein Leben begann von neuem. Meine Beine waren noch immer teilweise gelähmt, meine Hände waren schwach und zitterten. Ich konnte nur mit Mühe gehen.

Rudi hatte mir von New York aus einen wunderschönen, silberbeschlagenen Stock und einen guten Rat geschickt.

»Geh so oft wie möglich aus, und vergrab dich nicht. Du bist immer ein Musterbeispiel für Lebensenergie und für unerschütterlich gute Laune gewesen, Anne. Enttäusche uns jetzt nicht.«

Im November und im Februar regnet es in Rom in Strömen. Der Regen zieht über ganz Italien wie ein Monsun, die Autobahnen werden unter Wasser gesetzt, Brücken weggeschwemmt, Dämme brechen, das Land wird verwüstet und vernichtet, und plötzlich ist alles vergessen. Die Sonne scheint wieder.

In den ersten paar Tagen sah ich träge und lustlos dem Novemberregen durch das Fenster zu. Freunde kamen und gingen. Meine Zugehfrau rief jeden Morgen an. Charles und seine Frau waren ernsthaft um mich besorgt, und meine Tochter Vanessa kam mich besuchen, wann immer es ihr möglich war. Sie war wieder in anderen Umständen, und ich bemühte mich, ihr gegenüber glücklich zu erscheinen.

Grant schrieb mir jeden Tag – es waren lange, rührende Liebesbriefe. Das Traurigste an ihnen war, daß sie nicht wirklich an mich geschrieben waren, an die wirkliche Anne Cumming, sondern an irgendeine romantische Heldin aus grauer Vorzeit, die nicht einmal mütterliche Züge hatte. Es fiel mir schwer, ihm zu antworten. Ich tat es dennoch, obwohl mir damals alles, was ich anrührte, zur Last wurde.

Mein Bruder schickte mir Post aus London nach; ein Brief war dabei, auf dem »Empfänger unbekannt – zurück an den Absender« stand. Es war mein Brief an Ian. Wo steckte er nur? Vielleicht hatte man ihn in ein anderes Heim gebracht, vielleicht war er auch gestorben. Jetzt wußte ich nicht mehr, wohin ich ihm noch schreiben konnte. Er würde nie mehr erfahren, daß ich mit ihm zusammenkommen wollte und daß ich ihn noch immer liebte.

Grant stand wahrscheinlich wieder unter Drogen. Zumindest glaubte ich das. Bei dieser Vorstellung war mir irgendwie leichter. Ich fühlte mich weniger schuldig, wenn dieses Problem zwischen uns weiter bestand und die Verantwortung nicht ganz allein auf mich fiel. Alles fiel, wie der Novemberregen.

Ich sah zu, wie der Novemberregen auf meine Terrasse prasselte, und wollte schon hinausgehen, um die Regenrinne freizumachen, die mit Geranienblättern verstopft war, als ein Postbote mit einem eingeschriebenen Brief läutete. Die Schrift kannte ich nicht, es war eine ziemlich ungeübte Hand. Auf der Rückseite stand der Absender: »George Percy Nesbitt«. Grants Vater. Der Brief enthielt dreierlei: eine Medaille, die Grant bei einem Langstreckenlauf seiner Schule gewonnen hatte, einen Brief von Väterchen und einen Zeitungsausschnitt. Den Ausschnitt las ich als erstes:

»Am Montagabend wurde in der Ambulanz eines Londoner Universitätskrankenhauses ein junger Medizinstudent tot aufgefunden. Der Tote heißt Grant Nesbitt. Er ist an einer Überdosis Heroin gestorben. Nesbitt hatte bislang nicht als drogenabhängig gegolten; es muß ungeklärt bleiben, ob er einem Unfall zum Opfer fiel oder Selbstmord verübt hat. Seine Leiche wurde in einem Sessel aufgefunden. Der Staatsanwalt hat als Todesursache ›Unfall‹ angegeben.«

Ich brauchte einige Zeit, bis ich mich so weit beruhigt hatte, daß ich auch Väterchens Brief lesen konnte.

Liebe Lady Anne,

so hat mein Junge Sie immer genannt. Ich weiß, Sie haben ihn geliebt und wollen wissen, was ihm jetzt zugestoßen ist; deshalb schicke ich Ihnen den Zeitungsausschnitt zusammen mit dem Andenken. Er hat einmal zu mir gesagt, wenn ihm etwas zustoßen sollte, soll ich Ihnen das schicken. »Sag ihr, sie soll nicht müde werden und weiter durchs Leben laufen, trotz ihrer Beine.« Ich wußte nicht genau, was er damals damit meinte. Er hat sie im Gymnasium gewonnen. Er war ein kluger Junge, aber nicht so glücklich. Ich bin Ihnen auf ewig dankbar, daß Sie sich für den Jungen interessiert haben. Es hat ihm eine Menge bedeutet. Ich bin jetzt ein wenig einsam, aber das Leben geht ja weiter, nicht wahr?

Ihr George Percy Nesbitt

Ja, Väterchen, das Leben geht weiter. Die Medaille für seinen Langstreckenlauf habe ich an ein silbernes Kettchen gehängt. Vielleicht habe ich eines Tages den Mut, sie auch zu tragen.

Siebtes Kapitel
Blues in Barcelona

Ich brauchte sehr viel länger, um über Grants Tod hinwegzukommen, als ich gebraucht hatte, um mit meiner Krankheit fertigzuwerden. Aber ich schaffte es. Ich mußte es ja. Allerdings wollte ich es nie mehr mit einem jungen Liebhaber zu tun haben. Aber ich nahm auch diese Hürde. Wie es schien, konnte ich mit dieser Gewohnheit nicht mehr brechen.

Den ganzen Winter 1971 auf 1972 hatte ich in Rom verbracht; wie eine Neunzigjährige war ich durch den Winter gehumpelt. Meine Tochter Vanessa bekam ihr zweites Baby, wieder ein Junge. Sie taufte ihn »Mark« und wollte sich noch zwei weitere Knaben anschaffen, die »Luke« und »John« heißen sollten. Sie war aber nach Mark ziemlich schwer krank, und plötzlich mußte ich mich um den größeren Jungen, Matthew, zwei Monate lang kümmern, wo ich doch kaum mit mir selber zu Rande kam.

Der tägliche Kampf mit einem zweijährigen, außerordentlich lebhaften und durchtriebenen Schlingel hätte die Geduld eines Heiligen erschöpft und die Kräfte eines Olympiakämpfers verschlissen. Ich habe einmal gehört, daß ein durchtrainierter Athlet, der jede einzelne Bewegung eines Kleinkindes vom Aufwachen an mitmacht, spätestens am Nachmittag erschöpft zusammenbricht. Manchmal ging es auch mir so, aber ich mußte ja weitermachen. Wahrscheinlich verdanke ich dieser Willensanstrengung mein Leben und meine Gesundheit. Obwohl ich oft vor Müdigkeit weinte und einfach im Gästezimmer neben seinem Bettchen flach lag, weil ich nicht mehr die Kraft hatte, in mein eigenes Bett zu gehen, überlebten wir beide die Feuerprobe. Meine Tochter wurde wieder gesund, und mit der überschäumenden Kraft der Jugend ging sie wieder nach Hause aufs Land, unter jedem Arm eines ihrer Kinder. Jetzt war es schon Frühling.

Ich ließ mich von meinem römischen Arzt gründlich untersuchen. Hände und Beine wurden langsam wieder gesund. Man hatte mir gesagt, daß sich die motorischen Nerven erst nach einem Jahr wieder normalisiert hätten; jetzt war es sechs Monate her, und ich spürte eine deutliche Verbesserung. In meinem Alter war es unwahrscheinlich, daß sich alle Nerven erneuern würden; aber ich konnte schon wieder Maschineschreiben, obwohl meine Hände noch keine Kraft hatten, und ich konnte auf meinen Holzbeinen schon wieder ziemlich ausgedehnte Spaziergänge machen, obwohl ich leicht aus dem Gleichgewicht geriet. Ohne meinen Stock ging es allerdings noch nicht.

»Ich glaube, Sie müssen sich mehr umtun und wieder arbeiten«, meinte mein römischer Arzt.

»Aber ich kann das doch nicht, ich kann das doch nicht«, hörte ich mich antworten. »Sie machen sich keine Vorstellung, wie anstrengend dieser Job ist. Ich habe den ganzen Tag über zu rennen.«

»Dann machen Sie etwas anderes«, sagte er.

Obwohl es mir körperlich immer besser ging, litt ich doch immer noch unter dem traumatischen Schock der schweren Krankheit. Es ist etwas Biblisches daran. Plötzlich wird man vom Schicksal überwältigt, von einer Seuche gepeinigt, einfach niedergestreckt. Man braucht ziemlich viel Mut und muß alle Kraft zusammennehmen, um wieder ins Leben zurückzukommen. Ich bat einen Freund um etwas Übersetzerarbeit, und sofort besserte sich meine Laune, als ich wieder an der Schreibmaschine saß. Meine Füße kribbelten und waren dumpf, aber ich zwang mich, alles zu Fuß zu erledigen, auch wenn es viel länger dauerte, und versagte mir den Luxus von Taxis. Ich war fest entschlossen, mich wie eine normale Frau zu geben, auch wenn ich nicht wie eine solche empfand.

Als der Sommer kam, hatte ich immer wieder das lebhafte Bedürfnis, nach draußen zu gehen und mich treiben zu lassen. Aber es machte mir immer noch große Mühe, die steilen Stufen im Autobus hochzukommen; dennoch, ich kam ziemlich gut herum, und mein Lebenstempo war beinahe wieder normal. Meine Welt hatte sich zunächst auf meine vier eigenen Wände konzentriert, aber jetzt war ich der Außenwelt wieder vollauf bewußt.

Just in diesem Augenblick schlug mir eine italienisch-französisch-deutsche Produktionsfirma vor, an einem Film über einen hübschen Frauenmörder mitzuarbeiten; Drehort war Barcelona. Bei unserem Frauenmörder wollte es im Bett nur klappen, wenn er eine Jungfrau im Hochzeitskleid vor sich hatte. Systematisch entführte, vergewaltigte und tötete er die Bräute, bevor sich die frischgebackenen Ehemänner an den Wonnen der Ehe erfreuen konnten. Es war ein Horrorfilm, zusammengeschustert aus weißem Satin und bluttriefenden Brautschleiern, eine Herausforderung für jeden Publicity-Agenten; es würde ein ziemliches Stück Arbeit kosten, dieses Machwerk vor aller Augen als großen Spielfilm glaubhaft zu machen.

An einem heißen Sommertag Ende Juni 1972 flog ich mit der Iberia nach Barcelona. Seit meiner Erkrankung hatte ich mir immer einen Rollstuhl bestellt, wenn ich flog. Ich wurde natürlich bevorzugt behandelt – es war eine wunderbare Art zu reisen. Man rauschte an der Polizei und am Zoll vorbei, sauste die endlosen Flughafenkorridore entlang, und die übergewichtigen Bordtaschen hatte man natürlich auf dem Schoß. Es war wirklich ideal, so zu reisen, und ich wollte nie mehr darauf verzichten. Dieses Mal jedoch mußte ich vor einem ganzen Filmteam bestehen. Wenn ich schon arbeiten wollte, mußte ich auch auf eigenen Füßen an die Arbeitsstelle kommen. Es wäre gegen meine Ehre gegangen, wenn ich nicht zu Fuß das Flugzeug bestiegen hätte.

Ich ging noch immer an dem silberbeschlagenen Stock, den mir Rudi geschenkt hatte; meine Beine fühlten sich wie steife Holzblöcke an, ich hatte stechende Schmerzen und kam nur mühsam die Gangway hoch. Außerdem trug ich die Schreibmaschine, eine Reisetasche, den Klappstuhl, die Kamera und einen Sommermantel.

»Darf ich mich bitte auf Ihren Arm stützen?« fragte ich den hübschen italienischen Hauptdarsteller, einen jungen Mann, den ich vor ein paar Jahren – leider vergeblich – gern ganz groß herausgebracht hätte.

»Natürlich, meine Liebe. Jetzt bist du an der Reihe, dich auf mich zu stützen.«

Liebenswürdig und einfach, wie er von Grund auf war, hatte er seine bescheidene Herkunft noch nicht vergessen und sich noch nicht die Großmannssucht des Stars zugelegt, diesen Anflug von rücksichtsloser Zielstrebigkeit und brennendem Ehrgeiz, mit dessen Hilfe man sich aus der zweiten Reihe ins ganz große Filmgeschäft emporarbeitet. Er war wahrscheinlich viel zu bescheiden, um je dahin zu kommen, aber diesmal war es seine große Chance. Er war der Geliebte eines berühmten weiblichen Filmstars gewesen, aber die Dame hatte sich angesichts seines zwar hübschen Gesichts, aber schlechten Rufs und geringen Talents nach besseren Ufern aufgemacht. Ich mochte ihn und bedauerte nur, daß ich nicht mehr die Kraft zu einer Romanze am Drehort hatte. Ich fühlte mich wie ein alternder Star und zog mich aus allem zurück, was auch nur entfernt nach Sex aussah.

Als wir in Barcelona ankamen, war es schon Nachmittag und ziemlich schwül. Wir wurden in einem zweitklassigen Hotel draußen in Las Ramblas untergebracht. Ich richtete mein Büro ein, lud die Presse ein und versuchte, mir einen Gag einfallen zu lassen, damit unsere Ankunft in der Presse die gebührende Aufmerksamkeit fand. Ich war nicht mehr in Barcelona gewesen, seit ich kurz nach dem Zweiten Weltkrieg mit Charles davongelaufen war; Charles war mein zweiter Mann geworden. Seit damals hatten sich Barcelona und ich ziemlich verändert.

»Komm, Liebling, komm mit zu einem Bummel durch Las Ramblas.«

Es war Bruno. Das beste an dem Film war noch, daß ich meinem bienenfleißigen, bärtigen Exliebhaber den Job als Standfotograf hatte verschaffen können. Vielleicht würde er sogar noch Zeit haben, zwischen allem, was er gerade erledigt hatte oder gerade erledigen wollte, ein paar Sekunden in meinem Schlafzimmer zu verbringen. Bruno konnte am Tag mehr Dinge erledigen und nachts mehr Frauen befriedigen als irgend jemand aus meinem Bekanntenkreis.

»In Ordnung, Bruno. Aber wo ist mein Stock?«

»Jetzt wird es Zeit, daß du ohne ihn gehen lernst. Komm jetzt. Hier ist mein Arm.«

So kam es, daß ich zum erstenmal wieder ohne meinen silberbeschlagenen Stock ausging, der mir zur moralischen Stütze geworden war.

Ein neuer Job ist immer ziemlich nervenaufreibend; man fühlt sich unsicher, kommt nicht so recht voran und arbeitet doppelt und dreifach. Ich strengte mich viel zu sehr an und erreichte nichts. Es war mitten im Sommer, jedermann hatte nichts als den Strand im Kopf, am Nachmittag war überhaupt niemand zu sprechen, weil es zu heiß war, und am Abend war man bis in die tiefe Nacht draußen beim Essen. Man sagte nicht einmal mehr »morgen«, sondern allenfalls »nächste Woche« oder gar »nächsten Monat«. Ich war gezwungen, leiser zu treten und das Ganze auf die leichte Schulter zu nehmen.

Wir arbeiteten in dem ziemlich häßlichen Sommerpalais, das von Franco so gut wie nie benutzt wurde und daher diskret bei verschiedenen Anlässen vermietet wurde. Unsere erste Einstellung bestand in einem riesigen Hochzeitsempfang, und dafür bot das Palais den idealen Hintergrund. Die Hochzeitsgäste wandelten durch die marmornen Hallen und streiften draußen an den Kamelienstauden entlang. Das einzig Mißliche war, daß die spanischen Komparsen viel zu spanisch für einen internationalen Film aussahen; also wurde nach einigen Ausländern telefoniert. Und ich wurde auch noch mit hineingezogen; ich mußte die Brautmutter spielen.

»Einverstanden, aber ich möchte einen Wagenradhut und lange Handschuhe«, stellte ich als Bedingung.

Der Kostümbildner durchkämmte die ganze Stadt nach einem großen, breiten Strohhut, aber alles, was er schließlich auftreiben konnte, war ein ziemlich kümmerliches, schwarzes Exemplar, das man eigentlich nur zur Beerdigung tragen konnte. Ich pflückte im Garten einige Kamelien und heftete sie auf den Rand. Bruno erneuerte sie von Zeit zu Zeit, da sie in der Hitze rasch welkten.

»Das Blut! Wir haben kein Blut!« wurde plötzlich am dritten Drehtag geschrien.

Die Braut sollte in dieser Einstellung nach oben gehen und sich umziehen; dabei wurde sie von unserem Helden gewaltsam entführt, in eine Mansarde getragen, auf einer eisernen Bettstatt vergewaltigt und in einem Meer von Blut erstochen zurückgelassen; unser Held mußte ja wieder nach unten und würde sich unter die Gäste mischen, so als sei überhaupt nichts geschehen. Wirklich eine nette Unterhaltung für die ganze Familie.

Der Maskenbildner hatte vergessen, aus Rom das künstliche Blut mitzubringen; irgend jemand machte den Vorschlag, in einer der städtischen Schlachtereien echtes Blut zu besorgen. Aber das spanische Filmsternchen, das die Braut dieses Drehtags spielte, bekam prompt seinen hysterischen Anfall und weigerte sich strikt, sich mit echtem Blut besudeln zu lassen. Also mußte die Szene verschoben werden.

»Man sollte eigentlich glauben, daß ein Volk, das mit dem Stierkampf, den Bürgerkriegen und Garcia Lorca großgeworden ist, weniger wehleidig ist«, flüsterte mir Bruno zu. »Verrückte kleine Hure. Die müßte mal richtig rangenommen werden!«

»Bruno, hör jetzt aber auf damit! Sie ist die Freundin von einem der spanischen Produzenten. Wir wollen doch nicht, daß du entlassen und nach Rom zurückgeschickt wirst.«

Wir brachen frühzeitig ab und gingen Shrimps essen; wir saßen in Las Ramblas draußen im Garten eines Restaurants und spülten mit Amontillado-Wein nach. Vor dem Eingang wurden alle Arten von Vögeln in Weidenkäfigen angeboten.

»Möchtest du einen echten Kanarienvogel von den Kanarischen Inseln?« fragte mich Bruno. »Oder einen peruanischen Papagei?«

»Nein, ich möchte lieber ein gebratenes Hähnchen«, antwortete ich.

Wir zogen also um in die Gegend hinter dem Hafen und suchten nach dem Restaurant mit den gebratenen Hähnchen, die draußen auf der Straße gegrillt wurden; davor paradierten diese hübschen katalanischen

Strichmädchen, und die dazugehörigen Seeleute verschwanden in finster aussehenden Drogerien, um sich mit den nötigen Verhütungsmitteln zu versorgen.

Es war schon sehr spät, als wir wieder zurück waren, um ins Bett zu gehen, aber Bruno wollte unbedingt noch auf mein Zimmer kommen. Er war schon immer ein schneller Arbeiter gewesen, und es war schon aus bei ihm, bevor ich richtig begonnen hatte – aber es machte nichts. Ich fühlte mich einem alten Freund gegenüber verpflichtet, auf neue Orgasmen kam es nicht an; zumindest meine sexuelle Zurückhaltung hatte ich damit ja aufgegeben.

Am nächsten Tag begannen wir mit der Hochzeitsszene noch einmal ganz von vorn, das künstliche Blut war über Nacht eigens von Madrid eingeflogen worden. Barcelona verfügte offensichtlich nur über echtes Blut, das die Schauspieler völlig überforderte. Das künstliche Blut sah genauso aus wie irgendwelches andere Blut auch, und die kleine spanische Braut schien ganz glücklich, legte sich bereitwillig in ihrem weißen Satin und den Schleiern zurück; widerstandslos ließ sie sich ermorden und über und über mit Blut bespritzen, während wir draußen im Garten falschen Champagner tranken.

Sobald unser Held und Schurke das Mädchen ermordet hatte, mußte er nach unten eilen, um sein Alibi zu retten. Dann kam meine kleine Szene, während der ich ins Haus gehen mußte, weil ich nach meiner Tochter sehen wollte und sie schließlich in einem Blutbad tot vorfinde.

Der spanische Kameramann machte mich eigens noch einmal darauf aufmerksam, ja auch bis zu der weißen Kreidemarkierung vorzugehen, ehe ich zusammenbrach. »Sonst sind Sie nicht in der Kamera, wenn Ihr großer Augenblick kommt.«

Es fiel mir überraschend schwer, mich einfach fallen zu lassen, wo ich doch erst vor einigen Monaten wieder das Aufstehen gelernt hatte. Mein Gleichgewichtsgefühl war noch immer von meinen gelähmten Beinen beeinflußt, und normalerweise passierte es mir nur zu leicht, daß ich hinfiel. Aber jetzt brachte ich es einfach nicht so ohne weiteres fertig – ich brauchte zwölf Wiederholungen, bis die Szene stimmte. Mit einem Seufzer der Erleichterung setzte ich meinen Hut ab und zog die Handschuhe aus; dann machte ich mich wieder an meine eigentliche Arbeit. Meine Rolle war abgedreht, und weiter ging es mit der nächsten Braut.

Für die nächste Drehfolge wurde ein italienisches Filmsternchen eingeflogen. Als sie eintraf, bekam sie eine Grippe.

»Spanische Grippe vermutlich«, bemerkte Bruno zweideutig, als wir am Abend mit der Drahtseilbahn nach Tibidabo auf den Hügeln hinter der Stadt fuhren. Wir wollten da hinauf, weil es in der Stadt viel zu heiß war; außerdem interessierte uns der Hippiemarkt; anschließend wollten wir in einem der Restaurants im Freien essen. Ich ging zwar immer noch am Stock, aber ich fühlte mich immer besser und konnte schon wieder ziemlich weit laufen. Die Produktionsgesellschaft stellte mir einen Wagen zur Verfügung, damit ich den Tag über besser herumkam, und mit dem Aufnahmeleiter fuhr ich nach Cadaques, um alles für die nächsten Außenaufnahmen vorzubereiten.

Auf die Passage mit dem italienischen Filmsternchen sollte ein deutsches Mädchen folgen – eine Urlauberin, die einen sardinischen Fischer heiratet. Dieser Einfall sollte natürlich den deutschen Markt sichern, ein für eine internationale Koproduktion typischer Schachzug. Zum krönenden Abschluß der Dreharbeiten ging es dann noch nach Paris, um die französische Passage abzudrehen. Ein Film also, der den Möglichkeiten des europäischen Marktes mit allen Mitteln gerecht zu werden versuchte. Und ich war dafür verantwortlich, daß unsere weiblichen Filmsternchen in der inländischen und ausländischen Presse gebührend gefeiert wurden.

»Wahrscheinlich müssen wir die nächste Passage vorziehen, wenn unser Grippeopfer nicht ganz schnell wieder auf die Beine kommt«, sagte der Produktionsleiter zu mir. »Wir dürfen keine Zeit verlieren.«

»Das bedeutet aber, daß wir dann alle drei Damen auf einmal hierhaben«, meinte ich besorgt. »Ich will nur hoffen, daß sie hier keinen Kleinkrieg gegeneinander führen und sich nicht gegenseitig die Haare ausreißen.«

»Du mußt sie eben mit Pressekonferenzen und Fototerminen auf Trab halten.«

»Sicher – und unser Held und die Eheaspiranten können ja nachts an den Betten der Damen Wache halten.«

Schließlich aber nahm Bruno sie gemeinsam in seine starke Hand, und ich war froh um seine Assistenz. Uns machte unsere Freundschaft, die Fünf-Minuten-Liebe, die sich dann und wann ergab, Spaß. Wir waren schon lange nicht mehr aufeinander eifersüchtig, im Gegenteil, amüsiert beobachtete ich, wie er wie ein fleißiges Bienchen von Schlafzimmer zu Schlafzimmer eilte.

Cadaques ist ein wunderschönes, weißes Fischerdorf, aber es stellte sich doch als ziemlich schwierig heraus, ein Fleckchen zu finden, das noch nicht vom Tourismus verschandelt war oder sich noch nicht in der Hand der internationalen Künstlerschickeria befand. Das einzig Ursprüngliche, das mir dort begegnete, war ein Junge, der gerade in die spanische Miliz eingetreten war und voller Stolz den schwarzglänzenden, gelackten Dreispitz der Guardia Civil zur Schau trug.

Ich hatte unser Hotel in Cadaques schon zwei Tage früher bezogen, bevor das ganze Team kam, weil es noch einiges vorzubereiten gab. Es war Wochenende, und ich nahm mir die Zeit, um in der Sonne zu faulenzen und ein paar Runden zu schwimmen, das Beste, was ich meinen Beinen antun konnte. Abends setzte ich mich an die Hafenmole und polierte mein Spanisch auf, indem ich in der Dämmerung laut aus Garcia Lorca vorlas.

»Señora, es geht Ihnen gut?«

Ich sah auf und blickte in ein junges, dunkles Gesicht unter dem schwarzen Dreispitz, das von Murillo hätte gemalt sein können. Er sah wirklich aus, als sei er gerade der Gemäldesammlung des Prado entstiegen.

»Entschuldigen Sie, Señora«, wiederholte er. »Ich glaube nicht, daß Sie hier so allein sitzen und zu so später Stunde laut vor sich hinsprechen sollten. Nach wem haben Sie denn gerufen? Ich kann niemanden sehen.« Er schien etwas verwirrt.

»Ich habe laut vorgelesen und mich dabei wohl ein wenig vergessen.« Da ich glaubte, es würde Eindruck auf ihn machen, setzte ich hinzu: »Das ist Garcia Lorca.«

»Ah ja, Garcia Lorca!« Das Murillo-Gesicht veränderte sich und glich jetzt eher den düsteren Bildern von Zurbaran. »Warum liest eine so schöne Dame diesen roten, revolutionären Politiker?«

»Er war Dichter, nicht Politiker!« protestierte ich. »Dichtung geht weit über die Politik hinaus. Sie sind doch wohl kein Faschist – in Ihrem Alter?«

»Der Generalissimus Franco hat viel für mein Land getan.«

Ich sah ihn erstaunt an. Wir hatten 1972, und Franco war noch nicht tot, aber der Junge sah jung und frisch und unbefangen drein.

»Setzen Sie sich, und nehmen Sie den lächerlichen Hut ab. Ich werde Ihnen ein Gedicht vorlesen.«

Sein Gesicht hatte sich vollends verdüstert – jetzt wirkte er zornig. »Ich bin stolz auf meine Uniform, und ich darf kein einziges Stück davon ablegen, wenn ich im Dienst bin.«

Mir wurde klar, daß ich mich in Gestalt dieses hübschen jungen Mannes mit dem spanischen Nationalstolz und der politischen Intoleranz anlegte. Also dämpfte ich meine eigenen politischen Ansichten beträchtlich angesichts seines guten Aussehens, der warmen Nacht und der Tatsache, daß ich seit meiner Krankheit keinen jungen Mann mehr gehabt hatte. Bruno und mein Lastwagenfahrer zählten dabei nicht. Das waren alte Freunde, mit deren Hilfe ich die Beziehung zur Welt aufrechterhalten hatte – etwas ganz anderes also als ein neues Abenteuer.

»Setzen Sie sich trotzdem. Es ist Ihre Pflicht, Ihr Land vor subversiven Ausländern zu schützen. Ich bin eine gewaltlose Anarchistin, aber es könnte ja sein, daß ich schon im nächsten Augenblick gefährlich werde.«

Er sah jetzt noch verwirrter aus, und seine Augen funkelten noch wütender unter dem schwarzen Lederrand; es war mir klar, daß Humor nicht gerade seine starke Seite war. Trotzdem setzte er sich.

»Sie benehmen sich nicht wie eine spanische Dame«, sagte er. »Eine spanische Dame hätte Angst, allein mit einem Mann zusammenzusitzen.«

»Tatsächlich? Nun, was mich angeht, ich hätte Angst, allein und ohne Mann dazusitzen«, sagte ich mit gespielter Unschuld.

Vergeblich suchte ich nach einem Anflug von Lächeln in seinem Gesicht, aber er rückte ein wenig näher und griff nach dem Buch, das auf der Mauer zwischen uns lag.

»Sie sind nicht verheiratet?« fragte er.

»Nein. Ich habe nicht einmal einen Liebhaber«, antwortete ich traurig.

Er legte das Buch von sich weg und rückte noch ein wenig näher. ›Das entwickelt sich alles ganz nett‹, dachte ich insgeheim.

»Das ist wirklich eine sehr schöne Uniform«, sagte ich und berührte den dicken Stoff auf seinem Schenkel. Ich spürte, wie der Muskel darunter hart wurde. »Ich hasse Männer mit Hüten.« Mit dem Finger fuhr ich auf dem groben Stoff entlang, berührte aber seinen Schoß nicht.

Er sah sich schnell um, aber es war niemand zu sehen, und die Straßenbeleuchtung reichte nicht bis zu uns herüber. Er setzte seinen Dreispitz ab und legte ihn auf das Buch. Ohne dieses Ding wirkte er sehr jung und schutzlos.

»Es ist noch immer ein wenig zu heiß, um das zu tragen«, sagte er und wischte sich mit dem Ärmel die Stirn.

Da fiel mir ein, daß ich ein Taschentuch in meiner Tasche hatte; ich suchte danach und beugte mich vor, um ihm damit die Schweißperlen unter dem Haaransatz wegzuwischen. Während ich mich noch nach vorn beugte, war er schon mit seinen Händen an meinen Hüften.

»Deine Pistole ist ziemlich im Weg«, sagte ich, als er mich geküßt hatte. »Kannst du die nicht auch abschnallen?«

Das schwere Kaliber wurde neben den Hut und das Buch gelegt. Ich trug ein dünnes, rosafarbenes Sweatshirt, und nun fuhr er mit den Händen darunter. Ich holte tief Luft; meine Brustwarzen prickelten, als sich seine rauen Hände darüber schlossen. Diesmal wurde es ein tiefer Zungenkuß.

»Gehen wir ein bißchen spazieren?« fragte er mit erstickter Stimme, als wir Luft holten.

Es gab einen Weg, der am Steilufer entlang zur nächsten Bucht führte; ich war da am Morgen schon entlanggelaufen, als ich zum Schwimmen wollte. Der Weg war ziemlich schwierig, und ich humpelte ja noch immer; auch hatte ich meinen Stock nicht dabei.

»Ich habe einen Unfall gehabt und kann nicht so weit gehen«, sagte ich, weil ich befürchtete, das Wort »Krankheit« könnte ihn abstoßen. »Wollen wir nicht besser gleich in mein Hotel gehen?«

Er sah bekümmert aus. »Ich darf nicht mit dir zusammen gesehen werden.«

»Kein Problem. Es gibt einen Nebeneingang. Die rückwärtige Treppe führt direkt zu meinem Zimmer hinauf.«

»Eins der Zimmermädchen oder irgend jemand anderes könnte mich sehen«, meinte er zögernd.

Er mochte zwar jung und ein wenig ängstlich sein, aber er konnte seine Hände nicht von mir lassen. Es war mir klar, daß er schon lange keine Frau mehr gehabt hatte. Er hatte meine Brüste losgelassen; mit einer Hand suchte er jetzt in meinem Rock. Ich zog den Bauch ein, um ihm Platz zu machen, aber er hatte Schwierigkeiten mit dem Gummiband meines Höschens.

»Einen Augenblick«, murmelte ich und zog schnell das Höschen unter dem Rock aus und stopfte es in meine Tasche. Er fand sofort die weichen Schamlippen, und mit dem Mittelfinger war er in mir drin. Ich war gerade dabei, ihm die Hose aufzumachen, als wir Schritte hörten. Es war zwar dunkel, aber nicht zu dunkel.

Schnell stieß ich seine Hand weg und glättete den Rock. Ein älteres Ehepaar spazierte vorbei. Sie konnten nicht viel älter sein als ich, aber in diesem Augenblick wollte ich mir über mein Alter keine Gedanken machen.

»Hör zu, ich sage dir jetzt, was wir machen. Ich gehe jetzt ins Hotel zurück, nehme den Schlüssel und gehe auf mein Zimmer. Wenn die Luft rein ist, hänge ich mein Badetuch aus dem Fenster. Dann kommst du über die Hintertreppe nach oben.«

»Welches Hotel?«

»Das Playa Hotel. Geh mit mir ins Dorf zurück. Ich gehe durch die

Nebentür – du siehst dann schon, wo es ist. Die Treppe ist rechts, wenn du reinkommst. Ich wohne im dritten Stock – Zimmernummer 35.«

Langsam gingen wir auf das Hotel zu, erst nebeneinander, dann, als die Häuser begannen, etwas auseinander, aber immer noch so, daß wir uns unterhalten konnten. Er erzählte mir, daß er zwanzig Jahre alt sei, sein Vater sei auch schon in der Guardia Civil gewesen und jetzt im Ruhestand. Er war aus der Gegend von Salamanca.

»Warum bist du so weit von zu Hause weg stationiert?«

»Man schickt uns immer in Landesteile, wo man niemanden kennt. Es ist dann viel einfacher, Recht und Ordnung aufrechtzuerhalten. Wie könnte ich denn meine eigenen Leute bestrafen?«

Das alles hörte sich ziemlich eigenartig und befremdlich an, aber wie es im Leben so ist, die politischen Prinzipien und Überzeugungen schmelzen in einem warmen Bett wie Butter. Nicht daß ich im Bett Butter benutze – ich nehme Babyöl.

In dieser Nacht brauchte nichts eingeölt zu werden. Vielmehr mußte ich aufstehen und mein Badehandtuch von der Fensterbank holen; ich mußte es mir unterlegen, damit das Laken keine Flecken bekam. Nach dem drittenmal stand ich auf und wusch mich, im Glauben, es sei jetzt Ruhe – aber ich sollte mich täuschen. Ehe es zehn Uhr schlug, machte er es mir noch dreimal, dann zog er wieder seine Uniform an.

»Ich muß mich um zehn Uhr auf der Polizeiwache melden«, sagte er. »Ich werde sagen, daß ich bis jetzt bei einer schwierigen Ermittlung war.«

»Das stimmt sogar irgendwie«, seufzte ich und überlegte, ob ich noch die Kraft zu einem Gang nach unten und einer späten Paella hatte.

»Hängst du morgen wieder das Handtuch heraus?« wollte er wissen.

»Ja. Um dieselbe Zeit?«

»Bitte. Ich habe die ganze Woche hindurch Nachtdienst. Ich stehe erst am Nachmittag auf.«

»Das trifft sich wunderbar! Ich muß den Tag über arbeiten. Du würdest mich vollkommen fertigmachen, wenn wir uns zu oft sehen würden.«

Er schlug die Hacken zusammen, salutierte und erlaubte sich ein leises Lächeln. Ich hörte noch seine Stiefelschritte auf den Steintreppen. Ich beschloß, nicht mehr zum Essen zu gehen, ich war einfach zu müde.

Bruno war mit dem Team und dem deutschen Filmsternchen nach Cadaques gekommen. Unser italienisches Sternchen sollte nachkommen, wenn seine Grippe abgeklungen war.

»Kannst du sie denn auch in Zukunft beide glücklich machen?« wollte ich wissen.

»Sie sind ja nicht so verdorben wie du«, antwortete er. »Sie wollen es nicht sechsmal in der Nacht haben.«

»Sechsmal in drei Stunden, Bruno, und er hat dabei nicht getrickst.«

Bruno räumte ein, daß das schon rekordverdächtig war, und obwohl Manuel es nicht jeden Tag brachte, lag er doch beträchtlich über dem Durchschnitt. Sobald ich am Abend mein Badetuch hinaushängte, kam er wie der Blitz die Hintertreppe hoch und war im Nu in meinem Bett. Ich kann nicht gerade behaupten, sein Liebesspiel sei besonders vielfältig oder einfallsreich gewesen, aber was ihm an Qualität fehlte, machte er durch die Quantität wieder wett. Es war genau das, was ich brauchte, um meinen Kreislauf wieder in Schwung zu bringen – ich meine das körperlich und geistig. Seit Grants Tod hatte ich eine sexuelle Flaute erlebt, und das war nicht gut für mich gewesen, und Grant hätte es bestimmt auch nicht gewollt. Seine letzte Botschaft, die er mir geschickt hatte, lautete ja, ich solle wieder durchs Leben laufen, trotz meiner Beine – aber bis jetzt war es nur ein Humpeln gewesen.

Rudi schrieb mir einen Brief, er verbrachte einsame Ferien bei seinem Vater in Österreich. Auch er lebte jetzt sexuell enthaltsam und war seit Toms Heirat ein wenig irritiert. Ich antwortete ihm auf einer Postkarte, die ein junges Mädchen hinter einem der typisch spanischen, vergitterten Fenster zeigte, dem ein junger Mann eine Rose zusteckt.

Ich schrieb dazu: »Ich weiß nicht, ob der Umstand, daß die Frauen über Jahrhunderte hinweg nicht so recht zugänglich waren, etwas damit zu tun hat – aber der sexuelle Nachholbedarf der Spanier ist beinahe schon alarmierend.«

Tagsüber war ich meistens draußen bei den Aufnahmen und saß neben Bruno in meinem kleinen Campingstuhl. In den langen Pausen zwischen den Einstellungen, während umgebaut wurde, redeten wir über alles mögliche und tauschten Liebesrezepte wie zwei Köche, die ein Bankett vorzubereiten haben, obwohl wir uns im Augenblick mit ziemlich schmaler Kost gerade so am Leben erhielten. Unsere Nebenaffären waren uns nicht so wichtig wie unsere Freundschaft.

»Wie geht es dem deutschen Fräulein?« fragte ich Bruno. »Gibt sie dir einen Einblick in das heutige Deutschland? Vergiß nicht: ›Kopulation ist Kommunikation!‹«

»Das einzige, was ich aus ihr herausgebracht habe, ist ihr brennender Ehrgeiz – aber sie ist gut im Bett.«

»Was meinst du mit ›gut im Bett‹?«

»Alle Griffe sind erlaubt. Es ist ihr egal, was sie tut – sie genießt es, daß sie es tut.«

»Was verstehst du darunter?«

»Ich meine, jemand muß mich wirklich wollen. Auf die Macht der Begierde kommt es an. Alles andere ist zweitrangig.«

Unsere Unterhaltung wurde durch einen Zwischenfall unterbrochen. Wir saßen am Strand und sahen zu, wie die Fischer ihre Netze einholten. Der Bräutigam dieser Passage, der sardische Fischer, wurde von einem flotten jungen spanischen Schauspieler gespielt, der offensichtlich noch nie eine Sardine gesehen hatte, es sei denn in einer Konservendose. Er half den Statisten – alles echte Fischer aus dem Ort – beim Einziehen der Netze. Er wurde gerade in Nahaufnahme gefilmt, als er einen Schrei ausstieß, eines seiner nackten Beine mit den nach oben gerollten Hosen hochhob und seinen Fuß untersuchte.

Sofort war er von den anderen umringt, mit deren Hilfe er auf den trockenen Strand humpelte. Er war auf einen Stachelrochen getreten, einen jener kleinen giftigen Fische, die sich gern im Sand eingraben. Sein Fuß begann schon zu schwellen.

»Bruno, mach schnell ein Foto«, sagte ich kalt. »Das ist genau die Sache, mit der ich etwas anfangen kann.«

Dann erbot ich mich, den Schauspieler zum Arzt zu fahren, ließ den Wagen kommen und hatte jetzt wirklich Mitleid mit dem armen Kerl. Es ist eine ziemlich schmerzhafte Sache; unter Umständen mußte er ein oder zwei Tage im Bett bleiben, wenn es uns nicht gelang, eine entsprechende Spritze aufzutreiben. Da es dasselbe wie beim Schlangenbiß war, beugte ich mich zu ihm hinunter und saugte die Einstiche aus; Bruno hat davon ein Foto gemacht, das ich noch heute besitze – damals erschien es überall in der Lokalpresse. Ich hatte natürlich dafür gesorgt, daß es auf der Titelseite erschien.

Dies war nun schon die zweite Unterbrechung bei den Dreharbeiten, aber diesmal dauerte es nur vierundzwanzig Stunden. Am nächsten Tag schon war der junge Mann wieder bei uns, und die Szene war im Kasten; zwar humpelte er und hatte das Bein hochgebunden, aber die Show mußte weitergehen. Um die Zwischenzeit auszunutzen, hatte der Aufnahmeleiter schnell das deutsche Fräulein kommen lassen; die Szene, in der sie an der Hafenmole sehnsüchtig auf die Rückkehr ihres Geliebten wartet, wurde einfach dazwischengeschoben.

Dann brachen wir ab, weil das Wochenende bevorstand und das Dorf für die Hochzeitspassage vorbereitet werden mußte. Die gesamte Dorfbevölkerung mußte als Statisterie herhalten, und die Straßen sollten über und über mit Blumen geschmückt werden; mein Manuel wurde vorsorglich davon unterrichtet, daß er möglicherweise die Tag- und die Nachtschicht machen müsse, um die Ordnung aufrechtzuerhalten.

»Bruno, du wirst am Wochenende viel zu tun haben«, sagte ich an jenem Abend vor dem Essen. »Das italienische Filmsternchen ist aus Barcelona herübergekommen und steckt nach seiner Grippe voller Tatendrang. Jetzt hast du deine beiden Mädchen wieder beisammen.«

»Keine Sorge. Ich sage derjenigen, die gerade Pause hat, einfach, daß ich beim Ortsfotografen in der Dunkelkammer an ihren Fotos arbeite. Das macht sie ganz glücklich. Man sollte niemals die Eitelkeit der Frauen unterschätzen. Geh jetzt nach oben und hänge selber dein Badetuch hinaus.«

Manuel kam so pünktlich zu mir wie gewöhnlich. Er hängte seinen schwarzen Lederdreispitz an den Bettpfosten, ließ seine Uniform sorglos auf den Boden fallen, seine Pistole aber legte er vorsichtig auf den Nachttisch. Es war eine Automatikwaffe.

»Manuel, wenn am Sonntag dein Dienst zu Ende ist, möchte ich mit dir schwimmen gehen«, schlug ich vor.

»Man soll uns aber nicht zusammen sehen. Wir dürfen uns nicht mit Touristinnen einlassen.«

»Unsinn, wozu ist die Polizei sonst da?«

Am Ende beschlossen wir, ein Stück die Küste entlangzufahren und an der Stelle baden zu gehen, wo Salvador Dali seine Villa hatte. Ich fuhr mit dem Bus, und Manuel kam mit dem Fahrrad nach. Zum erstenmal sah ich ihn ohne Uniform, er hatte ein hübsches, vorn plissiertes weißes Hemd an. Er war sehr schön, ich war sehr glücklich, und wir beide waren im siebten Himmel. Zum Mittagessen lud ich ihn in das große Hotel ein, weil ich wußte, es würde ihn stärker beeindrucken als das kleine Strandrestaurant. Wir stellten sein Fahrrad auf dem Parkplatz ab, planschten im Swimming-pool und liebten uns in einem der Umkleideräume. Dann gingen wir wieder nach draußen und schliefen ein, neben uns der blauschimmernde Swimming-pool und über uns der strahlende Mittelmeerhimmel.

Als die Sonne langsam zu sinken begann, spazierten wir an der Küste entlang; unter einer Pinie fanden wir ein verschwiegenes Plätzchen. Ich machte ihm die Hose auf und war für diesen Anblick so voller Bewunderung wie für das Meer. Wie die meisten Südländer war auch er beschnitten, und wenn er kam, pochte sein Glied ganz herrlich. Vor dem orangefarbenen Sonnenuntergang machte ich es ihm mit dem Mund; lange streichelte er mein Schamhaar, wollte aber nicht weitergehen, bevor er nicht wieder gefechtsklar war. Dann aber spielte er mit seinen Fingern und brachte mich fast zum Schreien; erst im letzten Moment sprang er auf mich. Ein paarmal rollten wir übereinander, und als wir endlich fertig waren, war sein schönes Hemd über und über mit Grasflecken voll.

Im Bus zurück nach Cadaques schlief ich ein; erschöpft betrat ich mein Zimmer. Manuel kam mir nach und wollte es noch einmal machen; ich begann mich jetzt zu fragen, ob ich nicht mehr abgebissen hatte, als ich kauen konnte.

»Gott sei Dank hast du in der nächsten Woche Tag- und Nachtdienst, Manuel«, murmelte ich in seinen Nacken.

Im Geiste freundschaftlicher Rivalität tauschte ich am Montag mit Bruno unsere Wochenenderlebnisse. Auch Bruno hatte ein betriebsames Wochenende gehabt.

Wie zu einer Pfingstfiesta waren überall Blumen gestreut worden, und die Leute im Dorf hatten sich im Sonntagsstaat herausgeputzt, um in unserer Hochzeitsszene aufzutreten. Unser hübscher spanischer Bräutigam sollte mit dem deutschen Fräulein am Arm – sie natürlich ganz in Weiß – aus der Kirche treten und dann durch die Neugierigen über einen Blumenteppich auf den wartenden Wagen zugehen; schon war die Braut entführt, der Bräutigam konnte nicht einmal in den Wagen zusteigen. Unser italienischer Mörder-Held hatte sich diesmal als Chauffeur verkleidet; er sollte mit dem Wagen losfahren, sobald die Braut im Wagen Platz genommen hatte; der Bräutigam sollte keine Gelegenheit mehr haben, um den Wagen herumzulaufen und gleichfalls einzusteigen. Danach sollte eine wilde Verfolgungsjagd losgehen – aber natürlich gelang es dem Mörder zu entkommen; er fährt mit der Braut zu einem abgelegenen Bauernhof, vergewaltigt sie auf dem Heuboden und läßt sie dann an einem Balken baumeln.

Der Aufnahmeleiter nahm seine Aufgabe sehr ernst, aber insgeheim befürchtete ich, daß der Film ziemlich komisch wirken würde. Ich sagte das dem spanischen Koproduzenten, der in Sonntagslaune aus Madrid herübergekommen war; er wollte für uns sogar am Mittwoch abend eine Riesenparty veranstalten, bevor er wieder nach Madrid zurückflog. Das Hotel beschwerte sich darüber, daß nicht einmal die Rechnung für die Party bezahlt worden war, bevor er wieder abflog.

»Bruno, ich glaube fast, das ist einer der Filme, bei denen wir auflaufen; du wirst sehen, wir bekommen nicht einmal unseren letzten Wochenlohn, geschweige denn den Rückflug bezahlt.«

Wir saßen auf dem Heuboden und warteten darauf, daß das deutsche Fräulein aufgehängt wurde. Nach dieser Szene sollte sie nach Deutschland zurückfliegen; wir wollten dann mit der Italienerin weitermachen, die in derselben Kirche heiraten sollte – freilich einen anderen –, dann auf der Fahrt in die Flitterwochen in einem Liegewagen vergewaltigt und ermordet werden sollte. Unser italienischer Held, diesmal als Schlafwagenschaffner verkleidet, sollte den Bräutigam in seinem kleinen Dienstabteil einsperren; dann sollte er den Korridor im Wageninnern entlanggehen und das Verbrechen begehen. Die Zugpassage sollte in Barcelona aufgenommen werden, es war also unser letztes Wochenende in Cadaques.

Ich hatte mir ein ruhiges Wochenende mit Manuel ausgedacht, den ich jetzt in der Hauptsache zusammen mit anderen Polizisten bei der Arbeit sah; sie mußten die vielen neugierigen Touristen zurückdrängen, die in der Szene nichts zu suchen hatten. Manuel wäre nur zu gern in seiner blitzenden Uniform in dem Film aufgetreten; also schlug ich dem Aufnahmeleiter vor, eine Szene einzublenden, in der er die scharenweise eintreffenden Hochzeitsgäste zur Kirche dirigiert. Er freute sich königlich darüber, und Bruno machte Standaufnahmen von ihm, natürlich auch mit der italienischen Braut zusammen. An diesem Abend stürzte er während seiner Tischzeit zwischen den beiden Schichten die Hintertreppe zu mir hoch, um sich bei mir zu bedanken. Das war am Donnerstag abend. Am Freitag dann erhielt ich ein Telegramm von Rudi.

»Ankomme Freitag abend.«

Ich fragte bei der Hotelleitung, ob noch ein Zimmer frei sei. Man sagte mir, daß an diesem Wochenende mitten in der Hochsaison in ganz Cadaques kein Bett frei sei. Ich hoffte, daß Rudi vielleicht den nächsten Freitag meinte, aber als ich von den Dreharbeiten zurückkam, war er da – und lag seelenruhig auf meinem Bett.

Ich stürzte zum Fenster und zog das Badetuch ein, das jetzt ständig draußen hing; ich wollte mich in aller Ruhe mit Rudi unterhalten.

»Rudi, warum willst du so plötzlich mit mir zusammen sein?«

»Ich fühlte mich einsam und gelangweilt. Ich dachte, es würde dich nicht stören. Macht dir meine Gesellschaft keinen Spaß?«

»Natürlich, Rudi. Aber der Moment ist einfach unpassend!«

»Mein Schatz«, rief er aus, »bin ich also jetzt ein ›unpassender Moment‹ für dich geworden? Ist es zu glauben, daß unsere Beziehungen auf einem solchen Tiefpunkt sind?«

»Rudi, du bist derjenige gewesen, der gegangen ist; deshalb behalte ich mir jetzt das Recht vor zu entscheiden, wann du wieder zurückkommen darfst!«

Er sah niedergeschlagen aus. Es tat mir leid, aber Rudi hatte eine Art, Leute völlig in Beschlag zu nehmen. Er hatte es gern, wenn sie ihm die Wohnung zur Verfügung stellten, die Ferien planten oder eine Reise – und wenn sie einmal die Verantwortung übernommen hatten, machte er es sich bequem. Indessen, ich liebte ihn noch immer, ohne Tom war er einsam – wie immer verzieh ich ihm.

»In Ordnung, Rudi, du kannst bleiben; aber es gibt nur dieses einzige Bett in ganz Cadaques, und ich teile es mit einem umwerfenden jungen Polizisten. Dann und wann wirst du einen längeren Spaziergang machen müssen und uns allein lassen.«

»Du meinst, wir können uns deinen Liebhaber nicht teilen?«

»Nein, Rudi. Diesmal eindeutig nein.«

Ich ging nach unten auf die Straße und suchte nach Manuel, um ihm die Situation zu erklären. Er war nirgends zu sehen, also ging ich in das kleine Restaurant, wo er gewöhnlich aß. Vielleicht aß er gerade eine Kleinigkeit, bevor er mich besuchen kam. Manchmal hatte ich selbst da gegessen, freilich an einem anderen Tisch, damit niemand auf den Gedanken kam, daß wir uns kannten. Aber keine Spur von Manuel. Ich ging wieder hinaus und lief eine Weile durchs Dorf. Das Badetuch lag nicht auf dem Fenstersims, es war also unwahrscheinlich, daß Manuel einfach nach oben ging und Rudi auf meinem Bett vorfand.

Ich hatte mich getäuscht. Manuel fühlte sich jetzt sicher genug, und unsere Zeit zusammen war so knapp geworden, daß er nach oben gegangen war, um nachzusehen, ob ich da war.

»Herein«, hatte Rudi auf englisch gesagt, als es klopfte.

Manuel hatte die Tür geöffnet, Rudi auf meinem Bett gesehen und gefragt, wo ich sei. Soviel verstand Rudi gerade noch, da dabei mein Name fiel. Unter den gegebenen Umständen tat er sein Bestes. Er erklärte Manuel gestenreich, daß ich ausgegangen sei, zum Schlafen aber wieder zurückkäme. Schließlich klopfte er auf das Bett, dann auf seine Brust und schließlich auf Manuel. Er wollte damit bedeuten, daß Manuel auf dem Bett Platz nehmen sollte und er, Rudi, spazierengehen wollte. Manuel mißverstand diese Zeichen und glaubte, er bekäme jetzt den Laufpaß, weil Rudi seine Stelle einnahm. Er zog seine Pistole und schoß durchs offene Fenster in die Luft.

Als ich zurückkam, hatte sich Rudi unter das Bett verkrochen. »Gott sei Dank, daß du kommst. Dein Liebhaber ist ein Verrückter. Er wollte mich erschießen!«

Dann erzählte er mir die ganze Geschichte. Ich mußte einfach lachen.
»Ich weiß nicht, was daran so komisch ist«, sagte er, ernsthaft beleidigt. »Ich hätte dabei ums Leben kommen können!«

»Es ist nur, weil Manuel keinerlei Humor hat, nur seinen Spanierstolz. Und du mußt doch zugeben, daß es schon spaßig ist, als Fünfundfünfzigjährige die Heldin eines Eifersuchtsdramas zu spielen!«

»Du bist mir ein wenig zuviel mit deiner eigenen Legende beschäftigt«, brummte Rudi und bürstete sich die Hosen aus. Es war wohl unter dem Bett ziemlich staubig gewesen. »Ich reise auf der Stelle wieder ab.«

»Das ist vielleicht keine schlechte Idee. Ich werde das Hotel in Barcelona anrufen. Warte dort auf mich; aber getrennte Zimmer, Rudi. Getrennte Zimmer!«

Ich half Rudi beim Zusammenpacken; er fuhr mit dem Taxi zur Bahnstation, die einige Kilometer entfernt war. Dann sah ich mich nach Manuel um.

Ich konnte ihn nirgendwo finden. Ich ging zur Polizeistation und hoffte, daß er Wache hatte. Ich hätte irgendeine Geschichte über einen verlorenen Paß erfunden, um mit ihm allein sprechen zu können. Keine Spur. Dann machte ich wieder meine Runde durch das Dorf. Meistens hatte ich ihn getroffen, wenn er mit dem Fahrrad die Runde machte.

»Manuel!« rief ich, als ich ihn endlich sah. Er saß auf der Hafenmole, wo wir uns kennengelernt hatten; das Fahrrad lag neben ihm.

Er drehte sich nach mir um, sagte aber kein Wort. Er sah ebenso finster unter seinem schwarzen Dreispitz hervor wie beim erstenmal. Warum antwortete er mir nicht?

»Manuel«, sagte ich und ging ziemlich tapfer auf ihn zu – nach allem, was passiert war, hätte er ja auch auf mich schießen können. »Was ist los mit dir? Ich kann dir alles erklären.«

Es klang wie aus einem schlechten Drehbuch. Er sagte noch immer nichts.

»Manuel, Rudi ist lediglich ein alter Freund. Ich habe jahrelang nichts mehr mit ihm gehabt. Er geht überhaupt nicht mehr mit Frauen ins Bett.«

»Du meinst, er ist andersrum?«

»Ja, er ist homosexuell – obwohl ich Menschen gewöhnlich nicht gern mit Etiketten versehe.«

»Und du glaubst, daß ich dir das abnehme? Das ist kein Homosexueller – du dagegen bist eine Hure!«

Ich begriff, daß ich die Schlacht verloren hatte. Manuel nahm nichts auf die leichte Schulter und würde es wohl nie lernen. Er meinte, was er sagte. In seinen Augen war ich eine Hure. Es gab keinen Grund mehr, lange zu deuteln. Ich fühlte mich nicht schuldig. Wir hatten einander gute Dienste geleistet, jetzt war die Romanze zu Ende.

Am Wochenende packte ich meine Sachen zusammen, da wir am Sonntag abend nach Barcelona zurückfuhren. Mein Badetuch legte ich wieder auf die Fensterbrüstung, aber das Stiefelklappern auf der Hintertreppe hörte ich nicht wieder. Der Dreispitz hing nicht noch einmal auf meinem Bettpfosten. In dem Restaurant, in dem Manuel aß, hinterließ ich einen kleinen Brief.

Lieber Manuel,

glaube bitte nicht, daß alle Ausländerinnen Huren sind. Wenn Du älter wirst, urteilst Du vielleicht ein wenig nachsichtiger mir gegenüber. Ich danke Dir, daß Du mir wieder das Leben gezeigt hast; es täte mir leid, wenn Du glaubst, es sei von meiner Seite aus nur Lust, nicht auch Liebe gewesen. So einfach ist es nicht. Die Lust bewirkt keine Tränen. Eine Träne mindestens werde ich vergießen, wenn ich aus Cadaques abreise. Ich bin Dir ewig dankbar und zugetan.

Deine Anne

Bei meiner Ankunft in Barcelona ging es zu wie im Tollhaus. Die Rechnungen waren nicht bezahlt, und was mit unserem Honorar war, stand in den Sternen. Es wurde mit Italien telegraphiert, mit Madrid telefoniert; die spanischen Mitarbeiter legten die Arbeit nieder, aber wir Ausländer saßen in der Patsche. Die Aufnahmen gingen weiter, als sei nichts geschehen. Es mußte ja auch weitergehen. Wir liehen einen Zug aus, der auf einer Nebenstrecke eingesetzt wurde; Gott sei Dank war die spanische Eisenbahn ja staatlich; die spanische Regierung unternahm alles, wenn es darum ging, daß ein Film in Spanien gedreht werden sollte, und es kostete zudem keinen Pfennig; das spanische Zugpersonal war begeistert mit von der Partie. Ein Stationsvorsteher überreichte unserem italienischen Filmsternchen Blumen, und wir konnten kostenlos im Bahnhofsrestaurant zu Mittag essen.

»Ich glaube, ich bin im rechten Augenblick gekommen, um dich zum Urlaub einzuladen«, sagte Rudi. »Laß uns nach Sitges fahren.«

Sitges war als Schwulenhochburg bekannt, und ich glaube, ich hatte davon im besonderen und von Spanien im allgemeinen die Nase voll.

Wenn ich schon Geld ausgab, wollte ich mir den Urlaubsort selbst aussuchen. Um das Maß voll zu machen, gestand Bruno, daß er sich einen Tripper geholt hatte.

»Bruno, wann hast du das bekommen? Vor oder nachdem wir zusammen geschlafen haben?« wollte ich wissen.

»Mach dir keine Sorgen, Anne. Es muß erst jetzt passiert sein. Ich glaube, es war, als das deutsche Fräulein abreiste und die italienische Signorina ihre Periode hatte. Ich hielt es für das beste, es einmal mit einer spanischen Señorita zu probieren, bevor wir wegen unserer Schuldenberge fluchtartig das Land verlassen müssen.«

»Bruno, du bist unverbesserlich. Wie schaffst du das bloß?«

»Leute, die im Glashaus sitzen ...«

»Wie reizend; ich weiß schon, was du meinst. Du willst sagen, daß der Tripper reihum geht?«

»Das weiß ich nicht so genau, aber bestimmt ist es besser, wenn du mit in die Klinik kommst.«

Dort wurden eine Blutuntersuchung und ein Abstrich gemacht; unruhig wartete ich auf das Ergebnis. Der Arzt wollte wissen, wann ich zum letztenmal meine Periode gehabt hatte. Da wurde mir erst bewußt, daß ich keine Blutungen mehr hatte. Seit meiner Erkrankung war mir das kein einziges Mal aufgefallen. Mein Geschlechtstrieb war ungebrochen, und vielleicht würde es mit der Liebe jetzt noch besser klappen, wo auch die entfernteste Angst vor der Schwangerschaft beseitigt war. Ich hatte keinen Tripper. Große Erleichterung machte sich in mir breit, Ich konnte mich jetzt in aller Ruhe nach einer anderen Affäre und einem neuen Job umsehen.

Der Film ging einem ruhigen Ende entgegen; wir hatten die letzten Aufnahmen bald im Kasten, dann bezahlten wir die Hotelrechnung aus eigener Tasche; per Schuldschein sicherten wir uns die volle Erstattung der Kosten und des Honorars in Rom. Die letzte Episode sollte nicht mehr in Paris gedreht werden; das Drehbuch wollte man umschreiben und dann das Ganze in Cinecittà nachstellen. Sie brauchten mich nicht mehr, und mir war das nur recht. Ich fühlte mich prächtig. Ich brauchte meinen Gehstock nicht mehr. Das Zwischenspiel in Spanien hatte mir soviel gebracht wie ein richtiger Urlaub; ich konnte also leichten Herzens direkt nach Rom zurück.

»Warum willst du also nicht nach Sitges mitkommen?« wollte Rudi wissen. »Willst du mit mir keinen Urlaub machen?« Er klang noch immer ein wenig verletzt und war wohl auch etwas beleidigt, weil bei der Trippergeschichte herausgekommen war, daß ich mit Bruno noch gelegentlich ins Bett ging, während ich mit ihm nichts mehr zu tun haben wollte.

»Nein, danke, Rudi, ich will nicht mit nach Sitges. Ich habe eine schwere Krankheit hinter mir, ich habe meine Liebe zu dir hinter mir, jetzt möchte ich eine Weile ganz für mich sein.«

»Aber wir können uns doch zuvor ein paar schöne Tage machen? Wie du es mit Bruno auch tust? Mal mit mir, mal mit anderen Männern?«

»Rudi, du und meine beiden Ehemänner seid die großen Lieben meines Lebens gewesen. Bruno gehörte von Anfang an zu einer anderen Kategorie – zu denen, mit denen ich aus Freundschaft ins Bett gegangen bin. Das ist etwas ganz anderes. Wenn ich jemals wieder mit dir ins Bett ginge, dann, weil ich dich heiraten möchte; aber ich möchte jetzt nicht heiraten und will es wahrscheinlich auch in Zukunft nicht.«

Rudi verstand mich sehr gut. Offensichtlich wollte er es jetzt wieder mit dem anderen Geschlecht probieren, nachdem ihm Tom durchs Netz gegangen war; aber diesmal konnte ich ihm nicht helfen, ich mußte auf mich selber aufpassen. So humpelte ich also mit Bruno zusammen nach Rom zurück, und beide ruhten wir von der Liebe aus, aber aus zweierlei Gründen – seiner war ansteckender als meiner!

In einer ihrer Erzählungen schreibt Colette, daß die Zeit zwischen zwei Liebesaffären sehr wertvoll ist, weil man zu sich selbst zurückfindet und Freundschaften sich festigen. Ich stimme völlig mit ihr überein. Wenn man verliebt ist, hat man nur Augen für die Liebe. Wenn die Beziehung glücklich ist, gleitet man mit einem glänzenden Heiligenschein durch das Leben und nimmt die Außenwelt nicht wahr. Eine unglückliche Liebe hat dieselben Folgen; wieder ist man isoliert, aber man ist zudem noch verzweifelt. Jetzt vertraue ich auf eine solche friedvolle Zeit, wo man wieder diejenigen Dinge und Menschen wahrnimmt, aus denen mein persönlicher Umkreis zusammengesetzt ist.

Als ich in Rom war, sagte ich eines Tages zu Bruno: »Ich glaube, ich muß mal wieder meinen Bruder sehen.«

Bruno hatte mich besucht, um mir zu erzählen, wie es draußen in Cinecittà mit dem Film weiterging.

»Ein guter Gedanke; es ist jetzt viel zu heiß für dich hier in Rom. Und es gibt ja im Moment nichts, was dich hier halten könnte.«

»Dabei fällt mir ein: Besteht denn noch Hoffnung, daß wir zu unserem Geld kommen? Es macht mir nichts aus, wenn man mich hereinlegt, aber was mir zusteht, möchte ich gern auch haben. Sie müssen doch von irgend jemand Geld bekommen haben, wenn die Dreharbeiten weiterlaufen.«

»Im Filmgeschäft geht das Geld oft sehr verschlungene Wege«, meinte Bruno und fügte dann hinzu: »Warum kommst du nicht am Freitag in die Filmstudios und nimmst dir den Ragioniere einmal vor?«

Also fuhr ich nach Cinecittà, um am Zahltag mit dem Buchhalter zu sprechen. Es spricht für sich, daß das italienische Wort Ragioniere gleichbedeutend ist mit »jemand, der den Grund angibt«. Geld ist fürwahr der Grund für die meisten Dinge. Alle freuten sich, mich wieder einmal zu sehen, außer dem Ragioniere. Er hatte schon Mühe genug, die täglichen Zahlungen sicherzustellen, ohne daß neue Schulden entstanden, so daß ich keinen Pfennig sah. Es wäre ja nicht das erstemal, daß ich monatelang oder gar umsonst warten mußte; die italienische Filmszene war eben ihr Geld wert. Außerdem hatte ich meine Gesundheit wieder und verfügte über einiges Gesparte, ein neuer Job stand auch in Aussicht.

Bruno besuchte mich, um mir auf Wiedersehen zu sagen. »Ich muß mit irgend jemand so schnell wie möglich ins Bett, und wenn es mein Leben kostet«, sagte er. »Ich bin bestimmt der keimfreieste Mann der gesamten italienischen Filmindustrie, soviel Penicillin habe ich geschluckt. Wie wär's mit uns beiden, Anne?«

Ich zögerte ein wenig. »Ich mache gerade Diät, Bruno. Ich möchte sechs Wochen lang nichts mit der Liebe zu tun haben.«

»Warum ausgerechnet sechs Wochen, um Himmels willen?«

»Man muß lernen, sich in allen Dingen zu disziplinieren. Sechs Wochen sind gerade richtig für eine Diät.«

»Zu lange für jemanden, der es eilig hat. Du wirst bestimmt kraftlos zusammenbrechen, Anne ... Nun komm schon, es muß ja nicht gleich ein Abendessen mit mehreren Gängen sein, ein kleiner Imbiß genügt völlig!«

»Bruno, mir ist wirklich nicht danach. Eine der Grundregeln des Liebeslebens besteht darin, ebenso leicht ›nein‹ zu sagen, wie man vielleicht ein anderes Mal ›ja‹ sagt – und umgekehrt. Das Wichtigste beim Verkehr ist, daß beide wirklich wollen.«

»Du behandelst mich wie einen Aussätzigen!«

»Tripper ist die moderne Form des Aussatzes!«

Ich küßte ihn auf den Mund, damit ihm ein wenig leichter wurde, aber ich hielt ihn auf Distanz. Ich brauchte wirklich die sechs Wochen Schonzeit.

Tagebucheintragung.

Während ich immer wieder an das Wort von Colette denke, bemühe ich mich, die Freundschaft mit meinem Bruder zu festigen. Trotz der üblichen Differenzen zwischen Geschwistern gehört er zu den ganz wenigen, zu denen ich mein ganzes Leben hindurch immer eine enge Beziehung hatte, obwohl ich ihn am seltensten von allen sehe. Er war da, als ich ihn während meiner Erkrankung brauchte, und er wird dasein, wie viele Liebhaber und Ehemänner auch noch kommen und gehen werden.

Es ist nun fast schon ein Jahr her, seit er mich halb gelähmt ins Krankenhaus gebracht hatte. Jetzt, Monate später, habe ich den Eindruck, daß sich die motorischen Nerven zu siebzig Prozent wieder erholt haben und ich jetzt wieder ganz flott laufen kann; allerdings meinen die Ärzte, rennen würde ich nicht mehr – aber ich will ja auch nicht rennen. Manchmal mag man den Eindruck haben, daß das Leben in einem erlöscht, ich aber habe gelernt, die Flamme wieder anzufachen, und diese Erkenntnis genügt mir. Grant hat das nicht gelernt, aber er wollte es ja auch nicht. Es ist seltsam, aber sein Tod hat in mir eine heitere Gelassenheit bewirkt. Am liebsten würde ich ihm einen Brief schreiben, etwa so:

»Liebster Grant, ich danke Dir. Ich werde, bildlich gesprochen, nicht müde werden, durch das Leben zu rennen, aber ab und zu möchte ich innehalten, um nachzudenken. Ich werde auch an Dich denken, aber nichts bedauern; Du würdest es sowieso nicht wollen. Alles Liebe, Deine Anne.«

Ich glaube, ich schreibe ihm diesen Brief und lege ihn zu den anderen in der Schuhschachtel, als würde ich eine Antwort erhalten.

Achtes Kapitel
Amerikanischer Slang und die irische Vogelscheuche

Mir gefällt es im Hochsommer in der Großstadt ausgesprochen gut, wenn alle in die Ferien gefahren sind. Max ist diese Zeit verhaßt, also besuchte ich ihn in Paris und blieb den August 1972 über. Es ging ihm finanziell ziemlich schlecht, und er konnte nicht verreisen. Er freute sich über meinen Besuch und war froh, daß jemand für ihn kochte, weil die meisten Restaurants geschlossen hatten; ganz abgesehen von seiner Freude darüber, daß es mir allmählich wieder besser ging. Ich konnte jetzt wieder vollkommen normal gehen, und auch meine frühere Ausdauer hatte ich weitgehend zurückgewonnen. Da meine Beine immer noch ein wenig gefühllos waren, hatte ich Schwierigkeiten mit dem Gleichgewicht, aber ich hatte gelernt, es mir nicht anmerken zu lassen. Ich hatte mich damit abgefunden, von jetzt an mit den stechenden Schmerzen zu leben, aber ich empfand sie nur, wenn ich daran dachte. Wenigstens einmal schien sich mein Widerwille gegen das Nachdenken auszuzahlen.

»Ich möchte zu gern wissen, ob Françoise wieder in Paris ist«, sagte ich zu Max kurz vor meiner Abreise.

Wir hatten hin und wieder Briefe gewechselt, und seit einiger Zeit schrieb auch Joseph immer etwas auf ihren Briefen dazu. Er erzählte mir von einem politisch linkslastigen Mädchen, das ganz verrückt nach ihm war. Es hörte sich nicht so an, als ginge es ihm genauso, aber schließlich war Joseph damals nur in sich selbst verliebt.

»Vielleicht sollte ich mich auch mit Joseph treffen. Es ist alles schon so lange her. Ich versuche ja immer, mit meinen Exliebhabern in Kontakt zu bleiben. Schließlich darf ich mich nicht um den Sieg bringen.«

Max zuckte mit den Achseln. »Ich möchte wissen, warum du immer das Unglück heraufbeschwören mußt!«

Max sollte recht behalten. Aber ich wollte Françoise ja lediglich anrufen, um guten Tag zu sagen, und dabei so tun, als sei ich auf der Durchreise. Wir unterhielten uns ganz reizend, aber irgendwie muß ich den Namen des kleinen Hotels in der Nähe von Max' Wohnung erwähnt haben, in dem ich logierte. Ich bat sie, Joseph auszurichten, daß ich ihn bei meinem nächsten Aufenthalt gern sehen wüde, bis dahin sei er sicher verheiratet. Françoise hatte mir verraten, daß er nun offiziell verlobt sei.

Mit Max hatte ich ein sehr nettes Abschiedsessen. Wir gingen in ein teures Touristenrestaurant, weil nur diese Sorte von Lokalen auf hatte. Wir gingen an den Seinekais entlang nach Hause und nahmen an der Pont Marie voneinander Abschied. Unser Adieu stimmte mich traurig. Wenn der letzte Lack ganz ab ist und sich auch in der Liebe nichts mehr tut, wird sich wahrscheinlich herausstellen, daß Max meine einzige wahre Liebe gewesen ist. Unsere Beziehung hat alle anderen Affären meines Lebens überdauert.

Als ich das Hotel betrat, saß Joseph geduldig wartend in der Halle. Erst war ich niedergeschmettert, dann jauchzte mein Herz. Dann wurde es wieder so dumpf wie meine Beine, als wollte es sich zum Selbstschutz ganz verschließen.

»Läßt du jetzt nicht deine Handtasche fallen, um mich zu küssen?« wollte er wissen. »Ich werde diesen Tag nie vergessen.«

Da überfiel es mich wieder. Dieser kleine Teufel – er konnte nur zu gut in alten Wunden wühlen. Ich hätte ihn aus dem Hotel werfen sollen. Aber statt dessen nahm ich ihn mit nach oben.

Diese Nacht mit Joseph zerrte an meinen Nerven. Es war alles ganz anders als früher, und doch war es gleich. Unser Rhythmus war noch immer aufeinander abgestimmt. Aber es war auch wie ein letzter Tango in einem billigen Rührstück. Als ich Paris am nächsten Tag verließ, klang mir im Innersten meines Herzens eine Melodie nach, die mich an die verzweifelten Schlußakkorde in den Liedern der Edith Piaf erinnerte. Es war falsch gewesen, ihn so bald wieder zu treffen. Wie lange dauert es nur, bis man über die Krankheit, genannt Liebe, hinweg ist?

»Nimmst du mich nach Rom mit?« wollte er wissen, als wir uns geliebt hatten und im Arm hielten. »Ich habe überhaupt keine Lust zu heiraten.«

»Ich nehme dich nirgendwohin mit, nur damit du von einer Frau loskommst. Wenn wir uns je wiedersehen, dann nur, wenn es dir ausschließlich um mich geht. Und auch das nicht, bevor du fünfundzwanzig bist. Du wirst so schnell älter, du bist dann halb so alt wie ich – du wirst mich bald eingeholt haben. Und ich werde unterdessen immer jünger.«

Am nächsten Morgen warf ich ihn dann hinaus. Die Armbanduhr, die ihm seine Verlobte zu Weihnachten geschenkt hatte, ließ er auf dem Nachttisch liegen. Ich mußte sie eigens vom Flughafen aus an Françoise schicken.

Zum Glück war Vanessa mit den Kindern von den Ferien am Meer zurück, als ich wieder in Rom war. Es war jetzt Mitte September. Sie kam mit den Kindern nach Rom herein, um mich zu besuchen. Matthew, der jetzt sechs Jahre alt war, nahm die Wohnung in Beschlag, als sei seit unserem schwierigen gemeinsamen Winter keine Zeit vergangen. Er erinnerte sich genau, wo alles war, und führte sich auf, als sei er zu Hause; er kommandierte mich in einer Art und Weise herum, wie es nie ein erwachsener Mann gewagt hätte. Sein einjähriger Bruder mühte sich nach Kräften, mit ihm mitzuhalten, und war verärgert, weil er noch nicht so herumtoben konnte. Marks Augen waren voller Bewunderung für seinen großen Bruder, und ich liebte sie beide aus vollem Herzen. Ich erlaubte ihnen Dinge, die ich keinem meiner Liebhaber je gestattet hätte. Sie hatten mich mehr in der Hand als je ein Mann.

»Du verwöhnst sie ganz schrecklich«, beklagte sich Vanessa. »Ich komme gar nicht mehr an die beiden heran.«

Gerade rechtzeitig verschwand sie mit ihnen wieder aufs Land. Ich empfand die Leere. Ich brauchte wieder Arbeit, ich brauchte wieder einen Mann.

Wie immer wieder in der Filmindustrie, herrschte auch jetzt eine Flaute: es gab kaum Angebote, und wie die Filmschauspieler auch, durfte man »feiern«. Jetzt, wo ich wieder auf den Beinen war, wollte ich alles andere als »feiern«, aber ich konnte einfach keinen neuen Job auftreiben. Ich versuchte es bei Pasolini, der einen neuen Film drehte, aber er bevorzugte Männer. Dann hatte ich wirklich Glück, aber eine meiner Konkurrentinnen, die schon früher mit dem Filmteam zusammengearbeitet hatte, drohte mit Selbstmord, wenn sie den Job nicht bekam. Also zog ich mich zurück. Wahrscheinlich brauchte ich die Stelle nötiger als sie, aber ich wollte nicht mit einer anderen Frau darum kämpfen, und schon gar nicht, wenn Selbstmordabsichten dahinterstanden. Die allgemeine wirtschaftliche Entwicklung in Italien war katastrophal, und folglich ging es auch in der Filmindustrie bergab. Vielleicht sollte ich die Branche wechseln.

Beruflich hatte ich in der Vergangenheit eine Menge Möglichkeiten ausprobiert. Erst wollte ich Schauspielerin werden, aber es gab keine Engagements beim Theater; also arbeitete ich erst als Modell und dann im Büro. Der Zweite Weltkrieg brach aus, und ich war für den britischen Geheimdienst tätig. Nach Kriegsende arbeitete ich für die britische Regierung auf mehr künstlerischem Gebiet.

Als meine zweite Ehe zerbrach, brauchte ich dringend Luftveränderung. Ich ging von London weg und zog nach Italien, um als Sprachlehrerin zu arbeiten; damals habe ich Rudi kennengelernt. Durch ihn bin ich wieder mit dem Showgeschäft in Berührung gekommen, und ich merkte, daß mir etwas gefehlt hatte. Mit meiner Schauspielausbildung war es damals einfach, durch ein Hintertürchen ins Filmgeschäft zu kommen. Die meisten Leute im italienischen Filmgeschäft, besonders die Schauspieler, waren nicht mehr als talentierte Amateure. Ich brachte ihnen Englisch bei und gab auch ein wenig Schauspielunterricht. Ab und zu erhielt ich kleine Rollen, aber mit meinen vierzig Jahren war da nicht viel zu machen. Und jetzt schien es für eine Frau von über fünfzig überhaupt keine Arbeit mehr zu geben.

»Vielleicht solltest du es einmal mit dem Synchronsprechen probieren«, riet mir eines Tages eine meiner Freundinnen. »Du hast so eine bezaubernde englische Stimme.«

»Das besagt noch gar nichts. Der größte Synchronmarkt ist Amerika.«

Obwohl die Filmindustrie am Rande der Pleite war, ging es im Synchrongeschäft glänzend. Die Welle der großen Koproduktionen ebbte allmählich ab, und billig gemachte italienische Genrefilme hielten ihren Einzug. Nach dem Erfolg des Italowestern konnte es gar nicht genug italienische Lustspielfilme, Filme über die kleinen häuslichen Tragödien des italienischen Alltags und italienische Kleinkunstfilme wie den von Pasolini, bei dem ich durchgefallen war, geben. Ich beschloß, es mit dem Synchronsprechen zu versuchen.

Ich tat mich sehr schwer dabei. Mein Problem bestand nicht so sehr in meinem englischen Akzent als im Synchronsprechen selber. Es zermürbte mich; wie beim Tischtennis ging alles viel zu schnell. Im Kopfhörer hörte ich den Originalton, dann, wenn gesprochen werden sollte, tanzte eine kleine rote Linie über die Leinwand, ich bemühte mich, mit den Lippenbewegungen der Schauspieler Schritt zu halten, und was das Schlimmste überhaupt war, ich durfte nur mit meiner Stimme spielen. Es war sinnlos, Gesten zu machen oder einen bestimmten Gesichtsausdruck zu erarbeiten; das war ja alles schon auf dem Film. Ich war eine Stimme ohne Körper, ein Geist, der sprechen konnte, aber es mußte sich alles ganz wirklich anhören. Das war einfach nichts für mich; und die Tatsache, daß ich den lieben langen Tag über in einem Studio bei künstlicher Beleuchtung eingesperrt war, wurde mir sehr schnell verhaßt. Meine Nervosität nahm zu, und ich bekam Depressionen.

»Hallo, wer sind Sie denn?« begrüßte mich eines Tages im Herbst eine kultivierte amerikanische Stimme. »Und warum sitzen Sie so mutterseelenallein im Dunkeln?«

Ich befand mich in einem der Synchronstudios, weil ich für die Rolle einer Mutter in mittleren Jahren getestet werden sollte, deren Tochter davongelaufen war. Ich war vorzeitig gekommen und saß nun allein im Sprecherraum; ich hatte es nicht gewagt, Licht zu machen. Jemand hatte die Tür geöffnet, ein großgewachsener Mann zeichnete sich gegen den hellen Hintergrund draußen ab.

»Ich bin Anne Cumming. Ich bin etwas früher gekommen, weil ich mich nicht verspäten wollte.«

»Wenn es mir Ihr Akzent nicht verraten hätte, hätte ich spätestens jetzt gesagt, daß Sie eine typische Engländerin sind.«

»Spielt das eine Rolle? Ich habe wirklich Schwierigkeiten mit dem amerikanischen Slang.«

Er lachte. »Wenn Sie ihn sprechen, hört er sich wie ein neuer Tanz an.«

Er ging durch den Raum und knipste die kleine Leselampe am Sprechertisch an; jetzt konnte ich erkennen, daß er so aussah, wie es im Märchen immer versprochen wird – ein großer, dunkler, ebenso hübscher wie geheimnisvoller Fremder. An den Schläfen war er ergraut, und er wirkte wie ein Mann Anfang der Vierzig, obwohl er, wie sich später herausstellte, schon auf die Fünfzig zuging.

»Ich bin Martin Greenbaum. Ich leite heute die Synchronaufnahmen.« Er gab mir die Hand. »Wie kommt es, daß ich Sie noch nie gesehen habe?«

»Ich bin neu im Geschäft. Früher habe ich PR-Arbeit gemacht, und da ich auf Außenaufnahmen spezialisiert bin, war ich viel unterwegs.«

Wir lächelten einander an. So etwas wie eine Seelenverwandtschaft begann sich zwischen uns abzuzeichnen, obwohl wir uns noch nie im Leben begegnet waren. Ich glaube, wir wußten beide, daß zwischen uns etwas vorging, obwohl wir beide sehr vorsichtige Naturen waren. Bei Leuten in unserem Alter war man ja gewöhnlich bereits vergeben.

»Nun, wenn wir schon einmal hier sind, können wir ja auch gleich beginnen.«

Er gab mir das Script, dann telefonierte er mit dem Vorführer und gab ihm das Zeichen, den Film abzufahren. Ich war ungewöhnlich nervös, und diesmal war es besonders schwierig. Eine italienische Mama sprach in neunzig von hundert Fällen Dialekt, aber zu welchem Akzent sollte ich greifen, wie konnte ich mein Englisch dem hysterischen, italienischen Wortschwall anpassen?

»Mein Gott!« rief ich. »Das ist einfach nicht zu synchronisieren. Die tanzt mit ihrem Mundwerk ja wie ein wildgewordener Derwisch, von Italienisch ist da nicht mehr viel übrig. Was mache ich nur?«

»Sie müssen es mit Brooklyn versuchen. Haben Sie den Brooklyn-Tonfall im Ohr?«

»Nein, überhaupt nicht. Cockney geht, Liverpool geht vielleicht. Aber eigentlich möchte ich jetzt gleich das Handtuch werfen, bevor die anderen Sprecher kommen.«

»Es tut mir leid. E. L. D. A. hätte Sie für diese Rolle nicht herschicken dürfen. Besser, man hätte mit Ihnen gewartet, bis eine britische Botschafterin oder eine Bostoner Hosteß zu synchronisieren ist.«

Wir sahen einander betreten an, es tat uns beiden wohl leid, daß es schon zu Ende war, bevor es richtig begonnen hatte. Er machte die kleine Leselampe aus, und wir saßen halb im Dunkeln. Schwach schimmerte das Zeichen »Ausgang« herüber, und vom Vorführraum aus huschte ein schwacher Lichtreflex über den Boden, dann ging die Deckenbeleuchtung an. Aber in dem kurzen Augenblick der Dunkelheit war etwas geschehen, und als das Licht anging, streckten wir instinktiv die Hände aus, um einander zu berühren.

Ich legte meine Hand auf seine Schulter und sagte: »Auch mir tut es leid. Es hätte mir Spaß gemacht, mit Ihnen zusammen zu arbeiten.«

Er nahm meine andere Hand in seine beiden Hände und sagte: »Ich rufe Sie an, wenn ich etwas Passendes für Sie habe. Ich erreiche Sie doch immer über E. L. D. A., oder?«

E. L. D. A. war eine Organisation der Synchronsprecher, Gewerkschaft und Agentur in einem. Sie war gerade erst von englischsprechenden Schauspielern gegründet worden, die sich auf die Synchronisation spezialisiert hatten. Ich war eben erst beigetreten.

»Ja, natürlich, obwohl ich bei E. L. D. A. kaum bekannt bin. Aber Sie finden mich im Telefonbuch, wenn Sie meinen Namen behalten können.«

»Ich kann Ihren Namen behalten. Sie sind Anne Cumming. Meine ehemalige Frau hieß auch Anne, aber das ist lange her.«

Es kam mir so vor, als wollte er mir zugleich etwas erzählen und eine Frage stellen.

»Ich war zweimal verheiratet, aber das ist auch lange her«, antwortete ich. Aber unsere gegenseitige Neugier schien noch nicht befriedigt, deshalb nahm ich mir ein Herz und fragte einfach: »Leben Sie jetzt mit jemand zusammen?«

»Ab und zu«, sagte er. »Und Sie?«

In diesem Augenblick ging die Tür auf, und zwei amerikanische Schauspielerinnen kamen herein – zähe Luder, die an allerhand gewöhnt schienen; beide wurden wahrscheinlich ausgezeichnet mit der Rolle fertig, die ich gerade aufgegeben hatte. Durch ihr Kommen ging meine Antwort auf Martins Frage ein wenig unter, und als ich mich auf der Straße wiederfand, merkte ich, daß ich tatsächlich kein Wort gesagt hatte. Ich hatte meine beiden Hände vertrauensvoll in seine gelegt, sie fest gedrückt, versonnen gelacht und war hinausgegangen.

»Liebling, stell dir vor, ich habe gerade den Mann meines Lebens getroffen, aber ich werde ihn wohl kaum wiedersehen!« erzählte ich Vanessa am Telefon.

»Warum nicht, Mammchen? Was hast du falsch gemacht?«

Vanessa nannte mich immer »Mammchen«, wenn sie sich besonders zu mir hingezogen fühlte.

»Nichts. Wahrscheinlich habe ich nicht das Richtige gesagt und getan. Ich erinnere mich nicht einmal mehr an seinen Namen.«

»Kannst du nicht jemanden fragen? Wer hat euch denn bekannt gemacht?«

»Niemand. Wir haben uns in einem Synchronstudio getroffen.«

»Dann geh doch wieder hin. Du findest doch bestimmt einen Grund, um dich zu ihm durchzufragen.«

»Ich finde tausend Gründe, aber keiner reicht. In meinem Alter kann ich nicht mehr wie eine sexhungrige, alte Jungfer aufkreuzen.«

»Aber das hast du doch seit eh und je getan, Mutter. Und was soll das plötzlich mit dem Alter? Du hast doch sonst nicht davon gesprochen!«

»Ich bin ziemlich sicher, daß er jünger als ich ist.«

Meine Tochter lachte. »Das hat dich doch früher nicht gestört.«

»In diesem Fall stört es mich, weil er fast so alt ist wie ich.«

»Was für eine Überraschung! Der scheint ja wirklich was zu sein! Jetzt denk dir schnell etwas aus, und geh hin zu ihm, bevor ihn sich eine andere schnappt!«

»Schon passiert. Ab und zu hat er ein Verhältnis, was immer das sein soll. Hat er mir wenigstens erzählt.«

»Und was hast du ihm erzählt?«

»Nichts. Er weiß nicht, wer ich bin, wo ich wohne, ob ich mit jemand zusammen bin noch sonst was.«

»Wahrscheinlich auch gut. Er wird es bald herausgefunden haben. Jeder in Rom kennt dich und die Geschichten über dich. Sei ganz ruhig, Mammchen, ihr stoßt sicher bald wieder aufeinander.«

Aber nichts dergleichen geschah. Es vergingen einige Wochen, bevor ich ihn wieder traf. Meine Freundin Esmeralda brachte ihn zu mir nach Hause.

Esmeralda war als die »Rote Prinzessin« bekannt. Sie war eine linksliberale Dame, die aus einer der vornehmsten italienischen Familien stammte. Ich hatte sie schon vor meiner Heirat mit Charles kennengelernt, und als ich mit ihm durchbrannte, haben wir einige Zeit bei ihr gelebt. Als ich mich Jahre später von Charles trennte, tröstete sie mich, indem sie mir ihren Mann als Liebhaber borgte. Als die Geschichte mit Charles vorbei war, lebte ich gebrochenen Herzens allein in Rom; Esmeralda hatte damals gerade ein Verhältnis mit einem blauen Blut aus Florenz. Ihr Mann bewahrte zwar die Haltung, aber er war auf der Verliererstraße, also lieh Esmeralda ihn mir. Das war sehr tröstlich für mich; als das blaue Blut wieder nach Florenz zurückfuhr, kehrte auch Esmeraldas Mann zurück in die Arme seiner Frau, und dann haben wir uns aus den Augen verloren. Ab und zu trafen wir uns zufällig, und daher wußte ich, daß sie noch immer Liebhaber hatte, aber ich ahnte natürlich nicht, daß Martin Greenbaum einer von ihnen war.

An meinem sechsundfünfzigsten Geburtstag wollte ich eine große Geburtstagsparty geben. Ich hatte vor, nach England zu fliegen und Weihnachten bei Fiona zu verbringen, es war also eine gute Gelegenheit, alle meine alten Freunde um mich zu versammeln. Von meinem Geburtstag wollte ich nichts verlauten lassen. Ich habe nie einen Hehl aus meinem Alter gemacht, aber manchmal machte ich eben doch einen großen Schritt darüber hinweg.

Ich rief Esmeralda an. »Esmeralda, wir haben uns seit Jahren nicht mehr gesehen. Ich gebe am 14. Dezember eine große Party, du kommst doch? Und bring deinen Mann mit, den habe ich auch schon seit ewigen Zeiten nicht mehr gesehen.«

»Mein Mann ist verreist, aber ich bringe jemand anderen mit, wenn ich darf. Ich bin sicher, er gefällt dir. Bei Männern haben wir doch schon immer denselben Geschmack gehabt.«

Esmeralda kreuzte in einem sehr schönen türkischen Kleid auf und hatte Eingeborenenschmuck angelegt. Hinter ihr kam Martin Greenbaum herein, der in seinem Anzug dagegen bieder wirkte.

»Hallo«, sagte er, als wir uns die Hand gaben. »Was ist los mit dem amerikanischen Slang?«

Ich freute mich natürlich sehr, ihn wiederzusehen. Insgeheim hoffte ich, daß es ihm ebenso erging; immerhin war er zu meiner Party gekommen, obwohl er wußte, daß ich die Gastgeberin war.

»Das mit dem Slang habe ich aufgegeben. Ich mache jetzt etwas, wo ich nicht so schnell außer Atem komme. Ich schreibe ein Buch.«

Esmeralda verschwand mit ihm unter den Gästen. Es waren viel zu viele gekommen. Immer möchte ich kleine, überschaubare Parties geben, aber meistens endet es damit, daß jeder jeden mitbringt, weil es etwas kostenlos gibt, und es sind immer wieder Leute dabei, die ich noch nie gesehen habe. Vanessa war mit den Kindern gekommen, und der kleine Mark schlief schon friedlich in seiner Tragetasche. Aber Matthew tobte zwischen den Gästen herum, war im Weg, und versehentlich trat ihm auch schon einmal der eine oder andere auf die Finger, wenn er zwischen und unter den Möbeln hindurchkroch. Endlich schlief er unter einem Beistelltischchen ein. Ich wollte ihn gerade darunter hervorziehen, als mir Martin Greenbaum zu Hilfe kam.

»Ich glaube, ich stecke ihn lieber ins Bett, bevor noch jemand über ihn stolpert«, sagte ich. »Ist es nicht unglaublich, wie tief Kinder bei allen Gelegenheiten schlafen können?«

»Ich kenne mich mit Kindern kaum aus. Ich habe sehr früh geheiratet, und es hat nicht lange gedauert. Wir hatten keine Kinder.«

»Und Sie haben nicht wieder geheiratet?«

»Nein. Es schien mir nicht notwendig zu sein.«

Wir sahen einander fragend an, als wollte jeder beim anderen ausloten, wie tief Vergangenheit und Gegenwart hinabreichten; ich hätte gern gewußt, wie wichtig ihm die Beziehung zu Esmeralda war und ob sie noch einmal bereit sein würde, mir einen Mann zu leihen.

Vanessa trat zu uns; sie half mir, Matthew aufzuheben und ins Bett zu bringen. Es gelang uns sogar, ohne daß er aufwachte, aber als ich wieder in den Salon kam, konnte ich Martin Greenbaum nicht wiederfinden. Andere Gäste nahmen meine Zeit und meine Aufmerksamkeit in Anspruch, aber meine Augen suchten den Raum nach ihm ab. Endlich sah ich ihn einen Augenblick lang, und auch er schien zu mir herüberzusehen. Dann wollte Esmeralda aufbrechen und ging ins Schlafzimmer, um ihren Mantel zu holen.

Martin war sofort bei mir. »Können wir uns bald wiedersehen?«

»Ich bin über Weihnachten in England bei meiner zweiten Tochter zu Besuch. Anfang Januar bin ich zurück.«

»Ich werde Sie anrufen. Ist doch eine nette Art und Weise, das neue Jahr so zu beginnen.«

Diesmal bestand Weihnachten mehr aus Lärm als aus innerem Frieden. Vanessa war mit den Kindern mitgekommen, und vier kleine Kinder unter einem Dach waren einfach zuviel. Die kleinen Vettern bekämpften sich bis aufs Messer, und die Streitereien unter den Geschwistern nahmen überhand. Mein sizilianischer Schwiegersohn hatte beschlossen, eines Tages ein großer Komponist zu werden, und klimperte unablässig auf dem Klavier herum. In weiser Voraussicht waren Charles und seine Frau diesmal nicht gekommen; sie hatten es vorgezogen, in Klosters Ski zu laufen.

Ich war mehr als erleichtert, als ich aus England in Richtung Rom fliehen konnte, aber als ich nach Neujahr dort war, kam ich mir verloren vor. Bruno hatte sich in eine Apothekerin verliebt, Evaristo war in Amerika, mein Diplomat war nach Bonn versetzt worden, mein Lastwagenfahrer war auf Fernfahrt unterwegs nach Belgien, und Charles war mit seiner Frau noch immer beim Skilaufen. Ich begann mich nach einem neuen Filmjob umzusehen.

Ich bekam zwei Stellen angeboten: eine lehnte ich ab, weil ich den Gedanken nicht ertragen konnte, mit betrunkenen Darstellern zusammen zu arbeiten, und der Hauptdarsteller war als notorischer Trinker bekannt; die andere Stelle mußte ich ablehnen, weil kein Geld dahinterstand. Im Januar war im Filmgeschäft ohnedies Sauregurkenzeit. Auch mein Leben im allgemeinen kam mich immer saurer an, aber vielleicht ist das für die mittleren Jahre typisch. Ich war jetzt sechsundfünfzig Jahre alt und mußte mich an die Tatsache gewöhnen, daß Jobs und Männer nicht mehr auf der Straße lagen. Ich versuchte mich auf mein Buch zu konzentrieren, aber nach einem so reichen, hektischen Leben im Filmgeschäft fiel es mir ausgesprochen schwer, mit mir und meinen Gedanken allein vor einer Schreibmaschine zu sitzen. Ich kann nicht behaupten, daß ich einsam war. Ich ging emsig unter die Leute und hatte viele Freunde. Ich begann sogar, die Stunden der Einsamkeit zu genießen – eine neue Erfahrung für mich. Aber irgendwie wollte ich selbst dieses Gefühl der Einsamkeit mit jemandem teilen.

Dann kam plötzlich eine Stimme vom Himmel herab, und es wurde wieder hell in meinem Leben.

»Hallo? Ich suche jemanden, der den nordamerikanischen Slang beherrscht. Ich möchte heute abend tanzen gehen.«

Es war Martin Greenbaum.

»Ich bin schon lange nicht zum Tanzen gewesen«, war alles, was ich herausbrachte.

»Aber es macht Ihnen doch Spaß, oder nicht?«

»Ja, natürlich. Und Sie machen mir auch Spaß. Hört sich eigentlich wie eine vielversprechende Kombination an!«

In der Tat, es war die vollkommene Kombination. Martin war ein wunderbarer Tänzer, ein ausgezeichneter Gastgeber, ein ebenso rücksichtsvoller wie vollendeter Liebhaber. Wir feierten an jenem Abend seinen fünfzigsten Geburtstag.

»Ich möchte mir heute abend gern etwas schenken. Wollen Sie mein selbstausgesuchtes Geschenk sein? Gewöhnlich sind das diejenigen Geschenke, die am meisten Freude machen und am längsten halten.«

Bei diesem Gedanken lächelte ich, weil ich mich an meinen eigenen fünfzigsten Geburtstag erinnerte, zu dem mir mein dickleibiger Freund einen jungen Mann geschenkt hatte. Er hatte nicht lange gehalten; auch Jean-Louis nicht, obwohl wir immer noch in Verbindung miteinander waren. Wie auch immer, diesmal sollte es umgekehrt gehen. Ich war dabei, mich selbst zu verschenken.

In dieser Nacht verschenkte ich mich an Martin, weil ich mir von dieser Beziehung sehr viel erhoffte. Ich gab nicht einfach nur meiner Liebesgewohnheit nach. Er war der Mann, der zu mir paßte, ein Mann aus tausenderlei Gründen. Und er schien über mich ähnlich zu empfinden.

»Du bist die Frau, die ich mir im hintersten Winkel meines Herzens immer gewünscht habe«, sagte er. »Ich bin mehr als froh, daß du in Erscheinung getreten bist.«

Von nun an nannte ich ihn den »Mann aus tausenderlei Gründen« und er mich die »Frau in Erscheinung«. Obwohl wir beide nicht mehr heiraten wollten, glich unsere Beziehung immer mehr einer Ehe, was wir nicht beabsichtigt hatten. Martin war gerade dabei, eine neue Wohnung zu beziehen, und ich half ihm beim Einrichten. Als der Frühling kam, kaufte er mir Rosen für die Terrasse und half mir beim Einpflanzen. Gleichmäßig teilten wir unsere Zeit zwischen beiden Wohnungen, obwohl wir nicht jede Nacht beisammen waren. Das wollten wir auch nicht; wir waren beide an unsere Unabhängigkeit gewöhnt.

Eine solche Beziehung, die nichts zu wünschen übrigließ, mit einem Mann meiner Generation und Herkunft, war eine aufregende Sache. Martin stammte aus einer wohlhabenden amerikanischen Judenfamilie. Nach dem Studium in Berkeley in Kalifornien hatte er zunächst eine Universitätskarriere im Sinn gehabt. Er heiratete eine Studienkollegin, aber die Ehe war nur von kurzer Dauer. Nach dem Examen nahm er einen Regierungsposten an, aber er nahm seine Frau nicht nach Washington mit. Sie ließen sich scheiden, und er wurde nach Europa versetzt. Er hatte in mehreren europäischen Ländern gearbeitet; wir sprachen dieselben Sprachen, wir kannten dieselben Städte – in wörtlichem wie übertragenem Sinn. Wir waren völlig im Einklang, im Bett ebenso wie draußen. Er war ein zärtlicher und verständnisvoller Liebhaber. Seine Hände waren voller Gefühl. Mein Verlangen nach Sex war größer als seines, aber ihm zuliebe spielte ich es herunter. Wir trieben es meist am Abend im Bett, selten kam es anders. Er mochte es nicht mit dem Mund, aber die Zärtlichkeit seiner Hände kam mir genauso zugute. Manchmal allerdings fehlte mir die leidenschaftliche Ekstase meiner jugendlichen Liebhaber.

»Man darf nur tun, was das eigene Alter einem erlaubt«, pflegte er zu sagen, wenn ich manchmal darauf hoffte, daß er sich einmal wie einer der impulsiven Knaben benehmen würde, an die ich mich gewöhnt hatte und mit denen ich es zu allen möglichen und unmöglichen Zeiten an allen möglichen und unmöglichen Stellen getrieben hatte.

»Aber wir werden da unten nicht älter«, jammerte ich. »Die sexuelle Aktivität der Frau ist nicht vom Alter abhängig.«

»Aber die des Mannes. Wir müssen im Bett harmonieren, oder es geht alles schief.«

Also lernte ich, mit einem reduzierteren Rhythmus der Liebe auszukommen. Es war das erstemal, daß ich bewußt an der physischen Seite der Liebe arbeitete. Früher hatte ich immer alles seinen Gang gehen lassen – ich hatte sozusagen die Hochs und die Tiefs sich gegenseitig ausgleichen lassen.

Unsere Freunde billigten unsere Beziehung. Wir schienen gut zueinander zu passen, und so, wie wir zueinander paßten, gab es auch keine Schwierigkeiten in den Beziehungen zu allen anderen.

Es gab nur wenige Dinge, die wir nicht gemeinsam hatten. Martin interessierte sich sehr stark für Krishnamurti, der damals in Rom lebte. Er nahm mich ein paarmal mit, aber auf alles, was ich wissen wollte, fand ich keine Antwort, so daß Martin fortan allein hinging. Wie wir unsere gemeinsamen Vergnügungen miteinander teilten, genossen wir das Gefühl unabhängiger Interessen.

Auch das Skifahren war etwas, das Martin allein interessierte. »Gefällt dir Skifahren?« wollte er ganz am Anfang unserer Beziehung wissen.

»Aber ja«, antwortete ich sehnsüchtig, »aber seit meiner Erkrankung darf ich nicht mehr daran denken.«

»Natürlich, ich vergesse das immer wieder. Du kommst mit deinem kleinen Handikap so glänzend zurecht, daß kein Mensch es bemerkt.«

»Gott sei Dank bin ich in einem Alter, in dem niemand mehr von mir erwartet, daß ich wie ein junger Springinsfeld herumtobe. Ich kann es mir erlauben, meine körperlichen Mängel mit lebhafter Konversation zu verdecken.«

Und in der Tat waren meine Hände noch immer nicht kräftig genug, und meine Beine zeigten immer noch Lähmungserscheinungen. Ich hatte immer noch Schwierigkeiten mit dem Gleichgewicht, aber ich hatte auch gelernt, meine Kräfte nicht zu überschätzen. Ski fahren kam absolut nicht in Frage.

»Geh du Ski fahren, wann immer du Lust und Laune hast«, hatte ich ihn gedrängt. »Ich fahre gern nach Sperlonga, sogar im Winter. Und ich freue mich, wenn Vanessa mit den Kindern übers Wochenende kommt.«

Also machte Martin ab und zu seine Abfahrten allein, und gelegentlich verbrachten wir die Wochenenden zusammen in Rom oder in Sperlonga. Er hatte zwar keine eigenen Kinder, aber meine Enkelkinder machten ihm doch sehr viel Spaß, wenn sie bei mir waren. Sie waren eine unserer gemeinsamen Freuden. Schritt für Schritt entstanden in mir Gefühle der Zusammengehörigkeit und der Sicherheit. Unglücklicherweise sollten sie nicht lange bestehen.

»Hast du was dagegen, wenn ich über Ostern ein oder zwei Wochen zum Skifahren gehe?« fragte Martin eines Tages. »Es gibt da einen Ort in den französischen Alpen, den ich noch nicht kenne.«

Wir waren jetzt drei Monate zusammen, aber es kam mir sehr viel länger vor, wahrscheinlich, weil es schon sechs Monate her war, seit wir uns zum erstenmal in dem Synchronstudio getroffen hatten. Ich merkte, daß er mit mir überhaupt nicht rechnete. Eigentlich hätte ich gern ein verlängertes Wochenende mit ihm in Sperlonga verbracht, vielleicht hätten wir auch mit dem Wagen ein Stück weiter nach Süden fahren können. Wir beide kannten Kalabrien überhaupt nicht und hatten uns vorgenommen, es gemeinsam zu erobern. Aber so, wie die Dinge standen, redete ich nicht mehr davon.

»Ja, mein Liebling, geh du nur. Ich könnte sowieso keine zwei Wochen wegbleiben.«

Es war gelogen. Es wäre mir ohne weiteres möglich gewesen, und Martin wußte das. Vielleicht lastete unser Zusammensein auf ihm stärker als auf mir. Hatte ich mir selbst nicht eingebildet, daß unsere Beziehung die perfekte Romanze war? War ich nicht voll und ganz den märchenhaften Phantastereien vom verzauberten Prinzen und dem »und wenn sie nicht gestorben sind, so leben sie noch heute glücklich miteinander«, mit denen ich aufgewachsen war, auf den Leim gegangen; Wie grausam irren wir uns, wenn wir unsere Kinder mit solchen Illusionen groß werden lassen. Die Kinder sollten auf die Schwierigkeiten vorbereitet werden, die vor ihnen liegen, darauf, daß eine vollkommen glückliche Beziehung unmöglich ist. Es sind keine verzauberten Prinzen, die man da kennenlernt, aber es kommt alles darauf an, was man aus ihnen macht. Machte ich aus meinem »Mann aus tausenderlei Gründen« etwas, das er gar nicht war? Und vor allem: Was machte er aus mir?

»Martin, wenn du Noten für die vollkommene Lebensgefährtin zu vergeben hättest, welche Note würde ich bekommen?«

Er antwortete sofort: »Eins bis zwei.«

»Was fehlt mir? Was mache ich falsch?«

»Nichts fehlt dir! Im Gegenteil, du hast zuviel davon.«

»Was meinst du?«

Wir lagen zusammen im Bett. Ich hatte diesen Augenblick sorgfältig abgewartet. Wir hatten uns gerade geliebt und waren entspannt und glücklich. Er sah mich zärtlich, aber auch ein wenig spöttisch an.

»Du bist starker Tobak, ›Frau in Erscheinung‹. Du sprühst vor Leben, du hast Kraft, du wirkst anziehend – manchmal ist es schwer, mit dir mitzuhalten.«

»Aber ist irgend etwas nicht in Ordnung, wirklich nicht in Ordnung?«

Er lächelte, zugleich war er aber auch ein wenig unsicher. Ich wußte, daß ihm persönliche Aussprachen verhaßt waren. Vielleicht war ich zu direkt gewesen.

»Natürlich ist alles in Ordnung. Mach jetzt das Licht aus und schlafe. Ich bin sehr glücklich mit dir. Genügt dir das nicht?«

Ich gab keine Antwort. Ich zog ihn zärtlich an mich und schlief schließlich ein, mit der Nase an seinem Hals. Auch er schmiegte sich an mich, aber nicht ganz so eng – in der Tiefe der Beziehung zwischen zwei Menschen ist eben immer ein Unterschied.

Als Martin nach Ostern zurückkam, war er so liebevoll wie immer – vielleicht sogar noch mehr –, aber irgend etwas in unserer Beziehung hatte sich verändert. Damals dachte ich, es sei wegen mir, weil ich mich nicht voll auslebte. Bewußt hatte ich meine Ansprüche zurückgeschraubt, um Martin eine Chance zu geben.

»Bin ich jetzt auf deiner Wellenlänge?« fragte ich eines Tages. »Bin ich jetzt nicht mehr so anstrengend?«

Er lachte. »Was hast du vor? Willst du dich wie einen Computer programmieren? Laß das doch, bleibe der Mensch, der du bist. Was ich am meisten an dir geliebt habe, ist deine Menschlichkeit.«

Ich überhörte die Vergangenheitsform. Frauen stecken voller Wunschträume, und ich wollte glücklich sein – also war ich glücklich. Martin kam und ging ebenso regelmäßig wie früher, und wenn sich in unserer Beziehung etwas geändert hatte, so schrieb ich es seinem Alter und seinem Temperament zu. Die erste Zeit der stürmischen Liebe war vorbei, und es war töricht, jeden Abend auf ein Feuerwerk zu warten.

Dennoch hatte ich dauernd das Gefühl, daß etwas nicht stimmte.

»Martin, langweilst du dich mit mir im Bett?« fragte ich ihn eines Abends.

»Aber wir waren doch eben erst beisammen! Was für eine dumme Frage!« Er schien wirklich ein wenig verärgert.

»Schon, aber du bleibst jetzt kaum noch über Nacht!«

»Ich habe zu tun. Ich bin überarbeitet. Der neue Film, an dem ich arbeite, ist zum Auswachsen. Habe bitte Geduld mit mir, mein Liebling. Du mußt die Dinge nicht immer gleich auf dich persönlich beziehen. Ich brauche ein bißchen Luft um mich herum.«

Wahrscheinlich mußte das in den mittleren Jahren so sein, redete ich mir ein; es ging mehr kameradschaftlich als leidenschaftlich zu.

»Es ist eine Phase der Anpassung, Mammchen«, meinte Vanessa, als ich mit ihr darüber sprach. Meine Töchter sind um so vieles reifer als ich; sie wissen, was sie von den Dingen zu halten haben.

Ein paar Monate lang waren wir ziemlich glücklich. Ich arbeitete an einem neuen Film in den Palatino-Studios hinter dem Kolosseum mit. Meine Arbeitsstelle lag auf dem Weg zu einigen der größten Synchronstudios, so daß mich Martin öfters abholte, wenn er fertig war. Es war jetzt schon so warm, daß man wieder in den vielen Lokalen draußen essen konnte; die Tische wurden einfach auf die gepflasterte Straße gestellt und mit Pflanzenhecken und großen Sonnenschirmen eingezäunt. Überall spürte man den Sommer. Wir sprachen darüber, ob wir in den Sommerferien nach Griechenland fahren sollten. Freunde hatten uns für August ihr Haus auf Hydra angeboten. Unsere Beziehung schien sich weiter zu festigen.

Dann aber machte Martin irgendwann im Juni eine geheimnisvolle Blitzreise nach Paris.

»Ich muß mit ein paar Franzosen reden, weil ich im Herbst einen Film für sie synchronisieren soll«, erklärte er.

»Du hast nie erwähnt, daß du dort mit Leuten in Kontakt bist. Vielleicht kann dir Max helfen – er kennt dort jeden. Ich rufe ihn an.«

»Nein, mach dir keine Mühe. Es scheint alles unter Dach und Fach zu sein.«

»Aber du wirst doch Max besuchen, versprich es mir. Ich möchte, daß ihr euch kennenlernt. Die beiden Männer, die ich so sehr liebe, werden sicher miteinander auskommen.«

»Sei dir da nicht zu sicher. Ich könnte eifersüchtig werden!«

Wir lachten beide, und Martin küßte mich. Aber er machte keinen Besuch bei Max. Als er aus Paris zurück war, schien er zerstreut; ich führte es darauf zurück, daß sich sein Geschäft zerschlagen hatte. Und er schien überhaupt keine Lust zu haben, über seine Reise zu sprechen, so daß ich erst gar nicht damit anfing.

Max schrieb mir, daß Martin ihn angerufen hatte, aber er war eher höflich als freundlich gewesen, so daß Max nicht auf ein Treffen gedrängt hatte. »Dein neuer Freund scheint gern auszuweichen«, kommentierte Max.

Martin zeigte ich diesen Brief nicht.

Anfang Juli sprachen wir wieder über unsere Ferienpläne. Ich mußte unseren Freunden jetzt Bescheid geben, ob wir das Haus haben wollten oder nicht.

»Warum fährst du nicht allein?« sagte Martin. »Ich möchte im August allein fahren, zum Camping – vielleicht die Camargue kennenlernen und dann anschließend zum Krishnamurti-Seminar in die Schweiz gehen.«

Es traf mich im Innersten. Ich hatte fest damit gerechnet, daß wir den August zusammen verbringen würden. Ich hatte mich mit meiner Arbeit genau darauf eingestellt, und auch Martin war nie länger als zwei oder drei Wochen hintereinander mit einer Sache befaßt. Wir hatten doch alles so gut geplant.

»Ist dein Glauben in einer Krise?« wollte ich wissen.

Er lächelte und küßte mich. »Du mußt nicht immer gleich alles an deinem ›Mann aus tausenderlei Gründen‹ verstehen wollen. Du sollst mir nur vertrauen.«

Ich vertraute ihm. Um diese Zeit herum war er besonders aufmerksam zu mir, daher konnte ich mir leichter einreden, daß alles zu einem guten Ende kommen würde.

Eines Abends gegen Ende Juli erzählte mir Martin, daß seine Freunde aus Paris zu einem kurzen Besuch angekommen seien. Sie würden ihn in den nächsten Tagen ziemlich in Beschlag nehmen.

»Warum lädst du sie nicht für einen der Abende zu einem Drink auf der Terrasse ein?«

»Nein, das sind ja solche Langweiler, die möchte ich dir wirklich nicht zumuten.«

In diesem Moment platzte Vanessa mit ihren Kindern herein; sie waren unterwegs zu den Sommerferien, die sie in Sizilien am Meer verbringen wollten. Es schien ganz natürlich, daß ich mich nicht auch noch mit Martins Geschäften belastete, wenn ich soviel mit meiner Familie zu tun hatte. Vanessa wollte am Freitag fahren, und ich freute mich darauf, Martin am Samstagabend für mich allein zu haben.

Aber als der Samstag kam, erklärte mir Martin, daß seine Geschäftsfreunde ebenfalls abreisen wollten und dies ihr letzter Abend in Rom sei. Sie hätten Karten für die Oper besorgt und ihn eigens eingeladen.

»Du hast doch nicht viel für die Oper übrig, oder doch?« wollte Martin mich trösten.

Es war richtig, daß ich nicht viel für die Oper übrig hatte, aber diesmal stammte das Bühnenbild von Rudi, und das wollte ich sehen. In letzter Minute beschloß ich, mit Franca hinzugehen. Mit dem Bus fuhren wir bis zu den Thermen des Caracalla. In der Eile konnte ich Martin nicht mehr sagen, daß ich auch in die Oper kam.

Die Freilichtoper wurde in dem alten Römerbad aufgeführt. Das weitläufige Auditorium war in mehrere Abschnitte eingeteilt. Ich glaubte nicht, daß ich Martin treffen würde; man konnte angesichts der Größe der Anlage ganz gut die ganze Vorstellung anhören und doch keine Bekannten treffen.

Franca und ich freuten uns, wieder einmal beisammen zu sein. Ich habe nicht viele Freundinnen, aber die, die ich habe, sind mir sehr ans Herz gewachsen. Franca war ebenso wie ich neugierig darauf, was Rudi zustande gebracht hatte; seine Ausstattungsstücke waren eigens von Verona heruntergebracht worden, wo sie zum Festspielfundus gehörten.

»Sieh mal, da ist Martin«, sagte Franca in der Pause. Wir waren nach draußen gegangen, um uns ein wenig die Beine zu vertreten. »Was für ein hübsches Mädchen er bei sich hat!«

Martin stand mit einem blonden Mädchen an der Getränkebar. Er reichte ihr gerade einen Drink; sie schienen allein zu sein. Als sie sich zuprosteten, lachte sie ihm ins Gesicht. Er beugte sich herab und küßte sie. Ich fühlte mich wie in einem Groschenroman. Mein Herz war plötzlich leer, mein Magen verkrampfte sich. Ich war dennoch fest entschlossen, mir nichts anmerken zu lassen.

Martin hat nie erfahren, daß ich ihn in der Oper gesehen habe. Er erzählte mir am nächsten Tag, daß seine Freunde nun abgereist seien; ich durfte also annehmen, daß das Mädchen wieder verschwunden war. Ich wollte nichts sagen. Unser Leben ging weiter, obwohl wir kaum noch miteinander schliefen.

Einige Abende später räumte ich in seiner Wohnung auf, als mir ein paar Fotos in die Hand fielen, die er während seines Skiurlaubs zu Ostern in den französischen Alpen gemacht hatte. Da war wieder das blonde Mädchen, das von einem Skilift herabwinkte. Es war nicht nur Eifersucht, sondern auch Trauer, die mich angesichts von soviel Verlogenheit überfielen. Ich zweifelte jetzt nicht mehr, daß das Mädchen in Paris lebte und daß die geheimnisvolle Blitzreise im Juni ihr gegolten hatte. Wenn er mir doch nur die Wahrheit gesagt hätte! Ich hatte ihm ja auch alles über mich erzählt!

Plötzlich hatte ich den Wunsch, mich mit Esmeralda zu treffen; ich rief sie einfach an. Daß ich ihr Martin weggenommen hatte, rief in mir keine Schuldgefühle wach, weil er mir so oft erzählt hatte, daß schon alles aus gewesen sei, als wir uns kennenlernten.

»Martin betrügt mich«, sagte ich, während wir im Café Greco Kaffee tranken. »Hat er das mit dir auch gemacht?«

»Natürlich – mit deiner Hilfe!«

»Du willst damit sagen, daß zwischen euch noch nicht alles aus war, als du ihn zu mir nach Hause gebracht hast? Er hat mir immer erzählt, daß du ihn praktisch freigegeben hast.«

»Du glaubst den Männern immer noch, wenn sie dir solche Sachen erzählen?«

»Nun, damals habe ich. Und besonders, weil wir uns so gut kannten und ich annehmen durfte, daß du mich anrufst und dich beschwerst, wenn du ihn nicht loswerden möchtest. Wie du dich erinnerst, hast du mir ja auch damals, als ich gerade Charles verlassen hatte, deinen Mann geliehen.«

Bei dieser Erinnerung mußten wir beide unwillkürlich lachen. Wenn genug Zeit vergangen ist, kann man über alles lachen.

Aber diesmal war mir nicht nach Lachen zumute. Ich fühlte mich verletzt und betrogen. Ich liebte Martin wirklich. Es war nicht nur der momentane Schmerz, der mir zu schaffen machte, es waren all die Schmerzen der Vergangenheit mit im Spiel. All die verschütteten Empfindungen, seit Charles mich verlassen hatte und Rudi weggelaufen war, meldeten sich jetzt, Jahre später, wieder zu Wort. Ich fing an zu weinen. Mitten im Café Greco liefen mir die Tränen über die Wangen.

Esmeralda legte den Arm um mich. »Es geht vorbei«, sagte sie. »Du weißt doch, daß es immer vorbeigeht!«

»Es dauert mindestens zwei Jahre, ehe man über eine solche Liebesgeschichte weg ist«, schluchzte ich.

»Ich wußte nicht, daß du so lange brauchst«, bemerkte Esmeralda gequält.

»Natürlich schlafe ich schon früher wieder herum«, gestand ich schluchzend, »aber die Schmerzen des Betrugs bleiben – manchmal für immer.«

»Sieh mal, wieviel Glück wir gehabt haben; wir haben so viele Männer gehabt, auch wenn sie uns betrogen haben«, meinte Esmeralda mit einem feinen Lächeln. »Die meisten Frauen lernen gar nicht so viele Kerle kennen. Wäre das Leben nicht entsetzlich langweilig, wenn es stets derselbe gewesen wäre, mit dem man es getrieben hat, und das ein ganzes Eheleben lang?«

Ich blickte zu Esmeralda hinüber und begann auch zu lächeln, obwohl mein Gesicht noch immer naß von Tränen war.

»Danke, Esmeralda«, sagte ich und umarmte sie herzlich. »Frauen sind viel netter als Männer – ich wollte, ich wäre lesbisch.«

»Warum versuchst du es nicht?«

»Dazu ist es jetzt zu spät. Ich bin sechsundfünfzig Jahre alt.«

»Dann sei froh, daß du wenigstens einen Mann hast, auch wenn er dich betrügt«, sagte sie bestimmt. »Wir sind alte Damen, Anne.«

»Aber«, wandte ich ein, »daran denke ich gar nicht. Das einzige Mittel, jung zu bleiben, besteht darin, nicht ans Alter zu denken.«

»Verhaspele dich nur nicht in der Grammatik!«

Wir mußten beide lachen. Ich umarmte sie wieder. »Glaubst du nicht auch, daß Freundinnen viel netter sind als Liebhaber, Esmeralda?«

»Nein, ich glaube nicht«, antwortete Esmeralda. »Aber man hat länger etwas von ihnen.«

Es ging mir ziemlich schlecht, aber ich weinte nicht mehr. Sogar vor Martin versteckte ich meinen Schmerz. Es kam überhaupt nicht in Frage, daß ich etwas zu ihm sagte. Martin war offensichtlich für eine Auseinandersetzung nicht zu haben und tat alles, um ihr aus dem Weg zu gehen. Schließlich kann man nicht erwarten, daß alle Menschen so sind wie man selbst, obwohl ich persönlich eine klare Entscheidung, einen deutlichen Schlußstrich vorgezogen hätte. Martin quälte sich zweifellos mit Schuldgefühlen, aber ich konnte nicht darauf hoffen, daß er sich plötzlich zu der Entweder-oder-Haltung eines angelsächsischen Protestanten durchrang. Es würde keinen klaren Schlußstrich geben – wir würden uns auf anständige Art auseinanderleben.

Und genauso kam es. Es war alles viel zu vernünftig gewesen, also ging es auch weiter so. Es hatte alles viel zu sehr gestimmt, es war so leicht gewesen, so harmonisch. Aber um die wirklich große Liebe muß man kämpfen.

Mein »Mann aus tausenderlei Gründen« packte seine Sachen und verschwand zu seiner Campingreise durch die Camargue. Ich zweifelte keine Sekunde daran, daß dort seine hübsche, junge Blondine zu ihm in den Schlafsack kroch, geradezu ein Jungbrunnen für einen Mann in den mittleren Jahren.

Mein Freund Kurt hatte mir einmal gesagt: »Es gibt keine Beziehung, die im Guten beendet werden kann.« Ich glaubte, diesmal hatte ich es nicht allzu schlecht gemacht. Wir machten ja auch nicht wirklich Schluß; wir wußten nur, daß es vorbei war. Wir verabschiedeten uns, als würden wir uns unverändert im September wiedersehen, aber wir wußten beide, daß es wahrscheinlich länger dauern würde und daß es, wenn überhaupt, auf einer anderen Basis geschehen mußte.

Und in der Tat waren wir erst wieder im Frühjahr zur gleichen Zeit in Rom. Nach einer sechsmonatigen Unterbrechung fiel es leicht, wieder aufeinanderzutreffen; wir empfanden nur noch herzliche Freundschaft füreinander; bis zum Schluß ging es vernünftig zwischen uns zu. Martin war fest entschlossen, die blonde Französin zu heiraten; sie lebte jetzt ebenfalls in Rom. Wir kamen ganz gut miteinander aus, obwohl sie mir gefühlsarm vorkam. Ich empfand jetzt nur noch mütterlich für Martin – was mir bei meinen jüngeren Liebhabern selten passiert war. Die näheren Umstände und das Temperament sind wahrscheinlich entscheidender als der Altersunterschied.

Wieder war ein Jahr vergangen, wieder war es August, und wieder war ich allein. Es war Zeit, daß ich in ein anderes Land fuhr. Ich mußte zur jährlichen Untersuchung in die Londoner Klinik und hatte ein Angebot, dort einen italienischen Film mitzumanagen; es ging um ein Mädchen, das von zu Hause ausgerissen ist, und ihre Mutter, die in London nach ihr sucht. Ich war sicher, daß ein neuer Liebhaber kam – und er kam. Man treibt einen Nagel mit einem Nagel aus, wie die Italiener so treffend sagen. Es war ein ziemlich rostiger Nagel, aber er erfüllte seinen Zweck. Er war jung – sehr jung. Ich glaube, ich hätte mich nie mehr auf Teenager eingelassen, wenn mich nicht gerade ein älterer Mann hereingelegt hätte; aber die Geschichte wiederholt sich, und wir machen immer wieder dieselben Fehler. Meine Liebesgewohnheit schien jetzt zur Sucht zu werden.

Es war nett, wieder einmal im guten alten England zu sein. Diesmal hatte sich nichts verändert. Es regnete, es war November im Jahr 1973, wieder gab es einen aufsehenerregenden Mordfall, und es gab immer noch Ärger mit den Nordiren. In der U-Bahn war überall angeschlagen: »Wenn Sie in diesem Wagen ein herrenloses Paket oder eine Tasche bemerken, rühren Sie nichts an. Ziehen Sie die Notbremse, sobald der Zug in die nächste Station eingelaufen ist. Fordern Sie die Mitfahrenden auf, den Wagen zu verlassen!« London hatte aufgehört zu swingen und war am Erstarren.

Caspian und Kate hatten inzwischen geheiratet, der »Schlechte Gregory« lebte glücklich mit einer neuen Freundin zusammen, der »Gute Gregory« war noch immer zu haben, und ich selbst war noch immer nicht ganz sicher, ob ich nun Peter oder Paul vor mir hatte. Auch erkannte ich meine englischen Enkel kaum wieder, so groß waren sie geworden. Caroline ging schon in die Schule, und Malcolm trug jetzt lange Hosen und seine Schulmütze. Zum erstenmal seit Grants Tod war ich wieder in London. Ich wollte seinen Vater anrufen.

»Hallo, Väterchen. Hier ist Anne Cumming.«

»Hallo, Lady Anne! Wie geht's denn?«

»Gut, Väterchen, gut. Ich habe hier in London drei Monate lang zu tun. Wollen Sie mich nicht ab und zu besuchen kommen? Ich habe eine kleine Wohnung in der Nähe von Oxford Circus.«

»Nein, Sie kommen zu mir, Mädchen. Ich backe einen meiner Kuchen, und Sie lernen Grants Zuhause kennen. In seinem Zimmer habe ich nichts verändert; vielleicht nehme ich aber bald einen Untermieter. Es ist manchmal ein wenig einsam, aber das Leben geht ja weiter, oder nicht?«

Ich glaube, er war dankbar und freute sich, von mir zu hören – nicht der leiseste Vorwurf war seinen Worten zu entnehmen. Er lud mich zum Sonntagnachmittagtee nach Hackney ein; mit dem 22er Bus fuhr ich durch Stadtteile, die ich noch nie gesehen hatte. Ich war neugierig auf die Sozialwohnung, in der ich damals hätte wohnen sollen und die Grant in seiner Phantasie mit kostbaren Antiquitäten ausgestattet hatte.

Väterchen erwartete mich schon an der Tür, legte den Arm um mich und lächelte. Das Haus war ein öder moderner Klotz, wie sie die Stadt überall erstellen ließ, aber einige hatten Blumenkästen vor den Fenstern, und Väterchen pflanzte etwas sehr Gesundes an, das sich Schwarzwurzel nannte.

»Kommen Sie rein, Liebe. Ich habe einen meiner berühmten Kuchen gebacken.«

Ich ging durch den engen Vorraum, und dann kam ich in ein stattliches Zuhause. Grant hatte nicht übertrieben, die Wohnung stand voll mit sehr schönen, alten Möbeln. Väterchen machte die Tür zu Grants Zimmer auf, es stand ein richtiges Himmelbett darin.

»Wie zum Donner sind Sie zu diesen schönen Möbeln gekommen?« rief ich voller Bewunderung aus.

»Ich bin ein erstklassiger Kunsttischler, Mädchen. Ich bekomme oft Sachen geschenkt, die andere Leute am liebsten wegwerfen würden. Ich frische sie auf und stelle sie dann hier in die Wohnung.«

»Sie können wunderbar restaurieren, Väterchen!«

»Ich bin einer der Besten hier in London, sagt man«, antwortete er stolz. »Sehen Sie sich die Stühle an. Die waren in tausend Stücken. Habe verdammt lange daran gearbeitet, bis ich sie wieder beisammen hatte, Stück für Stück, aber das war's wert, wie Sie sehen.«

Ich sah jetzt, wie Grant Stück für Stück seine Phantasiewelt zusammengebaut hatte; es war derselbe mühselige Weg, mit dem sein Vater Realitäten schuf. Er hatte in seinem Himmelbett gelegen und seinen Namen verändert, seine Umgebung in seine Phantasiewelt eingebaut – bis nichts mehr stimmte. Ich ging stets umgekehrt vor. Ich reise umher und ließ meine Umgebung auf meine Phantasie einwirken, was wahrscheinlich realistischer war.

Es gab einen ziemlich schweren Kuchen aus Vollkornmehl und Datteln, eine nahrhafte Angelegenheit. Väterchen legte eben auf alles Gute und Solide Wert. Ich überredete ihn, Grants Zimmer an einen Studenten zu vermieten, damit er ab und zu jemanden zum Unterhalten hatte; vielleicht würde sich auch jemand finden, der Lust hatte, sein Handwerk zu erlernen. Zu jener Jahreszeit wurde es schnell dunkel, und als ich aufstand, um zu gehen, begleitete mich Väterchen noch zur Bushaltestelle.

Mir hatte der Besuch Spaß gemacht, Väterchen war ein wunderbarer Mensch. Er hatte es mir verboten, irgendwelche Schuldgefühle oder Komplexe gegenüber Grant zu entwickeln; dennoch möchte ich manchmal wissen, ob ich nicht aufgrund meines Besuchs bei nächster Gelegenheit wehmütig den ersten Teenager schnappe, der mir über den Weg läuft. Eine ganze Menge an Väterchen hat mich jedenfalls an Grant erinnert.

Als ich eines Abends nach dem Theater spät nach Hause ging, begegnete ich einer Vogelscheuche, die sich gegen einen Laternenpfahl lehnte. Ein solch ländliches Urbild mitten in dieser nächtlichen Steinwüste kam mir so merkwürdig unangebracht vor, daß ich über die Oxford Street hinüberging, um die Sache näher zu betrachten. Es war einer jener Abende, die nur in England erfunden werden konnten: Es regnete, und zugleich ging ein eiskalter Wind, beides ging einem durch Mark und Bein, und selbst in jungen Jahren war man bei solch einem Wetter vor Rheumatismus nicht sicher. Ich ging ja auch nur zu Fuß, weil es bei diesem Wetter keine Taxis gab.

Die Vogelscheuche entpuppte sich als lebendiger junger Mann, der da mit ausgestreckten Armen in einem völlig durchnäßten schwarzen Mantel steckte; auf dem Kopf hatte er einen tropfnassen Filzhut. Sogar seine langen schwarzen Wimpern waren mit Regentropfen besetzt, und im harten Licht der Straßenlampe blickte ich in die blauesten Augen meines Lebens. Er starrte in den Himmel, und sein Gesicht glänzte vor Nässe.

»Was machen Sie da?« fragte ich beinahe wie von selbst.

Sein Blick wanderte langsam zu mir nach unten, aber die Arme hielt er immer noch ausgestreckt.

»Ich wollte wissen, wie es wohl war, als er am Kreuz hing«, antwortete er mit einem leichten irischen Akzent.

»Dieser Abend eignet sich wohl kaum für ein solches Experiment«, sagte ich überrascht und erstaunt. »Außerdem wird man in den seltensten Fällen mit Hut und Mantel ans Kreuz geschlagen. Meist ist man dabei nackt.«

»Dazu ist es zu kalt«, antwortete er folgerichtig. »Und außerdem, der Hut und der Mantel sind die ganze Erbschaft, die mir mein Vater hinterlassen hat. Er ist letzte Woche gestorben.« Er schwieg und wartete wohl auf irgendeine Reaktion von mir, aber ich wußte nicht, was. Dann fuhr er fort. »Ich habe kein Zuhause mehr. Ich habe auf den letzten Bus nach Nirgendwo gewartet, aber den werde ich wohl verpaßt haben.«

Der Laternenpfahl war wirklich zugleich auch Haltestelle einer Überlandlinie. Wir sahen auf die Tafel mit den Abfahrtszeiten. Der letzte Bus war schon vor mehr als einer halben Stunde durchgekommen. Der junge Mann sah rührend und harmlos und so ergreifend poetisch aus.

»Am besten ist, Sie kommen mit mir nach Hause und übernachten auf dem Sofa im Wohnzimmer.«

Er ließ die Arme fallen und schüttelte sich wie ein nasser Hund – da kamen unter seinen Ärmeln ein Paar Fahrradklammern zum Vorschein, die er wie ein Armband um das linke Handgelenk trug. »Danke«, sagte er und schlüpfte unter meinen Regenschirm.

»Haben Sie ein Fahrrad dabei?« fragte ich und sah auf seine Klammern herab.

»Ich habe es verkauft«, antwortete er. »Von irgendwas mußte ich ja die Blumen für die Beerdigung meines Vaters bezahlen. Man kann doch niemand begraben ohne Blumen, oder?«

»Ich glaube kaum«, antwortete ich und zerbrach mir den Kopf, was ich als nächstes sagen sollte.

Das war gar nicht notwendig. Er schien ziemlich aufgekratzt. »Das Gelb in Ihrem Regenschirm gefällt mir«, sagte er, während er mich unterhakte. »Es ist wie ein Hoffnungsschimmer in der Oxford Street. Eine Frau, die inmitten einer grauen Welt mit einem gelben Regenschirm daherkommt, muß man sich unbedingt ansehen. Ich heiße Desmond O'Reilly. Und Sie?«

Tagebucheintragung, 10. November 1973.

Er liegt nicht auf dem Sofa im Wohnzimmer. Wenn er so daliegt, wirkt er noch größer; er liegt quer im Bett und hat die Arme wieder weit ausgestreckt; er scheint die Kreuzigungshaltung sehr zu lieben. Dieses Mal ist er nackt ... abgesehen von den Fahrradklammern, die er noch immer am Handgelenk trägt und die er einfach nicht ablegen möchte. Er ist fest eingeschlafen; vielleicht steige ich nachher wieder zu ihm ins Bett und kuschle mich an ihn. Er riecht nach Seife und Sex.

Bevor wir ins Bett gingen, gab ich ihm was Heißes zu trinken; dann mußte er baden, so heiß es ging, und anschließend trocknete ich ihn vor dem Badeofen wie ein kleines Kind ab. Das erweckte in beiden von uns gewisse Erinnerungen. In ihm erweckte es vor allem seinen langen, dünnen, gebogenen Schwanz, der voller Knoten und Adern war und einen leichten Bogen machte, als er steif wurde – nicht gerade schön, aber schmackhaft. Ich saß auf einem Stuhl im Badezimmer und rieb ihm gerade die Beine mit einem Frotteehandtuch trocken, als sein Ding in der Höhe meines Mundes aus den Handtuchmassen schnalzte.

Nach einigen Minuten sagte er: »So möchte ich nicht kommen, ich will deine ganze Wärme um mich herum spüren.«

Also brachten wir es im Bett zu Ende, und er schlief ein, obwohl er noch in mir war. Schließlich schlüpfte ich unter ihm hervor und stand auf, um den Gasbadeofen auszumachen. Nun friere ich vorn so wie am Rücken und werde wieder ins Bett müssen, um mich warmzuhalten.

»Wo bist du denn? Erst hast du mir gehört, und jetzt hast du dich fortgestohlen«, tönte die Vogelscheuche aus dem anderen Zimmer.

Ich ging ins Schlafzimmer – er lag noch immer mit ausgestreckten Armen, die Leintücher waren zurückgeschlagen, und er stand ihm wieder. Er brauchte Wärme und Liebe. Mit jedem Wort und mit jeder Geste weinte er danach. Er war zu dünn, zu groß, ein hochgeschossenes Kind, dessen Rippen heraustachen. Nur sein knorpeliger Schwanz war schon erwachsen und reckte sich selbstbewußt in die Welt. Ich kletterte auf ihn und steckte ihn mir hinein. Er griff nach oben und hielt mich an den Brüsten. Er spielte nicht damit, er hielt sich nur daran fest. Als alles vorbei war, kippte ich vornüber und war schon eingeschlafen.

Es war noch nicht ganz hell, als ich aufwachte und ihn im Wohnzimmer herumgehen hörte. Er rieb ein Streichholz und zündete sich eine Zigarette an. Da er sich im Badezimmer ausgezogen hatte, war er wohl dahin gegangen und hatte sich eine Zigarette aus der Manteltasche geholt, gepinkelt und rauchte jetzt. Ich hörte, wie er im Wohnzimmer herumkramte; wahrscheinlich wollte er mich nicht aufwecken und nicht im Schlafzimmer rauchen. Ich kuschelte mich wieder zusammen, war vollkommen zufrieden und freute mich schon auf seinen warmen Körper, aber ich war schon wieder eingeschlafen, bevor er ins Bett zurückkam.

Als ich wieder aufwachte, war er noch immer nicht zurück, also rief ich nach ihm und beschwerte mich, wie er selbst es getan hatte.

»Wo bist du? Du gehörst mir, und jetzt hast du dich fortgestohlen.«

Keine Antwort. Die Vogelscheuche war entflohen.

Tagebucheintragung, London, 11. November 1973.

Heute ist der Jahrestag des Waffenstillstands von 1918; zudem hat meine Enkelin Geburtstag. Gerade habe ich festgestellt, daß mir Schmuck gestohlen worden ist, dazu eine Uhr, zwei kostbare Zierdosen aus der Battersea-Schule und ein Gedichtband. Ich hatte schon recht, der junge Mann hatte poetische Züge, aber er ist auch ein Dieb. Ob ich die Polizei anrufen soll?

Später am Tag.

Ich habe lange darüber nachgedacht, ob ich die Polizei anrufen soll. Ich müßte die Wahrheit sagen und kann mir ihre Antwort lebhaft vorstellen. Was hätten sie anderes denken können, als daß eine mittelalterliche Nymphomanin in ihrer Verzweiflung einen jugendlichen Vorbestraften mit nach Hause genommen hat und dafür die Quittung bekam. »Er hätte Sie auch umbringen können, gnädige Frau«, hörte ich sie schon sagen. Und damit würden sie gar nicht einmal so falsch liegen. Es kommt lediglich auf den Standpunkt an. Je nachdem, von welcher Warte aus man es betrachtet. Ich hatte hellblaue, irische Augen durch einen weichen Regenschleier hindurch gesehen; die Polizei hätte wohl ein verdächtiges Subjekt gesehen, das irgend etwas im Schilde führte. Es kommt gar nicht in Frage, daß ich anrufe. Eigentlich sollte ich noch bestraft werden, und ich habe bekommen, was ich verdiene.

Abgesehen von dem unglücklichen Erwachen wurde es ein fröhlicher Familienfesttag. Ich fuhr aufs Land zu Carolines Geburtstagsfeier. Mit ihren neun Jahren war sie jetzt quicklebendig; sie sprühte vor Leben, tobte herum und brachte uns alle an den Rand der Erschöpfung. Sie ähnelte mehr ihrer Tante Vanessa, meiner anderen Tochter, als ihrer eigenen Mutter Fiona, die ruhiger und schüchterner ist. Vielleicht dachte ich auch zu sehr an die Kinderjahre von Fiona – jetzt war sie ja bereits eine ernsthafte und tüchtige junge Frau von über dreißig, eine sehr viel bessere Mutter übrigens, als ich es je gewesen bin. Mein Ex-Ehemann Robert war auch gekommen; er war jetzt über sechzig, ein witziger, scharfsinniger Mann, ein wunderbarer Unterhalter. Für unsere Enkelkinder tanzten wir einen Charleston, nach einer Aufnahme mit Sandy Wilson übrigens, »The Boy Friend«, die in unserer Familie sehr beliebt war. Daß Großvater und Großmutter miteinander tanzten, war der absolute Höhepunkt der Feier, und den Kindern machte das riesig mehr Spaß als das ewige Verstecken. Sie kugelten sich vor Lachen, und mein Enkel meinte, er habe meine Unterhose gesehen, als ich das Bein hochwarf. Mein Ex-Ehemann meinte, daß ich mich überhaupt nicht verändert hätte und schon immer darauf versessen gewesen sei, die Beine hochzuwerfen, nur konnte er sich daran erinnern, daß ich damals Pumphosen getragen habe, was einfach falsch war, da wir Ende der dreißiger Jahre geheiratet haben und ich seit dem Gymnasium keine Pumphosen mehr angezogen habe.

Vollgestopft mit Kuchen und Sahne, betäubt von knallenden Krachern, platzenden Luftballons und Kindergeschrei, ließen Robert und ich uns schließlich zum Bahnhof bringen; auf dem Bahnsteig gaben wir uns einen Abschiedskuß, ziemlich förmlich, aber doch wie alte Freunde, die wir immer noch sind; dann stieg jeder in seinen Zug, und jeder fuhr in sein eigenes Leben zurück.

»Ist da Missis Cumming?«

»Ja, wer spricht?« (Die unbekannte Stimme am anderen Ende klang sympathisch.)

»Hier ist die Kriminalpolizei, Savile Row.«

»Machen Sie keine Scherze! Wer sind Sie wirklich? Ich habe für solche Späße nichts übrig.«

Eine kleine Pause entstand.

»Es ist kein Scherz, gnädige Frau. Hier ist die Kriminalpolizei. Ist Ihnen neuerdings ein Gedichtband von W. H. Auden abhanden gekommen?«

»Ja. Aber woher wissen Sie das?«

»Er wurde in Irland gefunden, in einer BEA-Bordtasche zusammen mit ein paar Pfandscheinen und anderen Sachen, die einem jungen Mann namens Patrick O'Grady gehören. Kennen Sie ihn?«

»Nein ... das heißt, vielleicht doch, nur gab er sich mir gegenüber als Desmond O'Reilly aus. Aber ich weiß noch immer nicht, wie Sie gerade auf mich kommen. Hat er Ihnen gesagt, daß er ihn mir weggenommen hat?«

»Nein. Er hat seine Tasche in einem Belfaster Café stehenlassen. Wegen des Bombenterrors hat der Inhaber die Polizei angerufen, die gleich mit dem Bombenkommando anrückte. Ein Briefumschlag mit Ihrem Namen und der Adresse steckte in dem Buch. Die Pfandscheine kamen uns verdächtig vor, und als der junge Mann zurückkam, um nach seiner Tasche zu fragen, wurde er vorläufig festgenommen. Fehlt Ihnen noch mehr?«

»Ja, etwas Schmuck, ein wertvoller Reisewecker und zwei emaillierte Zierdosen.«

»Haben Sie bei der Polizei Anzeige erstattet?«

»Nein, nicht. Der junge Mann hat auf mich einen sehr netten Eindruck gemacht. Ich wollte ihn nicht in Schwierigkeiten bringen.«

»Kennen Sie ihn schon lange?«

»Nein, ich habe ihn erst am Abend zuvor kennengelernt.«

Wieder eine Pause.

»Es ist wohl das beste, wenn Sie uns aufsuchen und ein Protokoll angefertigt wird.«

»Ja, ich glaube auch. Ich bin sofort bei Ihnen.«

Es kam mir alles ziemlich unwirklich vor. Der junge Mann wurde nach London überstellt und auf das Kommissariat in der Bow Street gebracht, das für den Diebstahl zuständig war. Ich mußte noch einmal hin, um ihn zu identifizieren. In seinen trockenen Kleidern sah er ganz adrett aus. Ich hatte ihn ja nur tropfnaß oder nackt gesehen. Wir sahen einander mit neuen Augen. Seine Augen blitzten noch immer hellblau und verführerisch. Irgendwie gefiel er mir jetzt besser. Er hatte einen Anflug von Humor und schien ziemlich gelassen.

Als ich hereinkam, streckte er seine Arme aus – seine Vogelscheuchenstellung – und lächelte. »Erkennst du mich wieder?« sagte er.

Er sah noch so jung aus. Neunzehn sei er, sagten sie, und er habe im Alter von sechzehn bereits zwei kleine Diebstähle begangen, was ihm ein paar Monate Jugendgefängnis eingebracht hatte. Außerdem war er ein Waisenkind. Als man ihn erwischte, stellte sich heraus, daß er bei seiner Schwester lebte, und ihr hatte er die beiden Zierdosen geschenkt.

»Ich wußte nicht, daß sie so wertvoll sind«, sagte er ruhig, »sonst hätte ich sie doch mit dem übrigen Zeug versetzt!«

Nachdem ich den Schmuck genau beschrieben hatte, wurde er mir zurückgegeben. Sie hatten ihn bei der Pfandleihe ausgelöst. Dann erhielt ich auch die Uhr und das Buch. Ich sagte, daß seine Schwester die beiden Zierdosen behalten könne.

»Das ist nett von dir, Anne«, meinte Desmond-Patrick überrascht. Daß er mich beim Vornamen nannte, berührte mich seltsam. Die steife Umgebung hatte mich ganz vergessen lassen, daß wir uns ja zumindest physisch liebten. Zum erstenmal war ich über mich selbst erschrocken, und die Vernehmungsbeamten blickten unverständig drein. Bis zu diesem Zeitpunkt hatten sie mir noch meine Geschichte von dem armen jungen Mann geglaubt, der kein Dach über dem Kopf hatte und den ich mit nach Hause genommen hatte, damit er in aller Unschuld auf dem Sofa ausschlafen konnte.

»Sind Sie sicher, daß Sie die Anzeige aufrechterhalten wollen, gnädige Frau?« wollte einer der Beamten wissen.

»Nicht ganz, aber ich glaube, es ist meine Pflicht«, antwortete ich.

»Mach dir keine Sorgen, Anne. Ich werde nicht viel bekommen. Du kannst mich ja im Kittchen besuchen.«

»Komm jetzt, du Früchtchen. Jetzt reicht's aber«, sagten sie, packten ihn ziemlich hart und schoben ihn aus dem Zimmer.

Er wurde mit drei Monaten Jugendgefängnis bestraft.

Brief an das Warmwood-Scrubs-Gefängnis, 30. November 1973.

Lieber Desmond-Patrick,

ich hatte bislang keine Gelegenheit, Dir zu sagen, daß ich auf keinen Fall schuld daran sein wollte, daß Du wieder ins Gefängnis mußt. Nicht ich bin zur Polizei gegangen, sondern sie kam zu mir. Ich wurde gewissermaßen in das Verfahren hineingezogen. Sie wollten Dich erwischen, und jetzt haben sie Dich erwischt. Ich wollte Dir helfen, und ich will es noch immer. Ich möchte, daß Du mich als Freundin siehst und nicht als Opfer.

Ich werde Dich in Deinem ›Kittchen‹ besuchen, wie Du sagst. Ich glaube, Ihr dürft einmal in der Woche Besuch haben. Ich möchte niemanden verdrängen, laß mich also wissen, ob Dich eventuell andere Leute besuchen wollen. Ich erinnere mich an Dich in Liebe und trage Dir nichts nach.

Deine Anne

Brief aus dem Warmwood-Scrubs-Gefängnis, 8. Dezember 1973.

Liebe Anne,

heute habe ich Deinen Brief bekommen, eine Woche später. Sie lesen ihn zuerst, weißt Du. Ich glaube, ich sollte sagen, daß es mir leid tut oder irgend etwas in diese Richtung. Ich kann aber nicht, weil es mir nicht leid tut. Ich brauchte das Geld, um meine Schwester besuchen zu können. In meinen Augen warst Du ziemlich gut bei Kasse und hast eine hübsche Wohnung; ich glaube, Du hättest mir sogar Geld gegeben, wenn ich Dich gefragt hätte; aber ich wollte nicht, nicht, nachdem wir uns geliebt haben. Es war einfacher, wenn ich mir nahm, was ich brauchte, und verschwand, während Du noch schliefst.

Ich wollte, Du wärst jetzt hier – Du bist eine wunderbare Frau. Wenn Du mich besuchen kommst, bringst Du mir den Band mit den Auden-Gedichten mit? Leider konnte ich sie nicht lesen. Ich wollte schon immer ein Dichter werden, und jetzt habe ich ja genug Zeit, um mein Talent zu prüfen. Wirst Du mir dabei helfen? Du erinnerst mich an meine Englischlehrerin. Das erste, was ich überhaupt gestohlen habe, war ein Buch – ich wollte es ihr schenken.

In Liebe

Deine Vogelscheuche

Ich besuchte ihn in Warmwood Scrubs, einem riesigen Komplex von Gebäuden, die aus dem 19. Jahrhundert stammen und aus abstoßendem grauem Backstein hochgemauert sind. Die hohe Gefängnismauer und das riesige schwarze Holztor setzten einen finsteren Akzent inmitten der lebhaften Wohnstraßen von Hammersmith. Ich kannte mich in dieser Gegend Londons nicht so gut aus und verlief mich zweimal auf dem Weg dahin.

»Können Sie mir bitte sagen, wie ich zum Warmwood-Scrubs-Gefängnis komme?«

Ich erntete seltsame Blicke, als ich fragte, aber man gab mir höflich Auskunft. Bald türmte sich das Gefängnis vor mir auf. Es warteten schon eine ganze Reihe von Leuten davor auf Einlaß, alles ehrbare Bürger, Verwandte und Freunde von denjenigen, die auf die schiefe Bahn geraten waren. Sie waren alle ziemlich still und unterhielten sich auch kaum untereinander, wie man das sonst beobachten kann, wenn die Leute Schlange stehen.

»Darf man eigentlich Pakete mit hineinnehmen?« fragte ich das Mädchen, das unmittelbar neben mir stand.

»Ja«, sagte sie mit starkem Cockneyakzent, »aber besser gibt man sie vorher ab oder schickt sie mit der Post. Sie müssen es untersuchen lassen. Selbst dürfen Sie es nicht überbringen.«

»Nein, ich glaube auch nicht.« Ich lächelte sie an, aber sie zeigte sich nicht von ihrer freundlichen Seite. Sie merkte natürlich, daß ich ein Neuling war, während sie wahrscheinlich auf langjährige Erfahrung zurückblicken konnte.

Durch eine kleine Tür in dem großen Tor wurden wir eingelassen; das große Tor wurde nur für Autos und Gefängniswagen aufgemacht. Als wir durch den Hof auf eines der Gebäude zugingen, begegneten wir einigen Gefangenen, die von einem Gefängnisbeamten begleitet wurden. Sie sahen uns neugierig und verstohlen zugleich an. Ich dachte, wenn es Soldaten in einer Kaserne gewesen wären, hätten sie sich wahrscheinlich offener verhalten und uns nachgepfiffen. Das Mädchen, mit dem ich ging, war sehr hübsch.

Nachdem wir durchsucht worden waren und ich mein Paket abgegeben hatte, wurden wir in den Besuchsraum geführt. Ich hatte den Gedichtband, ein paar weitere Bücher, Zigaretten und etwas zu essen mitgebracht. Wir saßen an Einzeltischen, und gegenüber stand ein einsamer Stuhl. Zwei Gefängniswärter saßen am Ende der Tischreihe und überwachten das Geschehen.

Die Gefangenen wurden einer nach dem anderen hereingebracht; sie hatten unförmige graue Anstaltskleidung an. Desmond-Patrick wirkte darin noch größer und dünner, als ich ihn ohnehin schon in Erinnerung hatte. Sein Fahrradklammernarmband hatten sie ihm weggenommen, und jetzt wirkte sein Handgelenk nackt und knochig. Das Haar hatte man ihm ebenfalls geschoren, so daß er jetzt gar nicht mehr wie eine Vogelscheuche aussah, sondern in seiner Gefängniskluft eher an einen großen, grauen Vogel erinnerte.

Ich sagte ihm das. »Du erinnerst mich an einen großen, grauen Vogel, den ich einmal im Zoo gesehen habe; ich glaube, es war ein afrikanischer Sekretärsvogel.«

»Ich wünschte, ich wäre einer. Dann könnte ich ausbrechen und in die Freiheit fliegen.«

»Bring mir bloß keine Schuldkomplexe bei. Der Grund dafür, daß du jetzt sitzt, liegt bei dir und nicht bei mir.«

»Wahrscheinlich hast du recht. Ich verspreche dir, ich werde mich zusammenreißen, wenn ich wieder draußen bin. Bist du dann noch da?«

»Ja, am Montag beginne ich mit einem neuen Film. Zwar sind nur drei Monate für die Aufnahmen vorgesehen, aber wahrscheinlich wird das nicht reichen. Die Hauptrolle hat eine französische Schauspielerin, die überhaupt noch nicht da ist. Sie dreht gerade noch einen anderen Film.«

»Wer ist es?«

»Eine Neue. Ihr erster Film soll in den nächsten Tagen anlaufen und ein Bombenerfolg werden. Auf dem Weg nach London habe ich sie in Paris kennengelernt.«

»Wie sieht sie aus?«

»Hübsch. Aber ich glaube, sie ist drogensüchtig. Sie ist wahrscheinlich sehr schwierig im Umgang, und wenn sie nicht gelernt hat, sich zusammenzunehmen, wird sie es nicht lange machen.«

Ich sollte recht behalten. Zwei Wochen nach Beginn der Aufnahmen mußte sie ersetzt werden. An einem Tag war sie so vollgepumpt, daß an Aufnahmen überhaupt nicht gedacht werden konnte, und in ihrem Zimmer schwebte beständig eine Marihuanawolke. Die Produktionsleitung mußte befürchten, daß sie zusammenklappen würde, und es blieb nichts übrig, als sie zu feuern, bevor allzuviel Zelluloid verdreht war. Das neue Mädchen wirkte zwar zu alt für die Rolle, aber es war eine ruhige, beherrschte englische Schauspielerin. Ruhe und Beherrschung sind die beiden Dinge, die am Ende zählen.

Weihnachten kam und ging. Unmittelbar danach mußte es mit den Aufnahmen ernsthaft losgehen. Bis dahin hatten wir nur Nebenszenen gedreht, um die Zeit auszunützen, bis die weibliche Hauptrolle neu besetzt war. Manchmal sehnte ich mich nach den alten Zeiten, als die wirklich großen Filmstars das gesamte Filmteam beherrscht hatten. Sie kosten inzwischen so viel, daß das übrige Produktionsbudget ziemlich schmal wird, aber sie garantieren einfach Klasse.

Es wurde ein ruhiges Weihnachten. Vanessa & Co. verbrachten die Feiertage zu Hause in Italien, Charles war mit seiner Frau zu Besuch bei den Schwiegereltern, aber der gute alte Robert kam wie immer von Wales herauf, nur daß seine Bronchitis in diesem Winter nicht ganz so schlimm war.

Fiona bereitete uns wunderbare Festtage. Caroline bekam ein neues, dunkelblaues Partykleid aus Samt und sah darin so reizend aus, als sei sie einem Kinderbild des 19. Jahrhunderts entsprungen, und Malcolm glich immer weniger einem Engel, dafür mehr einem Teufel – und das wundert ja nicht angesichts der Zeiten, in denen wir leben.

Einmal im Monat durfte ich die Vogelscheuche besuchen, die sich ja jetzt in einen Sekretärsvogel verwandelt hatte. So oft wir durften, schrieben wir uns Briefe.

Man soll die Kraft von Briefen nie unterschätzen. Durch Briefe kann sich zum Beispiel ein flüchtiges Abenteuer, das nur eine Nacht gedauert hat, in eine intime Freundschaft verwandeln. Desmond-Patrick hatte viel Zeit zum Schreiben, und er schrieb sehr gut. Er gab mir den Band mit den Gedichten von Auden zurück, zusammen mit einigen Gedichten, zu denen er durch die Lektüre angeregt worden war. Sie waren ziemlich gut, und ich legte sie zusammen mit seinen Briefen beiseite, um sie mit nach Rom zu nehmen. In der Schuhschachtel würden sie ziemlich Platz beanspruchen.

»Ich werde wohl einen neuen Aktenschrank anlegen müssen«, erzählte ich ihm. »Eine weitere Schachtel, auf die ich schreiben werde: ›Briefe von jungen Gefängnisvögeln‹.«

Die Dreharbeiten gingen mit dem üblichen Hin und Her weiter. Ich hatte das gesamte Filmteam in Chelsea Cloisters untergebracht, und es war schon ein komisches Gefühl, wenn ich dort meine Besuche machte und die ganzen Erinnerungen an meine Zeit mit dem »Schlechten Gregory« und Rudi wieder aufkamen.

Der »Schlechte Gregory« und seine Freundin besuchten mich ab und zu, um mit mir zu essen, und Rudi schrieb aus New York:

Liebster Schatz,

ein Jahr ist vergangen, und wir haben uns nicht gesehen; das hinterläßt deutlichere Spuren in meinem Leben als der Bruch mit Tom. Du fehlst mir viel mehr, als er mir je gefehlt hat. Bitte komme mich bald in New York besuchen. Dieses Mal kannst Du bei mir wohnen; meine Wohnung ist groß genug, um ›getrenntes Leben in getrennten Betten‹ zu führen, wie Du immer so schön sagst. Ich selbst kann an einen Europaaufenthalt nicht denken, weil das ganze kommende Jahr mit einem Musical am Broadway, mit Opernarbeit für das Lincoln Center, für San Francisco und Washington ausgebucht ist. Ich will mich sogar selbst mit einer Operninszenierung versuchen! Das Ausstatten allein genügt mir nicht mehr, ich will das Allergrößte, ich möchte den Gott des gesamten Ensembles spielen! Komm also schnell herüber und hilf mir dabei.

Alles Liebe und einen kleinen Kuß

Rudi

Ich schrieb ihm zurück, daß ich kommen würde. Er fehlte mir auch. Als ich endlich drüben war, war wiederum ein Jahr vergangen, und Rudi befand sich schon wieder in Europa, um in Rom einen Film zu gestalten und anschließend eine neue Opernaufzeichnung für das deutsche Fernsehen auszustatten. Es war der längste Zeitraum, den wir je voneinander getrennt waren.

In der Zwischenzeit fielen regelmäßig Briefe von Desmond-Patrick in meinen Briefkasten. Er durfte jetzt eine Schreibmaschine benutzen und schrieb ein wenig. Ich selbst schrieb mein Tagebuch mit der Maschine ab und schickte ihm einen Durchschlag. Irgendwie war es merkwürdig, daß wir eine solch enge Beziehung ohne wirklichen, aktuellen, körperlichen Kontakt hatten. Ich hatte damals keinen anderen Liebhaber, was ungewöhnlich war. Unser geistiger Austausch stellte mich voll und ganz zufrieden. Von seiner jugendlichen Weitsicht und seiner Intelligenz war ich überrascht. Das schrieb ich ihm auch:

Lieber Sekretärsvogel,

Du hast bestimmt gedacht, daß ich mich allmählich an die Tatsache gewöhnen würde, daß Teenager schneller auffassen und lernen als ältere

Menschen und deshalb als außergewöhnlich begabt gelten dürfen. Aber alles, was ihnen fehlt, ist Lebenserfahrung, und meine Lebenserfahrung reicht für zwei!

Meine Gefühle für Dich ähneln denen, die ich einst für einen jungen Mann namens Joseph in Paris empfand. Die Schärfe seines Verstandes und die Klarheit seiner Ideale waren sehr verführerisch, und ich richtete mich auf eine langlebige Beziehung zu ihm ein. Ich würde so etwas natürlich nie mehr in Erwägung ziehen, weil Du einfach zu jung bist, aber ich würde Dich gern näher kennenlernen. Vielleicht, weil ich spüre, daß es Dir leichter fiele, wieder auf den geraden Weg zu kommen, wenn ich die Mutterrolle übernehmen würde.

Auch körperlich erinnerst Du mich an einen jungen Mann, der jetzt tot ist, mit dem ich eine intensive sexuelle Beziehung hatte. In diesem Punkt könnte alles zwischen uns noch besser laufen – wir hatten ja nicht viel Zeit zum Ausprobieren!

Alle diese Erwägungen laufen auf den Vorschlag hinaus, daß Du vielleicht ganz gern ein wenig Urlaub machen willst, wenn Du entlassen wirst. Sofort nach Deiner Entlassung werde ich nach Italien zurückkehren. Willst Du auf einen Monat mit mir kommen? Die Tatsache, daß Du ganz gut maschineschreiben kannst, könnte nur nützlich sein; Du würdest wirklich mein Sekretärsvogel werden – ich brauche oft einen. Wenn es gut klappt, könnte daraus ein Teilzeitjob werden, und Du könntest daneben Deine Studien fortsetzen. Am Sonntag will ich mit Dir darüber sprechen.

In Liebe

Anne

Es war ein fröhlicher Besuchstag. Am kommenden Sonnabend sollte er entlassen werden. Ich versprach ihm, draußen vor dem Gefängnistor zu warten, treusorgende Mutter und mögliche Mätresse in einer Person.

Mein Leben kommt mir oft wie ein abgedroschener Film vor; diesmal sah ich mich als Jeanne Moreau, eine Rolle voller Dramatik, Gefühl und Sex, die ihr ja so gut liegt. Ich wartete vor dem Gefängnistor im Regen unter meinem gelben Regenschirm.

Ich war dankbar, daß es regnete, weil ich den Schirm benutzen konnte, um ein wenig von der Stimmung unseres ersten Zusammentreffens herbeizuzaubern.

Er kam aus der kleinen Tür im großen Gefängnistor; er hatte dieselben Kleider an wie beim erstenmal, nur der Hut fehlte. Er trug eine Bordtasche; es mußte die sein, die er in dem Belfaster Café stehen gelassen hatte. Ich hatte zwar mein Buch und meine Uhr zurückbekommen, aber alles andere hatte natürlich ihm gehört.

»Hallo«, begrüßte ich ihn beiläufig. »Du siehst aus, als hätte man dich ans Kreuz geschlagen.«

»So war's auch«, sagte er, während er auf mich zukam und sich unter meinen Regenschirm drängte.

Er lächelte und hielt sein linkes Handgelenk hoch. Die Fahrradklammern wirkten seltsam. Man hatte sie ihm zurückgegeben, als er entlassen wurde.

»Ich liebe das Gelb deines Regenschirms«, sagte er, während er sich herabbeugte, um mich zu küssen. »Es ist wie ein Hoffnungsstrahl draußen vor Warmwood Scrubs. Eine Frau, die inmitten einer grauen Welt mit einem gelben Regenschirm daherkommt, muß man sich unbedingt ansehen. Ich heiße Patrick O'Grady, und Sie?«

Ich lachte. Er hatte ein besseres Gedächtnis als ich. Nie und nimmer hätte ich mich wortwörtlich an unsere erste Unterhaltung erinnert.

Ich sah zu ihm hinauf. »Du hast wieder Regentropfen an deinen Augenwimpern. Daran erinnere ich mich. Und diesmal hast du mir deinen richtigen Namen gesagt – das ist ein besserer Anfang.«

Tagebucheintrag, London, 8. Januar 1974.

Soweit ist es also mit mir gekommen! Heute sind für mich die Iden des März – gerade sind mir meine kostbare Uhr, zwei Silberrahmen, mein Schmuck und ein Gedichtband gestohlen worden. Diesmal hat er zur Abwechslung den T.-S.-Eliot-Band mitgehen lassen.

Was soll ich jetzt tun? Bei der Polizei Anzeige erstatten? Diesmal weiß ich wenigstens, wo er zu finden ist, und sie können ihn sofort festsetzen. Aber worum geht es denn? Gefängnis half nichts. Liebe und Sex halfen nichts. Und davon hatten wir letzte Nacht reichlich. Er verspürte einen mächtigen Aufholbedarf nach den drei Monaten Selbstbefriedigung im Gefängnis. Immer wieder hat er mich umarmt und war voller Sehnsucht nach menschlicher Wärme. Ich gab ihm davon, soviel ich konnte, und nicht nur sexuell. Aber es hat alles nichts genützt. Irgendwie ist er darauf versessen, auch materielle Dinge an sich zu nehmen. Warum nur? Ich habe ihm doch soviel mehr angeboten – eine Reise nach Italien,

Verständnis, Liebe. Vielleicht hatte er Angst davor, daß ich Besitz von ihm ergreifen würde; wenn er aber Freiheit wollte, warum belastete er sich dann mit Schuld? Ich muß unbedingt Kurt fragen, wenn ich in New York bin.

Nein, es kommt nicht in Frage, daß ich zur Polizei gehe. Ich buche das auf dem Konto »Erfahrung« ab. Wir alle machen dieselben Fehler zweimal.

Neuntes Kapitel
Das Glück ist umsonst, oder?

Tagebucheintrag. Rudis Apartment. New York, 20. Februar 1974.

Wenn ich in eine andere Stadt umziehe, brauche ich nur wenige Tage, um mich ganz wie zu Hause zu fühlen. Ich vergesse alles, was vorher war, lebe nur in dieser Stadt und mache alles mit, was dort gang und gäbe ist. Ich kaufe die »Village Voice« anstelle der Londoner »Times«, den »Monde« oder den »Paese Sera«. Ich kaufe bei A & P, dem Jefferson Market oder bei Smiler's ein, das Tag und Nacht geöffnet ist. Ich koche amerikanische Gerichte und trinke kalifornischen Wein. Ich sage »elevator« statt »lift«, behalte aber meine englische Aussprache bei, nur um des Vergnügens willen, ein dutzendmal pro Tag zu hören: »Ich liiebe Ihren englischen Akzent!«

Ich bin hier, um die Uraufführung eines Films vorzubereiten, der in Italien gedreht worden ist. Die weibliche Hauptrolle ist mit einer Italienerin besetzt, der männliche Star ist Amerikaner. Rudi ist wieder in Rom, wir haben die Apartments einfach getauscht. Er entwirft die Garderobe für einen großen italienischen Spielfilm, danach macht er irgendetwas für das deutsche Fernsehen. Er wird schon in Berlin sein, wenn ich zurückkomme. Getrennte Apartments, getrenntes Leben. Es ist das erstemal, daß ich in seiner New Yorker Wohnung wohne.

Nachdem Tom ihn nun verlassen hat, wirkt die Wohnung leer. Ich möchte gern wissen, ob Rudi Hintergedanken hat und mir deshalb die Wohnung überlassen hat. Er denkt doch nicht etwa an die glückliche Versöhnung? Hoffentlich nicht. Freiheit bedeutet alles!

Als ich an diesem kalten Februartag die Straße betrat, wirkte New York wie ein Skigebiet. Jedermann schlurfte im Neuschnee herum, die Luft prickelte, die Sonne schien, und alles knirschte, als sei es elektrisch geladen. Während ich unsicher die Straße entlangging, mußte ich vor mich hinlächeln, so glücklich und gesund fühlte ich mich. Ein Junge kam mir entgegen. Auch er lächelte, aber sein Lächeln war breiter, heiterer und heller als meines, weil es ein Farbiger war. Seine wollige Afrofrisur hob sich gegen den Schnee wie ein schwarzer Heiligenschein ab. Sein strahlendes Lächeln und sein Heiligenschein ließen ihn mir wie einen schwarzen Engel erscheinen. Er lächelte mich an, als würde er mich kennen. Kannte ich ihn vielleicht? In diesen Zeiten, in denen die Bluejeans und die abgetragenen schwarzen Lederjacken herrschen, weiß man ja nie so genau, wer wer ist. Vielleicht hat er mich im Supermarkt bedient oder auf irgendeiner besseren Cocktailparty gesehen.

Lächelnd gingen wir aneinander vorbei, aber keiner wagte etwas zu sagen. Ich drehte mich nach ihm um, und er drehte sich auch um. Während wir uns jetzt gegenüberstanden, trennten uns nur wenige Meter.

»Kennen wir uns?«

»Ich glaube kaum.«

»Entschuldigen Sie bitte. Aber Sie haben mich angelächelt, als würden Sie mich kennen.«

»Ich habe gelächelt, weil Sie mir wie eine glückliche Lady erschienen.«

»Ich bin auch eine glückliche Lady.«

»Man sieht nicht gerade alle Tage ein glückliches Gesicht in dieser Stadt.«

Wir blieben stehen, wo wir standen. Mit Leichtigkeit konnten wir uns in dieser verschneiten, einsamen Straße verstehen. Es war überhaupt kein Verkehr, und es war auch kein Fußgänger in der Nähe.

»Woher kommen Sie?«

»Aus Santo Domingo.«

»Ist man dort glücklich?«

»Ich war es bestimmt nicht.«

»Aber jetzt sehen Sie glücklich aus.«

»Warum auch nicht? Das Glück ist umsonst, habe ich recht?«

Wir lächelten uns noch einmal an, dann drehten wir uns um und gingen unserer Wege. Irgendwie schien es nicht nötig zu sein, auf Wiedersehen zu sagen. Als ich mich an der Straßenecke noch einmal umdrehte, war er schon ganz am anderen Ende der Straße, aber auch er hatte sich umgedreht, und wir beide lächelten uns noch einmal zu. Auch auf die Entfernung hin konnte ich erkennen, welche Wärme sein Gesicht ausstrahlte. Sein Gesicht zeichnete sich ab wie eine kleine schwarze Perle in einem weiß ausgeschlagenen Satinetui. Ich stieg zur U-Bahn hinunter, und der Zauber war gebrochen.

In der 59. Straße tauchte ich wieder aus der U-Bahn auf. Ich trug geliehene Schneestiefel, die mir zwei Nummern zu groß waren, und einen langen Schal, den ich um Kopf und Hals geschlagen hatte. Ich sah aus wie die Mutter Courage bei einer drittklassigen Wanderbühne. Kein Wunder, daß der Schwarze hatte lachen müssen. Ehe ich das Plaza Hotel betrat, mußte ich diese Plünnen loswerden und dann alle meine an Stanislawski geschulten Bühnenerfahrungen aufbieten, um einen eleganten Auftritt zu inszenieren.

Zuerst wollte ich mir aber die Hotelsuite ansehen, die für Miss Superstar reserviert worden war. Die Produzenten mußten die Suite mit Blumen vollstopfen, und der Regisseur sollte Champagner kalt stellen lassen, und dann mußten jede Menge vergoldeter Stühle her für die Pressekonferenz im Wohnraum. Ich hatte die Presseleute bereits für den kommenden Tag zum Flughafen gebeten, obwohl wir sie mit der Erklärung stehenlassen wollten, unser Star sei jetzt zu müde, um Interviews zu geben. Sie würde eine Nacht lang durchschlafen dürfen, dann würde sie ihnen allen aber wieder gegenübergestellt, nicht ohne die Assistenz einiger ängstlicher Damen der Regenbogenpresse, die einfach alles beanstanden konnten, selbst einen falschen Lidschlag oder einen herabhängenden Saum.

Glücklicherweise hatten die italienischen Produzenten ihre Friseuse und den Maskenbildner mitgeschickt. Wir alle wollten sie am nächsten Morgen schon Stunden vor der Pressekonferenz wecken, und während sie äußerlich hergerichtet wurde, wollte ich sie innerlich stärken und ihr beibringen, was sie sagen mußte. Zum Glück war sie ein intelligentes Mädchen, sonst hätte sie es auch nicht soweit gebracht. Stars werden nicht geboren, man entdeckt sie aber auch nicht hinter der Ladenkasse. In den meisten Fällen haben sie lange Zeit hart arbeiten und sich Stufe um Stufe nach oben quälen müssen. Wenn sie einmal oben sind, ist keine Zeit für eine Atempause. Für die Berühmten kennt das Filmgeschäft keine Gnade.

Unterhaltung im Erster-Klasse-Warteraum des Kennedy-Flughafens.

Das Flugzeug hatte Verspätung; ich mußte jetzt die Presseleute bei Laune halten, damit sie nicht wegliefen und in der Zwischenzeit einen hoben. Die Fotografen waren mißmutig, weil es wieder schneite; am liebsten hätten sie sie natürlich fotografiert, wenn sie aus dem Flugzeug in die helle Sonne trat und oben auf der Gangway grüßend winkte; aber damit war es jetzt nichts.

»Ich weiß gar nicht, warum Sie sich aufregen«, versuchte ich einzulenken, »die Zeiten haben sich doch längst geändert. Heute darf doch auf der Rollbahn gar nicht mehr fotografiert werden. Heute kriecht man aus dem Flugzeug in so eine Plastikraupe, die an den Flugzeugausgang herangefahren wird. Was gibt es dabei schon zu fotografieren? Warten Sie doch, bis sie am Auslandsschalter ihren italienischen Paß vorlegt oder bei der Zollabfertigung auf ihrem Gucci-Gepäck sitzt.«

»Ich will nur hoffen, daß sie einen Rock anhat«, meinte einer der Fotografen. »Jetzt kriegt man einfach keine Sexbombe mehr hin, wenn die alle Blue jeans tragen.«

»Ich bin sicher, daß Valentino auch an diesen Punkt gedacht hat. Valentino entwirft ihre gesamte Garderobe.«

»Stimmt es, daß sie früher auf den Strich gegangen ist?«

»Nein, aber sie war Komparsin. Wenn sie auf den Strich gegangen wäre, säße sie jetzt immer noch als Komparsin da. Wenn man ein Star werden will, muß man sehr genau darauf achten, mit wem man ins Bett geht.«

In diesem Augenblick wurde die Ankunft des Fluges aus Rom bekanntgegeben, und blitzschnell nahmen die Presseleute – wie ich auch – ihre Ausgangspositionen ein. Ich wollte sie als erste begrüßen, damit sie nichts Falsches sagte.

»Carissima!« begrüßte sie mich herzlich, und wir küßten uns beide auf die Wangen.

»Belleza!« sagte ich. »Wie war der Flug?«

»Langweilig. Es wurde einer meiner alten Filme gezeigt. Es war irgendwie verrückt – ich saß da und sah mich selbst an, und alle an Bord sahen mich auch an.«

Ich hätte wetten können, daß es ihr mächtig Spaß gemacht hatte, aber ich spielte ihr Mitgefühl vor. Dann zog ich mich zurück, damit die Fotografen zu ihrem Recht kamen. Sie sah himmlisch aus, und ich gratulierte dem Maskenbildner, der zusammen mit der Friseuse in der Economyklasse mitgeflogen war.

»Nun, war ja auch ein hartes Stück Arbeit«, meinte der Maskenbildner; »diese gemeine Produktionsgesellschaft hat uns beide in die Touristenklasse gesteckt, so daß wir kaum an sie herankamen. Können Sie sich das vorstellen? Wir fliegen sonst immer erster Klasse mit ihr, nicht wahr, Isabella?«

»Ja, Lieber«, sagte die kleine Friseuse leise, die immer sprach, als hätte sie den Mund mit Haarnadeln voll.

»Regt euch nicht auf, ihr Lieben. Ihr habt hübsche Zimmer im Plaza Hotel, auf demselben Flur. Erst wollten sie euch in ein billigeres Hotel gleich um die Ecke stecken, aber ich habe ihnen deutlich gemacht, daß ihr um Himmels willen in ihrer unmittelbaren Reichweite sein müßt.«

Mit einem Gebirge von Handgepäck und zwei Pelzmänteln tauchte nun Suzanne aus dem Flugzeug auf. Suzanne war die französische Sekretärin von Miss Superstar. Sie sprach mehrere Sprachen, kleidete sich geschmackvoll, benahm sich einwandfrei, war niemals launisch und wurde mit allem fertig.

»Liebling, gib mir die Pelzmäntel. Ich hätte schon immer gern diesen Schneeleoparden gehabt. Wo ist der Silberfuchs?«

»Wir fanden, daß er kitschig wirkt – wir haben ihn in Rom gelassen.«

»Ich glaube, das war ein Fehler. Jetzt, wo die dreißiger Jahre wieder im Kommen sind, wäre ein Silberfuchs genau das Richtige.«

»Wir dachten, sie würde damit vielleicht zu vulgär aussehen.«

»Das wäre gar nicht schlecht gewesen. Valentino ist viel zu sehr auf Eleganz aus. Ein Schuß Vulgarität fällt stärker auf.«

Ich kämpfte mich zu unserem Star durch. Die Presseleute fragten sie gerade, was sie von ihrem neuen Film hielt.

»Ich mache mir keine Gedanken darüber. Ich tue das, was der Regisseur von mir verlangt, und hoffe, daß es dem Publikum gefällt.« Sie setzte ihr bezauberndes Lächeln auf.

»Wollen Sie damit sagen, daß Sie Ihre eigenen Skripte nicht lesen, Signorina?«

»Natürlich lese ich die. Ich lese und dann spiele ich. Ich bin, wie Sie sagen, ein armes, arbeitsames Mädchen. Ich lese, und dann versuche ich, das Beste daraus zu machen.«

Sie parierte ganz geschickt, aber sie sollte es ja auch nicht übertreiben.

»Ich glaube, die Signorina hat nach dem Flug ein Recht auf Schlaf«, sagte ich schnell. »Sie sind alle für morgen um zwölf Uhr ins Plaza Hotel eingeladen. Pollitzer, der Regisseur, wird ebenfalls anwesend sein.«

Wir drängten so rasch wie möglich am Auslandsschalter und am Zoll vorbei. Ich untersagte den Fotografen, sie auf den Koffern sitzend zu fotografieren.

»Sie ist ein Star und kein Starlet«, sagte ich energisch.

Statt dessen sollten sie sie fotografieren, wie sie den schwarzen Gepäckträger mit seinem roten Käppi anlächelt. Er überreichte ihr den kleinsten Gucci-Koffer, als sie in die gemietete Rolls-Limousine eingestiegen war. Sie setzte ihr strahlendstes Lächeln auf. Die Kameras blitzten. Ihre Sekretärin Suzanne überreichte das Trinkgeld.

Ich setzte mich in den Wagen neben den italoamerikanischen Chauffeur. Als er neben mir Platz nahm, bemerkte ich erst, wie groß er war – er wirkte wie ein bärenstarker Leibwächter. Wahrscheinlich hatte sich die Produktionsgesellschaft dazu durchgerungen, die Mafia an dem Geschäft zu beteiligen. Ein empfehlenswerter Schachzug, den wir des öfteren auch bei Außenaufnahmen in Italien gemacht hatten. Die ortsansässige Mafia beschützte uns besser als die Polizei, die gut zu gebrauchen ist, wenn es darum geht, die Neugierigen fernzuhalten, sich aber ziemlich ungeschickt anstellt, wenn es um Diebstahl, Unfall, Vergewaltigung oder Entführung geht – und irgend etwas in dieser Richtung passiert bei nahezu jedem Film.

Der Wagen setzte sich in Bewegung. Ich fühlte mich ziemlich erleichtert, daß dieser nette, große Beschützerriese während der Dauer des Besuchs auf uns aufpassen würde. Während wir fuhren, betrachtete ich ihn genauer. – Nicht schlecht. Hätte das Double von Sonny in dem Film »Godfather« spielen können. Wahrscheinlich ein sehr guter Liebhaber – ich kannte diesen Typ. Er erinnerte mich an meinen Lastwagenfahrer. Mit Männern konnte er hart umspringen, zu Frauen war er zärtlich – vielleicht war er die Lösung meines Sexualproblems während meines New Yorker Aufenthalts.

Ich habe eine Schwäche für regelmäßigen und nachhaltigen Sex während eines solchen Jobs. Keine Gefühlsduseleien, sondern Zuneigung und eine Beziehung, bei der alles klappt. An dem da war genug von einem Gangster dran, um mir das Gefühl von Abenteuer zu vermitteln, das ich so liebe. Ich habe eine geheime Schwäche für Gangster – und im Gegensatz zu anderen Frauen verschiebe ich meine sexuellen Wünsche nicht in die Phantasie, sondern lebe sie aus.

»Wie heißen Sie? Ich heiße Anne. Wir sollten uns bekannt machen. Bei diesem Job werden wir so manche gemeinsame Stunde verbringen müssen, während wir auf irgend etwas warten.«

»Antonio, aber nennen Sie mich Tony.« Er lächelte zu mir herüber und schien froh, daß ich mich menschlich verhielt. »Was tun Sie bei diesem Verein?«

»Ich bin die Presseagentin; ich füttere die Presse mit Neuigkeiten, sitze mit den Stars herum, halte ihnen Händchen, werde mit ihren hysterischen Anfällen fertig; bei mir dürfen sie sich ausweinen, und dann bringe ich sie in der Presse groß heraus.«

»Scheint ein schwieriger Job zu sein.«

»Keineswegs. Ich schreibe irgendein buntes Zeug zusammen, und die übrige Zeit krieche ich den Leuten in den Hintern.«

Er lächelte wieder zu mir herüber, diesmal aber sehr viel aufmerksamer. »Sie sind mir vielleicht eine, Fräulein Anne.«
»Lassen Sie das ›Fräulein‹ weg, Tony.«
»In Ordnung, Puppe.«
Es ist ziemlich gemütlich, wenn man vorn in einem Rolls Royce sitzt. Ich drehte mich um und blickte durch das Glasfenster. Unsere beiden Reisenden waren fest eingeschlafen; sie hatten gelernt, wie man zwischen den Auftritten ein Nickerchen macht.
»Müssen Sie zurück zu Weib und sieben Kindern, Tony, oder können Sie mich nach Greenwich Village bringen, wenn wir die beiden im Plaza abgeliefert haben?« fragte ich.

Ich hatte recht mit meiner Meinung über Tony. Er war zärtlich wie ein Lamm. Nachdem ich Miss Superstar in ihrem goldenen Käfig mit Blick über den Central Park abgesetzt hatte, fuhr er mich nach Hause. Ich bat ihn zu einem Drink nach oben. Zunächst schien er ein wenig verwirrt wie ein Elefant im Porzellanladen. Rudis Apartment war ziemlich ungewöhnlich, weil er es hauptsächlich mit kostbaren Jugendstilmöbeln ausgestattet hatte, die er im Lager der Heilsarmee aufgetrieben hat. Kein Stuhl war groß genug, daß Tony darin einigermaßen bequem hätte sitzen können, aber schließlich mußte ich ihn ja irgendwo unterbringen, bis ich ihn endlich in dem übergroßen Bett im angrenzenden Zimmer hatte.
»Ziehen Sie Ihr Jackett aus«, sagte ich, weil er es sich bequem machen sollte. »Setzen Sie sich, ich mache Ihnen inzwischen einen Drink.«
Er zog das Jackett aus und lockerte seine Krawatte. Er hatte sich ein ziemlich schwachbrüstiges gotisches Stühlchen mit hölzernen Armlehnen ausgesucht und ließ sich hineinsinken. Er sah zu mir hoch wie ein großer Jagdhund, der auf ein Kommando wartet. Jetzt, wo er das Jackett ausgezogen hatte, wirkte er noch größer und kräftiger; riesige Muskeln zeichneten sich unter seinen Hemdfalten ab.
»Sie wirken sehr athletisch, Tony«, sagte ich, während ich zu ihm hinüberging.
»Früher war ich Schwergewichtsboxer. Ab und zu trainiere ich noch in einem Club. Wollen Sie mal fühlen?«
Ich stand vor seinem Stuhl, während er mit seinen Bizeps spielte. Ich schob mich zwischen seine Knie, dann beugte ich mich vor, um seine Muskeln zu befühlen. Meine Brüste streiften seine Lippen. Das genügte als Auslöser.
Gott dem Herrn sei gedankt für unkomplizierte Männer.

Ich brauchte nichts mehr zu sagen. Ich brauchte nicht mehr zu zweifeln. Er wußte jetzt, warum er hier war. Er kam direkt zur Sache. Er ließ seine Riesenarme nach unten fallen, hob mir den Rock hoch und zog das Höschen herunter. Ich stieg aus ihnen heraus; mit gespreizten Beinen stand ich vor ihm, während sein Kopf nach vorn stieß und seine Zunge meinen Kitzler schmatzend hin und her bewegte.

Ich kam nach wenigen Sekunden, dann lehnte er sich zurück, während sich sein Schoß beulte, und machte die Hose auf. Er zog mich herunter zwischen seine Knie.

»Blas mir einen, Baby. Blas ihn mir gut!«

Ich kniete mich nieder und nahm ihn in den Mund. Er lehnte sich weit nach hinten über das kostbare Stühlchen und wand sich ekstatisch hin und her, bis ich dachte, der Stuhl bricht zusammen. Er stöhnte. Mir gefiel das. Ich saugte wie wild, bis er kam und sein Becken zuckend hin und her bewegte. Als der Samen in meinen Mund spritzte, brach der Stuhl schließlich zusammen. Wir lagen auf dem Boden inmitten der Trümmer. Rudi würde nicht gerade erfreut sein!

Tagebucheintragung. New York, am 28. Februar 1974.

Das Schlimme am Sex ist immer, daß man entweder zuviel oder aber zuwenig davon bekommt. Meine Beziehung zu Tony klappt wunderbar. Er lebt unterhalb von Greenwich Village in »Klein-Italien« mit Frau und vier Kindern und geht durch meine Tür zu seiner Tür. Es tut uns beiden gut, wenn er auf dem Nachhauseweg anhält und mit mir nach oben zu einem halbstündigen Seitensprung kommt. Es ist die New Yorker Variante dessen, was man auf dem Kontinent zwischen siebzehn und neunzehn Uhr treibt. Wenn man schwer arbeitet, ist nichts erholsamer als eine Affäre mit jemandem, mit dem man zusammenarbeitet. Man treibt es zur gleichen Zeit, ist aus demselben Grund müde oder nicht, und man weiß jederzeit ganz genau, wo der andere ist. Ein Teil des Handels bestand diesmal darin, daß ich sogar im Rolls Royce nach Hause gefahren wurde. Das hätte eigentlich reichen sollen, aber es folgte noch mehr, und ich begann regelrecht ein Doppelleben zu führen.

In New York hatten sie jetzt alle ihren Psychiater, aber mir war überhaupt nicht nach Couch zumute. Ich hatte noch nicht einmal Gelegenheit gehabt, meinen alten Freund Kurt zu besuchen und mit ihm, wie üblich, von alten Zeiten zu reden. Aber endlich schaffte ich es doch und vereinbarte mit ihm, daß ich mal für ihn in seiner Wohnung auf der West Side kochen würde.

»Anne, meine Liebe, komm herein!« begrüßte er mich. »Bitte verzeih mir, wenn ich dich ein paar Minuten warten lassen muß, ein Patient hat mich überraschend aufgesucht.«

»Keine Sorge«, antwortete ich und umarmte ihn herzlich. »Ich gehe in die Küche und fange mit dem Essen an.«

»Soll ich meinen Patienten bitten, bei uns zum Essen zu bleiben?« wollte Kurt wissen. »Ich glaube, du wirst ihn mögen.«

»Um Himmels willen, Kurt«, entgegnete ich. »Ich habe den ganzen Tag über mit hoffnungslosen Neurotikern zu tun; können wir denn nicht für uns bleiben?«

»Du wirst deine Meinung vielleicht ändern, wenn du ihn siehst.«

»Was meinst du damit?«

Kurt sah mich spöttisch an und lächelte. »Er ist ein wunderschöner Junge, neunzehn Jahre alt. Ich glaube, du würdest ihm guttun. Du kannst ihn dir sogar mit nach Hause nehmen.«

»Ich verstehe. Sofortige Sexualtherapie. Ich und Masters und Johnson. Du steckst das Geld des Patienten ein, ich soll ihn heilen.«

»Geld ist dabei nicht im Spiel. Es gehört zu meiner freiwilligen Arbeit als Schwulenberater.«

»Kurt, warum sollte ich wohl noch einen Homosexuellen haben wollen?«

»Weil du mir einmal erzählt hast, daß fast alle deiner besseren Liebhaber homosexuell waren.«

Das war nicht ganz richtig. Sie sind alle ängstlich darauf bedacht, Anklang zu finden, und wollen wissen, was einer Frau gefällt – ganz anders als alle die männlichen Chauvinisten, die glauben, es von vornherein zu wissen, und meist das Falsche wählen.

»Der Junge hat vorher Frauen gehabt«, fügte Kurt hinzu. »Es ist nur, daß er jetzt von einem Mann ausgehalten wird und deshalb Schuldgefühle entwickelt.«

»Wie altmodisch! Er ist wahrscheinlich weniger verhurt als irgend jemand von all denen, mit denen ich zusammenarbeite.«

»Genau. Sag nur ein paar von diesen Dingen, und es wird ihm sofort bessergehen. Nun komm schon, Anne. Du wirst ihn mögen.«

»Aber ich habe die Teenager satt.«

»Einer mehr wird dir nicht schaden.«

»Aber ich habe im Moment den vollkommenen Liebhaber.«

»Du kannst aber auch nicht genug bekommen.«
»Doch, Kurt, ich kann.«
Kurt hatte mich in den Wohnraum geführt und machte sich jetzt auf zum Arbeitszimmer. Als er die Tür öffnete, sagte er beiläufig: »Ganz nebenbei, unser Teenager ist schwarz.«
Ich werde niemals das Gesicht von Kurt vergessen, als er mit seinem jungen Patienten wieder den Raum betrat und sehen mußte, daß wir uns unvermittelt um den Hals fielen. Es war wie in einem der übertriebenen Fernsehfilme, in denen alles immer glücklich endet.
Der junge Mann war niemand anderer als die »Schwarze Perle«, der Junge mit dem strahlenden Lächeln damals in der verschneiten Straße. Sein Lächeln ergriff mich wieder, und plötzlich war der Raum von Herzlichkeit und Gelächter erfüllt. Die Überraschung, der Spaß und die übermütige Freude ließen unsere Herzen höher schlagen.
»Was geht hier vor?« fragte Kurt.
Ich glaube, es war ein ziemlich merkwürdiger Anblick, zwei Menschen, die sich noch nie zuvor hatten sehen können, sich auf den ersten Blick küssen zu sehen. Ein schüchterner, unbeholfener schwarzer Junge, der seine Hände freundschaftlich und so gar nicht förmlich einer mittelalterlichen Dame aus einer anderen Welt entgegenstreckt, die sie ergreift und sich dabei auf die Zehenspitzen stellt, um ihn auf den Mund zu küssen.
»Ich heiße Juan Esposito.«
»Und ich Anne Cumming«, sagte ich lachend, und spontan umarmten wir uns so eng, daß unsere Körper sich vollständig berührten.
Während unser Gelächter allmählich erstarb, legte ich den Kopf auf seine Schulter, und er zog mich noch enger an sich, bis wir beide gleichzeitig wieder zu lachen begannen. Wir standen ganz ruhig da und genossen stumm den körperlichen Kontakt zwischen uns. Etwas bewegte sich auf meine Magengegend zu. Sein Penis begann hart zu werden, aber seine Jeans waren so eng, daß er nicht richtig steif werden konnte. Er war ein wenig verwirrt und bewegte sich etwas zurück, damit er mich nicht mehr berührte, ließ mich dabei aber nicht los. Ich nahm meine Hände von seinen Schultern und legte sie ihm auf seine hübschen, festen und wunderschön runden Hinterbacken und zog ihn wieder an mich heran, während ich mich wieder auf die Zehenspitzen stellte und sein Steifer jetzt in meinem Schoß Platz fand. Die Botschaft war deutlich. Keine Probleme mehr mit der sofortigen Sexualtherapie.
Erst dann sah ich Kurts Gesicht, auf dem Verwirrung, Erstaunen, Erleichterung, Unverständnis, Verständnis, eine ganze Stufenleiter über-

raschender Empfindungen miteinander kämpften. Er verstand zwar, was sich abspielte, aber er verstand nicht, warum. Nur das eine war klar: Er mußte die beiden jetzt allein lassen, damit sie die Dinge in Zeit und Raum wieder zurechtbiegen konnten.

»Ich glaube, ich gehe mal schnell noch in den Gemüseladen unten«, meinte Kurt taktvoll. »Ich habe das Salatdressing vergessen.«

Als sich die Wohnungstür schloß und wir Kurt nach unten gehen hörten, öffnete Juan seine Jeans, und sein Steifer sprang wie ein Kastenteufel hervor. Er trug einen engen Gürtel mit einer großen Schnalle, die ich erst aufmachen mußte, ehe ich mit meiner Hand in die Hose konnte. Ich brauchte nicht weit zu gehen, der große purpurfarbene Kopf sah ja schon hervor. Sein Auge blickte mich an und sagte: »Ich will dich.«

»Er will mich«, ahmte ich ihn nach.

Es erfreut und überrascht mich immer noch, daß mein alternder Körper einen plötzlichen Besitzwunsch auslösen kann – also ergreife ich jede Gelegenheit. Ich ergriff diese große, schwarze, pochende Gelegenheit mit meiner rechten Hand, während ich mit der linken den Reißverschluß von Juans Hose ganz öffnete. Ich glaube nicht, daß er größer war als der von Tony, den ich noch vor ein paar Stunden gefühlt und in der Hand gehabt habe, nachdem mich Tony wie immer nach Hause gefahren hatte.

Tony und ich hatten uns geliebt und dann zusammen geduscht. Er war ihm unter der Dusche wieder zum Stehen gekommen, aber ich hatte ihn gebeten, ihn diesmal nach Hause zu seiner Frau zu tragen ... Wie gut hatte ich daran getan!

Jetzt hielt ich wieder einen Steifen in der Hand, der sich nur durch die Farbe unterschied, aber doch exotischer wirkte. Nach einem Ausdruck von Simone de Beauvoir ist es die »Andersartigkeit«, die so faszinierend wirkt.

Ich führte Juan in Kurts Schlafzimmer. Er war ein wenig unsicher, aber ich sagte ihm, daß Kurt sich nicht daran stören würde. Es war ja Bestandteil der Therapie.

»Du willst damit sagen, daß du alles über mich weißt?«

»Ja, ich weiß alles über dich«, sagte ich und zog mein Höschen aus. »Nichts davon zählt. Nur auf das Hier und Jetzt kommt es an.«

Ich hob meinen Rock. Er stieg aus seinen Jeans. Ich warf mich mit dem Gesicht nach unten über den Rand des Betts, die Beine noch am Boden. Ich wußte, mein weißes Hinterteil würde ihn erregen, besonders wenn ich noch halb angezogen war. Ich spreizte meine Backen und führte ihn hinein, als er sich auf mich legte. Ich befürchtete, er würde zu schnell kommen, und rieb daher an meinem Kitzler, aber er hielt es ziemlich lange aus. Wir kamen beinahe gleichzeitig, gerade in dem Augenblick, in dem Kurt die Wohnungstür aufschloß. Er fand uns, wiederum lachend, auf dem Fußboden des Schlafzimmers. In unserer Erregung waren wir aus dem Bett gefallen. Kurt blinzelte uns durch die Brille zu.

Während des Essens klärten wir Kurt über das ganze Bündel von Zufällen und Umständen auf. Ich schäumte über vor Freude über diese Begegnung mit der Jugend, die das beständige Gewicht meiner Zuneigung zu Tony in keiner Weise berührte.

»Komm jetzt bloß nicht wieder mit Freud; du willst mir wohl weismachen, daß meine Vorliebe für Teenager die Mutter in mir weckt«, sagte ich vorsichtshalber zu Kurt. »Junge Männer erhalten mich jung. Das ist alles, was es damit auf sich hat.«

Während Juan nach dem Essen nach Hause eilte, blieb ich noch ein wenig, um mich bei Kurt für mein stürmisches Betragen zu entschuldigen. Juan war so rasch gegangen, weil die »Weiße Königin«, wie ich Juans reichen Beschützer argwöhnisch getauft hatte, ein Geschäftsessen hatte, aber früh zurück sein wollte, damit Juan auf keine dummen Gedanken kam. Seine eifersüchtige Besitzangst und die finanzielle Abhängigkeit waren die beiden Punkte, die Juans Zuneigung zu ihm allmählich abtöteten.

»Ich war überrascht, wie schnell der Junge auf dich angesprochen hat«, sagte Kurt zu mir. »Vielleicht ist er überhaupt nicht homosexuell.«

»Vielleicht steht er aber auch irgendwie dazwischen. Es war wohl mehr die Situation und das seltsame Zusammentreffen von Zufälligkeiten, die ihn dazu brachten. Es blieb ihm einfach keine Zeit nachzudenken.«

»Ja, so habe ich es auch gesehen.«

»Entschuldige bitte, daß ich es einfach so geschehen ließ, obwohl es dich beunruhigt haben muß. Aber letzten Endes hast du mich darum gebeten.«

»Natürlich, natürlich. Es war sehr aufschlußreich, meine Liebe. Auch klinisch interessant. Selbst in heterosexuellen Beziehungen ist es ganz selten, daß selbst eine kurze Phase der Werbung um den Partner übersprungen wird. In den meisten Fällen geht zumindest ein kurzer Wortwechsel voraus, obwohl mir gerade meine homosexuellen Patienten oft erzählen, daß sie sich wortlos darauf einlassen.«

»Wir haben uns aber gegenseitig bekannt gemacht. Ich erinnere mich ganz genau daran, daß ich mich vorgestellt habe.«
»Ja, das hast du. Wenngleich der förmliche gesellschaftliche Auftakt zu diesem spontanen Beischlaf mich eher amüsiert hat.«
»Verzeihst du mir?«
»Meine liebe Anne – sogar Masters und Johnson würden dir verzeihen.«

Am nächsten Morgen wartete ich im Sonnenschein auf der Treppe vor meinem Haus auf Tony. Ich wartete fast jeden Morgen vor dem Haus auf ihn, damit er nicht noch extra parken mußte. Ich empfand nicht im entferntesten Schuld oder gar, daß ich ihn betrogen hatte, als ich mich neben ihn setzte und ihn herzhaft auf die Backe küßte.
»Hat es deiner Frau gestern abend gefallen?«
Er sah mich an, und sein bulliges, freundliches Gesicht lief leicht rot an. Er hatte Schuldgefühle und empfand, daß er mich betrogen hatte. Ich mußte laut lachen, erzählte ihm aber nicht, warum, weil er mich wahrscheinlich nicht mehr angefaßt hätte, weil ich es mit einem Schwarzen getrieben habe oder einfach, weil ich ihm untreu geworden bin. Bei Leuten wie Tony herrscht eben wenig Toleranz.
Wir waren unterwegs, um unsere Miss Superstar abzuholen und mit ihr zum Metropolitan Museum zu fahren, wo sie in der neueröffneten Abteilung der Hollywood-Kostüme fotografiert werden sollte. Mir kamen die Kostüme, in denen Mannequinpuppen steckten, ziemlich leblos und kitschig vor – wie die Kleider Verstorbener. Der vielfältige handwerkliche Aufwand, die teuren Materialien, alles war weg und wirkte jetzt billig, war von Fleisch und Blut getrennt.
Unser Goldmädchen dagegen war voller Bewegung und Leben, als sie durch die Kostümausstellung ging. Es war, als wollte sie ihre Vorgängerinnen in den Schatten stellen; ihr raffiniert einfaches Valentino-Kostüm hob sich wohltuend von den schreierischen Rüschen und den kitschigen Bordüren ab. Sie strahlte Eleganz und Sex-Appeal zugleich aus. Während sie so herumging, nahmen wir ihr erst das Cape ab, dann die Kostümjacke, dann mußte sie die glatte, weiße Seidenbluse weiter aufknöpfen. Ihre berühmten Brüste kamen »unabsichtlich« zum Vorschein, als sie sich über ein Samtkleid beugte, das einst von Greta Garbo getragen worden war.
Der Fotograf arbeitete schnell und geschickt; er ging vor ihr her, bat sie kaum einmal, stillzuhalten, so daß alles wie ein ungezwungener Gang durch das Museum wirkte. Sie wirkte wie ein kluges, gebildetes

Mädchen, das einen Nachmittagsspaziergang macht; dabei wirkte sie natürlich sehr sexy. Meine Regiekünste machten mir viel Spaß; sorgfältig suchte ich jeweils den Hintergrund und die Körperhaltung aus, als ob ich eine Filmszene zu drehen hätte. Ebenso sorgfältig vermied ich die Nähe des Abendkleids von Marilyn Monroe und des Kostüms, das Elizabeth Taylor in »Cleopatra« getragen hat. Das war einfach noch zuviel Konkurrenz, weil man sich noch genau an das saftige Fleisch erinnert, das einst in diesen Kleidern steckte. In allen drei Frauen steckte bis zum Überfluß jene Gefühlsqualität, die den echten Star ausmacht. Es hat nichts zu tun mit klassischer Schönheit, dafür um so mehr mit animalischer Anziehungskraft.

Unterdessen hielt Tony die Neugierigen zurück – er machte das sehr gut. Obwohl die Ausstellung für eine halbe Stunde geschlossen worden war, wollten die Leute natürlich eingelassen werden. Ein paar Minuten lang stand ich Tony zur Seite, um ihn bei Laune zu halten und den Leuten zu erklären, was vorging, und um ihr Verständnis zu bitten. Suzanne nahm einem kleinen Mädchen das Autogrammalbum ab und reichte es Miss Superstar, die dann herüberkam und es dem Mädchen persönlich mit ein paar wohlüberlegten Worten zurückgab, die es vermutlich sein Leben lang nicht vergessen würde.

Schließlich war alles vorbei. Wir machten unseren Anstandsbesuch bei der Museumsleitung, bedankten uns bei ihnen herzlich, obwohl sie eigentlich uns hätten danken müssen, weil wir ihnen ebensoviel öffentliche Aufmerksamkeit verschafften wie uns selbst. Dann packte ich sie allesamt in den Wagen: Nino und Isabella, den Maskenbildner und die Friseuse, wie gewöhnlich auf die Klappsitze, Miss Superstar und Suzanne im Fond unter der Pelzdecke, Tony und ich auf den Vordersitzen.

»Wir bringen sie am besten ins Plaza zum Mittagessen; was hältst du davon, wenn wir anschließend schnell eine Pizza um die Ecke essen und dann im Fond ein kleines Nickerchen halten?« flüsterte ich Tony zu.

»In Ordnung, Puppe«, antwortete Tony und nahm seine rechte Hand vom Steuer, um mich in den Schenkel zu zwicken. Vielleicht war es auch keine so gute Idee, mit ihm zusammen ein Nickerchen im Wagen zu machen – aber was konnte schon groß passieren in einem Auto, das am hellichten Tag in der 59. Straße parkte?

Ich lag falsch, es konnte eine Menge passieren. Wir saßen uns im Wagen gegenüber und taten so, als würden wir schlafen. Aber unter der Pelzdecke machten sich unsere Hände auf die Reise. Mit seinen dicken Fingern machte er sich an mein Höschen heran, ich fummelte an seinem

Reißverschluß. Wir taten weiter so, als würden wir schlafen, aber unter der Decke bewegten sich unsere Hände wie wild hin und her. Als alles vorbei war, griffen wir nach den Kleenextüchern, die Suzanne auf der Fensterablage deponiert hatte.

Gegen sechzehn Uhr ging ich nach oben zur Suite von Miss Superstar. In der Damentoilette außerhalb des Palmenhofs wusch ich mir die Hände. Ich fragte mich, was ich in meinem Alter um Gottes willen gleich mit zwei Liebhabern anfing. Obwohl keiner von beiden mir viel Zeit widmen konnte, weil auf Tony seine Frau und auf Juan die »Weiße Königin« warteten. Es war eine unnötige Komplikation. Aber schließlich bin ich abenteuersüchtig ...

Als ich nach oben kam, war Miss Superstar gerade außer sich, weil eine der Hotelbediensteten den Saum ihres sehr kostbaren Seidenkleides, das sie am Premierenabend tragen sollte, versengt hatte. In Wirklichkeit verliefen sich die Sengspuren in der Musterung rings um den Saum und waren kaum zu sehen, aber alles war in heller Aufregung. Ich schlug vor, das Unglück mit einer Stickerei zuzudecken, aber woher sollte so schnell eine Stickerin aufgetrieben werden? Also telefonierte man mit Valentino in Rom; er meinte, daß einige seiner Modelle sich bei Henry Bendel gleich um die Ecke befanden, aber ob sie passen würden? Man wollte schon Suzanne zu Bendel schicken, um die Modelle zur Anprobe ins Plaza zu holen, aber ich meinte, es gebe ja bei Bendel genügend Änderungsschneider, die nur auf Arbeit warteten. Ich ging hinunter, um Tony Bescheid zu sagen, denn schließlich konnten wir nicht erwarten, daß unser Star in dieser Kälte zwei Straßen weit zu Fuß ging.

Tony und der Rolls waren nicht da, und auch beim Pförtner hatte er nichts hinterlassen, was er wahrscheinlich getan hätte, wenn er zum Tanken gefahren wäre. Da es nirgendwo auf der Welt windiger und kälter ist als auf der Fifth Avenue in New York, nahmen wir ein Taxi für die kurze Fahrt.

Als wir in Bendels Atelier waren, meinte die französische Dame, die dort für den Verkauf verantwortlich war. »Ich glaube, Mademoiselle würde Weiß ganz ausgezeichnet stehen.«

»Aber ich habe keinen Schmuck für Weiß mitgebracht«, maulte Miss Superstar. »Zu Weiß passen nur Diamanten.«

»Ich bin sicher, Harry Winston wird sie uns leihen«, versuchte Suzanne zu vermitteln.

»Nur über meine Leiche mit geborgten Diamanten. Elizabeth Taylor trägt auch nur eigene.«

»Jetzt könnten wir den Polarfuchs gut gebrauchen, den ihr in Rom gelassen habt; wir hätten damit die fehlenden Diamanten einfach verdeckt«, fügte ich hinzu.

Wir verfielen in Ratlosigkeit, da auch alles andere nicht paßte. In diesem Augenblick erschien Tony, dem man im Plaza gesagt hatte, wo wir uns aufhielten; aber mit leeren Händen konnten wir nicht zurückfahren.

»Keine Sorge, Puppe«, sagte er zuversichtlich, als ich ihm die schwierige Situation erklärte, in der wir uns befanden. »Meine Frau hat früher einmal eins der Kinderkleider bestickt. Sie weiß schon, wie man so was wieder hinbekommt. Ich bringe sie morgen früh mit.«

Der Gedanke, Tonys Frau kennenzulernen, machte mir einiges Kopfzerbrechen.

An diesem Abend traf unser männlicher Hauptdarsteller von Los Angeles ein, und natürlich hatte sich das glänzende Paar in dem richtigen Restaurant fotografieren zu lassen, damit die Welt von ihrer gemeinsamen Affäre träumen konnte. Er war ein hartgesottener amerikanischer Naturbursche mit einem weichen Kern, ein Hüne von Mann, der keiner Fliege etwas zuleide tun konnte, den man aber mit Rücksicht auf das unbedarfte weibliche Publikum auf den harten Mann getrimmt hatte, der vor nichts zurückschreckt. Ich wußte, daß er in Wirklichkeit ein schwacher, masochistischer Homosexueller war, der sich immer von Lastwagenfahrern, Marinesoldaten und Schmalspurpreisboxern, die immer noch größer sein mußten als er selbst, zusammenschlagen ließ. Es kostete ziemliche Mühe, immer neue Romanzen für ihn zu erfinden, damit diese Ausrutscher nicht in die Klatschspalten kamen. Es nahm also kein Wunder, daß er in der Öffentlichkeit als Filmcasanova galt, der es mit seinen jeweiligen weiblichen Partnern nach allen Regeln der Kunst trieb. Bei jedem neuen Film hatte er auch gleich eine neue Verlobte.

Auf dem Nachhauseweg wollte ich eine Nachricht für Juan hinterlassen, weil ich ihn telefonisch nicht hatte erreichen können. Er sollte nicht denken, daß ich ihn nach dem Abenteuer von neulich so einfach fallenlasse. Er hatte mich um ein weiteres Treffen gebeten, als er sich in Kurts Wohnung von mir verabschiedete; während des Abendessens hatte er mir sogar noch ein wenig mehr von sich selbst erzählt. Mir wurde jetzt klar, daß ich nicht nur einen neuen Partner fürs Bett hatte, sondern auch eine soziale Verantwortung.

Juan lebte bei der »Weißen Königin« in Grammercy Park, der ihn als seinen »Au-pair-Jungen« präsentierte, wenn Geschäftsfreunde zum

Abendessen kamen, weil er als sein »Hausboy« nicht am Tisch hätte sitzen dürfen. Juan war damit einverstanden. Er wußte, was er tat und warum er es tat. Auf Kosten einer weißen Vaterfigur konnte er zur Schule gehen. »Ab und zu treibe ich es mit ihm, und er bezahlt mir die Schulgelder. Wie anders als so könnte jemand wie ich denn studieren?« hatte Juan unglücklich bemerkt.

Arglos hatte Tony den Brief überbracht, den ich an Juan geschrieben hatte.

»Hast du dem Portier auch eingeschärft, daß er ihn persönlich an Juan Esposito übergeben soll? Und nur, wenn er allein und ohne Begleitung ist?«

»Ja, natürlich, habe ich gemacht. Aber was ist das für ein Knabe? Du betrügst mich doch nicht, oder doch, Puppe?«

»Tony, mein Liebling, hätte ich dazu je die Zeit, die Kraft und den Willen?« fragte ich, während ich mich an ihn kuschelte.

»Juan Esposito hört sich so geschniegelt an«, meinte er argwöhnisch.

»Er ist ein schwarzes Modell, und ich brauche ihn für einige Aufnahmen, da wir auch an das schwarze Publikum denken müssen. Ich bin dabei, mit ihm abzumachen, daß er Miss Superstar zur Cotton-Club-Show ins ›La Mamma‹ begleitet.«

Es war eine ziemlich rasch zusammengeschusterte Entschuldigung, aber vielleicht war es nicht einmal eine schlechte Idee. Ich war überrascht von meiner eigenen Durchtriebenheit.

»Ja, natürlich, aber warum, zum Teufel, muß er unbedingt allein sein, wenn er den Brief bekommt?«

»Weil er mit einem alternden Schwulen zusammenlebt, der ihm keinen Pfennig Taschengeld mehr geben würde, wenn er wüßte, daß der Junge selbst für seinen Unterhalt sorgen kann.«

»Armes Kind.« Tony meinte das auch so. Er malte sich alternde Schwule wahrscheinlich in den düstersten Farben aus. Nun konnte ich vermutlich auch noch auf Tonys Mitleid rechnen, wenn die beiden sich je begegnen sollten. Tony war eben ein großer, starker, sentimentaler, lieblicher Schrankmann, und ich freute mich, daß er in meinem Leben vorkam.

Ich saß mit Tonys Frau zusammen im Fond des Wagens. Als sie mich abholten, saß sie neben Tony. Als er sie mir vorstellte, war sie eigens ausgestiegen, und so war es ganz einfach und natürlich, daß sie bei mir hinten Platz nahm.

»Wie haben Sie Tony kennengelernt?« fragte ich sie.

Sie war eine schmale Person, die nur halb so groß war wie er. Ich hatte eine dicke, vollbusige italienische Mamma erwartet, gewöhnlich, aber liebenswert. Maria war eine adrette, kultivierte, kleine italienische Schneiderin, die fast zu zierlich wirkte. Ich konnte mir die beiden im Bett nicht vorstellen.

»Wie ist es dazu gekommen, daß Sie geheiratet haben?« fragte ich ziemlich taktlos. »Er scheint doch gar nicht Ihr Typ zu sein.« (Sie hätte das, mit einigem Grund mehr, auch zu mir sagen können!)

»Tony hat mich schon immer gebraucht, sogar schon in der Grundschule. Er tat mir leid, weil er immer seine Hausaufgaben falsch hatte. Er war so ein großer Junge, zwei Jahre älter als ich, aber er konnte nicht so gut lesen und schreiben. Er brauchte mich. Wir lebten im selben Block, und als er die Schule verließ, hat er mich immer wieder besucht, damit ich seine Sachen schrieb: Antragsformulare und so weiter. Er war ein guter Junge, und was es im Haushalt meiner Mutter für ihn zu erledigen gab, machte er auch. Ich habe keinen Vater gehabt.«

»Was ist jetzt mit Ihrer Mutter?«

»Sie lebt bei uns. Tony wollte das auch so. Ich war erst sechzehn, als wir heirateten, und wir brauchten meine Mutter, die für uns sorgte. Jetzt sorgen wir für sie.«

»Sie haben also schon mit ihm zusammen gelebt, als er geboxt hat?«

»Ja. Ich war sehr stolz auf ihn. Aber jetzt bin ich froh, daß er Schluß damit gemacht hat. Er war zuletzt zu weit von mir weg.«

Ich begriff allmählich diese ungleiche Ehe. Er war ihr Mann, eine große, starke Beschützergestalt. Sie war seine Frau, ein nüchterner, hübscher, kleiner Lehrerinnentyp; er liebte sie, respektierte sie und schaute zu ihr auf wie zu einer Madonna; außerdem war sie Mutter seiner Kinder. Ich war nur eines dieser Strohfeuer, hatte vielleicht etwas mehr Klasse als sonst, aber zweifellos würde er mich rasch vergessen haben.

Mir gefiel dieser Gedanke. Ich schaute in Tonys Stiernacken, während ich neben seiner kleinen Frau saß, und ich mochte ihn. Ich wollte mich als Hure behandeln lassen, als eine Frau, mit der man alles machen kann, zu der man all die schmutzigen Wörter sagen kann, die die eigene Frau wahrscheinlich nicht einmal kennt. Ich konnte es kaum erwarten, ihn wieder mit meinen Händen berühren zu dürfen.

Es war ein seltsamer Tag, alle arbeiteten wir daran mit, Miss Superstar für ihren großen Abend vorzubereiten: die kleine Maria, der große Tony, Isabella, die Friseuse, und Nino, der Maskenbildner.

Ich stand in der Nähe von Maria, weil ich mich ihr nahefühlte. Ich war ihr dankbar, weil sie mir unwissentlich ihren Mann borgte. Wir liebten ihn beide auf unsere Art, unsere Rollen waren klar abgegrenzt, ich kam ihren Rechten in keiner Weise in die Quere. Sie wollte mit Bestimmtheit nicht seine Hure sein, und ich nicht seine kleine, ergebene Frau. Er war ein großer Mann und hatte Platz für uns beide.

Tony genoß die Situation. Er lungerte bei uns herum, während wir arbeiteten, überwachte uns stolz und beschützend, während wir das Kleid von Miss Superstar auf dem Boden ausbreiteten, um den Schaden zu betrachten.

»Tony, mach dich aus dem Staub, du stehst uns im Licht«, zankte ich finster los.

»Si, caro. Die Signora hat recht. Das ist Frauenarbeit«, fügte Maria hinzu. Sie fühlte unsere Gemeinsamkeit also auch. Wir waren zwei Frauen, die einen Blitzauftrag zu erledigen hatten.

»Gut, gut, gut. Ich bin unten im Wagen, wenn mich jemand braucht.« Tony schlich sich davon wie ein großer, hinkender Hund.

Maria war eifrig mit Stecknadeln beschäftigt, weil sie versuchen wollte, einen Abnäher in den Saum zu machen und so den Bügelfleck zu verdecken. »Wenn wir nur noch etwas Stoff hätten. Ich würde einfach den Bügelfleck damit abdecken, nichts wäre mehr zu sehen.«

»Und wenn wir einfach eine Stickerei draufsetzen, ein Motiv mit Ziermünzen?«

»Wenn der Stoff glatt wäre, würde es gut aussehen und gut liegen, aber bei diesen Kreuzsäumen würde der Stoff nicht mehr richtig fallen.«

Maria nahm das Kleid auf und hielt es sich vor. Sie war so klein, daß es den Boden streifte.

»Geben Sie es mir«, sagte ich und nahm es ihr ab; ich hielt es mir an, um ihr die Wirkung zu zeigen.

»Sie würden wunderbar darin aussehen, Signora.«

»Wer würde in einem Kleid von Valentino nicht wunderbar aussehen! Und jetzt sagen Sie bitte Anne zu mir!«

In einer freundschaftlichen Anwandlung lächelten wir uns beide zu, dann konzentrierten wir uns wieder auf das Kleid.

Ich drehte meinen Körper, so daß das Kleid um mich herumfloß, während ich die weichen Falten an mich drückte. Dort, wo die Nadeln im Saum saßen, schwang es schwerfälliger. Maria kniete sich nieder und zog die Nadeln heraus; dabei seufzte sie: »Tt...tt...tt... Ich will mal versuchen, ob ich es mit Silber oder Gold herausreiben kann.«

Wir legten das Kleid auf das Bügelbrett und ließen das schuldige

Zimmermädchen als Wache zurück; dann suchten wir nach etwas Silbernem.

»Eine Silbermünze wäre natürlich am besten, aber ein Goldring tut es auch.«

Ich hatte noch nie von diesem Hausrezept gehört. »Wie schade, daß wir jetzt nicht in England sind, dort gibt es noch echte Silbermünzen!«

»Keine Bange, Signora Anne, wir werden es mit meinem Ehering versuchen.« Maria nahm den Goldring ab, der ihr viel zu weit zu sein schien.

Gemeinsam beugten wir uns über das Bügelbrett. Maria roch nach irgendeinem altmodischen Eau de Cologne. Einen Augenblick lang war ich eifersüchtig, als ich mir vorstellte, wie diese nette Frau unter dem riesigen Gewicht von Tony zusammengepreßt wurde.

Sie rieb, so stark sie konnte, aber der braune Fleck blieb. Sie schüttelte den Kopf. »Der Stoff ist zu dünn. Das funktioniert nur mit Wolle, weil dann der Flor abgeht.«

Traurig sahen wir einander an, jetzt wußten wir überhaupt nicht mehr, wie es weitergehen sollte. Suzanne kam herein, sie war neugierig, ob wir vorankamen.

»Wenn die Signorina einmal das Kleid anziehen würde«, meinte Maria. »Ich möchte noch einmal versuchen, ob ich ein Stück herausnehmen kann, so daß man den Fleck nicht mehr sieht. Aber ich sehe das nur, wenn jemand das Kleid anhat.«

Suzanne verschwand wieder, um Miss Superstar diese Neuigkeit zu überbringen; sie saß im Schlafzimmer unter einer tragbaren Trockenhaube. Gehorsam stand sie auf und kam samt Haarnetz und Lockenwicklern zu uns herüber. Sie spielt sich niemals als Star auf bei Leuten, mit denen sie zusammenarbeitet. Sie ist großartig.

»Guten Morgen. Wie nett von Ihnen, daß Sie uns helfen wollen.« Sie hielt Maria die Hand hin.

»Guten Morgen, Signorina«, hauchte Maria ehrfürchtig. »Guten Morgen. Es ist mir ein Vergnügen.«

Sie wagte ihr kaum die Hand zu geben. Es kam ihr wohl so vor, als sei die leibhaftige Madonna zu ihr herabgestiegen.

»Das ist Tonys Frau Maria«, erklärte ich. »Sie ist auch aus Italien.«

Sie unterhielten sich bald ganz ungezwungen auf italienisch, während Maria das Kleid über ihren Prachtkörper zog und sich dann vor ihr Idol kniete, mit Nadeln im Mund. Schließlich kamen sie zu einer Art Kompromiß, wie der Bügelfleck nun zu bekämpfen sei: Maria sollte eine Reihe von bauschigen Rüschen einnähen, die vom inneren

Saum her strahlenförmig ausliefen. Es war schon eine sehr mühevolle Aufgabe.

»Sie müssen unbedingt für Valentino arbeiten«, sagte der Star dankbar.

»Ich könnte nie und nimmer Tony und die Kinder im Stich lassen«, seufzte Maria wehmütig. »Aber eines Tages möchte ich Italien sehen.«

»Wollen Sie damit sagen, daß Sie noch nie dort gewesen sind?«

»Nein, ich bin hier zur Welt gekommen. Ich bin eine richtige Amerikanerin.« Darauf war sie offensichtlich ebenso stolz wie auf Tony. »Signorina, ich muß mich jetzt an die Arbeit machen. Es wird schon seine Zeit brauchen, wenn ich das alles mit Hand machen muß.«

»Gut, kommen Sie mit hinüber, und erzählen Sie mir beim Nähen. Inzwischen lasse ich das Haar und das Gesicht machen, weil der Fotograf von ›Vogue‹ ziemlich früh dasein wird.«

Sie verschwanden zusammen im anderen Raum, zwei italienische Frauen, die wahrscheinlich aus derselben gesellschaftlichen Schicht stammten, die jetzt aber Welten trennten. Maria wird diesen Morgen vermutlich nie vergessen. Ich kann mir gut vorstellen, daß sie noch heute ihren Kindern von diesem Tag erzählt.

Es schien für mich nichts mehr zu tun zu geben. Wir alle mußten heute frühzeitig Feierabend haben, um für die morgige Premiere gut ausgeschlafen zu sein. Auf dem Nachhauseweg konnte ich ein wenig einkaufen gehen; ich erledigte noch einige Telefonate, die dringend anstanden, um sicherzustellen, daß die Presse auch noch im hintersten Winkel von der morgigen Uraufführung berichtete; den Rest des Nachmittags wollte ich damit verbringen, meine eigenen wenigen Vorbereitungen für den großen Abend morgen zu treffen – Haare waschen, Nägel feilen, das Kleid bügeln – und dann erfreulich frühzeitig und vor allem allein ins Bett zu gehen.

Aber es kam ganz anders. Als ich nach Hause kam, läutete das Telefon.

»Hallo, Anne, hier ist Juan. Ich telefoniere von unten auf der Straße. Ich muß dich unbedingt sehen.«

Ich zögerte. Das letzte, was ich jetzt wollte, war Sex. »Juan, Liebling. Ich habe dir geschrieben, daß ich schrecklich viel zu tun habe.«

»Aber es ist wichtig, wirklich.«

»Hat das nicht bis übermorgen Zeit – wenn die Uraufführung vorbei ist und ich wieder einen Kopf für andere Dinge habe?«

»Nein, es ist wirklich dringend.«

»Nun gut denn. Komm her!« Zögernd willigte ich ein.
»Ich bin gleich bei dir.«
Während ich auflegte, dachte ich an das berühmte Wort Napoleons, der meinte, wenn etwas dringend ist, dann nur für denjenigen, der davon spricht, daß es dringend sei. Nun gut, ich war gebeten worden. Ich war eine sexuelle Beziehung eingegangen, ein soziales Problem mit rassischen Untertönen. Juan wurde so langsam eine unnötige Verantwortung für mich. Ich muß lernen, meiner Liebesgewohnheit zu widerstehen.

Während ich wartete, rief ich Kurt an. »Was ist los mit Juan?« fragte ich. »Er ist auf dem Weg zu mir, er hat schon wieder ein Problem.«

»Ich weiß nicht. Ich habe ihn nicht mehr gesehen, seit du ihn übernommen hast!«

»Verdammt! Und da soll noch einer sagen, es mache Spaß, überall herumzuschlafen; manchmal wünschte ich, ich käme davon los!«

Ich seufzte und legte den Hörer auf. Dann ging ich ins Badezimmer. Ob ich noch Zeit hatte, mir die Haare zu waschen, bis er kam? Ich zog die Haarnadeln heraus, mein Haar fiel auf die Schultern. Ich sah mich im Spiegel an. War ich noch jung genug, um es lang zu tragen? Nur zu gern hätte ich mein Aussehen ganz verändert, nur zu gern wäre ich ganz jemand anderes. Ich zog mich aus und schlüpfte in meinen Bademantel.

Es klingelte an der Tür, als ich gerade meinen Kopf ins Waschbecken steckte.

»Komm herauf, du brauchst die Tür nur aufzudrücken. Ich wasche mir gerade das Haar«, sagte ich, ging zurück und tauchte meinen Kopf wieder ein.

Juan kam mir ins Badezimmer nach und legte seine Arme um meine Hüfte, während ich meinen Kopf unter das fließende Wasser hielt. Er legte seinen Wollkopf auf meinen Rücken. Ich schampunierte weiter mein Haar. Juan zog mich an sich und drückte seinen sich wölbenden Schoß in meinen Hintern.

»Ich liebe dich, ich liebe dich, ich liebe dich«, sagte er.

Ich drehte mich blinzelnd zu ihm um, mit Seife in den Augen. »Du bist verrückt. Du kennst mich ja kaum.«

»Du nimmst mich nicht ernst.«

»Dazu bin ich jetzt ja wohl auch kaum in der Lage.«

»Ich liebe diese Lage.«

Er nahm seine Hände von meinen Hüften und hob mir den Bademantel hoch, während er seinen Penis an mich drückte und ich mir das Haar spülte. Ich begann, ihm nachzugeben. Vielleicht war er nur ausgehungert nach Sex. Vielleicht war die »Weiße Königin« alt und impotent. Die Situation begann mir zu gefallen.

»Warte doch wenigstens, bis ich mit dem Spülen fertig bin«, bat ich ihn.

Aber er wartete nicht. Er mußte in die Knie gehen und ich mich auf die Zehenspitzen stellen und mich über das Waschbecken lehnen. Er war sehr groß, was es im Stehen etwas schwierig machte.

Als er fertig war und seinen langen, purpurfarbenen Schwanz herauszog, sagte ich: »Ich möchte ihn waschen!«

Wir standen nebeneinander am Becken. Ich nahm seinen schwarzen Penis in die Hand und wusch ihn mit Babyschampun.

»Das wäre ein guter Fernsehspot. ›Auch für die zarteste Haut geeignet.‹ Sollen wir diese Idee verkaufen?«

Er kicherte: »Ich kann mir das im Fernsehen kaum vorstellen.«

Ich nahm ein Badetuch, dann gingen wir in den Wohnraum. Er machte die Hose wieder zu, und ich wickelte mein Haar in das Handtuch, dann setzten wir uns gegenüber.

»Was ist jetzt los, Juan?«

»Ich kann mit meinem Liebhaber nicht mehr ins Bett gehen.«

»Warum nicht?«

»Ich bringe es nicht mehr fertig. Mir wird schlecht dabei. Ich will eine Frau. Ich will dich.«

»Juan, jetzt wird es ernst. Er ist dein Leben, er ist dein Glück. Er ermöglicht dir die Universität, er ernährt und kleidet dich. Ich kann nichts dergleichen für dich tun. Ich will es auch nicht.«

»Das macht mir nichts aus. Ich will von niemandem mehr ausgehalten werden.«

»Es ist gar nichts dabei, wenn sich ein Junge aushalten läßt, wenn er weiß, warum er es tut – und du machst es mit Anstand. Frauen werden ja auch ausgehalten, warum nicht auch Männer? Einigen Leuten macht es eben Spaß, für andere zu sorgen. Für dich möchte die ›Weiße Königin‹ sorgen. Du erpreßt ihn doch nicht.«

»Nein, natürlich nicht. Er bettelt darum, daß ich bei ihm bleibe. Es ist ihm egal, was ich tue oder lasse, solange ich nur bei ihm bleibe. Aber ich kann nicht gut alles nehmen und nichts dafür geben, oder doch?«

»Ich sehe wirklich keinen Grund. Es gibt eine Menge von Homosexuellen, die in die Jahre kommen und sich ihre Jungen noch lange halten, obwohl sie keine Beziehung mehr zu ihnen haben. In Italien heiraten die Jungen, und ihr ehemaliges Vaterbild hilft oft der ganzen Familie: dem Mann, der Frau, er hütet sogar die Kinder. In den meisten Fällen weiß die Frau ganz genau, was los gewesen ist. Aber sie ist glücklich, einen reichen Beschützer für die ganze Familie zu haben.«

»Ich kann es nicht. Ich will mit einer Frau zusammen leben. Ich will mit dir zusammen leben. Warum kann ich nicht hierherziehen?«

»Juan, ich lebe nicht wirklich hier. Das ist nicht meine Wohnung. Ich reise ohnedies bald ab.«

»Klar, das wußte ich nicht.«

»Ich habe dir ja gesagt, daß du so gut wie nichts über mich weißt. Selbst wenn ich hier leben würde, könnte ich eine solche Verpflichtung nicht auf mich nehmen.«

Juan blickte verwirrt und niedergeschlagen drein. Er war ein einfacher, ausgehaltener Junge, der instinktiv lebte und noch nicht viele Gedanken daran verschwendet hatte, was er wirklich tat.

»Du verachtest mich also nicht, wenn ich mich von einem Mann aushalten lasse?«

»Nein, nicht bei deinem Alter. Wenn du zu Ende studiert hast und dein eigenes Geld verdienst, kannst du daran denken, mit einer Frau zusammen zu leben.«

»Aber ich werde niemals eine bekommen, die so ist wie du. Ich werde immer ein armer Schwarzer vom unteren Ende der Stadt sein.«

Ich ging auf ihn zu und legte die Arme um ihn. »Du bist ein hübscher Junge, Juan, und ein netter, lieber Junge dazu. Eines Tages wird das richtige Mädchen kommen und sich in dich verlieben. Es ist nur so, daß ich persönlich keine Lust mehr habe, mich jemals noch zu verlieben.«

»Warum nicht?«

»Weil mir die Liebe mehr Leid als Freude gebracht hat. Ich habe zwei Ehemänner und einige Liebhaber gehabt, mit denen ich zusammen wohnte. Es war schön, solange alles gutging, aber von jetzt an will ich nur noch Spaß und keinerlei Verantwortung mehr.«

Ich nahm das Badetuch ab und rieb mein Haar; dann schüttelte ich die feuchten Strähnen. Juan streichelte mein Haar. »Du siehst lustig aus mit deinem feuchten Haar«, sagte er, aber das brachte mich nicht vom Thema ab.

»Ich glaube, ich eigne mich nicht gut als Frau, auch nicht als Mutter«.

Juan spielte weiter mit den feuchten Haarsträhnen und wickelte sie um seine braunen Finger. Die Innenseite seiner Hände war rosa, und die Fingerkuppen waren ganz blaß. »Darf ich heute nacht bei dir bleiben?«

»Wäre das rücksichtsvoll? Was ist mit der ›Weißen Königin‹?«

»Er ist heute abend in der Oper. Ich sagte ihm, daß ich nach Hause zu meiner Mutter in South Bronx fahre.«

Ich schwankte, aber dann raffte ich mich zusammen. »Ich möchte heute nacht allein sein, lieber Juan. An etwas, das man doch letzten Endes nicht haben kann, soll man sich gar nicht erst gewöhnen. Das macht es später nur um so schlimmer. Bin ich sehr grausam?«

»Nein, durch dich habe ich heute abend einiges begriffen. Ich habe die Dinge vorher nie vom Standpunkt einer Frau aus betrachtet. Ich wünschte, du würdest nicht weggehen. Du könntest mir dabei helfen, erwachsen zu werden.«

Er lächelte mich an mit diesem wunderbaren, herzergreifenden Lächeln. Ich legte die Arme um ihn. Plötzlich hätte ich schrecklich gern die Nacht mit ihm verbracht, aber ich durfte einfach nicht nachgeben.

Ich brachte ihn noch zur Wohnungstür. Gott sei Dank ging er schnell, und ich sagte ihm: »Werde glücklich, Juan, das ist das einzige, das zählt. Geh zurück zu diesem armen Mann, und mache auch ihn glücklich. Wenn er glücklich ist, ist alles in Ordnung bei dem, was du tust. Entkrampfe dich, und du wirst es auch genießen. Das Glück ist umsonst, nicht wahr?«

Er ging nach draußen und drückte auf den Fahrstuhlknopf. Ich wartete, bis er oben war. Er sah mich zum letztenmal an. »Mit deinem nassen Haar bist du ganz jemand anderes«, sagte er.

Wir lächelten uns an, dann war er gegangen.

An unserem großen Tag schneite es wieder. Als ich ins Plaza kam, gingen die Produzenten nachdenklich in ihrer Suite auf und ab. »Niemand wird bei diesem Schnee kommen«, sagten sie abwechselnd zueinander. Jetzt sagten sie es gleichzeitig zu mir.

»Geladene Gäste kommen immer«, beruhigte ich sie und brachte meinen ganzen Optimismus auf, den man in der Öffentlichkeitsarbeit nun einmal braucht.

»Du hast ja recht, du hast immer so verdammt recht«, meinte Bob. »Anne hat immer ein gutes Wort für uns.«

»Dafür bezahlt ihr mich ja auch. Immer die richtigen Worte für euch haben, die guten Nachrichten in die Zeitungen bringen und die schlechten in den Papierkorb. Das ist es, was es mit der Öffentlichkeitsarbeit auf sich hat.«

»Man sollte dich mit Gold aufwiegen, Anne!«

»In Ordnung, tu's doch. Ich nehme es ohne weiteres an. Zweiundzwanzig Karat, wenn es sein darf?«

Wir lachten alle zusammen, dann blickte ich aus dem Fenster hinunter auf den zugefrorenen See im Central Park, auf dem trotz des Schnees einige Schlittschuhläufer unter den kahlen schwarzen Bäumen ihre Runden zogen. Dann drehte ich mich wieder zu den Produzenten um.

»Es wird Zeit, daß ihr euch den Smoking aufbügeln laßt. Ich habe für heute einen Großeinsatz der Fotografen vorbereitet. Ich gehe jetzt nach oben und sehe nach, ob Randy für heute abend auch ja seine Platinkettchen poliert hat.«

»Anne, du glaubst doch nicht etwa ...«

»Nein, nicht. Er trägt heute weinroten Samt, dazu nur ein Namensband. Und wenn ich es fertigbringe, nehme ich ihm das im letzten Augenblick auch noch ab.«

Ich traf Suzanne in der Suite von Miss Superstar. Sie beantwortete gerade die Fanpost. Ich war glücklich, daß meine Anfangsarbeit erste Früchte trug. Dutzende von Jugendlichen hatten geschrieben und um signierte Fotos gebeten. Suzanne und ich machten uns manchmal den Spaß zu raten, wie die männlichen Verehrer wohl aussahen.

»Wir bitten sie einfach, uns ihr Foto zu schicken«, schlug ich diesmal vor. »Vielleicht entdecken wir ein neues Talent.«

»Kannst du nicht endlich die Hände von den Teenagern lassen?« sagte Suzanne scherzhaft. »Die meisten Verehrer sind unter sechzehn!«

»Wie schade, bis siebzehn bin ich schon heruntergegangen.«

»Dann ist Tony aber ein bißchen alt für dich?«

»Das ist eine andere Klasse. Schwergewicht. Aber selbst Maria gibt zu, daß er den Verstand eines Kindes hat.«

»Willst du niemals einen, der so gebaut ist wie du?«

»Ich glaube kaum. Ich glaube, ich will die Entscheidung in der Hand haben, zumindest zwischen den Bettüchern. Die meisten meiner Freunde allerdings sind in meinem Alter, Suzanne.«

»Das trifft mit Sicherheit nicht für deine Liebhaber zu! Wie viele hast du jetzt gehabt?«

»In New York nur zwei, und einen davon habe ich zu seinem Vati zurückgeschickt.«

»Dabei wirkst du so ruhig und damenhaft!«

»Das haben auch meine Ehemänner geglaubt, aber als sie heraushatten, daß ich weder ruhig noch eine Dame war, haben sie mich verlassen!«

»Aber sie beten dich beide noch an. Und alle halten sie dich für eine große Dame, was immer du unternimmst.«

»Das ist es ja gerade. Mein ganzes Leben lang bemühe ich mich, die Lady in mir endlich loszuwerden. Es wird allmählich langweilig.«

Miss Superstar kam herein, im Schminkumhang. Sie hatte noch kein Make-up und trug Lockenwickler.

»Worüber sprecht ihr?« wollte sie wissen. »Ihr seid immer am Tuscheln.«

»Geheimnisse!« antwortete ich.

»Seid glücklich, daß ihr Geheimnisse habt!« sagte sie neidisch. »Ich kann sie mir nicht leisten.«

Am Nachmittag hatten wir alle frei, um uns auszuruhen; Tony fuhr mich nach Hause. Unterwegs aßen wir in einem italienischen Restaurant zu Mittag, das von Freunden Tonys geführt wurde. Wir durften nicht bezahlen.

»Ich hätte Lust auf eine kleine Siesta«, flüsterte mir Tony ins Ohr, als wir das Restaurant verließen.

Ich habe Tony nie etwas abschlagen können. Wir parkten den Rolls auf der Sixth Avenue vor dem Schnapsladen und gingen dann Arm in Arm zu meinem Apartment.

»Dein Haar wird langsam weiß«, sagte Tony im Fahrstuhl, während er mir den Schnee wegwischte. Dann küßte er mich herzhaft vom ersten bis zum achten Stock. Als wir oben waren, war ich völlig außer Atem.

Im Flur zogen wir die Mäntel aus. Seit der Küsserei im Fahrstuhl hatte Tony einen Steifen und nahm jetzt meine Hand, damit ich ihn fühlen konnte.

»Komm schon, Puppe. Bewegen wir uns! Ich möchte danach ein wenig schlafen. Wer weiß, wann ich heute nacht in die Falle komme. Wenn der Film ankommt, feiern die doch bis in den grauen Morgen.«

»Hoffen wir's.« Ich ging ins Schlafzimmer und schlug die Decken zurück. »Was mir an dir so gefällt, Tony: du verlierst keine Zeit, wenn du an den Speck willst. Und wenn du einmal dran bist, ist deine Zeiteinteilung nicht mehr zu übertreffen.«

Aber er zog sich schon aus und hörte mir nicht zu. Ich setzte mich aufs Bett und sah ihm zu. Der nackte Tony erregte mich. Andere, vielleicht intellektuellere Männer hätten mich mit Worten scharfmachen müssen, ihre Nacktheit allein hätte nie genügt. Aber Tony dachte nicht an so etwas. Er hatte es ja auch nicht nötig.

»Was ist los, Puppe? Zieh dich aus!«

Er ließ seine Socken an. Er zog sie so gut wie nie aus, aber jetzt erst fiel es mir auf.

»Ich sehe dir gern zu, Tony.«

»Komm schon, du mußt mich auch fühlen.«

Er stieß mich zurück, schlug mir den Rock über den Kopf und wollte mir den Slip herunterreißen. Ich hatte aber mein französisches Höschen mit dem offenen Schritt an, so daß er es nicht auszuziehen mußte. Er ließ mich voll bekleidet, lag wenige Sekunden auf mir und stieß ihn dann schnell hinein. Von diesem Moment an ging er langsam zu Werke. Er wußte, wie schnell oder langsam ich auf Touren kam. Wenn der Kolben langsam hin und her glitt, konnte Fräulein Faust ihn um so sicherer greifen. Ich habe eine gut durchtrainierte Vaginalmuskulatur.

»Du verstehst es, einen Mann zu nehmen, Baby. Du nimmst dir wirklich alles.« Er stöhnte, aber er hielt sich zurück. Sehr vorsichtig begann er mit kreisenden Bewegungen. Als er fühlte, daß es mir allmählich kam, veränderte er den Rhythmus; zu seiner eigenen Befriedigung stieß er jetzt so schnell hin und her wie ein Preßlufthammer. Er machte sogar dessen Geräusch nach und schrie dann stöhnend auf. Er kam eine Minute früher als ich, aber er bewegte sich weiter, bis auch ich am Höhepunkt war.

»O Tony, ich liebe es, ich liebe es, o Tony!«

Engelsfrieden und Seligkeit danach. Mit Tony gab es keine Probleme, keine Verantwortung, keine Komplikationen, keine Schuld. Ich glaube nicht einmal, daß es Maria groß gestört hätte, wenn sie es wüßte. Ein so großer, starker Ehemann wie der ihre sollte eigentlich mehrere Damen haben dürfen. Das hätte ganz zu seiner Vollblutnatur gepaßt, die sie an ihm so liebte.

»Ich gehe jetzt wohl am besten, Baby. Ich geh' nach Hause und leg' mich aufs Ohr; wir sehen uns dann später.« Er nahm seine 100 Kilogramm von meiner Brust und stieg aus dem Bett. Er hatte noch immer seine Socken an.

Ich hatte den Wecker auf achtzehn Uhr gestellt, um genügend Zeit zum Anziehen zu haben. Um neunzehn Uhr dreißig hatten uns die beiden Produzenten Bob und Bill zu Champagner und Kaviar in ihre Suite im obersten Stockwerk gebeten. Die Tatsache, daß die Suiten von Miss Superstar und Randy einige Stockwerke tiefer lagen, entsprach der üblichen Hierarchie. Es sollte ganz klar sein, wer das Geld einsteckte und wer es verdiente.

Auf dem Weg nach oben sah ich bei Miss Superstar und Suzanne hinein. Isabella und Nino legten letzte Hand an ihr Haar und ihr Gesicht; sie hatten mehr als zwei Stunden gebraucht, um ihr ein ganz natürliches Aussehen zu verleihen. Jetzt standen sie alle hinter ihr und betrachteten sie im Spiegel.

»Ich werde dich wieder zum christlichen Glauben zurückholen, Miss Divine«, sagte ich, während auch ich in den Spiegel sah. »Es gibt ohnedies schon zu viele Superstars.«

»Zu spät«, unterbrach mich Suzanne. »Es gibt schon wieder einen, der sich ›Göttlicher‹ nennt, ein Transvestitenstar aus dem Untergrundfilm.«

»Wußte ich's nicht? Sobald wir versuchen, die Stars aus dem kommerziellen Film zu verdrängen, bringt sie der Untergrund wieder hervor.«

Damit machten wir uns alle auf den Weg in die Penthouse-Suite der Produzenten. Nino half Miss Superstar in ihren überlangen Schneeleopardenmantel, der natürlich den Saum ihres Kleides verdeckte, so daß nach all der Aufregung nun wirklich niemand mehr die kleine Korrektur bemerken konnte, die Maria so sorgfältig vorgenommen hatte. Im übrigen vermißte ich sie und Tony.

»Sie waren oben, aber dann sind sie wieder nach unten zum Wagen gegangen«, sagte Suzanne. »Sie waren wohl zu schüchtern und wollten nicht herumstehen.«

»Ich gehe nach unten und hole sie«, sagte ich. »Geht ihr nur schon nach oben.«

Ich komplimentierte sie aus dem Rolls Royce heraus. Maria trug einen langen schwarzen Rock und dazu eine Nerzjacke. »Ich habe die Jacke ausgeliehen«, flüsterte sie mir zu. »Ich weiß gar nicht, ob mir das steht?«

»Sie steht Ihnen großartig, als würden Sie sie alle Tage tragen«, beruhigte ich sie.

Ich drängte die beiden in die Penthouse-Suite und machte sie mit Bob und Bill bekannt; sie hatten gerade alle Hände voll zu tun mit den Mietlingen des New Yorker Verleihs, die Tony natürlich bestens kannten, Maria dagegen gar nicht. Das Linkische von Tony machte Maria durch ihre Anmut wett; mit ihrer schmalen, feinen Hand hielt sie das Champagnerglas so vorsichtig, als sei es ein Nadelkissen.

Alle prosteten einander zu. Randy sah in seinem Samtanzug tadellos aus, kein Kettchen war zu sehen, noch nicht einmal das Armband mit seinen persönlichen Daten. Er küßte seine Partnerin, diese wiederum küßte die Produzenten, dann wurden die Gläser erhoben, und jeder küßte irgend jemanden. Tony küßte Maria und sah mich dann an.

»Darf ich Ihren Mann küssen?« fragte ich Maria.

»Ja nicht«, warf Nino scherzend ein.

Maria sammelte sich. »Es wird ihm guttun, wenn er einmal von einer richtigen englischen Lady geküßt wird«, sagte sie gemessen.

Zu gern hätte ich erfahren, wieviel sie bereits wußte. Es kam mir vor, als wolle sie ihre schützende Hand über uns halten.

Die Premiere ging mit dem gleichen Champagnergefunkel über die Bühne. Es hatte aufgehört zu schneien, und alle waren gekommen. Die Kritiker hatten den Film bereits am Morgen während einer Privatvorstellung gesehen, aber die Reporter und die Fotografen kamen natürlich wegen des gesellschaftlichen Anlasses. Unsere Stars funkelten erst im Foyer und dann von der Leinwand. Miss Superstar bekam nach ihrer großen Szene spontanen Beifall, als sei man im Theater. Das Publikum lag ihr zu Füßen. Sie hatte den Sprung über den Atlantik, die härtesten und strapaziösesten Seemeilen im Filmgeschäft, geschafft.

Alles war glänzender Laune, als wir ins »21« umzogen. Randy wurde zusehends betrunkener, Miss Superstar war aufgeregt wie ein Geburtstagskind, und ich war hundemüde. Wäre ich doch nur nach dem Ende der Vorstellung zu Maria ins Taxi gestiegen. Sie hatte zu ihren Kindern zurück gemußt, während Tony noch auf die Stars wartete.

Eine halbe Stunde später verließ ich das Lokal – um mal zu sehen, ob mich Tony nicht zwischendurch nach Hause fahren konnte. Tony schlief über dem Lenkrad des Rolls Royce. Ich wollte ihn nicht aufwecken, also stapfte ich mit meinen völlig unpassenden Schuhen los durch den Neuschnee. Es war wirklich dumm von mir gewesen, durch den Portier nicht ein Taxi rufen zu lassen, weil ein eisiger Wind direkt von Alaska durch die Fifth Avenue wehte. Das Glitzern des Erfolgs lag jetzt in weiter Ferne und kam mir ziemlich künstlich vor. Ich fror entsetzlich, bis ich ein Taxi erwischte. Ich wollte jetzt nur noch nach Hause und meine nassen Schuhe loswerden.

Als ich am nächsten Morgen aufwachte, klingelte das Telefon; es war Kurt. Er erzählte mir, daß ihn Juan ganz entspannt und glücklich besucht habe. »Er meinte, daß er jetzt für immer bei der ›Weißen Königin‹ bleiben werde und nichts dabei sei, wenn man ausgehalten werde.«

»Ich sollte ihn doch davon überzeugen, daß sein Leben so in Ordnung war, nicht wahr?«

»Ja, schon; aber ich hätte nie geglaubt, daß deine private Sexualtherapie so schnell wirkt; vielleicht fange ich jetzt auch an, mit meinen Patienten ins Bett zu gehen; du bist großartig, Anne.«

»Jeder sagt mir das, aber leider hilft mir das über mein eigenes Gefühl der Leere nicht hinweg. Ich habe schon daran gedacht, dich als Patientin aufzusuchen. Hast du ein Mittel gegen diese entsetzliche Langeweile?«

»An dem Tag, an dem du mich das ernsthaft fragst, schließe ich meine Praxis. Wenn es ausgerechnet dir langweilig wird, weiß ich nicht mehr weiter. Wann machst du mir die Freude und gehst mit mir zum Essen?«

»Übermorgen. Heute schlafen wir den süßen Kater des Erfolgs aus; morgen fliegt Miss Superstar nach Italien zurück, und wenn ich sie heil ins Flugzeug gebracht habe, kann ich mich wieder meinen Freunden widmen.«

»Gut, ich werde warten. Und danke für deine Hilfe bei Juan. Ich verliere noch einmal alle meine Patienten, wenn du in der Nähe bist!«

»Mach dir keine Sorgen. An die Reichen mache ich mich nicht heran«, versprach ich und legte mich wieder schlafen.

Gegen Mittag kam ich wieder zu mir, als das Haustelefon summte. Es war Juan. Seine Stimme hörte sich an, als würde er unter Wasser sprechen.

»Darf ich nach oben kommen?«

Was sollte ich sagen? Ich hatte nur ein kurzes Lächeln gewollt, aber jetzt hatte ich die ganze Verantwortung. Ich konnte nicht mehr zurück.

Ich öffnete Juan. »Hast du schon etwas gegessen?« fragte ich.

»Nein, ich komme gerade vom Unterricht.« Dann stockte er, sagte aber schließlich: »Die ›Weiße Königin‹ möchte dich kennenlernen.«

»Großer Gott! Hast du ihm von mir erzählt?«

»Natürlich. Ich muß ihm ja alles erzählen.«

»Er scheint masochistisch veranlagt zu sein, der Arme – ich möchte ihn nicht verletzen.«

»Aber das ist es doch gerade, was ein Masochist möchte, oder nicht?«

»Vielleicht, aber ich habe keine sadistische Ader. Wie stellt er sich das vor? Soll ich ihn zum Essen einladen? Oder will er uns beiden im Bett zusehen?«

»Ich weiß nicht. Ich hatte nicht daran gedacht.«

»Vergessen wir das! Bist du so lieb und gehst Zeitungen kaufen, während ich uns etwas zu essen mache? Ich muß die Kritiken lesen – hier ist Geld!«

Wir saßen in der Küche, aßen Eier mit Speck und lasen in den Zeitungen, als wieder das Haustelefon summte. Es war Tony. Ich hatte völlig vergessen, daß er mich abholen sollte. Was machte ich jetzt? Es war wie in einem französischen Kammerstück.

»Du kommst am besten rauf, Tony. Ich trinke noch Kaffee.«

Ich ging in die Küche zurück.

»Hör zu, Juan. Es ist der Chauffeur. Ich habe ihm gesagt, daß ich für einige Aufnahmen ein farbiges Modell brauche. Das Modell bist du. Laß mich jetzt nicht im Stich!«

Bevor ich noch mehr erklären konnte, klingelte es schon an der Wohnungstür. Ich führte Tony in die Küche.

»Tony, das ist Juan. Ich brauche ihn für ein paar Aufnahmen. Setz dich und trink einen Kaffee mit uns.«

Tony schien keinen Verdacht zu schöpfen. Es war ihm ohnehin klar, daß ich ein Leben führte, von dem er absolut nichts wußte. Er wollte in meine Welt nicht eindringen; da, wo er war, war er ziemlich glücklich.

Ich ließ die beiden allein, um mich anzuziehen. Ich hätte zu gern gewußt, worüber sie sich unterhielten – hoffentlich nicht über mich.

Als ich zurückkam, sprachen sie gerade über das Boxen. Erleichtert setzte ich mich zu ihnen und trank noch eine Tasse Kaffee. Juan meinte, daß er jetzt gehen müsse; er behandelte mich mit ausgesuchter Höflichkeit.

»Sie müssen uns unbedingt besuchen, meinen Freund und mich, ehe Sie abreisen«, sagte er. »Übermorgen geben wir eine kleine Party – Sie kommen doch? Bringen Sie mit, wen Sie wollen.«

Langsam ging er zur Wohnungstür. Ich begleitete ihn, und im Flur, wo Tony uns nicht sehen konnte, gab ich ihm einen satten Abschiedskuß.

»Ja, ich komme«, flüsterte ich.

Packen war das große Stichwort im Plaza Hotel; Suzanne hielt gerade eine Kleiderliste in der Hand.

Ich nahm ihr die Liste weg. »Ich lese die Liste vor, während du die Kleider zusammensuchst.«

Die Modellkleider, die handgefertigten Schuhe, die Gucci-Handköfferchen und die handgestickte florentinische Unterwäsche von Miss Superstar wurden auf dem Bett zurechtgelegt, neben ein paar knappen amerikanischen Kleidern, dem Modeschmuck und dem Krimskrams und den Geschenken, die sie für zu Hause gekauft hatte. Ihre echten Juwelen waren noch unten im Hotelsafe.

Unsere beiden Produzenten kamen strahlend mit zwei ganz unglaublichen Callgirls herein. Man entspannte sich jetzt, es war unübersehbar.

Die Mädchen wurden vorgestellt. Wahrscheinlich hatten Bob und Bill sie kommen lassen, nachdem sie das »21« verlassen und nach Hause gegangen waren; offensichtlich wollten die Mädchen erst gehen, wenn sie die Hauptdarsteller kennengelernt hatten.

»Soll ich jetzt Randy herunterbitten?« wollte ich wissen. »Die Fotografen werden bald dasein!«
Das Telefon klingelte; irgend jemand sagte, daß am Empfang eine ziemlich bekannte Klatschkolumnistin wartete.
»Sie soll heraufkommen«, sagte ich, dann rief ich bei Randy an. Er war nicht da.
»Randy ist verschwunden«, verkündete ich.
»Hast du ihm denn nicht gestern abend gesagt, daß wir heute die Presse hier haben?« schnauzte Bob. Sein Callgirl hatte ihn wohl die letzten Nerven gekostet, und sein kalifornischer Charme war im Schwinden.
»Natürlich habe ich es ihm gesagt«, antwortete ich und bemühte mich, meine Stimme heiter und verständnisvoll klingen zu lassen. Er bezahlte mich, also hatte er auch das Recht, mich anzuschnauzen.
In diesem Moment klopfte es an der Tür; Randy kam herein, den Arm in der Schlinge.
»Bist du vom Lastwagen gefallen?« fragte ich mißtrauisch.
Er hob seinen gesunden Arm, um nach mir zu schlagen. »Ich lasse mich vielleicht von Jungen zusammenschlagen, aber für eine Frau reicht es noch immer«, witzelte er.
Das Telefon klingelte schon wieder; gerade waren wieder Presseleute eingetroffen; es klopfte an der Tür – unsere Klatschkolumnistin begehrte Einlaß.
»Wir sagen, daß Randy von wildgewordenen Autogrammjägern umgerempelt worden ist, einverstanden?«
»In Ordnung«, winkte Randy ab.
Ich öffnete unserer militanten Feministin, die ganz so aussah, als wolle sie uns Ärger machen. Sie ging geradewegs auf Miss Superstar zu, die artig aufgestanden war, um sie zu begrüßen, jetzt aber in Gefahr schien, niedergeschlagen zu werden.
»Was denkt die italienische Frau über die Frauenbewegung? Finden Sie es nicht abscheulich, sich als Sexsymbol zu produzieren?«
Miss Superstar sah mich hilfesuchend an.
»Ich glaube, sie versteht die Bedeutung von ›abscheulich‹ nicht ganz«, warf ich schnell ein; dann tat ich so, als würde ich ihr auf italienisch die Bedeutung erklären, in Wirklichkeit aber schlug ich ihr eine passende Antwort vor.
Miss Superstar lächelte bescheiden. »Keine Arbeit ist ›abscheulich‹, wie Sie sagen; wenn man das, wofür man bezahlt wird, auch ordentlich macht, ist es doch zufriedenstellend, oder etwa nicht? Ich werde dafür

bezahlt, ein Sexsymbol darzustellen; für mich ist das ein Job wie jeder andere, und ich muß mich mächtig dabei anstrengen – gilt das nichts in Amerika?«

Bob und Bill strahlten sie dankbar an. Trotz ihrer Primitivität waren sie als Geschäftsleute durchtrieben genug, um genau zu merken, daß sie eine Ware eingekauft hatten, die Klasse, Würde und Sex-Appeal zugleich auf sich vereinte, weshalb sie ja auch meilenweit über den gleichermaßen hübschen Callgirls stand, die jetzt wie zwei gleiche Püppchen auf dem Louis-Quinze-artigen Sofa saßen und von ihr einfach in den Schatten gestellt wurden.

Die anderen Presseleute trafen nun auch ein, und die Fragen wurden allgemeiner. Ich verteilte jetzt die Lebensläufe zusammen mit Fotokopien der besten Kritiken aus den Morgenzeitungen. Randy erklärte die Geschichte mit seinem Arm.

»Es ist nichts Ernstes, ist gestern abend passiert, als ich mich durch eine Drehtür vor ein paar wildgewordenen Teenagern retten wollte und mir den Arm einklemmte.«

Das Possenspiel ging weiter; schließlich griff ich ein.

»Ich glaube, meine Herren, unsere Stars haben in den letzten paar Tagen ziemlich viel um die Ohren gehabt. Jetzt müssen wir sie freilassen, damit sie ihren letzten Tag in New York noch ein wenig genießen können.«

»Wie wird es mit ihnen weitergehen?« wollte unsere Frauenrechtlerin wissen. »Werden sie einen weiteren Film zusammen drehen?«

Diesmal antworteten Bob und Bill. »Wir hoffen, wir können sie in absehbarer Zeit wieder zusammenbringen. Zum jetzigen Zeitpunkt haben sie anderweitige Verpflichtungen.«

Ich schob unsere beiden Stars, die sich im Händchenhalten übten, aus dem Empfangsraum. Diese kleine Szene hatten wir sorgfältig einstudiert. Sie gingen lediglich in Randys Räume, bis ich anrief und durchgab, daß die Luft wieder rein sei, damit Miss Superstar wieder herunterkommen und mit ihren eigenen Angelegenheiten weitermachen konnte.

Unsere Produzenten beantworteten noch einige Fragen über künftige Pläne, dann aber holten sie ihre beiden Spielzeugpuppen vom Sofa und verschwanden ebenfalls. Ich jedenfalls kümmerte mich wohl besser darum, daß ich meinen Scheck von den beiden bekam, bevor die Mädchen anfingen zu fragen, was wohl Schneeleopardenmäntel wie der von Miss Superstar kosten. Etwas Nerzartiges hatten sie jedenfalls schon angehabt.

Schließlich war ich mit Suzanne allein.
Wir gaben uns ein Gutenachtküßchen, dann ging auch ich, fest entschlossen, früh zu Bett zu gehen. Unter der Tür sagte ich noch: »Heute abend hänge ich ein Schild vor die Tür, ›Bitte nicht stören‹.«
»Ich glaube, ›Wegen Überfüllung geschlossen‹ wäre passender«, rief mir Suzanne nach.

Ich erwachte in der kalten, grauen Dämmerung und überlegte, wie ich die letzten Tage verbrachte.
Meine Arbeit war getan, wenn ich Miss Superstar zur Abendmaschine nach Europa gebracht hatte. Ich würde ihr einen Abschiedskuß geben, dann Tony zum Abschied küssen und dann meinen Kurzurlaub damit beginnen, daß ich am nächsten Tag zur Party der ›Weißen Königin‹ ging und Juan einen Abschiedskuß gab. Also alle Jungens zum Abschied küssen und dann einen Kurzurlaub vom Sex machen. Ich konnte mich auf andere Dinge konzentrieren, wie im Neuschnee einkaufen, so oft wie möglich ins Theater gehen oder all die alten Freunde anrufen, die ich bislang noch nicht gesehen hatte; ein paar Tage lang wollte ich ganz ich selbst bleiben. Dann wollte ich nach England fliegen und Großmutter spielen. Eine moderne Großmutter, die mit dem Jumbo-Jet ankommt und kleine Päckchen von Macy, Gimbel und Woolworth in der Tasche hat. Bei diesen Gedanken schloß ich die Augen und schlief wieder ein.
Als ich wieder erwachte, schien die Sonne über die verschneiten Dächer herein. Es war zehn Uhr. Ich stand auf und ging ins Plaza Hotel, um bei Bob und Bill meinen Scheck abzuholen. Sie wollten am Mittag nach Kalifornien fliegen.
Zum letztenmal sog ich den altmodischen Luxus des Plaza Hotels in mich ein. Als meine Töchter noch klein waren und wir im Hotel wohnten, sagte ich ihnen oft: »Saugt es ein, es kostet mich fünf Dollar am Tag.« Jetzt sagte ich mir: »Saug es ein, es kostet fünfzig Dollar am Tag.« Früher konnte man im Plaza für fünf Dollar nach allen Regeln der Kunst im Großen Speisesaal essen, während Hildegarde das Lied »Smoke gets in your eyes« sang.
Der Liftboy ließ mich im obersten Stock aussteigen. Bob führte mich herein, stürzte dann aber wieder ins Schlafzimmer, von wo er gerade mit Kalifornien telefonierte und offensichtlich schon wieder ein Geschäft anleierte, das so richtig gar war, wenn er ein paar Stunden später wieder aus dem Flugzeug stieg. Jedenfalls hatte ich Zeit, um mir wieder die Schlittschuhläufer anzusehen. Während all der Jahre, in denen ich nach

New York gekommen bin, hat sich das nicht verändert. Jedesmal haben die Schlittschuhläufer im Central Park ihre Kreise gezogen.

»Tut mir leid, Anne. Es geht schon wieder um einen neuen Star. Wo ist denn Bill mit dem Scheckbuch?«

Bill war im Schlafzimmer mit den beiden Callgirls. Sie saßen auf seinem Koffer und versuchten, ihn mit all den Geschenken für seine Frau zuzubekommen. Bob sah frisch und ausgeruht und topfit aus, Bill dagegen ziemlich mitgenommen. Vielleicht hatten die beiden Mädchen heute nacht auf ihm gesessen.

»Anne, du hast großartig gearbeitet. Du mußt wieder für uns dasein das nächstemal.«

Sie überreichten mir den Scheck und ein echtes Tiffany-Feuerzeug. Ich rauche nicht, aber ich bedankte mich mit einem herzlichen Kuß dafür, daß sie an so etwas gedacht hatten. Um das Maß voll zu machen, küßte ich auch die beiden Mädchen. Sie rochen beide gleich, nach einem viel zu teuren französischen Parfüm.

»Auf Wiedersehen, auf Wiedersehen. Bis zur nächsten Premiere.«

Ich ging nach unten zu Suzanne. Sie war mit dem Packen fertig. Miss Superstar hatte sich entschlossen, rasch eine Kleinigkeit zu essen und auf die letzte Minute noch Einkaufen zu gehen. Wir begleiteten sie.

Als wir zum Hotel zurückkamen, war Tony schon dabei, beim Verstauen der Koffer zu helfen; er versetzte die Portiers dabei in Angst und Schrecken. Es schneite wieder, als wir losfuhren. Es war romantisch und beruhigend. Miss Superstar hatte Angst, daß das Flugzeug nicht starten könnte.

Ich tröstete sie. »Ihr fliegt über dem Wetter, nahe bei den Sternen.«

Nur ein Reporter war zum Flughafen gekommen. Der Erfolg war nun schon zwei Tage alt, und die Presse lauerte auf andere Beute. Noch einmal Küßchen. Ich winkte mein letztes Winkewinke, und weg waren sie. Dann ging ich zurück und hielt nach Tony Ausschau. Er hatte ein großes Trinkgeld bekommen. Suzanne achtete immer auf so etwas. Ich schenkte ihm mein Tiffany-Feuerzeug. Er war überwältigt und wollte es nicht annehmen.

»Aber ich habe ja gar nichts für dich, Puppe!«

»Du hast mir alles gegeben, was ich wollte, Tony. Komm mit nach Hause, und gib es mir noch einmal, zum letztenmal.«

»Okay, Baby. Ich bring' dich nach Hause, und dann mache ich dich so naß, daß du es nie mehr in deinem Leben vergißt.«

Und ich habe es nie mehr vergessen.

Zehntes Kapitel
Die Hippie-Stricher

Der Rest des Jahres verlief ziemlich eintönig, außer daß Martin Greenbaum heiratete. Nach unserer Trennung waren wir in freundschaftlicher Verbindung geblieben, und seine junge französische Verlobte Solange hatte ich richtig ins Herz geschlossen. Sie wollte jetzt für immer mit Martin in Rom leben. Wir gingen ziemlich oft gemeinsam aus, meist noch mit demjenigen, den ich gerade im Schlepp hatte. Im Sommer hatten Martin und Solange in Sperlonga Ferien gemacht und dabei wohl beschlossen, einander zu heiraten.

Als wir wieder einmal allesamt am Strand lagen, meinte Solange: »In Paris möchte ich nicht heiraten; wenn schon, dann in Rom!«

»Im allgemeinen heiratet man im Haus der Braut«, antwortete Martin lachend. »Zudem sind deine Eltern sehr ordentliche Leute, denen würde dein Gedanke gar nicht behagen.«

»Warum wollt ihr eigentlich nicht bei mir heiraten?« schlug ich vor. »Da dein Zukünftiger keine Eltern mehr hat, kann ich doch gut und gern die Rolle der ›zweiten Mutter‹ übernehmen und Martin gütig ins Leben entlassen!«

Also fand das Zeremoniell bei mir statt. Das Ganze hatte sogar etwas Urchristliches an sich: Martin war jüdischen Glaubens, Solange war katholisch und ich evangelisch; ein Ehehindernis aber bestand darin nicht. Im Gegenteil: daß ein Jude und eine Katholikin eine Ehe miteinander eingingen, lag ganz auf der Linie des letzten Vatikanischen Konzils, das die religiöse und moralische Toleranz in den Mittelpunkt gestellt hatte. Wir wußten alle, was die Szene zu bedeuten hatte: nur in Gott ist die ewige Liebe, wir Sterblichen aber können uns auch einmal irren.

Der Empfang der Hochzeitsgäste fand im Grünen Salon statt, und bald hatte man auch die Terrasse in Beschlag genommen. Es war ein warmer Herbsttag. Daß ich die Rolle des männerverschlingenden Fräuleins mit der der Schwiegermutter getauscht hatte, bereitete mir kaum

Kopfzerbrechen. Es steigerte sogar meine gute Laune. Ich hatte das alles ja schon zweimal hinter mir – bei der Heirat meiner beiden Töchter –, und selbst mit meinen siebenundfünfzig Jahren wirkte ich noch überzeugend. Ich trug sogar einen großen, breitrandigen Hut mit einer aufgesteckten Rose.

Auch Evaristo befand sich unter den Gästen. »Ich sehe, die Friedensrose blüht noch immer. Du bist schon eine bemerkenswerte Frau, Anne.«

»Nicht mehr ... ich welke dahin. Jetzt spüre ich ab und zu meine Jahre – wenn mir die Zeit bleibt, darüber nachzudenken. Gott sei Dank ist an mir kein Denker verlorengegangen.«

»Dann würde ich das mit dem Denken ganz lassen und lieber das alte Spiel spielen.«

Ich lächelte. Was er sagte, erinnerte mich an Grants Rat, immer weiter durch das Leben zu laufen. Meine Jungens mochten mich offensichtlich nicht mehr, wenn ich ausruhte und über mich selbst nachdachte; überdies: Evaristo war ja auch kaum mehr ein Junge. Er war ein junger Mann von sechsundzwanzig Jahren, er neigte sogar schon ein wenig zur Fülle, und sein Haar wurde dünner. Seine Umtriebigkeit und sein Charme allerdings hatten mit den Jahren noch zugenommen.

Der Rest des Jahres ging so dahin. Ich hatte mit einem ziemlich langweiligen Film zu tun und konnte deswegen nicht einmal über Weihnachten zu meiner Tochter Fiona fliegen. Aber ich brachte Vanessa mit ihren beiden Kleinen zum Flugzeug, und dann zog ich mich ganz allein für drei Tage nach Sperlonga zurück. Einige Freunde, die dort das ganze Jahr verbringen, luden mich zu einem Weihnachtsessen, das vor einem prasselnden Kaminfeuer stattfand. Vorsorglich hatte ich beim Treibholzsammeln am windgepeitschten Strand mitgeholfen. In der Kälte machte ich ausgedehnte Spaziergänge zu all den Stellen, an denen ich nicht enden wollende, leidenschaftliche Stunden während der langen, heißen Sommertage meiner Vergangenheit verbracht habe. Zu meiner eigenen Überraschung war ich nicht unglücklich. Aber irgendwie schien ich mich in meine Einsamkeit zurückzuziehen.

Endlich wurde es Frühling, und mit ihm kamen ein paar meiner alten Liebhaber und eine unbedeutende, flüchtige Romanze. Als sie vorbei war, hatte ich nicht einmal die Empfindung eines sexuellen Verlusts, noch fiel ich plötzlich aus den Wolken des Verliebtseins. Vielleicht war ich jetzt wirklich mit der Liebe am Ende. Irgendwann im Laufe des Sommers bekam ich den folgenden Brief:

St.-Tropez, 30. August 1975.

Liebe Anne,

was hast Du für Pläne in diesem Sommer? Möchtest Du nicht herkommen? Ich weiß, Du kannst die Stadt – wie wir alle übrigens – nur leiden, wenn die Touristen weg sind, vielleicht können wir Dich also für September herlocken? Wir haben noch unser kleines Stadtappartment für unsere Gäste, wir selbst wohnen jetzt im Landhaus. Möchtest Du nicht kommen und es Dir gutgehen lassen? In Rom muß es jetzt unerträglich heiß sein.

Wir wollen ein Filmchen drehen – eine surrealistische Phantasie in Farbe, aber ohne Ton. Wir haben auch an eine Rolle für Dich gedacht. Würde es Dir nicht Spaß machen, zur Abwechslung einmal vor der Kamera zu stehen?

Wir brauchen für die Rolle eine hübsche Frau in Deinem Alter; sie kommt zu allen Gelegenheiten zu spät, sie fällt beständig aus der Rolle. Dein einziger Partner ist ein großer, schwarzer Hund, der Dir überallhin folgt und schließlich in Deinen Armen stirbt. Während Du ihn noch umarmst und dabei eine Träne vergißt, glauben die Zuschauer, daß nun auch Dein Leben zu Ende ist. Aber ganz im Gegenteil! Das Bild des Hundes in Deinen Armen wird langsam ausgeblendet, statt dessen hältst Du einen wunderschönen Prinzen fest.

Wie wär's denn?

In Liebe, Bart

Bart war ein wohlhabender Bauunternehmer aus dem amerikanischen Mittelwesten; er steckte voller kultureller Ambitionen, weil er wegen seines Reichtums einen Schuldkomplex hatte und ihn dadurch loswerden wollte. Vielleicht hätte er sich besser um all das Elend auf der Welt gekümmert, aber dann hätte er sich wohl kaum mit seinem Bauernhof brüsten und den Hahn im Korb spielen können, der sich mit allerlei hübschen, gutgekleideten Assistenten und Assistentinnen umgab. Rund um die Welt hatte er weitläufige Villenanlagen, altenglische Stadthäuser, arabische Paläste und altertümliche Bauernhäuser aus dem Boden gestampft, alles komplett mit Swimming-pool, Sauna, japanischer Innenausstattung, Innenhöfen mit maurischen Säulengängen, marmornen Badezimmern und hochmodernen Küchen ausgestattet, um das Leben in vollen Zügen zu genießen. Was er sein »Landhaus in St.-Tropez« nannte, war in Wirklichkeit eine umgebaute alte Mühle oberhalb der Stadt. Von der Aussicht hatte man allerdings so gut wie gar nichts, weil das ganze Anwesen mit einer hohen Mauer umgeben war.

Barts gegenwärtige Frau war nur halb so alt wie er, ihr Haar trug sie im Afrolook, und sie behängte sich über und über mit Schmuck; am hinteren Ende des Gartens hatte sie eine kleine Werkstatt, in der sie Emaillemalereien betrieb. Ich mochte sie beide gern, weil sie erreicht hatten, was sie sich in den Kopf gesetzt hatten. Sie war ein armes, aber kunstbegeistertes Mädchen gewesen, das ans große Geld gewollt hatte, und er war ein armer, reicher, kleiner Junge gewesen, der von der großen Kunst geträumt hatte.

Ich antwortete ihm:

Dein Vorschlag gefällt mir. Mir machen Ferien nur dann Spaß, wenn ich damit Abenteuer oder Liebe verbinden kann; vielleicht ist diesmal beides drin. Wer wird denn den verzauberten Prinzen spielen?

In Liebe, Anne

Bart antwortete:

Ich freue mich, daß Du ja sagst; bei den Aufnahmen werden wir uns ganz nach Deinen zeitlichen Vorstellungen richten. Es gibt hier einen Hippie mit hennarotem Haar, den selbst Fellini nicht besser hätte aussuchen können. Unsere Unschuld sieht wie das Mädchen in dem Film »Emanuelle« aus, nur daß sie eine bessere Schauspielerin ist. Du mußt also zugeben, daß wir Dir eine gute Nebenbesetzung bieten.

Bring bitte alles mit, was Du an weißer Kleidung besitzt, weil wir uns Dich immer ganz in Weiß vorstellen. Wenn Dir nach einer Nacktszene zumute ist, kannst Du ganz zum Schluß alle Hüllen fallen lassen. Ich weiß, daß Du Dich mit Deiner Figur sehen lassen kannst.

Wir erwarten Dich mit offenen Armen und laufenden Kameras.

In Liebe, Bart

Lieber Bart,

ich treffe am 19. September mit einem roten Koffer voller weißer Kleider ein. Ich weiß nicht, ob ich mich am Ende ganz ausziehen werde, weil meine Schenkel allmählich faltig werden! Aber ich kann sie ja in meine halblangen Französischen mit dem offenen Schritt einpacken, und vielleicht stecke ich mir eine weiße Rose ins Schamhaar!

Bis in wenigen Tagen also,
Anne

Die Mitarbeit an einem entsetzlich langweiligen italienischen Gangsterfilm hatte ich bald hinter mir. Ich war heilfroh, daß wir kurz vor dem Ende waren, und freute mich auf die Ferien. Die Einladung von Bart war genau im richtigen Augenblick gekommen. Ich ließ meinen Paß verlängern, kaufte einen weißen Badeanzug, der einem alternden Superstar gut anstand, und setzte mich in den Nachtexpreß nach Südfrankreich.

St.-Tropez, am 19. September 1975.

Lieber Bart,

Soeben bin ich angekommen, schwer beladen mit allem möglichem Weiß, vom durchsichtigen Negligé bis zum Abendkleid. Möchtest Du nicht heute abend zur Kostümprobe zu mir kommen? Wenn Du willst, können wir morgen mit den Dreharbeiten beginnen.

Anne

Meinen kleinen Brief schickte ich an die Adresse von Barts Nobelvilla, die über der Stadt thronte. Das kleine Gästeappartement hatte nämlich kein Telefon. Ein Kind aus der Nachbarschaft hatte mich freundlicherweise hereingelassen und brachte jetzt meine Notiz nach oben.

Bart kam mit seiner Frau gegen sieben, sie hatten vollkommen gleiche Hosenanzüge an. Bart erkannte ich daran, daß sein Haar länger war. Meinen verzauberten Prinzen hatten sie auch mitgebracht. Offensichtlich gehörte er zu der neuen Generation der Herumtreiber – der Hippie-Stricher –, die man jetzt überall im Süden antraf. Sie kamen entweder aus den kalten Regionen Nordeuropas oder aus den Vereinigten Staaten. Sie sitzen überall auf den Piazzas, den Badestränden und in den Diskotheken; sie warten darauf, daß sie jemand zum Essen und ins Bett einlädt. Dieser da stammte auch aus einem skandinavischen Land; sie nannten ihn Buf – nach einem schwedischen Märchentroll. Sein langes, braunes Haar hatte er in ein grelles Ziegelrot umgefärbt, und über seinen weit auseinanderstehenden grünen Augen trug er eine Ponyfrisur.

Er hatte ein hellgraues Satinhemd, Jeans und einen roten Stiefel am linken und einen grünen Stiefel am rechten Fuß an. Er war charmant und intelligent, besaß mithin alle Voraussetzungen für das Spiel. Ich mochte ihn sofort, obwohl ich mich sonst vor dieser Sorte in acht nahm. Eine alleinstehende Frau in mittlerem Alter mit einem gemütlichen Zuhause ist ein gefundenes Fressen für diese Hippie-Stricher; und dann wollte ich ja keine Abenteuer mehr und mich ganz auf meine wenigen Teilzeitliebhaber beschränken. Sex machte mir jetzt eben schon viel zuviel Mühe.

Am nächsten Morgen begannen wir in aller Frühe mit den Dreharbeiten in der Nähe eines zerfallenen Turms, in dem ich der Story nach lebte. Es war zwar ein Amateurfilm, aber Bart war doch Profi genug, um den Schluß zuerst zu drehen, weil nach einem Gesetz der Branche Ausstattungsstücke und Darsteller die merkwürdige Gewohnheit hatten, kaputtzugehen oder von der Bildfläche zu verschwinden, so daß man am besten beraten war, wenn man Anfang und Schluß so rasch wie möglich im Kasten hatte. Ich begann also mit meiner Sterbeszene, bevor ich noch wußte, was ich sonst noch alles zu tun bekäme. Es war schon alles ein wenig seltsam. Ich starb, bevor ich überhaupt gelebt hatte! Kein Wunder, daß Filmschauspieler zu Drogen und Alkohol greifen und Skriptgirls den Verstand verlieren!

Die Angebote von Nebenrollen habe ich immer abgelehnt, es sei denn, der Film, an dem ich gerade mitarbeitete, geriet in Schwierigkeiten, und die Regie bat mich, einzuspringen. Ich weiß nicht, welcher Teufel mich geritten hatte, daß ich mich damals gerade für das Gegenteil entschied, und das auch noch in St.-Tropez; vielleicht war es nur der Gedanke an kostenlose Ferien, ein wenig Spaß mit Freunden, an einen Ort, der mir an sich gefiel, und an einen Mann, den ich liebte – dabei hatte ich Emile, meinen Fischer, noch gar nicht zu Gesicht bekommen.

Da war ich also und mußte immer wieder an einer genau markierten Stelle sterben, weil der Kameramann mehrere »Läufe« brauchte, bis alles stimmte. An der Kamera stand der 15jährige Sohn von Bart aus einer der früheren Ehen. Seine kunstbeflissene Stiefmutter war für die Garderobe verantwortlich, und ich starb mit einem großen, weißen Strohhut, der immer im falschen Moment herabfiel. Wie mir schien, hatte mir das Schicksal Filme mit großen Hüten vorbestimmt. Schließlich schnappte in diesem Film der Hund nach dem Wagenrad und verschwand damit spurlos, so daß ich – es war kurz vor der Mittagspause – unbehütet sterben mußte.

Mein verzauberter Hippieprinz tauchte gewöhnlich auf, wenn Aussicht auf eine kostenlose Mahlzeit bestand, obwohl er noch gar nicht dran war. Diesmal trug er ein weites, goldfarbenes Baumwollsporthemd und zueinander passende rote Stiefel. Er verbreitete sich laut darüber, daß er es satt habe, von Brot, Käse und billigem Wein zu leben, und daß er allmählich Rheumatismus bekomme, wenn er immer nur am Strand oder in leerstehenden Stallungen schlafe. Ich war entschlossen, ihn mir vom Leib zu halten. Unsere Liebesszene war auf den letzten Aufnahmetag verschoben worden, so daß es nicht allzu schwierig sein konnte. Außerhalb der Aufnahmen wollte ich ihn so wenig wie möglich zu sehen bekommen. Ich kannte ja eine Menge anderer Leute in St.-Tropez.

An jenem Abend spazierte ich nach einem Abendessen bei einem Freund am Hafen entlang nach Hause, als ich den hennafarbenen Buf an seinem Caféhaustischchen entdeckte. Er hatte jetzt ein smaragdgrünes Jackett an und war mit anderen jungen Leuten zusammen, unter anderem auch mit unserer Unschuld, Blanchette. Sie war ganz außergewöhnlich schön, und wenn mich all die hungrigen jungen Männer der Stadt auch einmal von ihr kosten lassen würden, könnte ich sie aufessen – glaube ich.

Obwohl ich über keine lesbischen Erfahrungen verfüge, stelle ich mir manchmal doch vor, wie es wohl mit sehr schönen Mädchen sein könnte; und das, obwohl die Attraktivität eines Mannes in meinen Augen nichts mit Schönheit zu tun hat. Im Bett klappt es oft mit den Häßlichen am besten; ein nichts als schön aussehender Mann erregt selten meine Gefühle.

Buf mit dem hennaroten Haar wirkte fast unscheinbar, aber er hatte so schöne grüne Augen, mit denen er mich sofort versunken anhimmelte. Als professioneller Charmeur kannte er sich aus und fragte laut, so daß es alle verstehen konnten: »Haben wir heute abend nicht noch den Termin mit dem Probeausziehen?«

Ich antwortete, daß schon ein heimlicher Verehrer auf mich wartete, was auch stimmte.

Emile, mein Liebhaber hier, war vor Jahren ein hübscher, junger Fischer gewesen; er war mir aufgefallen, als ich das erstemal in St.-Tropez gewesen war. Er betrieb nun ein kleines Fischrestaurant am Strand; seine Frau hatte er bis nach Mitternacht an die Küche gekettet, während er mit seinen Freunden am Abend Boule spielte. Wann immer ich in St.-Tropez auftauchte – meist nach den Filmfestspielen in Cannes –, war er sofort bereit, mit mir ins Bett zu gehen. Wenn ich in St.-Tropez angekommen war, ging ich meist wie zufällig an dem Restaurant vorbei und nickte andeutungsweise, um zu sagen, daß ich diesmal allein sei. Wenn ich aber langsam den Kopf schüttelte oder mit den Schultern zuckte, wußte er, daß ich nur kurz mit jemand anderem dableiben wollte. Widerwillig nahm er das zur Kenntnis, aber er ließ es mich bei meinem nächsten Aufenthalt im Bett spüren, wenn wir wieder für uns waren. Es war ihm nie in den Kopf gekommen, ganz auf mich zu verzichten. Seine besitzlüsterne Eifersucht hatte im Laufe der Jahre unserer Romanze, die auch in ruhigeren Bahnen hätte verlaufen können, durch die Zwangspause mehr Farbe gegeben.

Es war Sonntag, und wir hatten unseren Ruhetag. Ich lag am Strand, als sich Buf zu mir in den Sand legte. Er hatte ein schwarz-weiß gestreiftes Schwimmtrikot im Stil der zwanziger Jahre an. Er lieh sich mein Sonnenöl und wollte wissen, ob ich schon zu Mittag gegessen hatte; als ich ihm sagte, daß ich ihm in diesem Punkt bereits zuvorgekommen war, zeigte er sich deutlich enttäuscht. Plötzlich tat er mir leid, deshalb lud ich ihn zum Abendessen in eines der Lokale ein.

Dann schlief ich unter meinem Hut ein, den mir der Hund am Tag zuvor rücksichtsvoll wiedergebracht hatte. Es war ein auffälliger Hund, eine Mischung aus Labrador und Boxer; mit seiner großen, flachen Schnauze erinnerte er mich an einen Mulatten, sein dichtes, schwarzes Fell dagegen schimmerte dunkelblau, wie das Haar eines Orientalen. Am nächsten Tag sollte er also in meinen Armen sterben. Ich wagte nicht daran zu denken, was Bart zu diesem Zweck wohl alles mit ihm anstellen würde.

Als ich wieder aufwachte, war Buf nicht mehr da. Aber ich entdeckte ihn am anderen Ende des Strandes, wie er mit dem Hund immer wieder ins Meer rannte. Auch der Hund war ein Herumtreiber, und er schloß sich jedem Sommergast an, der ihm seine Zuneigung schenkte. Ich würde mich heute abend wohl sehr vorsehen müssen, um nicht mit allen beiden im Bett aufzuwachen.

»Danke für das wunderbare Essen. Es war sehr nett von dir, mich einzuladen«, sagte Buf, als wir sehr spät am Abend an der Hafenmole entlang nach Hause spazierten.

»Ich bin zwar nett, aber deine Gesellschaft hat mir auch Spaß gemacht«, antwortete ich.

»Wie wäre es dann, wenn wir bei dir noch Kaffee trinken? Ich bin ein vorzüglicher Kaffeekoch.«

»Daran zweifle ich nicht, aber ich trinke niemals Kaffee.«
»Es gibt noch andere Möglichkeiten, wie wir uns vergnügen können.«
»Auch daran zweifle ich nicht, aber ich habe für später schon einen anderen Gesellschafter.«
»Wer ist dieser geheimnisvolle Liebhaber?«
»Ein Fischer von hier.«
»Ausgerechnet du bist in einen Fischer verliebt?«
»Nicht ganz. So wie es Vernunftehen gibt, gibt es Vernunftliebhaber.«
»Und deine Ehen?«
»Ich habe aus Liebe geheiratet. Aber die Ehe ist nie bequem. Gute Nacht!«

Am nächsten Tag saßen wir herum und warteten darauf, daß der Hund endlich starb. Buf war noch immer nicht offiziell an der Reihe, aber er stand jetzt als Hundeführer auf der Lohnliste; diesmal trug er ein purpur-gelb gestreiftes Fußballtrikot. Dem Hund gegenüber war er sehr einfühlsam und geduldig; schließlich brachte er es zuwege, daß sich der Hund auf die Seite legte und in der heißen Sonne die Augen schloß; Buf streichelte ihn besänftigend. Die einzige Schwierigkeit bestand darin, daß er immer wieder die Fliegen mit einem Hautzucken abwehren mußte, außerdem schien es ihm Spaß zu machen, in einem fort die Augen wieder zu öffnen und nach meiner Nase zu lecken. Abwechselnd beruhigte uns Buf, indem er uns streichelte. Ich konnte mir vorstellen, daß er als Liebhaber sehr zärtlich war, aber dann schlug ich mir diesen Gedanken wieder aus dem Kopf. Ich war fest entschlossen, mit der Liebe Schluß zu machen.

Endlich war der Hund in meinen Armen tot, und drehbuchgemäß ließ ich eine Träne rollen. Buf nahm mich in die Arme und küßte sie mir weg. Aber das stand nicht im Drehbuch, und Bart wurde sehr ärgerlich, weil sein Sohn die Kamera weiterlaufen ließ.

»Aber du hast doch gar nicht ›Schnitt‹ gesagt, Vater. Woher soll ich wissen, daß schon Schluß war?«

»Du weißt doch ganz genau, daß Anne den Prinzen noch nie im Leben gesehen hat. Die nächste Einstellung beginnt mit einer Überblendung. Der Hundekopf verschwindet allmählich, und statt dessen erscheint das unbekannte Gesicht des schlafenden Prinzen. Du kannst doch nicht erwarten, daß Anne ihn noch voller Überraschung ansieht, wenn sie stundenlang vorher miteinander geturtelt haben.«

Verschämt zogen wir uns an den Rand des Geschehens zurück und setzten uns alle drei auf ein Mäuerchen, während alles für die Aufnahme der beiden Überblendungen vorbereitet wurde. Zunächst aber fachsimpelte Bart noch ein wenig mit seinem Sohn, dem Kameramann.

Endlich wurde ich wieder zur Aufnahme gerufen; es ging jetzt um die Nahaufnahme des Hundekopfes, wobei nur meine Hand zu sehen war, mit der ich das sterbende Tier an mich drückte. Ich mußte mich zusammennehmen, um nicht laut zu lachen. Es war alles so dilettantisch und erinnerte so peinlich an die frühen Filme von Jean Cocteau. Als ich seinen Kopf in die Hand nahm, blinzelte der Hund mit einem Auge, aber dann stellte er sich sofort wieder schlafend. Vom ganzen Filmteam war er der einzige Profi; schade, daß er nicht wirklich mein schlafender Prinz sein konnte – oder doch? Vielleicht sollte der Hund mein wirklicher Liebhaber sein, und sie hatten sich nur nicht getraut, es mir zu erzählen! Das ist bestimmt auch der Grund, daß sie meine Liebesszene auf den letzten Aufnahmetag verschoben haben – entgegen allen Regeln. Nach alledem würde es zwischen mir und Buf gar nichts werden!

Indessen, Buf hatte es auf mich abgesehen. Als ich nach Hause kam, fand ich ein Briefchen, das er unter der Tür durchgeschoben hatte.

Liebe Dame in Weiß,

Du bist so sensationell wie ein Erfolgsstück am Broadway; es kommt mir aber so vor, als müßte man frühzeitig auf die Warteliste, um bei Dir dranzukommen. Vielleicht gehen Deine Eintrittskarten sogar auf dem Schwarzen Markt von Hand zu Hand. Kann ich morgen während der Vorstellung wenigstens einen der vorderen Plätze bekommen? Ich bin sogar bereit, tief in meine Tasche zu greifen und meine wenigen Ersparnisse für ein Abendessen mit Dir zu opfern. Ein wenig Taschengeld bekomme ich ja von zu Hause, für »kulturelle Zwecke«, wie meine Mutter es bezeichnet. Du bist mein Geld wert.

Buf

Seine Überredungskunst amüsierte mich. Unverhüllte Schmeicheleien und sogar der Wink mit ein paar Geldscheinen. Ein altes Sprichwort fiel mir ein: »Mit Speck fängt man Mäuse.« Oder wurde ich zu zynisch? Vielleicht träumte der junge Mann wirklich von mir. Vielleicht litt er auch darunter, daß seine Mutter nicht bei ihm war, und wollte gar keinen Sex, sondern einfach zurück in den Bauch, eine ebenso legitime Empfindung wie jedes andere Lustgefühl auch. Ich rang mich dazu durch, nachsichtiger mit ihm zu sein und seine Einladung anzunehmen.

Am nächsten Tag mußte ich in meinem weißen Badeanzug verzweifelt durchs Meer waten, während vor meinen Augen das Schiff mit all den anderen Darstellern, auch unserer Unschuld Blanchette, am Horizont verschwand. Auf dem Weg zum Strand schob ich eine Nachricht unter Bufs Tür hindurch: ich nahm seine Einladung zum Abendessen an und schlug vor, daß wir uns in der Hafenkneipe trafen. Ich lud ihn nicht zum Drink bei mir ein, weder vorher noch nachher! Rudi konnte diesmal nicht behaupten, daß ich »absichtsvoll schauspielerte«. Damit hatte ich ein für allemal Schluß gemacht!

Es war ein schöner Tag am Strand. Blanchette, unsere Unschuld, ging oben ohne, und was sie untenherum anhatte, reichte auch nicht weit. Das Kreuz, das sie an einem Kettchen zwischen ihren kleinen Brüsten trug, machte aus ihr eine unschuldige, aber höchst appetitanregende Jungfrau. Wenn ich nicht gewußt hätte, daß sie schon mit ganz St.-Tropez im Bett gewesen war, wäre auch ich ihr auf den Leim gegangen. Ihre langen, goldenen Locken erinnerten mich an Jean-Louis. Irgendwie schien mir das auch der Grund zu sein, weshalb ich sie mir als meine Bettgespielin vorstellen konnte. Aber Draguignan war ja nicht weit, und ich war versucht, das Original anzurufen. Ich hatte Jean-Louis seit Jahren nicht mehr gesehen.

»Hallo? Kann ich Jean-Louis Laroche sprechen? Oder seinen Vater, Aurelien Laroche?«

Eine mir unbekannte weibliche Stimme hatte sich gemeldet. Ich hatte ja auch schon so lange nichts mehr von ihnen gehört, vielleicht waren sie weggezogen.

»Es tut mir leid, aber die Laroches wohnen nicht mehr hier, Madame. Herr Laroche ist letztes Jahr nach einem Herzanfall gestorben. Seine Frau ist wieder nach Paris gezogen; möchten Sie ihre Anschrift?«

Einen Augenblick lang konnte ich nicht sprechen. Aurelien war also tot. Der Mann, der mir die Unschuld genommen hatte, war gegangen.

»Sie meinen, Aurelien Laroche ist gestorben?«

»Ja, Madame.«

»Und sein Sohn, ist er auch nach Paris gezogen?«

»Ich weiß nicht genau, Madame. Ich glaube, er hat geheiratet. Ich habe nur die Adresse von Frau Laroche in Paris.«

»Ich danke Ihnen ... Nein ... Es hat keinen Zweck. Ich danke Ihnen, Madame.«

Ich legte auf. Jean-Louis mußte jetzt fünfundzwanzig Jahre alt sein und hatte geheiratet. Und Aurelien war tot. Die Jahre vergingen.

Ich riß mich zusammen und machte mich auf den Weg zu der Hafenkneipe, um Buf zu treffen. Wir unterhielten uns mit vollen Backen.

»Wird es dir nicht langweilig, den ganzen Tag über im Café herumzulungern?«

»Ja – schon, aber das gehört mit dazu.«

»Hast du genug zu essen?«

»Ja und nein. Wenn ich nicht irgendwo eingeladen werde, halte ich es mit Äpfeln und Käse. Mein Stiefvater ist Arzt, er hat mir frühzeitig beigebracht, auf meine Linie zu achten.«

»Und wie ist es mit der Liebe?«

»Beinahe jeden Abend!«

»Lieber Gott! Und wo?«

»Im Stall, am Strand, in ihren Häusern.«

»Wer ist ›ihren‹?«

»Jedes Mädchen, das man frei- oder zurückgelassen hat.«

»Es ist dir egal, wer das jedesmal ist?«

»Es spielt keine Rolle, wirklich. Und zur Not kann ich mich vorher vollaufen lassen.«

»Steigst du auch mit Jungens ins Bett?«

»Nein, niemals. Ich bin eindeutig normal.«

»Hast du schon mit Blanchette geschlafen?«

»Ja, ein paarmal, aber ihr Verstand ist so klein wie ihre Titten. Ich liebe das Gespräch, große Brüste und weiche Schenkel, genau in dieser Reihenfolge.«

»Das habe ich mir schon gedacht – dir fehlt deine Mutter.«

Plötzlich sah er mich völlig verunsichert und schweigsam an und setzte seinen Bissen ab.

»Und du bist eifersüchtig auf deinen Stiefvater«, fügte ich hinzu.

Er hatte plötzlich den grünlichen Gesichtsausdruck, den nur die echten Rothaarigen bekommen. Ich war überrascht, wie eine solch einfache psychologische Bemerkung diesen nach außen hin so gelassenen, modern jungen Mann aus der Fassung bringen konnte.

Ich wechselte das Thema, damit er wieder Farbe bekam. »Was machst du denn den Winter über, wenn alles zu ist, keine Tische mehr draußen stehen, und es regnet und schneit?«

»Ja, wohin im Winter?«
»Frag die Schwalben!«
»Nimmst du mich mit nach Rom?«
»Warum sollte ich?«
»Ich kann dir Gesellschaft leisten – aus Freundschaft. Ich kenne mich aus im Haushalt. Ich bin ordentlich. Ich kann kochen und abwaschen.«
»Ich brauche keine Frau.«
»Im Bett aber bin ich sehr männlich. Gib mir eine Chance!«
»In dieser Hinsicht will ich keine Komplikationen mehr haben.«
»Ich glaube allmählich, daß du überhaupt keinen Sex willst; wahrscheinlich ist dein Ruf völlig unbegründet, und deinen geheimnisvollen Liebhaber gibt es auch nicht!«
»Du bist klüger, als ich dachte. Ich lasse mich nicht von dir einfangen, auch wenn du mich auf die Probe stellen willst.«
»Wie schaffe ich es deiner Meinung nach dann?«
»Warte ab, das ist mein Rat. Manchmal wird die Geduld belohnt.«

Am nächsten Tag waren wir wieder bei Außenaufnahmen an dem zerfallenen Turm. Buf schlich auch herum und schien mir ziemlich verzweifelt. Es amüsierte mich, daß er wohl beleidigt oder verwirrt war, weil ich nicht mit ihm schlief. Ich flirtete ganz unverschämt mit Blanchette. Ich hatte nicht gewußt, daß es so einfach war wie das Flirten mit einem Mann. In unserer Szene trafen wir uns draußen vor dem Turm und gingen dann zusammen hinein. Ich machte eine Liebesszene daraus. Bart war entzückt, seine Frau war verwirrt, und der fünfzehnjährige Kameramann gab sich alle Mühe, gute Miene zum bösen Spiel zu machen, platzte dann aber doch heraus, er würde mir auf die Hand schlagen, wenn ich Blanchette noch einmal an die Wäsche ging. Buf war wütend. Dabei fühlten sich die kleinen Brüste köstlich an, und die Nippel wurden bei meiner Berührung hart. Zum erstenmal fühlte ich eine andere Frau. Wir küßten uns leidenschaftlich und verschwanden dann im Eingang. Wir mußten ein paarmal wiederholen, weil der arme Fünfzehnjährige so durcheinander war, daß er immer wieder die Entfernungseinstellung verpatzte. Auch fiel mir auf, daß sich seine Hose verdächtig wölbte.

»Eine von uns beiden muß heute nacht mit dem Kameramann schlafen«, flüsterte ich Blanchette zu, als wir zum zehntenmal hineingingen.
»O ja«, sagte sie achtlos.
»Wir könnten aber auch beide mit ihm ins Bett gehen.«
»O ja«, sagte sie wiederum.

Sie war wirklich so dumm, wie Buf gesagt hatte. Insgeheim wünschte ich mir für mein erstes lesbisches Abenteuer eine Partnerin mit mehr Klasse.

An jenem Abend wollte ich niemanden sehen. Der Tod Aureliens ging mir noch viel zu sehr nahe. Allein machte ich einen ausgedehnten Spaziergang.

Sehr spät kehrte ich zurück und ging allein den steilen Hügel hinauf, über dessen Grasflächen in der Nacht die Glühwürmchen tanzten, während die Zikaden in den Olivenbäumen zirpten. Stumm begrüßte mich die Stadt, die Bars waren jetzt geschlossen, und auch die Fenster der Restaurants lagen im Dunkeln. Das einzige Geräusch kam von einer Kellerdiskothek, ein dumpfes Stampfen im Untergrund.

Ich öffnete die Tür und stieß auf einen Zettel von Buf.

Liebe Unnahbare,

in der Hoffnung, daß Du bald zurückkommst, habe ich Deinen Eingang belagert. Das Leben ekelt mich an, die Mädchen hier ekeln mich an, ich selber ekle mich an. Die Saison ist vorbei. Soll ich jetzt nach Hause fahren und voll ins System einsteigen? Mir die Haare schneiden lassen, das Theaterspielen aufgeben, meine grüne Jacke wegwerfen und statt dessen in einen weißen Arztkittel kriechen? Ich weiß, in Deinen Armen würde ich die Antwort finden. Aber wo steckst Du?

Ich legte den Zettel weg. Wenn ich wieder in Rom war, würde er zu all den anderen in der Schuhschachtel kommen, zur Erinnerung. Ich ging ins Bett, dankbar, daß ich für mich war. Im Alter, empfand ich, lernt man von selbst, allein auszukommen. Die Einsamkeit ist Teil der Freiheit.

Am nächsten Tag mußte ich mich auf Abruf bereithalten, bis eine andere Szene abgedreht war. Gegen elf Uhr klopfte es an meiner Tür. Sie hatten Buf geschickt, um mich abzuholen. Die Tür war nur eingeklinkt, zum erstenmal trat er in mein kleines Appartement ein. Ich lag lesend auf dem Bett.

»In einer halben Stunde bist du dran«, sagte er, während er blitzschnell alle Hüllen fallen ließ, außer seinen grünen und roten Stiefeln. Ich war zu sprachlos, um ihm Einhalt zu gebieten. Er hatte eines dieser knotigen Dinger, an denen die Adern so deutlich hervortreten; es zeigte direkt auf mich. Behutsam faßte ich es an; es schnellte nach oben.

Ich hatte meinen Morgenmantel an, weil ich noch nicht wußte, in welchem Aufzug ich erscheinen sollte. Ich brauchte mich nur noch zurückzulegen. Er traf beim ersten Versuch ins Schwarze. Ich entspannte mich und begann zu genießen.

Als es vorbei war, sagte er mir, was ich anziehen sollte, und half mir dabei. In meinem weißen Kleid glitt ich wie auf rosa Wolken durch die graue Stadt und stützte mich auf seinen Arm. Er hatte gewonnen, trug aber keine Siegermiene; im Gegenteil, er kam mir ziemlich melancholisch vor.

»Was ist los mit dir?«

»Ich habe schon an Selbstmord gedacht!«

»Um Himmels willen! Was für ein zweideutiges Kompliment. Du wirst der erste Mann sein, der Selbstmord begeht, weil ich mit ihm im Bett gewesen bin. Das sieht euch Schweden gleich!«

Unwillkürlich mußte er lächeln. »Ich erzähle dir das heute abend«, sagte er düster.

»Warum sollte es ein ›heute abend‹ geben? Ich glaube nicht, daß die Vergewaltigung morgens um elf einen zärtlichen Ritt am Abend rechtfertigt.«

Wir waren am Drehort angekommen und mußten unsere Unterhaltung abbrechen. Man hatte schon auf uns gewartet.

An jenem Abend klopfte es an meiner Tür. Ich dachte, es sei Emile, der zu früh kam. Wir hatten vereinbart, daß er nur hereinkommen sollte, wenn draußen der Schlüssel steckte, so daß er öffnen konnte, ohne zu klopfen; wir wollten nicht die Aufmerksamkeit der Nachbarn erregen. Aber manchmal vergaß ich einfach den Schlüssel, und er mußte klopfen. Vorsichtig öffnete ich die Tür. Buf stand davor und sah wie ein verlorenes Kind aus. Sogar seine Kleidung wirkte diesmal trister als sonst; er hatte grüne Stiefel an. Ich brachte es nicht fertig, ihn wegzuschicken.

Ich hatte mir Karten gelegt, und er setzte sich gleich davor. »Glaubst du daran?« fragte er und deutete auf die Karten.

»Ich glaube und glaube nicht daran. Das Schicksal geht gewöhnlich seinen eigenen Weg.«

»Und du glaubst nicht, daß ich dein Schicksal bin?«

»Ganz sicher nicht. Warum willst du es unbedingt sein?«

»Weil du der erste Mensch bist, der erraten hat, daß ich mit meiner Mutter geschlafen habe.«

Ich bemühte mich, nicht zu zeigen, wie überrascht und schockiert ich war. Deshalb hatte er also so betroffen dreingeblickt, als ich ihn neulich psychologisch in die Zwickmühle gebracht hatte.

»Warum hast du es getan?« fragte ich gelassen.

»Ich wollte das auch haben, was mein Stiefvater hatte. Er war wütend auf mich, weil ich die Medizin an den Nagel gehängt hatte und Schauspieler werden wollte. Er hat mich aus dem Haus geworfen.«

»Und warum hat es deine Mutter getan?«

»Sie war damals angetrunken.«

»Das erklärt nichts!«

Er schwieg ein paar Sekunden. »Ich glaube, wir beide brauchten uns damals sehr – es ist einfach passiert. Wir haben es nicht absichtlich getan.«

»Und was war danach?«

»Sie lachte nur. Sie schien ziemlich glücklich, wirklich!«

»Und du?«

»Ich wußte, daß ich sie jetzt noch besser kannte. Wir waren uns näher als je zuvor.«

»Dann gibt es mildernde Umstände!« Ich lenkte alles ins Scherzhafte, weil ich die Atmosphäre auflockern wollte.

»Glaubst du, daß es etwas so Abscheuliches ist?«

»Nein – nur die Nachwirkungen können tödlich sein. Aber in deinem Fall scheint es ja angeschlagen zu haben.« Aber ich war mir nicht sicher, wie sich meine Stimme anhörte.

Mit seinen grünen Augen blickte er tief in mich hinein. »Ist es dir schon einmal passiert, daß deine Augen die Farbe meiner Augen angenommen haben?« wollte er schließlich wissen.

Mit dieser Bemerkung schmolz das Eis.

»Du setzt mich jetzt nicht vor die Tür, oder doch?« bettelte er.

Ich tat es nicht. Unsere Augen verschmolzen miteinander, während wir uns näherkamen; dann unsere Hände, unsere Hüften, schließlich waren wir auch unten eins. Als es vorbei war, barg ich ihn mit einem Seufzer mütterlicher Resignation an meinem Körper. Einmal eine Mutter, immer eine Mutter!

An jenem Abend lud uns Bart allesamt in das teuerste Restaurant am Platz zum Abendessen ein. Ich erschien wieder in Weiß, wie gewöhnlich. Buf, der mich abholte, trug purpurfarbene Kordsamthosen und ein Flickenhemd. Bart und seine Frau erschienen wieder in ihren Hosenanzügen, unser Kameramann trug Jeans wie immer. Er war sehr ernsthaft und ziemlich nett, dachte ich. In ein oder zwei Jahren vielleicht ... aber nein, ich machte Schluß damit und ließ mich nur noch mit einem passenden Bräutigam ein. Aber wo steckte er, wenn ich ihn wirklich brauchte?

Ich sah mich im Lokal um. Da saßen ein paar glattrasierte Herren mittleren Alters in kurzärmeligen Sporthemden oder marineblauen Jacketts. Sie kamen alle in Frage und auch nicht in Frage.

Plötzlich fiel mein Blick auf einen kleinen Tisch ganz hinten in der Ecke, und die Augen wären mir beinahe aus dem Kopf gefallen. Zwei junge Männer, ein Weißer und ein Farbiger, nahmen gerade Platz.

»Wo siehst du hin?« wollte Buf eifersüchtig wissen.

»Mein Gott«, rief ich, »jemand hat dich soeben aus dem Rennen geworfen!«

Alle am Tisch drehten sich plötzlich um. Der junge Weiße war ein klassischer, blonder Adonis, auf den man gut und gern einmal ein Auge warf, aber der junge Schwarze war einfach unbeschreiblich. Es war die exotischste Erscheinung, die ich je in meinem Leben erblickt habe. Sein Haar trug er nicht buschig, wie es sonst die Afrikaner tun, noch hatte er die neumodischen kleinen Zöpfchen. Sein Haar bestand aus einer unbändigen Masse schwarzer Ringellöckchen. Jedes kleine Löckchen hatte er sich zu einem Korkenzieher drehen lassen, und alle zusammen tanzten zu Tausenden auf seinem Kopf wie die Schlangen um das Haupt der Medusa. Seine dünnen, schwarzen Beine schimmerten durch die bauschigen, grellrosa Seidenhosen, die am Knöchel eng anlagen und von goldenen Glöckchen gesäumt waren; unter der bestickten weinroten Weste trug er ein schwarzseidenes Hemd. Seine ganze Erscheinung wurde durch echt afrikanisches Geschmeide an Handgelenken und Hals unterstrichen.

»Mein Prinz«, stieß ich aus. »Natürlich – der schwarze Hund muß sich als schwarzer Prinz entpuppen!«

Buf sah verwirrt drein, aber die Augen von Bart begannen sich mit Begeisterung zu füllen.

»Ich kann ja jetzt schlecht zu ihm hinübergehen und ihn fragen, ob er mein Liebhaber werden möchte, oder doch?« wollte ich von unserer Runde wissen. »Buf, besitzt du genügend Größe, um auf die Rolle zu verzichten, und traust du dich, diesen grandiosen Wilden an unseren Tisch zu den notwendigen Verhandlungen zu bitten?«

Natürlich wäre ich nicht so weit gegangen, wenn es sich um einen professionellen Film gehandelt hätte. Nicht im Traum wäre mir eingefallen, einen der Darsteller dazu zu bewegen, auf seine Rolle zu verzichten, es sei denn, er erwies sich als unzuverlässig oder als Stümper, aber ich glaubte, es könne Buf so ziemlich egal sein, ob er bei einem Film für den Hausgebrauch nun mitspielte oder nicht.

Aber es war ihm nicht egal, auch wenn er wie ein Gentleman zu verlieren verstand. Er ging hinüber, um mit diesem Prachtmenschen zu reden; er willigte ein, zu uns an den Tisch zu kommen, sobald er gegessen hatte.

»Haben wir nicht auch noch eine Rolle für seinen Freund?« wollte ich wissen. »Könnte der schwarze Prinz nicht einen weißen Sklaven dabeihaben? Was für ein Fanal für die Rassenintegration!«

Bart hielt das für eine ganz ausgezeichnete Idee. Aber Buf gab sich angewidert und sarkastisch.

»Sie ist ja nur dafür, weil sie mit allen beiden ins Bett will«, stellte er bitter fest.

»Saure Trauben«, sagte ich, griff nach dem Früchtekorb und hängte ihm ein paar Weintrauben über die Ohren. Jetzt sah er endlich wie ein schöner Weingott aus. Ich war einfach heiß, und ich wußte das; aber es war auch eine Spur Selbstverteidigung dabei, weil ich mir nicht sicher war, ob ich die Kraft hatte, Buf einfach im Stich zu lassen, wenn morgen die Dreharbeiten zu Ende waren und ich Saint-Tropez verließ.

Die alte Platte, die gerade gespielt wurde, paßte genau zu meiner Stimmung: »Er will eine Mutter, aber du willst keinen Sohn; er will in dein Haus, damit geschehe, was er will; er will dir deine Zeit stehlen und auch dein Geld; er will mit allen Mädchen dieser Stadt schlafen; ausgerechnet in deinem Bett, wenn du es ihm erlaubst.«

Es war vollkommen wahr. Das war mir alles schon vorher durch den Kopf gegangen, alles hatte ich mir vorher schon vorgestellt, aber die grünen Augen, die jetzt von den grünen Weintrauben gesäumt waren, sahen mich noch immer herausfordernd an. Ich beugte mich vor und biß in eine der Trauben, die von seinen Ohren herabhingen.

Der grandiose Wilde hieß Jimmy, was ein wenig enttäuschend war, aber er sprach seinen Namen lang und gedehnt wie Jeemee aus. Er stammte aus Mauretanien und sprach nur Französisch. Er war schrecklich höflich und zurückhaltend, verbeugte sich tief und redete mich mit »Madame« an. Bei dem Gedanken, in einem Film mitzuspielen, war er kaum mehr zu bremsen; er fühlte sich geehrt, unsere Bekanntschaft zu machen, und beeindruckt von unserer Einladung. Sein schöner, blonder Freund verbeugte sich ebenfalls, beide setzten sich und tranken mit uns eine Flasche Champagner auf Barts Kosten. Dann verschwanden sie in der Dunkelheit ebenso geisterhaft, wie sie aufgetaucht waren;

zuvor hatten wir uns für den nächsten Morgen um zehn Uhr an einer bestimmten Stelle verabredet, damit ich mit ihnen zum Drehort gehen konnte.

»Dieser falsche Hund wird keinen Finger krumm machen. Der ist so zugeknöpft, daß er nicht einmal die Schuhe ausziehen wird«, meinte Buf, als sie gegangen waren.

»Ich glaube nicht, daß er Schuhe angehabt hat«, warf ich ein.

»Doch, hatte er – billige Mokassins.«

Buf wurde immer betrunkener und brachte mich nicht einmal mehr nach Hause, was mir mehr als recht war, weil ich vor meiner großen Liebesszene einigen Schlaf brauchte. Ich packte auch noch meinen roten Koffer. Sobald mein Schwanengesang beendet war, wollte ich nach Rom zurück. Der Nachtexpreß von Nizza würde mich vor jeder Versuchung bewahren. Es war für mich mit Bestimmtheit besser, als zu jungen Liebhabern nach Rom zurückzukehren.

Am nächsten Morgen erwachte ich in aller Frühe, duschte mich und besprühte mich großzügig mit Arpège. Ich mußte Jeemee und seinen weißen Sklaven zu Barts Anwesen bringen, wo unsere große Szene gedreht werden sollte. Da der Hund unten vor der Tür gestorben war, hatte der schwarze Prinz an der gleichen Stelle in meinen Armen aufzuwachen; dann sollte er mich über die Türschwelle in den Schutz des ummauerten Gartens tragen. Es war uns ganz und gar freigestellt, was wir dann darin trieben. Während wir zu Bart hinaufgingen, erklärte ich das alles dem schwarzen Prinzen.

Den Büstenhalter hatte ich absichtlich nicht angezogen, damit später keine Hautabdrücke zu sehen waren, falls der Prinz mutig genug sein sollte, mir die Bluse auszuziehen; allerdings war ich mit Buf einer Meinung, daß er wohl kaum weiter gehen würde. Für alle Fälle hatte ich aber doch meine Französischen, die mit dem offenen Schritt, angezogen. Absichtlich hatten wir für diese Szene festgelegt, daß ich einen Rock tragen sollte; es wirkt keine Spur anmutig, wenn ein Mann eine Frau aus ihren langen Hosen pellt.

Als ich fertig war, schrieb ich noch einen kurzen Brief an Buf. Ich glaubte nicht, daß er diesen Morgen erscheinen würde, selbst als Hundeführer nicht. Ich würde ihn wahrscheinlich nie mehr wiedersehen.

Lieber, lieber Buf,

in meinen Augen bist Du viel zu intelligent, als daß ich Dich mit Redensarten wie »Ich habe mich gefreut, Dich kennenzulernen« oder »Es hat Spaß gemacht, aber nun muß ein Ende sein« abspeisen dürfte. Wenn ich Dir sowenig entgegengekommen bin und Dich nicht bei mir aufgenommen habe, dann nur, um mich selbst zu schützen.

Ich kann Söhne, die Liebhaber sind, und Liebhaber, die im Grunde Söhne sind, nicht mehr ertragen. Ich möchte frei und unabhängig sein, selbst um den Preis, ganz auf Männer zu verzichten.

Ich gebe Dir den guten Rat, nach Schweden zurückzukehren und von vorn anzufangen. Aber laß Deine Mutter in Ruhe – diesen Fehler darf man nicht zweimal machen!

Alles Gute, alles Liebe, lebe wohl.

Anne

Auf dem Weg zum Treffpunkt mit dem schwarzen Prinzen ging ich noch bei Buf vorbei und schob das Briefchen unter der Tür durch.

Jeemee hatte sich für diesen Tag fast ebenso berauschend zurechtgemacht wie gestern für den Abend. Ich sah, daß Buf recht hatte, seine Kleider stammten aus billigen orientalischen und arabischen Boutiquen, aber während sie an jedem anderen lächerlich gewirkt hätten, ihm standen sie angesichts seiner Rasse einfach großartig. Der weiße Sklave tauchte leider nicht auf, aber es war keine Zeit mehr, nach ihm zu suchen. Wir mußten uns beeilen, weil wir dieselben Lichtverhältnisse haben mußten wie beim Tod des Hundes. Es mochte bei einem Amateurfilm zwar nicht allzu wichtig sein, daß stets die gleichen äußeren Bedingungen herrschten, aber es konnte schwierig werden, den Schwarzen im Schatten zu filmen – und wir arbeiteten ja ohne Scheinwerfer. Ich verschwieg ihm das zwar aus Taktgefühl, trieb ihn aber zur Eile an, während ich mich mit ihm über das Natürliche und Unvermeidliche von Nacktszenen im modernen Film unterhielt.

Auf jede meiner Feststellungen hin antwortete er stets nur mit »Ja, Madame«. Dann kam ich auf seine Rolle zu sprechen: »Der Hund starb ohne Kleider, deshalb mußt du natürlich auch nackt erwachen, oder nicht?«

»Ja, Madame.«

Ich war mir nicht ganz sicher, ob er wirklich verstanden hatte, worauf ich hinauswollte. Sei's drum, er konnte ja auch die Hose anbehalten, da während der Überblendung von dem Hund zu dem Prinzen nur sein schlafendes Gesicht aufgenommen wurde.

Zu meiner Überraschung war Buf doch gekommen, um den Hund in Schach zu halten und – falls nötig – doch für die Prinzenrolle einzuspringen. Zu unserer freudigen Überraschung war der schwarze Prinz voll und ganz bereit, alle Hüllen fallen zu lassen, sogar draußen auf der Treppe. Aber das wollten wir nicht, weil uns die ganze Stadt hätte zusehen können. Wenn wir einmal innerhalb des Anwesens waren, war das etwas anderes.

Buf brummte scharfzüngig vor sich hin: »Natürlich ist der von klein auf gewöhnt, als nackter Affe durch den Urwald zu laufen. Aber selbst bei denen gibt es jede Menge sexueller Tabus. Der wird bei der Liebesszene bestimmt nicht mitspielen.«

Der Hund war einfach hinreißend. Er behielt die Augen fest geschlossen und wehrte sich selbst dann nicht, als ihn Buf wegzog; als Buf dabei in meine Nähe kam, zischte er mir zu: »Dein Arpège stinkt meilenweit, das wird ihn vergraulen, weil sich die Affen nicht parfümieren. Wenn alle anderen Stricke reißen, sobald er das Arpège riecht, schlafft er sofort ab.«

Der schwarze Prinz legte seinen Kopf in meine Hände und schloß die Augen. Soweit ich sehen konnte, war sein Körper völlig unbehaart, seine Haut fühlte sich so weich wie Satin an. Er roch nach Sandelholz, was mir durch und durch ging.

»Jetzt mach die Augen auf, sieh Anne tief in die Augen, dann steh langsam auf. Dabei hebst du sie auch auf, nimmst sie auf deine Arme und trägst sie über die Türschwelle«, erklärte Bart.

»Ja, Monsieur«, antwortete der Prinz höflich.

Es lief prachtvoll. Er war voller natürlicher Anmut und besaß ein sicheres Gefühl für den richtigen Bewegungsablauf. Er trug mich mitten durch den Garten zu einem Kissenlager im Innenhof; das stand zwar nicht im Drehbuch, aber er legte mich vorsichtig ab und gab mir einen Kuß.

»Entschuldigen Sie, Madame, das ist wegen der Kunst«, entschuldigte er sich für den Kuß.

Buf schloß das Tor zur Straße mit einem lauten Knall; im selben Moment stoppte Bart die Kamera.

Der Prinz war bis dahin nur bis zur Gürtellinie im Bild gewesen und hatte noch immer seine Hosen an. Während der folgenden Einstellung – wir lagen jetzt auf den Kissen – sollte die Kamera eine Weile laufen; sobald wir mit unserem Liebesspiel begannen, wollte uns der Kameramann mit dem Zoomobjektiv heranholen. Jeemee zog seine Hose aus und legte sich zu mir. Zu meiner Freude sah ich, daß er doch Schamhaar hatte; so ganz ohne wäre es doch ein wenig komisch gewesen. Und er hatte da einiges vorzuweisen.

»Nur Mut, junger Mann«, forderte ich ihn auf. »Mach mir die Bluse auf, zerwühl mir das Haar, mach alles, was dir Spaß macht. Es muß alles ganz echt wirken.«

Hoffentlich wußte er jetzt, wohin die Reise gehen sollte. Ich legte mich zurück und wartete darauf, daß Bart das Zeichen »Kamera läuft« gab; ich war gespannt, was dann passierte.

Ich weiß nicht mehr, ob Bart das Zeichen gegeben hat oder nicht, jedenfalls sagte er in der nächsten halben Stunde nichts mehr. Es muß die längste Szene in der Filmgeschichte gewesen sein. Der schwarze Prinz zog mir zuerst die Bluse aus, dann lockerte er mein Haar, wie ich es ihm gesagt hatte. Dann verwirklichte er ganz lässig und gekonnt alles, was man sonst nur in der indischen Liebeslehre Kamasutra nachlesen kann. Mein Rock flog im hohen Bogen durch die Luft wie ein Vogel, die Französischen ließ er mir – sie waren ja nicht im Weg, welche Stellung es auch gerade war –, und alles vollzog sich so sicher, anmutig und gleichmäßig, wie ich es nie zuvor erfahren hatte. Einzig, daß wir in der prallen Sonne arbeiteten und wie die Schweine schwitzten. Das machte sich aber, glaube ich, ziemlich gut. Jedenfalls brauchten wir keinen Maskenbildner, keinen Glycerinspray.

Als der Prinz endlich kam, stieß er einen Urschrei aus, der durch den ganzen Innenhof hallte. Dann fiel er vornüber und ließ sich langsam auf den Rücken rollen, während sein Penis feucht schimmerte. Auch ich legte mich zurück und blickte in den blauen Himmel, während ich die Hand des Prinzen hielt. Ich fühlte mich wie ausgelaugt.

»Liegt nicht so da herum, tut etwas, wir drehen einen Film«, schnauzte uns Buf rauh an. »Ihr werdet nicht dafür bezahlt, daß ihr einfach herumliegt und faulenzt!«

Ich stützte mich auf den Ellbogen. Der schwarze Prinz lag reglos da, wie eine Skulptur auf einem schwarzen Marmorgrab, während Schweißtropfen und Sperma wie kleine Brillanten auf seiner schwarzen Satinhaut funkelten. Mit meinem langen Haar wischte ich ihn zärtlich trocken, dann legte ich meinen Kopf erschöpft auf seinen Bauch und wiegte seinen schlaffen Penis in meinen jetzt ebenfalls kraftlosen Armen; seine Kuppel zeigte auf meine Lippen.

»Kamera stopp!« Diesmal gab ich das Kommando.

Irgendwann mußte Bart die Kamera übernommen haben; er schwitzte beinahe ebenso stark wie wir. Sein fünfzehnjähriger Sohn war verschwunden, wahrscheinlich, um sich im Badezimmer einen runterzuholen. Seine kunstbeflissene Stiefmutter schien mir ganz und gar nicht mehr in ihren hohen Sphären zu schweben, sie hatte wohl die Erde wiederentdeckt. Wahrscheinlich überlegte sie, ob sie nicht einige der Stellungen heute abend mit ihrem Mann durchprobieren sollte. Buf hatte sich mit dem Hund in eine Ecke verdrückt, und sie saßen da wie zwei nichtsnutzige Buben, die aus dem Klassenzimmer gewiesen worden sind. Der schwarze Prinz beherrschte die Szene. Langsam rappelte er sich auf, zog mich zu sich hoch und schüttelte mir freundlich die Hand, als würden wir uns zum erstenmal treffen.

»Vielen Dank, Madame. Vielen Dank für diesen unterhaltsamen Vormittag.«

Sein Ton war formell und korrekt, und er benutzte noch immer das höfliche »Sie«, wie schon vor unserer Liebesszene.

»Dann darf ich Sie nach Hause bringen, Madame?« wollte Jeemee wissen, während er meine Seidenbluse aufhob und sie mir hinhielt, wie man einer Dame am Ende einer Party in den Mantel hilft. Ebenso wurde mir mein Rock zurechtgehalten, nachdem er vom Baum geholt worden war, und auch meine Schuhe wurden mir an die Füße gesteckt, als seien wir in einer Szene aus dem Film »Cinderella«.

Wir gingen zusammen durch die Stadt und tauschten höfliche Banalitäten, wie zwei Unbekannte, die sich zufällig getroffen haben und nun glauben, Konversation machen zu müssen. Als wir jedoch angekommen waren, betrat er mein Appartement, als gehöre es ihm, nahm einen Drink, duschte, legte alles in Beschlag mit einer Miene, als sei das angesichts der Privilegien für königliche Hoheiten und schwarze Prinzen selbstverständlich. Ich wollte wissen, wo sein blonder Freund steckte, er sagte mir aber, daß er ihn kaum kannte, daß sie gar nicht zusammen unterwegs waren und daß jeder für sich selbst zu sorgen hätte. Ich erwähnte, daß ich noch fertigpacken müsse, weil ich mit dem Nachtexpreß nach Rom zurück wollte.

»Ich komme mit«, deutete er an.

Da schoß mir ein altes Sprichwort durch den Kopf: »Vom Regen in die Traufe ...«

»Aber du bist doch eben erst hergekommen«, warf ich ein.

»In St.-Tropez sind für mich keine Geschäfte zu machen. Das Territorium ist in festen Händen.«

»Was für Geschäfte?«

»Kostbare pakistanische Edelsteine.«

Ich stellte mir vor, wie die ungeschliffenen Smaragde und die sternförmigen Saphire in seiner braunen Hand funkelten. Aber manchmal bin ich eben unglaublich ahnungslos. Ich glaubte sogar daran, daß einer davon in meinen Nabel fallen würde, wenn ich erst mit ihm in Rom war.

»Ich fahre mit dem Bus bis St.-Raphael«, sagte ich. »Von dort fährt ein bequemer Nachtzug, der morgen früh in Rom ist.«

»Gut, ich komme mit dir. Ich gehe nur noch auf mein Zimmer und packe meine Sachen zusammen.«

Seine Sachen stellten sich als ziemlich komisches Gepäck heraus. Seine Kleidungsstücke wirkten bei Tageslicht wie billiger Flitter und hatten nichts Großartiges an sich. Er legte sie sorgfältig auf meinem Bett zusammen und steckte sie in die eine Seite einer großen afrikanischen Umhängetasche, die, wie er mir versicherte, ursprünglich als Kamelsatteltasche gedient hatte. Die andere Seite der Tasche schien mit Papierpäckchen vollgestopft zu sein.

»Wo ist dein Diamantenkoffer?« wollte ich wissen.

Er nahm einige von den Päckchen heraus, die wiederum aus Päckchen zu bestehen schienen.

»Möchtest du?«

»Nein, jetzt nicht. Ich trage auf der Reise keinen echten Schmuck.«

»Du hast recht. Ist zu gefährlich. Aber man hat mir gesagt, daß die Liegewagen an der Grenze nicht kontrolliert werden.«

Er steckte die Päckchen wieder in die Satteltasche, dann warf er sie über die Schulter.

»Ist das nicht ziemlich ungewöhnlich, so mit einer kostbaren Ware herumzulaufen?«

»Sieht weniger verdächtig aus, so als machte ich nur eine Tagesreise. Jetzt sollten wir aber gehen und zu Mittag essen.«

Er nahm meinen Koffer, dann gingen wir in die billigste Kneipe unten am Hafen, was gleichbedeutend damit war, daß ich bezahlen sollte. Er verlangte die Rechnung, aber als der Kellner sie brachte, sprang er plötzlich auf und sagte: »Da ist jemand auf der Yacht da drüben, den ich unbedingt sprechen muß.«

Wie ein Blitz stürzte er über die gepflasterte Mole und verschwand samt seiner Tasche im Innern eines der Boote. Nach geraumer Zeit war er noch immer nicht zurück, und der Bus fuhr jede Minute ab. Also bezahlte ich und trug meinen schweren Koffer selber zur Bushaltestelle; ich war doch ziemlich erleichtert, daß ich ihn los war. Die Vorstellung von Tausendundeiner Nacht in Rom, während der es Diamanten regnete, erwies sich als Fata Morgana. Auch beschäftigte es mich, daß er die ganze Zeit in meinem Appartement kein einziges Mal die Finger nach mir ausgestreckt hatte, während wir doch sonst alles mögliche getan hatten. Keine einzige Zärtlichkeit, kein einziger Kuß. Vielleicht schrieb ihm sein Stammesritus vor, seinen Totempfahl nur in der Öffentlichkeit zu errichten. Vielleicht waren sogar die vielfältigen indischen Liebesstellungen nicht für mich persönlich bestimmt gewesen. Ich machte es mir im Bus bequem, ging nicht weiter in mich und schloß die Augen.

Ich wachte erst wieder in St.-Maxime wieder auf. Ich öffnete die Augen nur halb, um festzustellen, wo wir waren. Sie gingen mir vollends von allein auf, als ich die Schlangen der Medusa sich zwei Sitzreihen vor mir winden sah, weil der Bus Jeemees Lockenpracht ziemlich durcheinanderschüttelte. Er mußte im letzten Augenblick aufgesprungen sein. Ich schloß die Augen wieder, falls er sich umdrehte. Ich stellte mich schlafend, um Zeit und meine Unabhängigkeit zu gewinnen. Offensichtlich hatte er vor, bei mir zu überwintern – ich kannte diese Sorte. Wenn man sie nicht gleich mit ins Bett nahm, drangen sie bis zum Gästezimmer vor und nahmen es in Beschlag. Wenn es keine Gästezimmer gab, begnügten sie sich auch mit einem Lager auf dem Fußboden. Es dauerte nicht lange, und schon versammelten sie alle ihre Freunde. Ich hatte gerade einen der charmantesten jungen Hippie-Stricher erfolgreich ausmanövriert, und jetzt sollte ich einer hartnäckigeren Sorte auf den Leim gehen?

Als wir in St.-Raphael waren, nahm mich Jeemee wieder in Beschlag und trug meinen Koffer bereitwillig über die Straße zum Bahnhof. Jetzt baute ich darauf, daß wir keine Liegeplätze im selben Abteil bekamen; ich könnte dann bei unserer Ankunft in Rom rasch aussteigen und verschwinden. Wenn wir uns je wieder über den Weg laufen sollten, könnte ich ja sagen, daß ich ihn überall gesucht hatte. Schließlich hatte ich ihn niemals zu mir eingeladen, es ist nicht einmal direkt davon gesprochen worden.

Am Fahrkartenschalter verlangte ich ausdrücklich nur eine Fahrkarte und einen Liegeplatz; Jeemee sollte sich doch seine eigene Fahrkarte kaufen! Aber es kam anders. Wir wurden zum internationalen Fahrkartenschalter geschickt, der wieder ganz woanders war. Das hübsche Mädchen hinter dem langen Schalter sah uns zusammen kommen.

Ich suchte in meiner Handtasche nach meinem Geldbeutel.

»Kannst du mir nicht das Fahrgeld auslegen?« sagte Jeemee. »Mir sind die Francs ausgegangen. Und es ist so schwierig, mauretanisches Geld umzutauschen.«

Ich war verloren. Was antwortet man, wenn so einer wirklich direkt neben einem steht; mit dem man überdies noch vor ein paar Stunden geschlafen hat, ihn nach allen Regeln der Kunst dazu herausgefordert hat? Und diesmal war ich ganz und gar allein die treibende Kraft gewesen. Also bezahlte ich zwei Fahrkarten und gab ihm eine davon.

Es waren schon zwei Fahrgäste in unserem Abteil: ein älteres französisches Ehepaar, das uns von oben herab ansah. An ihren zusammengepreßten Lippen konnte man ablesen, daß sie für Schwarzafrikaner nichts übrig hatten, und schon gar nicht in Begleitung einer weißen Dame.

Als das Gepäck verstaut war, nahm Jeemee ein Briefchen aus seiner Tasche. »Ich habe Buf getroffen, als ich meine Sachen geholt habe. Er bat mich, dir das da zu geben.«

Es stand einfach darauf: »Gute Reise. Jede Frau bekommt den Prinzen, den sie verdient.«

Der Zug fuhr ab. Ich sah zum Fenster hinaus und lächelte auf das Meer hinaus, das immer mehr in der Dunkelheit verschwand. Ich lächelte über mich selbst und meine Schwäche.

Von Nizza bis zur französisch-italienischen Grenze fährt der Zug unmittelbar an der Küste entlang; immer wieder eröffnen sich überraschende Ausblicke auf das unglaublich tiefblaue Meer, eingerahmt von zerklüfteten roten Felsnadeln; Ausblicke, die einem jetzt durch die wie eine Seuche um sich greifenden weißen Häuserwürfel verleidet werden; sie stellen wirklich einen Tiefstand der konfektionierten modernen Architektur dar. Ich erinnerte mich daran, wie das alles ausgesehen hatte, als ich noch ein Kind war. Man sah über die Terrassen weitläufiger Villen der Jahrhundertwende hinweg aufs Meer hinaus, während die Palmen sich leicht im Wind wiegten. Damals reiste nur die Oberschicht an die Côte d'Azur. Ich erinnerte mich, daß ich einmal mit meiner Gouvernante an der Croisette in Cannes saß, weil sie unbedingt sehen wollte, wie die Dolly Sisters ins Casino gingen.

Als ich acht Jahre alt war, verbrachten wir den Sommer in Juan Les Pins. Ich höre noch ganz genau, wie meine Mutter sagte: »Seht mal, Zelda Fitzgerald trägt jetzt auch einen Bubikopf wie ich!« Unmittelbar hinter uns spazierten damals die Ehepaare Scott Fitzgerald und Gerald Murphy den Strand entlang. Die Murphys hatte ich während des Zweiten Weltkriegs noch einmal getroffen. Aber meine Mutter und die Fitzgeralds waren schon lange tot, sie hatten eine ganze Epoche mit ins Grab genommen. Meine Mutter, die immer mit dem Blauen Expreß gereist war, auf Samtpolstern sitzend, in Begleitung eines italienischen Grafen, wäre höchst erstaunt gewesen, mich in der Zweiten Klasse eines billigen Liegewagenzugs anzutreffen, auf einem Plastiksitz, und noch dazu in Begleitung dieser schwarzen »Hoheit«!

Die Fahrt in die Erinnerung ging weiter – über Monte Carlo, Antibes, Juan Les Pins, Menton, bis zur italienischen Grenze bei Ventimiglia. Ich hatte eben meinen Rock ausgezogen und es mir auf meiner Liege bequem gemacht, als die französische Polizei in Begleitung von italienischen Zöllnern durch den Wagen kam. Jeemee kam mir ziemlich nervös vor; aufgeregt ging er vor dem Abteil auf und ab. Seine Tasche hatte er am Fußende meiner Liege unter das Leintuch gesteckt. Das kam mir auch ganz vernünftig vor, weil er ja draußen auf und ab ging. Wir hatten die mittleren Liegen, über uns schien freizubleiben, und unten lag das französische Ehepaar.

»Wo ist denn Ihr Gepäck?« wollten sie draußen von Jeemee wissen.

»Ich habe kein Gepäck«, antwortete er zu meiner Verwunderung.

Sie verlangten seine Fahrkarte.

»Sie fahren so weit und haben kein Gepäck bei sich?«

»Ich kann mir in Rom alles Notwendige kaufen, wenn ich bleiben möchte.«

»Und wo ist Ihr Abteil?«

Unbestimmt zeigte er in Richtung des nächsten Abteils. Ich mußte mich jetzt schon sehr wundern. Die Zöllner gingen ins nächste Abteil und baten die Reisenden, ihr Gepäck vorzuzeigen. Kein Stück davon gehörte Jeemee; jetzt sahen sie ziemlich ratlos drein, zuckten die Schultern und kamen in unser Abteil. Die Tasche mit den Diamanten wog plötzlich ziemlich schwer auf meinen Füßen.

Ich zeigte meinen britischen Paß. Ich deutete auf meinen roten Koffer. Die Zöllner drehten sich um und wollten gehen, aber in einem solchen Abteil geht es eng zu, und einer der beiden schob beim Umdrehen unabsichtlich mein Leintuch zurück.

»Gehört das Ihnen?« fragte er höflich, während er auf die Tasche deutete.

»Nein. Irgend jemand muß sie da hingelegt haben!« Ich gab mir Mühe, ruhig zu wirken.

»Gehört die Tasche etwa Ihnen?« fragte er das ältere Ehepaar.

Sie starrten ihn von ihren Liegen aus an, und ihre dünnen Lippen wurden noch dünner. Der Mann sagte: »Ich habe gesehen, wie der farbige Herr da draußen sie da hingelegt hat.«

Der Zöllner griff nach der Tasche und sah in beide Seiten. Er zog eines der Päckchen heraus. Er reichte es seinem Kollegen, der es öffnete. Es waren keine Diamanten darin, sondern so etwas wie weißer Puder. Sie machten noch ein Päckchen auf. Wieder dasselbe. Plötzlich – und schockartig – war mir alles klar. Es mußte sich um Heroin oder Kokain handeln, und er hatte Dutzende von Päckchen dabei.

»Kennen Sie diesen Herrn?« wollte der Zöllner wissen.

Jeemee stand plötzlich in der Tür.

»Die Dame und ich haben absolut nichts miteinander zu tun«, antwortete er, höflich bis ins letzte.

Erst als ich noch mehr französische Polizisten hinter ihm auftauchen sah, war mir klar, warum er nicht einfach den Zug verlassen hatte. Man beriet sich kurz, dann wurde ich gebeten, meinen Koffer zu öffnen. Unten nur mit einem Slip bekleidet, stieg ich aus dem Bett, suchte nach den Kofferschlüsseln und öffnete den Deckel. Sie fanden nichts als harmlose Kleidungsstücke, aber dann öffneten sie doch den Umschlag, in dem ich die beiden Briefchen von Buf aufbewahrte; seine Abschiedspost hatte ich noch in meiner Handtasche. Sie fanden nichts Verdächtiges. Sie prüften abermals meinen Paß, dabei schien ihnen aufzufallen, wie alt ich war. Es kam ihnen wohl ziemlich unwahrscheinlich vor, daß ich mit Jeemee etwas zu tun hatte. Das ältere Ehepaar sah mich unverwandt an, aber keiner von beiden sagte etwas.

»Kommen Sie jetzt mit uns mit!« sagten die Zöllner zu Jeemee.

Vom Gang aus sah mich Jeemee noch einmal an, aber er sah durch mich hindurch wie durch eine fremde Person. Zum erstenmal, seit wir uns kannten, empfand ich etwas für ihn.

Er verbeugte sich höflich vor uns. »Gute Nacht, meine Damen, mein Herr!«

Ich beobachtete noch, wie sie ihn über den Bahnsteig abführten. Ich konnte nichts für ihn tun.

Als der Zug weiterfuhr, war es ganz dunkel geworden. Über dem Meer ging der Mond auf, wir glitten durch die Vororte von Ventimiglia; wir waren wieder in Italien. Durch das Fenster sah ich die Zypressen des Hanbury Garden im Mondschein; ich erinnerte mich an diese berühmte englische Familie, die zwischen den beiden Weltkriegen so erstaunlich viel Zeit und Liebe aufgewendet hat, um diese überaus schöne Gartenanlage zu schaffen. Jetzt war sie in einen öffentlichen Park umgewandelt worden. Gott sei Dank haben sie noch nicht angefangen, ihn zuzubauen, dachte ich.

Ich zog die Fensterjalousie herab und machte es mir auf meiner Liege bequem, erleichtert, daß ich noch einmal davongekommen und allein war. Ich schloß die Augen und glitt in einen friedlichen Schlaf.

Epilog
Sieh noch nicht genau hin, aber die Sechzig sind in Sicht

Wieder war ein Jahr vergangen. Mir ging es gut, aber in Italien ging es drunter und drüber. Die Lebenshaltungskosten waren schon wieder gestiegen. Durch die Europäische Wirtschaftsgemeinschaft wurde das Warenangebot zwar verbessert, aber immer weniger Italiener konnten bei der Preisentwicklung mithalten. Meine italienischen Freunde glaubten fest an eine kommunistische Machtübernahme, und meine ausländischen Freunde fragten sich besorgt, in welchem Land man in Zukunft leben solle. Die Parlamentswahlen standen bevor.

»Ich werde für die Kommunisten stimmen und dann das Land verlassen«, meinte mein sizilianischer Schwiegersohn. »Italien braucht den Kommunismus, ich persönlich nicht. Und was wirst du tun, Anne?«

»Du solltest dir einen netten amerikanischen Millionär angeln und dich zur Ruhe setzen«, sagte meine Tochter Vanessa hart. »Du gehst auf die Sechzig zu.«

Wie gewöhnlich goß ich die Blumen. Die Geranien brauchten nicht einzugehen, nur weil die Kommunisten ans Ruder kamen; vielleicht pflanze ich im nächsten Jahr ein paar rote Geranien dazu; bis jetzt hatte ich nur alle rosafarbenen Schattierungen. Vor Jahren hatte mir ein Freund auf Capri geraten: »Rote Geranien sind ordinär, meine Liebe. Sie gehören in öffentliche Parks, nicht in den Hausgarten.« Also hatte ich gehorsam rote Geranien aus meinem Leben verbannt, aber aus meinem Leben war seitdem ja ohnedies eine öffentliche Anlage geworden.

»Großmutti! Großmutti! Sieh mal, ein Flugzeug!«

Vanessas kleine Buben tanzten aufgeregt hin und her und deuteten zum Himmel; ein altertümliches Flugzeug zog hinter sich ein Spruchband her: »Wählt die Demokratische Partei Italiens!«

»Was steht denn drauf, Großmutti? Was heißt das denn?« wollte Mark wissen, weil er noch nicht lesen konnte.

»Trinkt Coca-Cola«, antwortete ich.

»Warum sagst du ihnen so was?« fragte meine Tochter.

»Weil ich ihre unschuldige Seele noch nicht mit Politik vergiften will.«

Wie auf ein geheimes Zeichen hin ließ das Flugzeug jetzt eine Myriade von Flugblättern herabregnen, und das auf eine Stadt, die ohnedies schon knöcheltief im Müll watete. Matthew und Mark waren außer sich vor Freude; sie sprangen herum, fingen die Flugblätter in der Luft und sammelten sie vom Boden auf. Als sie genug beieinander hatten, stellten sie sich ans Terrassengeländer, warfen sie auf die Straße hinunter und riefen laut: »Trinkt Coca-Cola! Trinkt Coca-Cola!«

»Jetzt siehst du, was du angerichtet hast«, meinte meine Tochter. »Jetzt fordern die lieben kleinen Herzchen ungeschminkt zum Konsum auf!«

»Du bringst das doch sicher wieder in Ordnung, oder nicht?« sagte ich und ging hinein, weil das Telefon läutete.

Es war Rudi. »Ich bin gerade angekommen und möchte mit dir bei Ranieri zu Mittag essen!«

»Aber das ist doch viel zu teuer jetzt. Bei unserer Inflation gehen die Preise wie Raketen in die Höhe. Wo wohnst du denn?«

»Ich bin im Hassler abgestiegen.«

»Um Himmels willen, Rudi. Da wohnen doch nur amerikanische Millionäre.«

»Ich bin gerade dabei, einer zu werden. Nun, möchtest du nicht in – sagen wir – einer Stunde bei Ranieri sein? Ich möchte dir etwas sehr Wichtiges sagen.«

»In Ordnung, schön. Vanessa ist mit den Kindern hier, ich muß ihnen erst noch eine Kleinigkeit zu essen machen. Sie versucht wieder, mich unter die Haube zu bringen, wie immer. Ich bin ganz froh, daß ich nachher flüchten kann.«

»Aber gerade darüber möchte ich mit dir sprechen. Auch ich glaube, du solltest endlich wieder heiraten.«

»Du willst mich doch nicht ärgern, Rudi. Wo ich im Moment doch alle Kraft zusammennehmen muß, um vom Sex loszukommen. Bring mich jetzt bitte nicht vom Kurs ab.«

»Wenn du erst verheiratet bist, wird es dir leichterfallen.«

»Ich fürchte, das ist oft so. Aber sprechen wir doch beim Essen darüber.«

Auf der Terrasse tanzten die Kinder in den Pfützen, die sich beim Blumenwässern auf dem zerbrochenen Terrakottaboden gebildet hatten. Ich brauchte wirklich einen reichen Mann, der die Terrasse für mich neu belegen ließ. Überhaupt, meine Wohnung war in letzter Zeit ziemlich heruntergekommen.

»Es war Rudi«, sagte ich.

Vanessa mochte Rudi, weil er fast in meinem Alter war; außerdem waren wir so lange zusammengewesen, daß unsere Beziehung geachtet wurde.

»Jetzt will mich Rudi auch wieder heiraten«, ächzte ich.

»Gut. Warum solltest du Rudi nicht heiraten? Schließlich kennst du alle seine Höhen und Tiefen, das ist eine gute Voraussetzung für eine Ehe.«

»Aber ich möchte frei sein, du hinterhältiges kleines Kind!«

»Was willst du noch mit deiner Freiheit anfangen, wenn du über sechzig bist?«

»Ich lasse es auf mich zukommen.«

»Du bist schon kurz davor!«

Letzteres überhörte ich.

»Kommt her, ihr kleinen Monster«, rief ich den Kindern zu. »Entweder ihr hört jetzt sofort auf damit oder ihr zieht eure Sachen aus, damit die wenigstens sauber bleiben!« Sie hörten nicht. »Matthew! Mark!«

Ich griff mir den einen und Vanessa den anderen. Wir zogen sie aus, und sie rannten glücklich und splitternackt wieder hinaus, nasse Fußspuren auf den Platten hinterlassend.

»Ich muß schon sagen, deine Buben haben unten ordentlich was hängen. Sie werden so manche Frau glücklich machen«, bemerkte ich.

»Ist das das ganze Glück?« wollte meine Tochter wissen.

»Ich weiß nicht recht. Ich habe mir alle Mühe gegeben, es herauszufinden. Wenn man zuviel davon kennt, kommt man zu keinem Schluß mehr.«

»Großmutti! Mutti! Das Flugzeug ist wieder da!«

Ich sah zum Himmel hinauf. Es war ein anderes Flugzeug. Das italienische Volk wurde aufgefordert, seine Stimme der neuen faschistischen Partei zu geben.

»Wählen Sie die ›Sozialistische Bewegung Italiens‹, und Sie haben Ihre Stimme nicht verschenkt!«

»Es ist ein anderes Flugzeug, und es sagt auch etwas anderes«, rief Matthew, der seine Belesenheit unter Beweis stellen wollte.

»Wie heißt es diesmal, Großmutti?« fragte Mark und sah über die Klugheiten seines Bruders hinweg.

»Trinkt Pepsi-Cola«, sagte ich unbeweglich, und wieder regneten Flugblätter herab.

»Trinkt Pepsi-Cola! Trinkt Pepsi-Cola!« riefen die nackten Kinder glücklich und warfen die Flugblätter über den Kopf.

Ich ging mit meiner Tochter hinein, um das Mittagessen vorzubereiten.

»Ich werde sie füttern, Mutti. Geh du nur, und bring Rudi irgendwie dazu, um deine Hand anzuhalten«, meinte Vanessa aufmunternd.

»Sei nicht albern, das wird Rudi niemals tun.«

Aber Rudi tat es. Als wir an einem Ecktisch bei Ranieri Platz genommen hatten, erzählte er mir, daß sein Vater gestorben sei. Ihm gehörten nun das Schloß in den Dolomiten, die große Stadtwohnung in Wien und sein Apartment in New York. Der alte Baron hatte ihm alles vererbt.

»Ich brauche jetzt jemanden, der all diese Häuser führt«, meinte er.

Bei diesen Worten schnappte ich ziemlich ein. »Tut's nicht auch ein Hausmeister?« sagte ich kurz. Ich war den Tränen nahe, Rudis Vorschlag hatte mich aus der Fassung gebracht.

»Ein Hausmeister wäre nicht stilvoll«, antwortete Rudi. »Von jetzt an muß es in meinem Leben auch eine Baronin geben.«

»Es hat mich im Laufe meines Lebens schon ziemlich viel Mühe gekostet, immer als Dame aufzutreten – muß ich jetzt auch noch Baronin werden?«

»Warum nicht? Du wirst das glänzend machen!«

»Und wo wirst du dich in der Hauptsache aufhalten, Baron von Hoffmann?«

»In erster Linie in Amerika. Du kannst mich ja besuchen, sooft du willst. Man hat mir drüben ein wundervolles Angebot als künstlerischer Leiter eines neuen Theaters gemacht. Es würde sich gut damit vereinbaren, wenn ich eine Frau vorzuzeigen hätte.«

»Rudi, eine Heirat ist keine Frage der Innendekoration.«

»Unsinn, natürlich ist sie das. Glücklich verheiratet sein heißt, über Dinge verfügen, die nach außen hin zählen, die alles ins rechte Licht rücken.«

»Mag sein – aber ich habe stets aus Liebe geheiratet, Rudi; außerdem dauert die Liebe oft nicht so lange wie das Leben. Ich habe mir angewöhnt, meine Liebhaber den Jahreszeiten entsprechend auszusuchen. Mit dir allein würde ich es kaum aushalten.«

Rudi griff quer über das blaßrosa Tischtuch nach meiner Hand. Es war die Linke, die mit den drei Eheringen.

»Erinnerst du dich noch an den Tag, an dem ich dir diesen Ring geschenkt habe?« sagte er, indem er mit dem Finger darauf deutete.

»Ja. Es war an dem Tag, an dem du mich verlassen hast.«
»Nun, ich bin zurückgekommen.«
»Ich glaube, du hast dir damit zuviel Zeit gelassen, Rudi. Ich bin inzwischen meine eigenen Wege gegangen. Ich habe mich der leichten Liebe verschrieben.«
»Ich habe dich nicht gebeten, irgend etwas in deinem Leben zu verändern oder irgend jemanden aufzugeben.« Jetzt bettelte er. »Du selber hast mir beigebracht, nichts im Leben zu verändern, immer nur hinzuzufügen, niemals mit etwas endgültig Schluß zu machen.« Er sah mich auffordernd an, dann setzte er fort: »Und sicher ist es so, Anne, daß in unserem Alter die jungen Männer nicht mehr scharenweise angelaufen kommen und an die Tür klopfen!«
Ich lächelte, aber ich sagte nichts. Plötzlich fühlte ich mich gelassener. Ein Kellner ging gerade vorbei, und ich fragte: »Wollen wir Champagner bestellen? Kannst du dir das leisten?«
»Ja, das kann ich. Mein Vater hat mir ziemlich viel Geld hinterlassen, das meiste bei Schweizer Banken. Ich möchte es genießen, und du sollst mir dabei helfen!«
»Ich war gern arm mit dir, aber ich war es mit dir zusammen, Rudi. Ich weiß nicht, ob ich jetzt reich sein möchte. Mir ist schon immer aufgefallen, daß die Reichen langweilig sind.«
Der Kellner brachte den Champagner. Wir hatten schon oft Champagner zusammen getrunken, aber noch nie zusammen und doch jeder für sich. Es paßte nicht zu uns. Aber jetzt wurden wir zwei völlig verschiedene Menschen.

Tagebucheintrag. Rom, 21. Juni 1976.

Hat Rudi recht? Werden keine jungen Männer mehr an meiner Tür klingeln? Warum auch? Ich bin beinahe sechzig. Soll ich jetzt mit Gleichaltrigen ins Bett gehen?
Meiner Ansicht nach gibt es vier Gründe, weshalb ein junger Mann gern mit einer sehr viel älteren Frau ins Bett geht:
– Geld. Sie bezahlt alles, was er braucht; zumindest verfügt sie über einigen Luxus, an dem er teilhaben kann – ihr eigenes Haus, den Wagen, ihren Lebensstandard, der wahrscheinlich höher ist als sein eigener. Es kostet Geld, wenn man mit jungen Mädchen ausgeht – oder sie mit nach Hause nimmt.
– Nähe. Ein junger Mann, der eine ältere Dame liebt, befindet sich in

einer vorteilhaften Situation. Er kann sich ihr ganz widmen, und in seinem jugendlichen Drang gibt er sich ihr vollkommen hin. Ihm gefällt das, und er betrachtet seine Dame als angenehme und problemlose Quelle der sexuellen Entspannung, zu der er immer wieder zurückkehrt.

– Klasse und Hautfarbe. Sie sehen nicht, daß du alt bist, sie sehen nur, daß du eine Prinzessin bist und/oder weiß.

– Der junge Mann braucht ein Mutterbild. Entweder aus Angst, bei jungen Mädchen zu versagen, oder weil er schon immer mit seiner Mutter schlafen wollte.

Als ich am nächsten Morgen aufstand, wußte ich noch immer nicht, wie ich mich zu Rudis Vorschlag verhalten sollte. Er wollte zum Mittagessen kommen, um Vanessa und die Kinder zu sehen, die über Nacht hiergeblieben waren.

Ich öffnete meinen Kleiderschrank und überlegte, was ich an diesem schicksalhaften Tag anziehen sollte. In der einen Ecke des obersten Fachs standen meine Schuhschachteln mit den Liebesbriefen. Ich nahm die Schachtel mit den »Briefen von meinen Jungen« herunter und machte sie auf. Da waren die Postkarten von Jean-Louis, das Gedicht von Gregory, das Manifest von Joseph, die Briefe von Grant, Evaristos verliebte Collage und, und, und. Hatte sich das gelohnt?

Ich ging weg, um einzukaufen, und traf Rudi auf dem Markt. Er kaufte mir Blumen bei der dunkelhaarigen Signora, die ihren Stand an der Ecke hatte und wie Anna Magnani aussah. Ihre römische Seele möge in Frieden ruhen. Als sie starb, starb mit ihr der neorealistische Film in Italien. Das Rom, so wie ich es in den letzten zwanzig Jahren kannte, lag ebenfalls im Sterben, zerrissen vom politischen Unfrieden und verschlissen durch die nicht aufzuhaltende Geldentwertung.

Ich schlenderte mit Rudi langsam über die gepflasterte Marktstraße in der Nähe der Piazza di Spagna in Richtung meiner Wohnung, genoß die heiße Sonne und den Geruch der frischen Früchte. Bei Nemi kaufte ich das letzte Körbchen mit den kleinen, wilden Erdbeeren. Ihre Zeit war jetzt vorbei.

Als wir nach Hause kamen, war es sehr ruhig. Vanessa schlief auf ihrem Bett. Sie sprang auf und umarmte Rudi.

»Wo sind die Kinder?« fragte er. »Ich würde sie gern begrüßen.«

»Erst haben sie Großmutters Schränke durchgestöbert, und jetzt spielen sie draußen auf der Terrasse.

»Sie sind so verdächtig still«, sagte ich. »Irgend etwas geht da draußen vor.«

»Ich seh' mal nach ihnen«, sagte Rudi zuvorkommend und ging auf die Terrasse hinaus.

Aufgeregt hörten wir sie miteinander plappern. Ich setzte mich zu Vanessa auf den Bettrand. »Ich weiß nicht, was ich tun soll«, sagte ich. »Ich weiß nicht, was ich mit Rudis Vorschlag anfangen soll.«

»Nur ruhig Blut. Das Schicksal weiß schon einen Weg«, sagte sie überlegen.

Plötzlich drang Kindergeschrei von der Terrasse herein. Rudi kam hereingestürzt. Wieder flog ein Flugzeug über das Haus hinweg, vielleicht war die Revolution gekommen.

»Ich weiß nicht, was die Kinder anstellen«, sagte Rudi außer Atem. »Ich glaube, die streuen deine Liebesbriefe in alle Winde. Matthew meint, daß es etwas mit den Wahlen zu tun hat.«

Vanessa und ich eilten gleichzeitig auf die Terrasse hinaus. Die beiden Buben hatten jeder eine Schuhschachtel mit den »Briefen meiner Liebhaber« und den »Briefen von meinen Jungen« unter dem Arm und verstreuten gerade den Inhalt in alle Himmelsrichtungen, wie sie es bei den Flugblättern gesehen hatten.

»Trinkt Coca-Cola!« rief Matthew.

»Trinkt Pepsi-Cola!« rief Mark.

Das Flugzeug zog ein Spruchband hinter sich her: »Ihre Stimme den Radikalen, Kampf dem Kommunismus!«

»Die Schlacht ist verloren«, sagte ich trocken, während ich meine kostbare Sammlung von Liebesbriefen über den Dächern von Rom wie große weiße Schmetterlinge verschwinden sah.

»Nur solange wir Frieden haben«, meinte Rudi.

Die Kinder hatten jetzt auch den letzten Brief weggeworfen und sahen sich nach neuem Stoff um ... ›Ob wohl jemals noch etwas hinzukommen würde?‹ überlegte ich. Vielleicht war jetzt der richtige Zeitpunkt, mit den jungen Männern Schluß zu machen, bevor sie mit mir Schluß machten.

Ich ging in die Wohnung zurück und ließ die anderen auf der Terrasse stehen. Heute war der 22. Juni 1976, und ich hatte gerade wieder einmal die Sache mit dem Sex aufgegeben.

Als ich gerade in die Küche gehen wollte, um mir Tee zu machen, klingelte es an der Tür. Wer konnte das bloß sein? Ich erwartete keinen Besuch.

Es klingelte noch einmal, nachdrücklich, es war ein ungestümes, männliches Klingeln.

Ich stürzte auf den Flur und öffnete die Eingangstür.

Die aufrichtigen und schonungslosen Bekenntnisse einer ungewöhnlichen Frau.

Elula Perrin, die Leiterin des weltbekannten Pariser Nachtklubs »Le Katmandou«, den nur Frauen betreten dürfen, erzählt in diesem Buch schonungslos die Geschichte ihres Lebens.

Elula Perrin

Nur Frauen können Frauen lieben

Autobiographie

300 Seiten

Blanvalet